UNE HISTOIRE DES MÉDIAS
DES ORIGINES À NOS JOURS

JEAN-NOËL JEANNENEY

UNE HISTOIRE
DES MÉDIAS

DES ORIGINES
À NOS JOURS

ÉDITIONS DU SEUIL
27, rue Jacob, Paris VIe

ISBN 2-02-013114-5

LES MÉDIAS ET L'OPINION

L'histoire des médias embrasse un champ immense. En se donnant la tâche d'étudier au cours des âges la représentation que les sociétés se font d'elles-mêmes et des autres, et la multiplicité des efforts déployés par tous les acteurs du jeu pour modifier cette image au gré de leurs desseins particuliers, elle recoupe tous les domaines de la recherche et concerne la plupart des activités humaines, publiques et privées.

Ainsi touche-t-elle directement à l'évolution des mentalités collectives, avec cette dialectique complexe qui s'organise, à chaque époque et dans chaque pays, entre une information que structure la culture propre de ceux qui l'élaborent et, d'autre part, les réactions du public qui les influencent en retour ; à la vie politique, si intimement marquée par une presse écrite ou audiovisuelle que tant de liens rattachent à l'État et par l'obsession du miroir où les dirigeants se contemplent ; à l'activité économique, puisque les journaux, les radios et les télévisions sont – aussi – des entreprises dont la prospérité, donc la liberté, dépendent directement des lois du marché ; aux équilibres sociaux qu'éclaire le comportement des professions – journalistes, typographes, « animateurs », techniciens, etc. – qui ont chacune leur originalité et leurs traditions ; aux mutations des techniques, qui agissent de si près sur les rythmes de la circulation des nouvelles, sur leur mise en forme et sur leur définition même...

Ce foisonnement n'est pas pour rien dans la séduction intellectuelle et civique du sujet. Point d'euphorie cependant : il serait imprudent de se laisser emporter trop loin par l'allégresse d'une curiosité spontanée sans prendre aussitôt la mesure des difficultés particulières de l'étude.

Le premier danger est celui d'une dispersion de l'attention, à cause de la diversité des objets auxquels elle doit s'attacher et de la grande variété des cas et des situations : qu'il suffise de songer à l'océan des journaux de toutes catégories et de toutes dimensions, au nombre presque décourageant des agences de presse, des radios et à présent des télévisions, hertziennes ou câblées. On est menacé constamment par l'éparpillement. Et en sens inverse, si on cherche à y échapper, on court le risque de perdre de vue la réalité dans sa complexité au profit de remarques trop statistiques, trop générales, trop abstraites.

Un autre problème résulte du déséquilibre de la documentation entre, d'une part, l'immense quantité de papier imprimé et conservé et, de l'autre, la pauvreté fréquente des archives d'entreprise qui permettent de décrire l'institution d'un journal, d'une station de radio, d'une télévision... Les gens des médias ont rarement la tête historienne et, dans la mémoire des acteurs, c'est souvent l'anecdote qui domine, plutôt qu'une chronologie sûre et le sens des mouvements d'ensemble. Dans ces métiers, un événement chasse l'autre, et chacun tend à vivre dans l'instant, à garder peu de papiers personnels, à ne guère se préoccuper du passé d'une façon réfléchie et organisée (excepté le cas de quelques brillants historiens-journalistes). Ajoutez que dans l'audiovisuel les problèmes de conservation et de consultation des archives – tant de paroles dites, tant d'images montrées ! – sont spécialement aigus, et qu'il en découle, pour l'époque récente, un risque d'exagération de l'importance relative de l'écrit, puisque les traces en sont plus aisément disponibles.

La troisième difficulté est plus directement intellectuelle : elle provient du flou de la notion même d'opinion publique – ce champ dans lequel les médias exercent leur influence, vers lequel ils dirigent tous leurs efforts. L'opinion publique, notion essentielle pour qui se mêle d'histoire des médias, mais difficile à appréhender, faussement claire et qui souvent, quand on croit la saisir, s'échappe comme du sable entre les doigts. A Pierre Laborie, l'un des auteurs qui s'est mêlé le plus récemment et avec le plus de pertinence de cette question – à propos de Vichy –, j'emprunte l'inventaire qu'il a fait des adjectifs dont les historiens affublent d'ordinaire la notion d'opinion publique : insaisissable, inconstante, fragile, versatile, ambiguë, inconséquente, incohérente, amnésique... Et le même auteur cite à ce propos le mot de Roland Barthes : « La stérilité menace tout travail qui ne cesse pas de proclamer sa volonté de méthode. » Comment se dérober à quelque réflexion sur cela, d'entrée de jeu ?

Jadis, l'historiographie de l'opinion publique, pour surmonter ce malaise initial, inclinait à se replier sur le plus menu, en évitant généralement de se poser le problème méthodologique de la différence entre l'opinion publique et la presse, et de fait en assimilant l'une à l'autre. On a vu pendant longtemps fleurir à la Sorbonne des mémoires du type : « *Le Figaro* devant la crise du 13 mai », « La presse des Côtes-du-Nord et la guerre des Six-Jours », « Le Liechtenstein dans *Le Petit Écho des Ardennes* ». C'était commode pour les professeurs chargés de distribuer des sujets, mais peu stimulant pour une compréhension synthétique...

Première question : cette opinion, comment y accéder ? Marquons notre chance pour la période contemporaine : nous vivons à l'époque des sondages. L'histoire en est toute récente, au regard de la longue durée – moins de soixante ans. C'est dans les années trente qu'on a vu apparaître l'Institut Gallup aux États-Unis, l'IFOP en France, etc., événement qui renouvelle la connaissance de l'opinion publique, mais pose à peu près autant de problèmes qu'il n'en résout.

Car les sondages, pour précieux qu'ils soient, sont comme le lit de Procuste. Ils simplifient la complexité des sentiments et des attentes pour les faire entrer de force dans leurs cases préétablies. Et avec eux on court le danger d'additionner sous une même étiquette des données dissemblables. Il est improbable que les mots, partant les questions posées, aient le même sens pour tous les individus ; la diversité des sensibilités et des cultures implique forcément que les additions ont quelque chose d'artificiel. Sans compter que ne sont pas toujours prises en

9

compte les différences d'intensité dans les choix et les convictions, différences qui peuvent être pourtant, historiquement, de tant d'importance.

C'est dans le cas des enquêtes qui précèdent immédiatement un vote que le phénomène est le moins gênant : même s'il peut se produire des changements entre l'instant des questions posées et celui du scrutin, il y a là une sorte de photographie qui certes est réductrice, mais pas plus que ne l'est le vote lui-même, dans sa sèche simplicité.

Dans tous les autres cas, les risques de déformation existent et, si l'on veut mieux apprécier les mouvements profonds des sensibilités, il faut faire appel aussi à d'autres sources. Parfois, on procède à des interviews rétrospectives, difficiles à manier, dans un domaine où la mémoire est spécialement fragile. La connaissance de la suite de l'Histoire modifie en effet l'idée que les acteurs se font de leur comportement au cours des périodes anciennes sur lesquelles on les interroge. Plus qu'ailleurs on est menacé par ces deux grands ennemis de toute lucidité historique que sont l'anachronisme et l'interprétation téléologique : tendance à plaquer les sentiments d'aujourd'hui sur des époques antérieures et tendance à reconstruire le passé et l'attitude qu'on y a eue parce que l'on sait à quoi on a abouti dans le présent, en termes politiques comme en termes moraux. Ce dangereux confort conduit à beaucoup de déformations rétrospectives, souvent de bonne foi. Donc, dans l'étude de l'opinion publique, plus encore qu'ailleurs, il faut privilégier les sources contemporaines des événements étudiés.

De ces sources, il y a trop-plein plutôt que disette. En dehors même de la presse, que je laisse provisoirement de côté, on peut citer les correspondances privées, les notes et les journaux intimes, toutes les réactions personnelles fixées à chaud par écrit, les discours rituels qui scandent la vie civique – de la fête nationale à l'inauguration des monuments aux morts –, les graffiti sur les murs, pour ne pas parler, au XXe siècle, des écoutes téléphoniques qui premièrement n'existent pas, comme chacun sait, qui deuxièmement sont régulièrement supprimées, et qui troisièmement ne laissent guère de trace dans les archives publiques...

A côté de ces sources brutes, il faut faire un sort aux sources « secondaires » ; autrement dit, toutes les interprétations de l'opinion publique par des contemporains. On sait l'importance des rapports de police, en particulier des Renseignements généraux, dans le fonctionnement d'une démocratie : les RG délèguent dans toutes les grandes manifestations, politiques et syndicales, des fonctionnaires qui prennent note de ce qui s'est dit et le relatent pour leurs chefs. Il y a aussi les rapports de préfets, les dépêches des diplomates sur les pays où ils sont en poste... Jean-Jacques Becker, dans sa thèse consacrée à l'opinion publique au début de la guerre de 1914-1918, a mis au jour d'autres témoignages éclairants : le ministre de l'Instruction publique avait pris l'initiative de demander à tous les instituteurs de France de tenir la chronique de l'évolution des sentiments dans les quartiers et dans les villages où ils enseignaient, et ce qui reste de ces documents est riche.

Malheureusement, cette abondance n'implique nullement que tout le champ soit couvert, ni qu'il ne soit pas facilement incompris. D'abord parce que les sources se recopient entre elles. Les dépêches que l'on trouve dans les archives des ministères des Affaires étrangères sont souvent le simple reflet des rumeurs qui circulent dans les salles de rédaction, ou de ce qui se colporte dans les salons fréquentés par les diplomates, avec une tendance chez tous à prendre la répétition des mêmes affirmations pour une garantie de leur pertinence.

Il faut avoir conscience qu'existent toujours des effets de déformation entre ce que les citoyens éprouvent et ce qu'on en connaît. Les filtres sont nombreux. Et l'historien lui-même risque d'apparaître comme un médiateur de plus, un voile supplémentaire entre la réalité de ce qui a été ressenti et ce que l'on peut en dire après coup.

Considérons un exemple démonstratif : la correspondance des combattants en 1914-1918. On dispose là d'une source extraordinaire, d'autant plus importante qu'il s'agit d'une période où la censure militaire rend la presse particulièrement infidèle à ce qu'éprouve le public. A l'origine, les militaires ont instauré la censure des lettres pour débusquer les méchants pacifistes, ceux qui étaient supposés répandre l'esprit de défaitisme. Puis, très vite, la hiérarchie s'est aperçue que ces commissions de contrôle postal – qui lisaient toutes les lettres à destination de l'étranger et à peu près une lettre sur vingt du courrier intérieur – ne seraient guère utiles contre des meneurs ou des fauteurs de troubles qui, sachant pertinemment l'existence de la censure, se garderaient dans leurs missives de toute imprudente franchise ; mais qu'elles seraient précieuses pour appréhender, dans ses variations, le moral des combattants des tranchées, facteur décisif dans toute guerre. Source capitale donc, et surabondante. Oui. Mais les combattants nous disent-ils vraiment ce qu'ils pensent ? On constate vite, à la lecture des rapports des commissions de contrôle postal, qu'ils sont de sincérité inégale selon leurs correspondants : artificiellement plus optimistes par exemple – pour ne pas inquiéter – quand ils écrivent à leurs parents que quand ils écrivent à leur femme. De surcroît, les censeurs qui ont ouvert les lettres et recopié des extraits n'introduisent-ils pas une autre déformation ? N'ont-ils pas tendance à privilégier le rare, le surprenant, l'excessif, par rapport à l'opinion moyenne ? Et enfin l'historien lui-même, armé de sa culture d'aujourd'hui (ou gêné par elle), interprète-t-il bien ce qu'il lit ?

Par rapport à toutes ces sources concurrentes, comment situer les médias ? Leur relation avec l'opinion publique est bien plus compliquée qu'on ne peut le croire naïvement : s'il est vrai qu'ils cherchent à plaire à leurs lecteurs, en rejoignant leurs préférences, ils peuvent se tromper sur ce que ceux-ci aimeront lire ou entendre. D'autre part, à leur désir de séduire pour être prospère se mêle souvent, à un degré variable, l'espoir d'influencer les comportements ; et cela conduit à prendre en compte le jeu complexe des forces diverses qui pèsent tantôt ouvertement, tantôt secrètement sur ces médias : forces politiques, influences financières, argent caché...

Voyez la crise de Munich en septembre 1938. Pendant longtemps, on nous a affirmé que l'immense majorité de l'opinion publique française était « munichoise », après les concessions dramatiques qu'avaient consenties les démocraties à Hitler et à Mussolini, en sacrifiant la Tchécoslovaquie alliée. Pendant longtemps on nous a dit, en se fondant notamment sur les débats parlementaires, que chez les politiques seuls les communistes et quelques individualités isolées s'étaient prononcés clairement contre les accords. En étudiant la presse de l'époque, on constatait que, hormis quelques titres – *L'Humanité* à l'extrême gauche, *L'Époque* d'Henri de Kérillis du côté de la droite –, les journaux portaient tous le message que l'opinion presque entière refusait une politique de résistance à Hitler, qu'il n'était guère de Français qui fussent prêts à mourir pour Prague.

Or les historiens se sont récemment avisés de l'existence, à l'époque, des premiers sondages. Jean Stoetzel venait de fonder l'Institut français d'opinion publique. Le premier numéro de sa revue, *Sondages*, est paru le 1er mai 1939, et il donne une réaction sur Munich. Que constate-t-on ? Que 57 %, certes, des Français approuvent les accords au lendemain de l'événement lui-même, mais que 37 % leur sont hostiles, 6 % seulement étant sans opinion ; encore ne sait-on pas, pour les 57 %, s'ils approuvent beaucoup, un peu, du bout des lèvres. 37 % sont beaucoup plus que les électeurs du Parti communiste : le chiffre est égal à trois fois l'audience du PCF aux élections législatives de 1936. De la même façon, on constate qu'en juin-juillet 1939 un Français sur six seulement, après le deuxième coup de force contre Prague en mars 1939, refuserait de « mourir pour Dantzig » – selon le titre d'un article fameux de Marcel Déat.

Ainsi parvient-on à une vérité beaucoup plus nuancée que ce qu'on nous a longtemps enseigné. Mais, en même temps, il est bien vrai que, comme le disait Raymond Aron, en histoire, « une idée fausse est un fait vrai ». L'idée fausse que les hommes politiques ont pu se faire, à partir de la lecture de la presse, de l'état réel de l'opinion publique n'a pas été sans influencer leurs choix et leurs comportements. Daladier, partant pour Munich, lit la presse dans l'avion, et elle lui dit, en gros : « Cédez, Monsieur le Président ! » Ce qui n'a pas manqué de peser sur son attitude, aux côtés de Chamberlain, en face de Hitler.

Au demeurant, dans ce jeu de miroirs, dans cette construction en « abyme », pour apprécier l'influence des médias sur l'opinion publique, il ne faut pas considérer seulement le poids des éditoriaux, soit bien séparés (principe anglo-saxon), soit mêlés subrepticement aux récits (schéma supposé latin), mais tout autant le champ vaste qui constitue ce qu'on a appelé quelque-fois « le politique du non-politique ».

Il s'agit notamment de la presse spécialisée, la presse féminine, la presse pour enfants, la presse culturelle, la presse sportive, qui contribuent à la « socialisation politique » d'une population.

J'emprunterai quelques exemples à Pierre Milza : à l'occasion d'un colloque sur les relations entre l'opinion publique et la politique étrangère organisé par l'École française de Rome en 1980, il avait développé une réflexion à ce sujet. Les deux premiers cas concernent les relations franco-allemandes dans l'entre-deux-guerres. Et d'abord les vives tensions qui surgissent quand le chancelier Brüning, en mars 1931 (deux ans avant l'arrivée de Hitler au pouvoir), s'efforce de mettre sur pied un « Anschluss économique », union douanière entre l'Allemagne et l'Autriche, qui apparaît tout à fait contraire aux traités de 1919. L'émotion est immédiate et vive dans l'opinion française. Or il se trouve qu'au même moment un important match de football oppose, à Paris, les équipes de France et d'Allemagne : l'ambiance de la rencontre, les comportements chauvins, les cris, les réactions même des joueurs interviewés dans les vestiaires offrent fidèlement le reflet de l'intensité de cette opposition entre les deux pays, mieux que beaucoup d'articles parus sous la rubrique « Affaires étrangères ».

Un deuxième exemple est fourni par *La guerre de Troie n'aura pas lieu*. Cette pièce célèbre de Jean Giraudoux, qui date de 1935, est marquée par la « montée des périls ». Elle est donnée à Paris en pleine bataille des sanctions dirigées contre l'agression italienne en Éthiopie. D'où naît toute une agitation, révélatrice d'un moment d'une sensibilité collective qui complète utilement ce qu'apportent les éditoriaux des journaux politiques.

Le troisième exemple concerne les relations entre la France et les États-Unis, en 1952. C'est le moment de la campagne communiste contre la présence américaine en Europe, sur le slogan « *Ridgway go home* » (le général Ridgway commande alors les troupes américaines en Europe). Manifestations, banderoles, inscriptions sur tous les murs. Roger Vailland, écrivain proche du Parti communiste, fait jouer une pièce violemment anti-

américaine qui s'appelle *Le colonel Foster plaidera coupable.*
Le général Ridgway doit arriver quelques jours plus tard. De
violentes bagarres éclatent autour du théâtre.

Bon rappel à l'historien de l'intérêt – propre à protéger contre
le découragement – d'aller chercher son miel, moyennant de
nombreuses précautions intellectuelles, et avant d'en revenir
aux médias, dans des directions diverses et parfois inattendues.

On n'en est pas quitte pour autant. Car cette notion même
d'opinion publique que les journaux évoquent constamment est
faussement claire. C'est un être de raison, une construction abstraite. Il n'existe à proprement parler *une* opinion publique à
aucun moment, et, au fond, c'est par convention qu'on emploie
l'expression au singulier. Dans la réalité concrète, on a affaire à
une grande multiplicité d'attitudes et de réactions aussi nombreuses que les régions, les professions, les situations sociales,
les écoles de pensée, les familles d'esprit. Constamment, il faut
faire des distinctions sociologiques, géographiques, selon les
sexes ou les classes d'âge…

Distinctions qui s'imposent plus encore en période de crise.
Il est encore plus difficile, par exemple (ce qui a permis beaucoup d'appréciations trop péremptoires), de saisir « l'opinion
publique » au moment de l'exode de 1940 en France que dans
des périodes plus calmes. Pourquoi ? Parce que les gens étaient
déracinés, arrachés à leur environnement ordinaire, qu'ils n'avaient
pas l'occasion de « cristalliser » de la même façon leur interprétation des événements parmi leur entourage familier. Ajoutez
l'effet de la censure : lorsque apparaît un risque de dénonciation
policière pour ceux qui pensent mal et qu'une chape de plomb
tombe sur les médias, la dispersion s'accroît dans l'opinion,
puisque les moyens ordinaires de circulation de l'information et
d'élaboration des réactions s'étiolent ou disparaissent.

Donc, l'historien se méfie des affirmations de certains sociologues qui plus que d'autres se sont risqués à parler d'une
opinion publique considérée comme un tout. Je me fonde sur
l'article de Georges Burdeau consacré à ce sujet dans l'*Encyclo-*

paedia Universalis. Pour lui, il n'existe d'opinion publique que dans un cadre consensuel fortement marqué. « Si l'on veut conserver à l'opinion publique sa spécificité, écrit-il, il convient de mettre en relief sa généralité et, pour tout dire, sa vocation à être dominante. » A l'en croire, on ne pourrait parler d'opinion publique que dans les cas où existe un consensus majoritaire portant avec clarté des idées fortes. L'historien des médias a tendance, au contraire, à multiplier les sous-distinctions et il se prend à penser parfois que l'opinion publique en général n'existe à aucun moment.

Au surplus, il faut réintroduire cette notion d'intensité à laquelle, je l'ai dit, les sondages ne permettent guère d'accéder convenablement. Nous savons bien, par expérience personnelle et historique, que l'opinion intense d'une minorité active pèse souvent plus sur le cours des choses que les réactions molles d'une majorité nonchalante. Les médias sont d'autant plus acérés, d'autant plus fermes qu'ils ont une clientèle précisément définie. Pour prendre des exemples au temps de l'âge d'or de la presse française avant 1914, c'est l'opposition entre tel organe de défense des chasseurs de palombes et *Le Petit Parisien*, quotidien populaire qui tend toujours à arrondir les angles pour chercher le plus grand commun dénominateur supposé des réactions de son public (on n'est pas loin de TF1 aujourd'hui…). Entre les deux, les journaux d'opinion : les *Débats,* par exemple, du côté de la droite bourgeoise installée, grave, sérieuse et pusillanime, ou *L'Humanité,* du côté des socialistes, ont évidemment des traits plus marqués.

Un troisième axe de réflexion concerne les rythmes de l'opinion. Il serait fallacieux de croire que celle-ci s'organise dans le temps selon cette évolution linéaire que laissent imaginer les journaux. Chaque instant de l'opinion publique, ou *des* opinions publiques, se définit en réalité à partir de strates temporelles différentes évoluant selon des cadences diverses. Les médias se situent en apparence du côté du plus instantané, du plus mobile, mais ceux qui y travaillent sont eux-mêmes influencés par des évolutions plus lentes.

Reprenons l'exemple des combattants de 1914, sur lesquels leur correspondance renseigne si bien. Et considérons les mutineries de 1917. Sous l'effet de la fatigue, de l'échec de l'offensive du général Nivelle, des hivers qui ont succédé aux hivers, du trop-plein de douleurs et de privations, des régiments se révoltent et refusent de monter en ligne. Or que lit-on dans les lettres des soldats, en avril 1917 ? Non pas seulement les motifs immédiats de la révolte, mais aussi des attitudes plus lentement élaborées, sur le moyen terme, des attitudes plus stables nées de la guerre, qui font embellir les privilèges de la vie des civils à l'arrière, et fantasmer sur la grève des « midinettes » des ateliers de couture... Attitudes des paysans en face des ouvriers, aussi bien ; ces ouvriers qu'on rappelle à l'arrière pour travailler dans les usines de guerre, et qui, en plus, font grève parce qu'ils veulent gagner un peu plus d'argent ; alors que les soldats-paysans continuent de mourir dans les tranchées... Attitudes durables aussi à l'égard du milieu parlementaire, à l'égard des industriels, à l'égard des généraux et de toute la hiérarchie militaire...

En creusant encore, on discerne un troisième rythme pluri-décennal, et peut-être séculaire. Ces lettres donnent à voir comment, sur le long terme, s'est tissée la sensibilité patriotique de la génération des combattants, des Français qui ont alors entre vingt et quarante-cinq ans. Avec, saisissante, l'empreinte de l'école primaire. Ce sont les enfants du « petit Lavisse » qui se battent depuis trois longues années d'enfer. Ce manuel d'Histoire de classe élémentaire dont Pierre Nora, naguère, a étudié l'influence puissante, est à la source de bien des stéréotypes nationaux. L'image de l'Angleterre ? En 1917 commencent d'apparaître, dans une période très difficile, des incertitudes sur la solidarité britannique et, aussitôt, resurgissent les références automatiques à Jeanne d'Arc et à Fachoda, avec parfois des allusions explicites à ces gravures qui illustraient le volume et qui s'inscrivaient dans la mémoire des enfants plus fort encore que la leçon apprise par cœur. L'image de l'Allemagne ? Les combattants, même les plus frustes, dans leurs souvenirs scolaires, mobilisent la cruauté des Huns venus de l'Est. « Ils sont pires qu'Attila... », le propos est récurrent. C'est bien le témoignage d'une cohésion autour d'une mémoire nationale, profondément enracinée. Là est le tuf où s'enracinent les attitudes nées de la guerre et les réactions immédiates aux événements successifs.

Telle est donc cette insaisissable opinion avec laquelle les médias, constamment, doivent s'efforcer d'entretenir un commerce efficace. Sa complexité est telle que je ne prétendrai à aucune exhaustivité ni même à répondre complètement à toutes les questions qui viennent d'être posées. Au demeurant, ce livre, issu d'un cours professé en quinze leçons à l'Institut d'études politiques de Paris en 1991-1992, garde délibérément plusieurs traits liés à cette origine. Il ne s'interdit ni les ellipses, ni les digressions, ni les « zooms », ni les « arrêts sur image », ni les anecdotes propres à éclairer les tendances profondes, ni les allusions à notre actualité la plus proche, ni même les réflexions personnelles nées de mes propres expériences dans le champ des médias. Son ambition n'est pas celle des ouvrages les plus érudits envers lesquels, chemin faisant, je reconnaîtrai mes dettes. Je propose simplement – en concentrant l'attention, pour l'essentiel, sur le seul monde occidental – un libre parcours à travers les siècles et les décennies passés, au service des citoyens soucieux de retrouver les couleurs des combats anciens et de préparer les prochains.

CHAPITRE I

PRÉHISTOIRE
ET PRIME ENFANCE

Dès la nuit des temps

Avant d'aborder les temps de la presse écrite, qui est née elle-même de l'invention de l'imprimerie, il faut évoquer la circulation des nouvelles pendant l'immensité des âges qui ont précédé l'époque dite moderne, pointe extrême, dans la longue durée, de l'histoire des hommes.

En partant d'une observation simple. La différence principale, à cet égard, entre l'animal et l'homme, c'est que le premier réagit toujours à un événement extérieur de façon instinctive alors que le propre de l'homme est de prendre des décisions à l'élaboration desquelles la raison contribue, à côté de l'instinct. Donc, il s'appuie forcément sur la connaissance la plus précise possible du monde extérieur que ses sens ne peuvent pas percevoir directement, un monde où interviennent sans cesse des modifications nées soit des bouleversements inattendus de la nature, soit de l'agression de groupes extérieurs.

Certes, l'échelle géographique de ces relations varie suivant les étapes de la civilisation. Mais peut-être leur nature même est-elle immuable. C'est le lieu de citer le mot fameux d'Auguste Comte : « Il faut savoir, afin de prévoir et de pourvoir. »

Depuis toujours, l'homme a soif de nouvelles à la fois exactes, complètes et fraîches, et c'est dans la rapidité que la concurrence joue de la façon la plus patente. Une nouvelle, depuis l'origine des temps jusqu'aux mouvements boursiers d'aujourd'hui, n'acquiert en effet tout son prix que lorsqu'on en possède l'exclusivité provisoire.

Ainsi est-on conduit aussitôt à une dialectique que nous allons retrouver tout au long de ces pages, entre le désir de dissimuler les nouvelles qu'on possède et l'aspiration à connaître et à faire connaître celles dont les autres disposent. Ici la simple curiosité (que se passe-t-il à côté ?) et l'esprit de concurrence sont vite relayés par la recherche du profit, dès lors que la nouvelle devient une marchandise. Avec le désir jumeau de tromper l'adversaire ; de faire ce que la mode contemporaine appelle de la « désinformation » ; la chose, sinon le mot, existe depuis très longtemps : quand non seulement on dissimule les nouvelles à l'autre, mais quand on essaie de l'égarer par des mensonges.

Si on commence par le plus fruste, à l'origine, le premier des médias est l'indication publique d'un fait très simple et qu'on peut prévoir : en un temps où n'existe pas l'écriture. Une entaille dans un arbre, un caillou de couleur, une branche brisée signifient aux yeux des hommes primitifs l'approche de l'ennemi, ou bien que le gibier est passé par ici ou passera par là... Figurent dans la même catégorie divers signaux optiques, par exemple la fumée le jour ou la flamme la nuit, ou aussi les signaux acoustiques, tel le tam-tam familier aux Africains.

Au IXe siècle après Jésus-Christ encore, l'empereur byzantin avait installé sur la frontière séparant son empire de celui des Abbassides une ligne de feux et de fanaux qui lui permettaient d'être averti en une heure dans sa capitale, si le temps n'était pas trop couvert, au cas où l'ennemi franchirait la frontière.

Il est curieux de noter que ce procédé, évidemment très élémentaire, subsiste, ici ou là, aujourd'hui. Ainsi pour l'élection des papes. On apprend sur la place Saint-Pierre qu'un souverain pontife est élu par le conclave lorsque y est émise une fumée blanche ; une fumée noire, en revanche, signifiant que le dernier vote des cardinaux a été indécis et qu'ils continuent à délibérer.

En 1978, je me trouvais sur la place Saint-Pierre, pour l'élection de Jean-Paul Ier (celui dont le pontificat ne dura que quelques semaines) en compagnie d'un diplomate français de l'ambassade de France près le Saint-Siège. Surgit une fumée qui était de couleur incertaine à mes yeux. Mon voisin la considéra, et, avec toute l'autorité attachée à sa charge, proclama qu'elle était noire, qu'il ne se passerait plus rien ce soir-là, et rentra chez lui. Je demeurai pourtant sur la place, étant plus badaud que lui, et au bout d'un quart d'heure apparut au balcon le cardinal qui donna le nom du nouveau pape. Le gris de la fumée avait voulu dire le blanc plutôt que le noir...

Comme cet épisode nous le rappelle, ces signaux-là sont incertains et donnent parfois des résultats malencontreux. D'où l'intérêt de chercher mieux, ce que l'humanité n'a pas manqué de faire depuis la période reculée que je viens d'évoquer.

Dépasser le binaire

Très vite, en effet, à ces renseignements élémentaires et fondés sur un choix binaire on a cherché à ajouter des informations propres, grâce à des messages plus détaillés, à dire l'imprévu. Avant l'époque de l'écriture il n'existait qu'un chenal : la parole s'appuyant sur la mémoire.

L'événement le plus symbolique est l'épisode du coureur de Marathon, en 490 av. Jésus-Christ : après la victoire des Grecs sur les Perses, le messager parcourt les 42,195 kilomètres jusqu'à Athènes, où, après avoir dans un souffle annoncé le succès de sa patrie, il meurt d'épuisement. Comme s'il s'était confondu avec la nouvelle qu'il portait et que, l'ayant expulsée de lui-même, il disparaissait symboliquement...

Une civilisation, avant de sombrer, a porté ce système à l'extrême pointe de son efficacité : le Pérou des Incas avant la conquête des Espagnols. Ce vaste empire puissamment centralisé ne connaissait ni l'écriture ni le cheval, et l'empereur inca, pour exercer son pouvoir, avait besoin constamment d'une circulation très rapide de nouvelles exactes et secrètes. Donc on avait construit sur toute la longueur du territoire, de Quito à Cuzco, soit 2 400 kilomètres, une grande route dallée toute droite et franchissant les montagnes par des escaliers monumentaux. Cet axe majeur était parcouru en permanence par des coureurs à pied qui se succédaient, coudes au corps, de relais en relais, à une vitesse moyenne de dix kilomètres à l'heure. Lorsque chacun d'eux avait parcouru une vingtaine de kilomètres, il commençait d'être fatigué ; le suivant le rejoignait alors, courait à côté de lui ; l'autre lui récitait le message dans ses détails, il le répétait pour vérifier qu'il l'avait bien compris et bien appris et il continuait seul sa course, jusqu'au relais suivant. Ainsi les nouvelles parcouraient-elles l'empire en volant de bouche en bouche et il leur fallait seulement dix jours pour parcourir les 2 400 kilomètres de la grand-route.

L'arrivée de l'écriture change le tableau, d'autant plus qu'elle est en gros contemporaine d'une domestication des animaux qui permet d'accroître la vitesse de circulation des nouvelles. Le cheval fait plus que doubler la vitesse d'un coureur à pied, jusqu'à 25 kilomètres à l'heure environ. Dans d'autres civilisations, le méhari, dromadaire très rapide, parcourt 80 kilomètres par jour dans le désert.

Les plus anciennes « postes officielles » remontent, semble-t-il, à l'empire perse des Achéménides, dont la pratique a été transmise ensuite de façon ininterrompue aux monarchies hellénistiques, puis à l'empire romain, à l'empire byzantin, et au monde musulman. Dans un beau livre consacré à *La Communication à Rome*, Guy Achard montre comment, des royaumes à la République et de la République à l'Empire, on est passé progressivement de la domination de l'oral à celle de l'écrit et comment les correspondances privées – des centaines de milliers chaque année – atteignent un remarquable degré de développement, circulant de plus en plus vite, élargissant leur destination bien au-delà des particuliers et assurant, en concurrence croissante avec les bruits et rumeurs qui suivent les voies de commerce et d'échanges, une diffusion remarquable de l'information collective dans l'immensité des territoires conquis. Il est d'autant plus frappant de constater comment, en Occident au moins, la circulation organisée et efficace des nouvelles s'interrompt pendant au moins un millénaire : après que les invasions barbares sont venues désarticuler l'empire romain et ont fait se replier les monarques sur leur pré carré, tandis que se multiplient les dangers de la route et les entraves de toutes sortes.

Il faut attendre le XIIIᵉ, le XIVᵉ et même le XVᵉ siècle, pour qu'on voie en Occident renaître des postes officielles – éventuellement ouvertes aussi, contre bonne rétribution, aux particuliers. Louis XI établit les siennes en 1464, la Grande-Bretagne en 1478, l'empire de Maximilien en 1502.

Les papes jouent ici, très tôt, un rôle important, à la fois parce qu'ils souhaitent avoir une connaissance de l'Occident tout entier et parce qu'ils disposent des moines qui circulent à travers l'ensemble de la chrétienté. Puis, à partir de la naissance et du développement du capitalisme commercial, notamment italien, les hommes d'affaires entrent dans le jeu, démontrant que, comme aujourd'hui, ils ont pour agir un puissant besoin de connaître l'évolution des affaires partout et si possible avant leurs concurrents.

A côté du cheval et du dromadaire, citons aussi le pigeon voyageur qui est connu déjà chez les Perses et dont l'utilisation est généralisée au moment des conquêtes de l'Islam. Les croisés, arrivant en Terre sainte, découvrent amèrement que leurs adversaires en tirent un sérieux avantage. Les limites sont pourtant étroites, d'abord parce qu'on ne peut pas transmettre de longs messages, même rédigés sur des papiers très fins, ensuite parce que les pigeons sont souvent attrapés par les faucons des ennemis. La nouvelle peut être ainsi interceptée, ce qui pousse déjà à inventer des codes secrets. Voilà le début d'une longue et passionnante histoire, celle des efforts de cryptage, qui conduisent jusqu'aux machines les plus complexes d'aujourd'hui, elles-mêmes attaquées par d'autres machines vouées au déchiffrement...

Ainsi se développe une information vraiment universelle à partir du XIIIᵉ siècle, stimulée par les Grandes Découvertes et par la Renaissance. L'appétit de nouvelles est double, à la fois économique et culturel, et c'est de la sorte que naît cette Europe des intellectuels (le mot est anachronique mais la chose ne l'est pas), dont Érasme est le plus illustre représentant.

Très tôt, naturellement, entrent en jeu des forces qui travaillent à arracher ces informations à ceux qui les ont commanditées et payées. Soit que la puissance publique elle-même les distille au service de ses desseins, moyennant sélection et censure, soit qu'interviennent des fuites de toute nature, provoquées par les conflits politiques ou par l'appât du gain.

Dès les civilisations antiques existent ces lieux privilégiés de circulation des nouvelles que sont les foires, l'agora, le forum ou le temple. C'est sur l'agora, sur le forum qu'en Grèce et à Rome on affiche les nouvelles du jour. *Acta publica, acta diurna* : une sorte de journal officiel, placardé sur les murs, est donné à lire aux citoyens romains. Les *acta Senatus* sont les décisions du Sénat. Sénèque nous rapporte que les plus riches des Romains entretenaient des esclaves pour aller recueillir en ville les mercuriales, le prix des marchandises, et aussi les rumeurs qui leur permettraient de faire de bonnes affaires spéculatives et de prendre opportunément des positions fructueuses en politique.

On voit se mettre en place de la sorte, à partir du XVᵉ et au cours du XVIᵉ siècle, un réseau de plus en plus dense de circulation des informations, dont témoigne l'essor des « nouvelles manuscrites » : ancêtres de nos journaux. A partir de grands centres d'affaires, en Allemagne et en Italie en particulier, partent des informations résumées sur la situation économique et sur la situation politique. Elles sont mises bout à bout et recopiées à toute vitesse par des scribes qui en reproduisent 100, 200, 300 exemplaires : c'est ce qu'on appelle, à Venise, dès la fin du XVᵉ siècle, les *avvisi,* et bientôt, chez les Hollandais, les *zeytungen.* Anvers, Francfort, Lyon – qui a une foire florissante –, suivent l'exemple.

L'imprimerie et les « occasionnels »

C'est alors que survient, fait bouleversant, l'invention de l'imprimerie par Gutenberg, à Strasbourg en 1438. Je parle de l'Occident puisque les Chinois, qui sortent des limites de cet ouvrage, mais qu'il faut saluer cependant, la connaissaient depuis plusieurs siècles, grâce à quoi la dynastie des T'ang, qui régna sur la Chine de 618 à 907, avait pu lancer dans le public une gazette officielle qui s'appelait le *Ti pao.*

24

En Occident, le premier livre sort des presses à Lyon en 1473 et presque tout de suite apparaissent les nouvelles imprimées. Au début, sans régularité. Et tel est bien le trait majeur de cette première phase, de la fin du XVe siècle au début du XVIe. Les « occasionnels », en France, sont de petites feuilles, des fascicules de dimensions limitées – de 8 à 16 pages –, qui sont mises dans le commerce et qu'on peut situer entre le tract et le journal. Le premier volume de l'*Histoire générale de la presse française*, rédigé par Marcel Reinhard, apporte sur ce point beaucoup de détails instructifs.

Les « occasionnels » s'appelaient en Italie *gazzette*, mot dérivé de *gazzetta* qui veut dire « petite monnaie » : la piécette avec laquelle on achetait la feuille a donné son nom, par glissement, à l'objet lui-même. Avec un jeu de mot en prime : *gazza,* dans l'italien de Dante, veut dire « la pie » et a donné « jaser » en français. En France apparaissent les « canards », à caractère plus populaire. Le premier « canard » connu remonte à 1529. Les « canards » portent à la connaissance d'un grand public toutes les nouvelles, vraies ou imaginaires, qui peuvent frapper l'imagination et la sensibilité : les inondations, les tremblements de terre, les apparitions miraculeuses qui pullulent à l'époque (on en évoquera encore beaucoup pendant la guerre de 1914-1918), et surtout les crimes spectaculaires qui passionnent le public. C'est de ce temps que date l'expression de « canard » pour désigner une fausse nouvelle. Maurice Lever a publié une anthologie remarquable de ces documents, pleine de bruit et de fureur, avec ce commentaire : « Raison et déraison, sagesse et démence, crime et châtiment, rêve et réalité… L'ambivalence est bien au cœur du fait divers, comme elle est au cœur de l'homme […]. Dans les canards de colportage, comme dans la presse à sensation, comme aussi dans les *reality shows*, ce n'est certes pas la déprimante vérité que l'on vient chercher, mais son image à la fois unique et universelle, saturée de sens parce que saturée de mythes… »

Les canards, les libelles, les placards, connaissent un essor spécifique au moment des guerres de Religion ; les chansons aussi, qu'on vend sur la place publique, et qui n'ont pas une moindre portée politique.

Et voici que sont déjà définies les trois facettes principales qui sont celles de la presse, depuis ces temps reculés. Les informations générales : ce sont les occasionnels ; les faits divers : ce sont les « canards » ; et la presse d'opinion, qui s'efforce de peser sur les affaires publiques : il s'agit des libelles, placards et autres chansons. Cet ensemble se prolonge jusqu'à la fin du XVIIIᵉ siècle et même jusqu'au XIXᵉ avec la littérature de colportage, qui a beaucoup influencé l'évolution des sensibilités collectives en Europe.

Périodiques en tout genre

L'étape suivante est marquée par l'apparition d'une régularité dans la publication, par l'instauration de ce lien particulier entre le journaliste et le lecteur que constitue le rendez-vous à terme fixe.

Il s'agit d'abord d'une annualité, avec les « almanachs » (le mot est apparu en 1391 et vient du syriaque par l'arabe, signifiant « l'an prochain ») ; les premiers calendriers sont imprimés à Mayence dès 1448.

Mais la véritable naissance de la presse périodique ne remonte qu'au début du XVIIᵉ siècle. Saluons l'ancêtre : à Anvers, aux Pays-Bas, à partir de mai 1605, paraît – à intervalles d'abord irréguliers – une feuille qui s'intitule *Les Nouvelles récentes* (*Nieuwe Tydinghen*). On ne s'étonne pas que cet événement survienne dans un pays qui est plus ouvert sur l'extérieur que la plupart, avide par conséquent de mieux connaître le monde.

Au cours des années suivantes, le mouvement s'accélère et à peu près concomitamment surgissent des publications régulières à Bâle, à Strasbourg, à Francfort, à Berlin, à Hambourg, à Stuttgart, à Prague, à Cologne, à Amsterdam. C'est comme une revanche de l'Europe du Nord sur l'Europe méditerranéenne, qui reflète une vitalité commerciale.

A Londres, le premier hebdomadaire naît en 1622. A Paris, en

1631, avec le célèbre Théophraste Renaudot. Ce médecin originaire de Montpellier est un protestant inventif, laborieux, un homme d'entregent, énergique et imaginatif. *La Gazette*, apparue cette année-là, comporte 4 pages, sur un format 23 × 15 cm, avec un tirage allant de 300 à 800 exemplaires. On compose et on imprime feuille par feuille.

Au sud, Florence a son premier hebdomadaire en 1636, Rome en 1640, Madrid en 1661. A Saint-Pétersbourg, Pierre le Grand, fasciné par l'Occident, crée lui-même son journal en 1703.

Dès ce XVIIe siècle se dessinent bien des traits qui sont encore ceux de la presse d'aujourd'hui. L'éventail des genres est déjà très ouvert, tandis que cette profession neuve commence d'élargir sa liberté contre ces adversaires habituels que constituent le désir d'intervention des gouvernements, l'argent corrupteur et aussi un certain nombre de complaisances de groupe (ce qu'on appellerait aujourd'hui les « renvois d'ascenseur »).

A côté des journaux d'intérêt général du type « gazette » qui alignent à la suite des informations militaires, politiques, économiques, se précisent les deux autres catégories déjà relevées : les organes de culture et les organes de divertissement riches de faits divers.

L'archétype, en France, des publications « culturelles », est le *Journal des savants* qui est fondé en 1665 sous le patronage de Colbert : hebdomadaire à dominante bibliographique qui ambitionne de rendre compte de tous les livres importants, tant littéraires que scientifiques. Cette invention française est bientôt transportée en Italie où le *Journal* est traduit. Elle l'est ensuite en Allemagne. Cependant qu'en 1666 est fondé en Angleterre le *Philosophical Transactions*, publié par la Société royale de Londres et qui joue outre-Manche un rôle similaire à celui du *Journal des savants* chez nous.

Du côté des organes de divertissement et d'échos, on doit citer, en France, le cas curieux de *La Muze historique* de Jean Loret, protégé de Mlle de Longueville, qui publie entre 1652 et 1665 avec grand succès un hebdomadaire entièrement versifié par lui-même ; en treize ans, il donne plus de 400 000 vers. Ici nous sommes encore proches d'une civilisation où la mémorisation de la nouvelle s'appuie sur la versification.

Voici un échantillon de ce journalisme bien particulier, où Loret évoque la façon dont il travaille :

> J'ai tournoyé par tout Paris,
> J'ai visité quelques notables,
> J'ai fréquenté de bonnes tables,
> Moins pour le plaisir du *gustus*
> Que pour celui de l'*auditus*.
> J'ai même été dans les ruelles
> Pour amasser plus de nouvelles...

On n'est pas loin de la presse à scandales, la « presse de caniveau » comme nous disons aujourd'hui. Et voyez ces vers que bien des journalistes pourraient encore de nos jours afficher derrière leur bureau :

> Ma muze est presque au désespoir
> Car certainement hier au soir,
> Au lieu de songer à la rime,
> Je jouais si tard à la prime*
> Que je dors encore debout
> Et ne sais pas par quel bout
> Je dois commencer ma copie...

« Ma copie »... le mot perdure !

Plus fameux et plus important est *Le Mercure galant*. Ce journal, fondé en 1672 par Donneau de Visé, a une vocation à la fois politique et littéraire ; il est imité dans toute l'Europe ; il essaime en province, et aussi en Hollande.

Le Mercure galant ne dédaigne d'ailleurs pas les bobards, ce qui montre que les genres ne sont pas fixés : pendant toute l'année 1680, il tient ses lecteurs en haleine à propos de « la couleuvre de La Tour du Pin », un animal qui porte dans ses dents une escarboucle merveilleuse et qui est réapparu à plusieurs reprises devant des paysans ébaubis : l'ancêtre du monstre du Loch Ness ou des « OVNI » de nos jours.

---

* Jeu de cartes de l'époque.

La liberté : premiers combats

Cette presse naissante, balbutiante, mène ses premiers combats pour la liberté.

Envers les gouvernements d'abord. D'emblée, ceux-ci se soucient de cet instrument nouveau et ils réagissent devant l'inconnu selon un réflexe ordinaire ; par la peur, multipliant les interdictions ou punitions si lourdes qu'elles conduisent le journal à disparaître. Puis, dans un deuxième temps, apparaît la volonté de domestication, pour faire servir la presse à leurs desseins.

Dans ce domaine, jusqu'à la Révolution française, l'Angleterre est toujours en avance, copiée, imitée, jalousée. C'est en 1686 que la Chambre étoilée des Tudors fixe une première codification de la censure. A l'époque tout le monde admet encore que le droit de publier des nouvelles relève directement du Roi. D'où la notion de « privilège » accordé par lui à un imprimeur.

L'histoire de la liberté de la presse, en bref, c'est celle de la distinction qui s'établit progressivement entre les secrets d'État et les nouvelles publiées.

L'histoire politique très troublée que connaît la Grande-Bretagne au XVIIe siècle, avec la chute de Charles Ier Stuart, décapité, puis l'époque de Cromwell, puis le retour de Charles II Stuart, aide à l'accélération du mouvement : les révolutions d'Angleterre sont favorables, dans leurs interstices, à l'extension des libertés.

En 1644, Milton, l'auteur du *Paradis perdu,* adresse un appel au Parlement – le Parlement qui s'affirmera bientôt comme l'instrument principal de l'extension progressive des libertés publiques – sous le titre d'*Areopagitica.* Il s'agit du tribunal mythique fondé à Athènes sur la colline d'Arès, et qui aurait absous Oreste du crime de parricide. Sous-titre : *A Speech for the Liberty of Unlicensed Printing* (défense de la liberté de l'imprimerie sans autorisation). A vrai dire, le poète se bat pour la liberté des livres autant que pour celle des publications périodiques. « Tuer un homme, dit-il, c'est détruire une créature raisonnable, mais étouffer un bon livre, c'est détruire la raison elle-même. » Il explique que les républiques antiques, Athènes, Rome, n'ont pas persécuté les écrits (ce qui est embellir le passé). En bon antipapiste, il juge que ce sont la papauté, le concile de Trente, l'Inquisition, qui ont fait tomber une chape de plomb sur la liberté de la presse. On prétend prévenir le mal par la censure préalable. Oui, mais « le bien et le mal ne croissent pas séparément dans le champ fécond de la vie ; ils germent l'un à côté de l'autre et entrelacent leurs branches d'une manière inextricable ».

Le raisonnement est subtil. Pour être acceptable, la censure devrait être exercée par des hommes à la fois incorruptibles et infaillibles. Or, ils n'existent guère, sinon pas du tout, ceux qui seraient capables de distinguer à coup sûr le bien et le mal. Donc mieux vaut s'abstenir, puisque se tromper dans la censure, c'est à coup sûr étouffer le talent et le génie. On trouve là résumé l'essentiel de la défense et illustration de la liberté de la presse telle qu'elle se développera par la suite.

Cette liberté, dans la Grande-Bretagne du XVIIᵉ, subit un mouvement de flux et de reflux. En période de troubles et de guerre civile, la liberté s'étend. Quand le pouvoir se resserre dans les mains d'un seul, elle s'étiole.

Charles II revient au pouvoir en 1660. La *London Gazette*, créée en 1666, est dans sa main. Et il faut attendre la fin du XVIIᵉ siècle pour que soit aboli le *Licensing Act* de 1662 qui organisait une rigoureuse censure préventive. John Locke a plaidé efficacement pour cela.

Sur le « continent », de façon très contrastée, le XVIIᵉ siècle ne connaît guère que des journaux à peu près officiels. (En 1633, Richelieu, protecteur exigeant de Renaudot, impose un article à *La Gazette*, qui oblige à recomposer tout un numéro au dernier moment.) En retour, on jouit de pensions et de privilèges variés.

Mais déjà se révèle l'impossibilité d'une emprise intégrale. Avec des phénomènes de compensation d'un pays à l'autre. Dans une exclamation fameuse, Victor Hugo dira, après le coup d'État de Napoléon III en 1851 : « L'imprimerie est supprimée en France au profit de la Belgique. » Au XVIIᵉ siècle, c'est à la Hollande que profite la censure dans les pays où les monarchies sont les plus puissantes. Moins bien que les ondes courtes, mais mieux que les gros livres, les feuilles imprimées peuvent circuler, malgré toute la vigilance des douaniers, d'un pays à l'autre.

Renaudot lui-même disait avec fierté qu'il ne servait de rien à des pays étrangers d'interdire sa gazette, « vu que c'est une marchandise dont le commerce ne s'est jamais pu défendre et qui tient cela de la nature des torrents qu'il se grossit par la résistance ».

Donc la presse libre trouve un refuge en Hollande qui a d'excellents imprimeurs. Le diplomate Pomponne, ambassadeur de Louis XIV en Hollande, écrit à son roi en 1670 : « On se passerait ici de toutes choses plutôt que des gazettes, qui font l'entretien des chariots et des bateaux. » En fait, le gouvernement des Pays-Bas n'éprouve pas beaucoup plus de sympathie que les autres pour une presse libre traitant de ses propres actions. Mais le pouvoir y est très décentralisé et chaque ville y est disposée à laisser les journaux dire du mal des voisines. Surtout – « chariots et bateaux » –, la Hollande tire un profit évident du commerce des nouvelles, puisqu'il est très rémunérateur et que la circulation des marchandises pondéreuses peut être complétée par le transport des feuilles imprimées. Au surplus, celles-ci étant rédigées dans une langue étrangère, le plus souvent en français, éventuellement en allemand, les États généraux qui gouvernent la Hollande savent qu'elles ne sont pas comprises par la majorité des habitants de ce pays.

La révocation de l'édit de Nantes, en 1685, qui contraint à l'exil plusieurs centaines de milliers de protestants français, en installe un grand nombre en Hollande, où ils fournissent au journalisme des plumes de qualité. Dès lors, rien ne peut empêcher que ces journaux pénètrent partout en Europe.

Un réfugié protestant, Gédéon Flournois, écrit à la fin du règne de Louis XIV (j'emprunte cette citation comme plusieurs autres à Georges Weill, remarquable pionnier de l'histoire de la presse) : « A messieurs les commis de sa Majesté pour la visite des livres défendus : plus vous vous obstinez à empêcher que les bons livres et les bons journaux entrent en France, plus vous vous montrez sévères sur ce point-là, plus vous donnez de goût aux Français de les voir, d'en faire venir, quelque danger qu'il y ait et quoi qu'il leur en coûte, et de les lire avec avidité, car tel est le naturel de l'homme qu'il dédaigne ce qu'on lui permet et qu'il court après ce qu'on lui défend. » Cette dialectique de la censure et de la curiosité est de tous les temps.

D'ailleurs, les princes eux-mêmes, si attentifs à censurer les publications dans leur propre royaume, ne laissent pas de se procurer ces mêmes feuilles étrangères pour leur information et leur plaisir. Saint-Simon raconte comment Louis XIV se faisait lire régulièrement les gazettes de Hollande et comment il apprit par les railleries de l'une d'entre elles une faute militaire de son fils, le duc du Maine, que lui avaient cachée ses courtisans et qui l'irrita au point que « ce prince, si égal à l'extérieur et si maître de ses moindres mouvements dans les événements les plus sensibles, succomba sous cette unique occasion » : il brisa sa canne sur le dos d'un valet qu'il surprit, à ce moment précis, à dérober un biscuit... Fonction nouvelle de la presse : protéger les princes contre les silences de la cour et leur faire même apercevoir, à toutes fins utiles, les critiques de leurs sujets que leur entourage leur cache.

Ainsi se développe, timidement encore, une certaine indépendance par rapport aux gouvernements.

La corruption, déjà...

Le deuxième effort de la presse naissante vise à acquérir une plus large liberté à l'égard de l'argent de la corruption. Dès l'aube de l'histoire des journaux sont dénoncés les nouvellistes vénaux, les folliculaires à l'encan qui acceptent de dire le faux contre rétribution cachée. Nous retrouverons ce phénomène, hélas ! à propos de la presse française de la IIIe République, qui fut si profondément pourrie. Dès le XVIIe siècle, on accuse les journalistes de mentir pour mieux vendre le papier, par paresse quelquefois (il est plus facile de raconter des faits imaginaires que des faits à vérifier) et surtout parce qu'on les a stipendiés.

Ben Jonson, grand auteur de théâtre de l'époque élisabéthaine, donne à la scène à Londres, en 1626, une comédie inspirée d'Aristophane qui s'appelle : *The Staple of News,* c'est-à-dire « La boutique de nouvelles », où est pris à partie pour la première fois le personnage social du journaliste, dans la tonalité la plus sombre : il serait absolument dénué de scrupules et prêt à écrire n'importe quoi pour tirer profit de la crédulité de ses lecteurs.

Et il est vrai que, très vite, les gouvernements découvrent les avantages de la corruption ; dans leur arsenal, ils ajoutent la concussion à la coercition. Le phénomène se développera, nous le verrons, d'une façon inquiétante au siècle suivant.

Dès le XVIIᵉ, on voit aussi apparaître un autre danger : celui que s'estompe la frontière, qui devrait être absolue, entre le contenu rédactionnel et la publicité commerciale : la publicité déguisée est une menace de toujours.

C'est la presse anglaise, là encore pionnière, qui invente la « réclame » dans les journaux, y cherchant plus d'indépendance tant par rapport à ses lecteurs que par rapport au gouvernement.

Apparaissent d'abord des annonces de commerçants. Tout naturellement les premières sont celles des imprimeurs eux-mêmes, qui font connaître leurs plus récentes publications – une autopromotion. Puis, très vite, on accepte les messages de boutiques qui souhaitent vanter leurs marchandises et attirer le chaland. Et ensuite d'autres types d'annonces : la quête de son chat perdu par la mère Michel, le désir de trouver un tendre compagnon – déjà ! Il est curieux de citer à ce propos une page de Montaigne, dans les *Essais* (au livre I, chapitre 34), où il explique que son père avait été l'un des inventeurs de l'idée même de la réclame, suggérant « qu'il y eût ès villes certains lieux désignés auxquels ceux qui auraient besoin de quelque chose se pussent rendre et faire enregistrer leur affaire à un officier [entendez à un commis, un fonctionnaire] établi pour cet effet : comme je cherche à vendre des perles, je cherche des perles à vendre ; tel veut compagnie pour aller à Paris [France-Inter, l'été : « cherche coéquipier pour naviguer à la voile »] ; tel s'enquiert d'un serviteur de telle qualité ; tel d'un ministre [un serviteur, genre régisseur] ; tel demande un ouvrier qui ceci, qui cela ; chacun selon son besoin ». Voilà qui est assez moderne en vérité…

En même temps se manifeste chez quelques-uns, timidement, le souci de ne pas mêler au compte rendu objectif d'une réalité telle qu'on l'appréhende l'intervention stipendiée au profit d'intérêts dissimulés. *La Gazette* de Renaudot est un cas intéressant, car son animateur a fondé, le premier en France, en 1632, aux marges de son journal, une « feuille du bureau d'adresse » qui est l'ancêtre des publications d'annonces gratuites que l'on connaît aujourd'hui.

En fait, à plusieurs signes, on soupçonne que les journalistes n'étaient pas très farouches à l'époque en face des tentations de l'argent caché. Significatif est le contrat cité par Louis Trénard dans l'*Histoire générale de la presse française,* qui lie le fondateur du *Mercure galant,* Donneau de Visé, à Thomas Corneille, frère de Pierre Corneille, lui-même auteur de nombreuses tragédies ; ce contrat, passé en 1681, stipule : « Partagerons chacun par moitié tout le profit qui pourra revenir soit de la vente soit des présents qui pourront nous être faits, en argent, meubles, bijoux et pensions. » On ne peut être plus clair.

Réseaux et coteries

Il reste à affirmer une troisième forme de liberté : par rapport aux complaisances de clans propres à étouffer la liberté de jugement et de critique – et ce souci aussi est toujours actuel...

L'histoire du *Journal des savants*, déjà cité plus haut, mérite, à cet égard, d'être évoquée. Créé en 1665 par Denis de Sallo, conseiller au Parlement de Paris, il connaît un rapide succès. Sallo est janséniste, gallican, préoccupé de la défense du Parlement contre le pouvoir royal. Lorsqu'il lance son journal, il explique qu'il va commenter sans entrave les ouvrages scientifiques et littéraires qui paraissent non seulement sur la place de Paris, mais aussi dans les principales capitales intellectuelles d'Europe. D'où des critiques parfois virulentes qui exaspèrent beaucoup d'auteurs et provoquent des réactions vives, notamment du côté des jésuites qui sont souvent étrillés.

Il faut dire qu'on voit déjà en France un trait spécifique des ministres et, éventuellement, des gens de commerce et d'industrie, qui consiste dans le désir de s'illustrer en écrivant, en publiant, en intervenant dans le domaine des lettres. Oronte, dans *Le Misanthrope* de Molière, représente bien ces personnages. Et Alceste n'a pas tort d'être d'abord prudent quand son interlocuteur vient lui lire son sonnet « pour savoir s'il est bon qu'au public [il] l'expose », et pas tort de répliquer : « Mon Dieu, je suis mal propre à décider la chose. Veuillez m'en dispenser... » : quand il se laisse ensuite aller à réagir avec sincérité, il s'attire de graves mécomptes. Tel Denis de Sallo, avec son trop franc *Journal des savants*.

Colbert décide alors de sacrifier le fondateur et il le fait remplacer par un collaborateur plus souple : l'abbé Gallois. On lit avec curiosité le *mea culpa* de ce bon abbé qui explique à ses lecteurs pourquoi son prédécesseur a eu tort d'être si honnête. « Certainement, il faut avouer que c'était entreprendre sur la liberté publique et exercer une espèce de tyrannie dans l'empire des lettres que de s'attribuer le droit de juger les ouvrages de tout le monde. Aussi est-on résolu de s'abstenir à l'avenir, et au lieu d'exercer sa critique, de s'attacher à bien lire les livres pour en pouvoir rendre un compte plus exact qu'on n'a fait jusqu'à présent. » Et il affirme qu'il sera particulièrement prudent pour ce qui touche aux questions religieuses...

Dès lors, comme il advient toujours, se produit un phénomène de compensation. La volonté ministérielle de réduire, en France, la liberté de jugement sur les ouvrages de l'esprit fait bientôt naître en Hollande une autre publication qui reprend la tradition de Denis de Sallo. Le philosophe Pierre Bayle y publie, entre 1684 et 1687, un journal qui rencontre immédiatement un grand succès, les *Nouvelles de la République des lettres*. Dans son premier article, il résume son dessein : il visera, dit-il, le juste milieu entre « la servitude des flatteries et la hardiesse des censures » : bon programme pour un journal qui souhaite servir la littérature sans complaisance pour les littérateurs. Lorsque Bayle suspend la publication, au bout de trois ans, le monde littéraire et scientifique le regrette à travers toute l'Europe occidentale. Il faut dire que les *Nouvelles* passaient plus facilement les frontières que la presse politique et trompaient plus facilement la vigilance des douaniers. A toutes les époques, lorsque la contrainte s'alourdit dans le domaine politique, la liberté cherche refuge dans la presse littéraire.

Trois attitudes

Dès le XVIIe siècle, comme bien l'on voit, le monde des journaux est conduit à une réflexion d'ensemble sur la vérité qu'elle charrie, ses limites et ses effets. Peut-on, doit-on – et comment ? –, rendre un compte juste, précis et détaillé de ce qui se passe ? Et déjà, en face de ce problème de toujours, se précisent trois attitudes possibles (et non contradictoires) : une nécessaire modestie, une récurrente inquiétude, et malgré tout une confiance roborative.

La modestie, d'abord. La conscience naît très vite, chez les journalistes du temps, que la nature du métier et la promptitude du rythme ne leur laissent jamais la même latitude qu'à l'historien ou au philosophe travaillant dans la quiétude distanciée de leur cabinet de travail, pour trier le vrai et le faux, pour replacer les événements multiples de l'immédiat dans la continuité du long terme. Citons encore Théophraste Renaudot parlant de sa *Gazette* : « Je suis bien trompé si les plus riches censeurs ne trouvent digne de quelque excuse un ouvrage qui se doit faire en quatre heures de jour que la venue des courriers me laisse toutes les semaines pour assembler, ajuster et imprimer ces livres. » Le sentiment est vif chez lui de la pression du temps – qui est aussi une drogue.

D'ailleurs, ajoute-t-il, « l'histoire est le récit des choses advenues, la gazette, seulement le bruit qui en court ». Cela, c'est pousser la modestie un peu loin. On ne désespère pas que, même dans la chaleur de l'immédiat, la presse puisse faire le départ entre le probable et le farfelu...

D'ailleurs, Renaudot dit encore : « L'histoire est tenue de dire toujours la vérité, la [gazette] fait assez si elle empêche de mentir. » Le programme est un peu ambigu ; car comment empêcher de mentir sans dire la vérité ?

Et par là on est conduit – deuxième sentiment fort – à l'inquiétude qu'on voit pointer dans la plupart des professions de foi des journalistes du temps : la peur non pas de tromper le peuple, mais de trop lui en dire. Un des journalistes de Charles II d'Angleterre, dont on a vu qu'il tenait sa presse d'une poigne de fer, écrivait vers 1665 : « La presse rend la multitude trop familière avec les actes et les projets de ses supérieurs. » Débat de toujours. Est-il plus facile de gouverner avec un peuple éclairé, ou avec un peuple tenu dans l'ignorance et qu'on amuse par des légendes et des faits divers ? En fait, la plupart des dirigeants, à l'époque, choisissent le second terme de l'alternative, avec plus ou moins de conviction.

Et pourtant, dès le XVIIe siècle, on rencontre aussi l'expression d'une belle confiance dans les vertus de la vérité portée par une presse libre, confiance qui se renforce d'un acte de foi : le cours de la vérité, à terme, est irrépressible. C'est, comme le disait Renaudot : « ...une marchandise dont le commerce ne s'est jamais pu défendre » (au sens d'interdire) ; autrement dit, qui brise tous les obstacles.

Il demeure que dans ce métier la rigueur est toujours difficile, et c'est pourquoi on peut clore ce chapitre par une dernière citation du joyeux Loret, l'auteur de *La Muze historique*, qui est aussi l'inventeur du démenti, tel celui-ci en quatre vers :

> Comme à mes dernières nouvelles,
> Je fis mort Monsieur de Brouzelle,
> J'annonce aujourd'hui que j'eus tort,
> Et qu'il n'est ni défunt, ni mort.

CHAPITRE II

XVIIIᵉ SIÈCLE :
LA GLOIRE DE L'ANGLETERRE

Le développement vigoureux que connaît la presse pendant le XVIIIᵉ siècle est en relation directe – et d'ailleurs complexe – avec le développement des Lumières et de l'esprit philosophique. C'est le temps du premier essor des gazettes, des « mercures », des périodiques en tout genre, le temps où le journal entre dans les habitudes des élites européennes et leur devient indispensable.

Pierre Bayle écrit en 1700 : « Le nombre des mercures et des ouvrages qui mériteraient ce nom s'est si fort multiplié qu'il serait temps qu'on en donnât l'histoire. » Il réclame déjà une histoire de la presse ! Mais c'est seulement à la fin du XVIIIᵉ qu'apparaît l'expression de « quatrième pouvoir ». Elle est due au publiciste anglais Burke, le fameux adversaire de la Révolution française, sur laquelle il a publié des *Réflexions* qui sont restées célèbres.

Quand on considère ce siècle dans sa durée, on est frappé par le contraste entre les îles Britanniques, qui constituent la terre d'élection de la presse où elle conquiert de haute lutte sa liberté, son espace vital, et, d'autre part, le « continent » qui, même dans les pays les plus avancés, est en retard. La Grande-Bretagne sert donc de modèle, aux divers sens du terme, d'un point de vue à la fois moral, politique et économique, à tous ceux qui, ailleurs en Europe, vont se battre pour acquérir progressivement les mêmes avantages.

L'élan britannique

Le point de départ de la spécificité britannique est l'abolition du *Licensing Act* – c'est-à-dire de l'autorisation préalable – en 1695, soit une trentaine d'années après le retour des Stuarts, décision qui ne supprime certes pas l'arsenal entier des répressions possibles mais marque néanmoins un progrès décisif. Et c'est ainsi que la Grande-Bretagne, saluons ce grand moment, voit naître le premier quotidien du monde occidental : le *Daily Currant* qui paraîtra de 1702 à 1735.

Pourquoi cette avance ? On peut distinguer trois causes majeures, trois éléments favorables qui ne se rencontrent pas de la même façon en France ou dans les pays germaniques. D'abord, la vigueur des luttes politiques où s'affrontent deux partis, les Whigs et les Tories ; d'autre part, l'existence d'un public qui n'a pas d'équivalent ailleurs, ni par les dimensions, ni par la curiosité, ni par la culture ; et, enfin, la floraison de talents exceptionnels qui serviront longtemps de références pour toute l'Europe.

Politiquement, même si les libéraux et les conservateurs se rejoignent pour manifester une grande méfiance à l'égard du peuple et une vive réticence devant l'éventuelle démocratisation du système, chacun, lorsqu'il est dans l'opposition (c'est le seul pays d'Europe qui connaisse alors une vraie alternance), tend à défendre et à illustrer la liberté d'expression. Donc, s'appuyant tantôt sur les uns, tantôt sur les autres, les journaux réussissent à élargir leur latitude d'imprimer ce qu'ils souhaitent. Avec d'autre part, en réaction, l'essor d'une presse moralisante, s'affirmant contre la presse de combat qui est souvent d'une violente agressivité à l'égard des dirigeants en place.

Deux journalistes whigs, deux pionniers, Richard Steele et Joseph Addison, donnent son plein éclat à cette nouvelle presse ; en particulier en publiant en 1709 un périodique renommé, le *Tatler* (« Babillard »). Le babillard, c'est l'endroit où on peut parler librement ; avec une nuance d'autodérision qui constituait sans doute une protection contre les reproches qu'ils pouvaient encourir pour un éventuel excès d'audace.

40

Au *Tatler* succède, en 1711, le *Spectator*. Cette fois, il s'agit d'un quotidien, qui atteint un tirage exceptionnel pour l'époque (3 000 exemplaires). Steele et Addison imaginent un club londonien où des personnalités différentes viennent échanger des impressions et des commentaires sur l'actualité politique, artistique et littéraire : un riche aristocrate provincial, sir Roger de Coverley, qui est resté comme un archétype social en Angleterre, un homme de loi, un négociant, un officier retraité ; tous se réunissent autour d'un personnage aussi silencieux et froid que l'est aujourd'hui, dans les pays scandinaves, celui qui, participant à un dîner, est chargé de ne pas boire une goutte d'alcool afin de pouvoir conduire la voiture au retour ; c'est le « spectateur », qui donne son nom au journal et qui, par son immobilité même, marque à la fois l'attention, la durée, la permanence en face de l'agitation des membres du club. Celui qui sait, réfléchi et muet, observer les hommes et les obliger à une certaine gravité au-delà de leur « babillage ».

Ce procédé littéraire met bien en lumière – et c'est le deuxième élément favorable à l'expansion de cette presse – la nature originale du public qu'elle trouve dans ce pays ; notamment à Londres. Ce public a été formé par les turbulences politiques du XVIIe siècle, et il a été porté par l'essor économique de la Grande-Bretagne au XVIIe et surtout au XVIIIe siècle. Il y a beaucoup moins d'illettrés en Angleterre que sur le continent, et beaucoup moins qu'on ne le croit aujourd'hui lorsqu'on s'imagine que c'est le XIXe siècle qui a apporté l'alphabétisation. Les classes moyennes urbaines, et même populaires, ont l'habitude, ce qui frappe les voyageurs, de se réunir dans les cafés pour lire à haute voix et commenter les journaux : on est là à la jonction entre une civilisation orale et une civilisation écrite.

C'est le moment où se développent les « cabinets de lecture ». On peut s'y abonner pour un prix modique et lire ainsi des feuilles qu'on n'aurait pas les moyens d'acheter. Montesquieu note avec étonnement, au cours de son voyage en Angleterre, qu'un ouvrier couvreur se fait apporter sa gazette : ce qui lui paraît inimaginable en France. Et le goût passionné des polémiques, très répandu, aiguise les curiosités.

Le troisième atout de cette presse est constitué par les talents originaux qui émergent en la servant et en se servant d'elle. Il y a rencontre entre le prestige littéraire et le prestige journalistique. Les notoriétés s'appuient à la fois sur la publication de livres et sur des articles dans les journaux : nous verrons qu'il en est allé tout autrement, pendant longtemps, en France.

J'ai déjà cité Richard Steele et Joseph Addison. L'un impulsif et tendre, l'autre sérieux et habile, qui sait ne pas transiger sur ses convictions, et en même temps s'assurer le soutien discret des grands : il est entré en littérature par un éloge enthousiaste du duc de Marlborough – plus connu chez nous sous le nom du Malbrough de la chanson, qui s'en allait en guerre à la fin du règne de Louis XIV, avec le succès que l'on sait – qui protège de sa bienveillante compréhension les audaces d'Addison.

Mais les deux noms les plus illustres sont ceux de Daniel Defoe et Jonathan Swift. Le premier est l'auteur de *Robinson Crusoé* (1719), le second des *Voyages de Gulliver* (1726). Ces deux livres ont eu un étrange destin. Ils sont violents, ils ont eu une haute portée politique dans leur temps, puis ils se sont peu à peu affadis, à force d'être réduits, expurgés, comprimés, jusqu'à devenir des œuvres pour enfants, tombant de Bibliothèque blanche en Bibliothèque verte sinon en Bibliothèque rose.

Swift est un tory fidèle, une illustration de la presse conservatrice avec l'*Examiner,* fondé en 1710. L'auteur de *Gulliver* met sa verve et sa force dans un pessimisme amer qu'il déverse sur l'humanité entière et spécialement sur le personnel politique. Sous peu de plumes on trouve des propos aussi sévères sur l'Angleterre, qui témoignent à eux seuls du degré de liberté auquel on était déjà arrivé outre-Manche. Le roi de Brobdingnag, dans la deuxième partie du livre (lorsque, après avoir été chez les Lilliputiens, Gulliver arrive chez les Géants), écrit à propos des Anglais : « C'est la plus pernicieuse espèce d'exécrables petites vermines que la nature ait jamais souffert de laisser ramper à la surface du globe. » Swift joue du procédé rhétorique qui consiste à feindre d'approuver des pratiques que l'on blâme et ensuite de les pousser peu à peu jusqu'à leur extrémité absurde. On connaît l'impassibilité, par exemple, avec laquelle il avance la *Modeste Proposition* de faire manger les petits enfants pauvres d'Irlande par les riches propriétaires d'Angleterre, selon une démonstra-

tion qui est d'une logique impitoyable : il montre l'intérêt que
tout le monde y trouvera, les parents des petits enfants, qui n'ont
plus à les nourrir, les riches propriétaires qui n'auront pas à les
élever, etc.

Évoquons encore cet autre journaliste fameux qui signe
Junius. En trois ans, entre 1769 et 1772, il acquiert une immense
notoriété en publiant des « Lettres » dans *The Public Advertiser*,
pour défendre les libéraux contre les Tories. 38 lettres seulement, mais d'une vigueur, d'une gravité, d'une efficacité qui
frappent les contemporains et contribuent à élever le niveau du
journalisme anglais tout entier. Aujourd'hui encore, on ne sait
pas avec certitude qui était Junius : il a donc figure d'ancêtre de
tous les journalistes qui ont réussi à défendre plus ou moins
longtemps leur anonymat sous divers pseudonymes.

Obstacles : l'oppression, la corruption, l'impôt

Tels sont les trois ressorts qui expliquent cette progression de
la presse britannique. Celle-ci n'en a pas moins dû bousculer de
sérieux obstacles. Il faut y insister aussi, car ils sont exemplaires
pour d'autres pays, plus tard : poursuites judiciaires, corruption,
impôts.

Les poursuites judiciaires d'abord. Tout le siècle est parcouru
par un débat sur les juridictions qui doivent être chargées de
juger les délits de presse. Car, dans tous les pays, c'est un
domaine où le jury populaire s'est toujours montré plus indul-
gent que les magistrats professionnels : en 1770, le « Chief Justice » lord Mansfield, qui est à la tête du système judiciaire
britannique, pose le principe que, dans tous les procès qu'on
appelle de « *libel* », le jury ne doit avoir qu'un rôle limité, celui
de vérifier que c'est bien l'accusé qui a publié le texte incriminé ; aux juges ensuite – toujours moins indulgents – de dire
s'il y a bien eu diffamation, et de punir.

De fait, l'histoire de la presse anglaise est scandée de
condamnations spectaculaires. Chaque fois, le pouvoir royal

peut ainsi donner l'impression qu'il a réussi à enfoncer le bouchon dans l'eau, mais, chaque fois, il en resurgit avec plus de vigueur. Toutes les forces de répression ne parviennent pas à empêcher le progrès – non sans zigzags. Pourtant, les punitions sont lourdes, la prison, les amendes et même le pilori : Daniel Defoe subit cette peine infamante en 1703.

Le plus fameux pilori, en France, était aux halles de Paris : appareil construit sous une tourelle avec un système de cercle en fer qui tournait lentement sur lui-même et à l'intérieur duquel le condamné était obligé d'enfoncer sa tête et ses deux mains dans un trou. La machine était faite pour montrer au bon peuple l'infamie du condamné ainsi exposé à son mépris. Pourtant, à Londres, il arrivait souvent que la foule, bien loin de cracher sur le malheureux et de l'injurier, l'acclamât, le félicitât, le célébrât. C'est l'heureuse histoire de Daniel Defoe en 1703 : date importante dans l'histoire de la sensibilité à l'égard de la presse en Angleterre.

Une autre agression gouvernementale consiste à brûler les numéros (cette pratique se retrouve au XXe siècle, notamment à l'époque des nazis, selon un sinistre rituel illustré dans le film de François Truffaut, *Fahrenheit 451*). Le cas le plus célèbre est celui du numéro 45 du *North Briton,* publication assurée par le journaliste Wilkes, grand ami du Premier ministre whig William Pitt (le père du William Pitt que l'on retrouvera à la fin du siècle). Lorsque Pitt est renversé, en 1762, Wilkes, lui-même député, prend sa défense avec violence, de telle sorte qu'en novembre 1763 le Premier ministre tory lord North obtient que la Chambre des Communes dénonce le numéro concerné, et reconnaisse à la justice le droit de poursuivre Wilkes.

C'est alors que l'épisode devient vraiment intéressant. Wilkes est parlementaire. Donc, ses collègues doivent lever son immunité afin qu'il soit traité non pas comme élu de la nation, mais comme journaliste. Moment symbolique fort : on apporte tous les exemplaires du numéro 45 pour les brûler solennellement en plein air. La foule se rassemble, empêche le bourreau de faire son office et escorte Wilkes en triomphe jusqu'aux Communes. Avec un effet si éclatant que plus jamais le Parlement n'osera faire brûler des journaux. Certes, Wilkes est obligé de s'exiler pendant quatre ans en France (où il a d'ailleurs beaucoup d'influence auprès de la presse prérévolutionnaire), mais il obtiendra vingt ans plus tard, en 1782, que la résolution du Parlement qui le condamna soit rayée du registre des Communes.

Cette bataille d'un siècle aboutit finalement au *Libel Act* de 1792, qui a autant d'importance historique que l'abandon du *Licensing Act*, cent ans plus tôt. C'est la fin du « système de Mansfield ». Désormais, le jury aura vocation à juger de la diffamation : une des raisons du futur essor, magnifique, de la presse britannique au XIXᵉ siècle sur lequel nous reviendrons.

Un deuxième obstacle à surmonter est la corruption. Inventant la liberté de la presse, la Grande-Bretagne invente aussi la vénalité des plumes : l'argent est répandu à flots par Walpole, qui fut Premier ministre whig pendant plus de vingt ans, de 1721 à 1742, sous George III. Après sa chute, une enquête révèle qu'il a dépensé 50 000 £ au cours de la dernière décennie de son pouvoir, uniquement pour s'assurer des articles favorables.

Troisième obstacle : l'impôt. Le gouvernement s'efforce de rattraper par le détour du fisc ce qu'il a concédé du côté des juridictions. C'est la Grande-Bretagne qui invente le droit de timbre, créé en 1712, alourdi en 1724, en 1756, en 1775. On rejoint ici la controverse déjà évoquée : est-il ou non souhaitable que le petit peuple lise ? Est-il sain pour l'équilibre d'un pays que les classes populaires soient au fait des détails de la vie politique et sociale ? La majorité des hommes politiques ne le pensent pas, tandis qu'en face on dénonce avec passion « l'impôt sur la connaissance ».

Addison écrivait : « Ce sera mon ambition qu'on dise de moi que j'ai fait sortir la philosophie des cabinets d'étude et des bibliothèques, des écoles et des collèges, pour l'installer dans les clubs et les salons, aux tables à thé et dans les cafés. » On cite dès 1712 un total de 44 000 exemplaires par jour, pour les dix journaux de Londres, chiffre considérable dont on ne connaît l'équivalent nulle part ailleurs.

Chambre des Communes : la publicité des séances

L'affrontement, pendant plusieurs décennies, se cristallise sur la grande question de la publicité des séances de la Chambre des Communes.

S'il est aujourd'hui une notion qui nous paraît intrinsèquement liée à la notion de démocratie, c'est bien celle de publicité des débats où s'affrontent les élus du peuple. Pourtant, il faut tout le XVIIIᵉ siècle pour que la Grande-Bretagne s'en convainque. A l'origine le Parlement souhaite farouchement protéger le secret de ses délibérations et de ses votes. Une analyse trop fine des positions prises par les uns et les autres dans les propos et dans les scrutins risque de révéler la vénalité des parlementaires et la mise aux enchères de leurs votes...

Pendant longtemps, les séances n'étant pas publiques, les comptes rendus qui sont livrés à la presse sont très sommaires. Les orateurs eux-mêmes communiquent ce qu'ils veulent, avec une tendance naturelle à embellir leurs propos et à effacer les critiques et leurs éventuels échecs. Donc les journaux décident de faire de cette publicité des débats de la Chambre des Communes un cheval de bataille, pour répondre à la vive curiosité de leurs lecteurs, et pour en conquérir de nouveaux.

Voici quelques épisodes significatifs d'un conflit qui dure un demi-siècle.

1720 : un journaliste, Mist, qui a rendu compte sur un ton violemment critique de débats qu'un député lui a rapportés, est puni par le pilori, l'amende et la prison : toute la gamme...

1722 : la Chambre, à la suite de cet épisode, renouvelle l'interdiction de rendre compte des séances en menaçant les contrevenants des sanctions les plus épouvantables.

1727 : un autre journaliste, Edward Cave, n'en publie pas moins des comptes rendus détaillés, qu'il se procure auprès de divers parlementaires dont il collige les notes. Réprimandé, il décide qu'il ne relatera plus les débats de la Chambre des Communes, mais qu'il racontera ce qui se passe dans le « Sénat de Lilliput » (nous sommes quelques années après la publication des *Voyages de Gulliver*). Et il choisit des pseudonymes transparents pour les acteurs principaux : Walpole devient Walelup, etc. Ce procédé ironique connaîtra, comme on sait, une belle descendance.

Le dernier effort de la répression date de 1771. Le roi George III, qui à cette époque s'essaie à un gouvernement autoritaire et personnel, écrit au Premier ministre lord North : « Il est nécessaire de mettre fin à cette méthode étrange et illégale de publier les débats dans les journaux. » Il faut dire que, depuis deux ans, le journaliste William Woodfall rédige dans le *Morning Chronicle and London Adviser* des comptes rendus détaillés. Comment fait-il ? Il assiste, certes, aux débats mais sans le droit de rien écrire. Pourtant, grâce à sa mémoire prodigieuse, il peut en rédiger l'essentiel en rentrant chez lui et il en rend compte avec une fidélité si sûre que même les parlementaires indignés ne parviennent pas à lui reprocher des erreurs graves.

Cette ultime tentative de George III est un fiasco. Un journaliste emprisonné pour avoir rendu compte des débats est libéré sur l'intervention du lord-maire de Londres et une foule immense lui fait un cortège triomphal. La bataille est gagnée.

Tel est donc le modèle britannique. La vigueur de la lutte comme les résultats obtenus sont en contraste avec l'Europe continentale où, au XVIIIᵉ siècle, la censure préalable continue de régner partout.

L'Autriche et l'Allemagne retardataires

Du côté de l'Autriche et des principautés allemandes, c'est une chape de plomb. Partout les princes allemands multiplient les édits qui musellent la presse. Le duc de Saxe-Weimar, en 1726, refuse d'autoriser une publication en expliquant qu'il ne veut pas que ses sujets soient des « raisonneurs ». L'électeur de Saxe et roi de Pologne, Auguste II, se plaint des « mensonges et du vain bavardage » des journaux. Au premier rang de ces princes qui répriment toute velléité de libre expression, on trouve le « Roi-Sergent », Frédéric-Guillaume Ier de Prusse (régnant de 1713 à 1740), qui développe une conception toute militaire de la vie civique. Il décide qu'il n'y aura pas de journal dans son royaume, sauf deux, publiés par des fonctionnaires qu'il nommera : une feuille officielle qui donnera les édits royaux et une feuille littéraire qui parlera des seuls livres que le roi désignera, sur le ton qu'il aura choisi. Le résultat est attendu : ces feuilles, ternes et ennuyeuses, ne connaissent qu'un succès médiocre dans toute l'Allemagne et en Autriche et les tirages demeurent très faibles.

Un cas plus intéressant est celui de Frédéric II le Grand, le despote éclairé, l'ami des philosophes. Lui a une conception moins fruste de la presse que son père. Il considère que le Roi-Sergent a été trop frileux, et qu'on peut utiliser mieux les journaux. Et il pratique allègrement ce qu'on appellerait de nos jours la désinformation.

Pendant la guerre de Sept Ans (1756-1763), qui oppose la Prusse et l'Angleterre d'un côté, à la France, l'Autriche, la Russie, la Suède et divers princes allemands de l'autre, il utilise systématiquement les journaux pour inonder ses adversaires de fausses nouvelles. Par exemple, il publie tranquillement un faux bref du pape qui favorise sa propagande, en 1759. En 1767, après la fin de cette guerre, il apprend qu'à Berlin, sa capitale, court le bruit fallacieux d'une nouvelle guerre – qui serait très impopulaire. Il juge que les rumeurs doivent se porter ailleurs, et, convoquant ses journalistes à gages, il leur ordonne de publier qu'il vient d'y avoir un effroyable ouragan de grêle près de Potsdam, avec beaucoup de blessés et de dégâts matériels. Du même coup, les Berlinois oublient leurs inquiétudes antérieures pour rechercher les détails de cette catastrophe imaginaire : aussi imaginaire que la couleuvre à l'escarboucle. Et le roi de se réjouir d'avoir si habilement abusé ses sujets…

En France : philosophes contre gazetiers

Le cas de la France est plus complexe, mais dans l'ensemble elle retarde aussi sur la Grande-Bretagne, en dépit de l'anglomanie qui fleurit à partir des années 1740-1750. L'absence d'un Parlement au sens britannique du terme et de l'alternance de deux partis au pouvoir a compté. Mais surtout il faut relever que la distinction demeure plus forte qu'outre-Manche, dans l'esprit des élites politiques et littéraires, entre les livres, d'un côté, et les périodiques, de l'autre. Ce sont les livres, en général, qui éclairent et promeuvent la pensée des philosophes, et non la presse. Quand les philosophes se regroupent, ils ne songent pas à faire un journal ou une revue, mais plutôt l'*Encyclopédie*. Quand ils parlent de la « liberté de la presse », ils entendent celle des livres et des opuscules de toute sorte, et non pas des journaux. Aussi bien sont-ils en général très hostiles aux gazettes, tandis qu'en face, pendant longtemps, les journalistes les plus brillants s'illustrent surtout en ferraillant contre les philosophes eux-mêmes. Certes, il se crée une alliance objective pour réclamer plus de liberté, mais cette liberté accrue est utilisée dans des combats violents qui opposent les gens de presse et les philosophes. Les querelles où s'affrontent Fréron et Voltaire sont célèbres. Georges Weill, dans son grand livre, reproduit une brassée de philippiques des philosophes dirigées contre les journaux. En voici quelques exemples, empruntés aux plus illustres : Voltaire, Diderot, Rousseau et Montesquieu.

Voltaire déteste les journaux, acceptant seulement de donner un *satisfecit* aux feuilles officielles, celles qui perpétuent la tradition de *La Gazette* de Renaudot, ou du *Journal des savants*. Les gazettes officielles de France « n'ont jamais été, dit-il dans l'article « Gazette » de l'*Encyclopédie*, souillées par la médisance et ont toujours été assez correctement écrites. Il n'en est pas de même des gazettes étrangères. Celles de Londres, excepté celles de la cour, sont souvent remplies de cette indécence que la liberté de la nation autorise ». Et, un peu plus tard, il déclare : « La presse est devenue un des fléaux de la société et un brigandage intolérable. » Hauteur méprisante de l'homme d'écrits durables à l'égard de la petite foule des gens de presse qu'il méprise. Il en blâme à la fois l'indécence et la légèreté : la presse n'atteindra jamais à la noblesse du livre réfléchi.

De la même encre le propos de Diderot, dans l'*Encyclopédie* : « Tous ces papiers sont la pâture des ignorants, la ressource de ceux qui veulent parler et juger sans lire, le fléau et le dégoût de ceux qui travaillent. Ils n'ont jamais fait produire une bonne ligne à un bon esprit, ni empêché un mauvais auteur de faire un mauvais ouvrage. » Et, à l'article « Journaliste », le même Diderot accuse : « Nous avons maintenant en France une foule de journaux. On a trouvé qu'il était plus facile de rendre compte d'un bon livre que d'écrire une bonne ligne, et beaucoup d'esprits stériles se sont tournés de ce côté-là. » Ainsi s'efforce-t-il d'affirmer une hiérarchie entre les philosophes d'un côté, les folliculaires de l'autre.

Quant à Rousseau, son esprit était plus chagrin ; ses critiques sont plus acides encore. En 1755, il écrit à un ami de Genève dont il vient d'apprendre qu'il a lancé un journal. « Vous voilà donc, messieurs, devenus auteurs périodiques. Je vous avoue que votre projet ne me rit pas autant qu'à vous ; j'ai du regret de voir des hommes faits pour élever des monuments se contenter de porter des matériaux, et des architectes se faire manœuvres. Qu'est-ce qu'un livre périodique ? Un ouvrage éphémère, sans mérite et sans utilité, dont la lecture, négligée et méprisée par les gens lettrés, ne sert qu'à donner aux femmes et aux sots de la vanité sans instruction, et dont le sort, après avoir brillé le matin sur la toilette, est de mourir le soir dans la garde-robe. »

Et voici Montesquieu enfin, qui, dans les *Lettres persanes,* fait dire à Uzbec : « Il y a une espèce de livres que nous ne connaissons pas en Perse et qui me semblent ici fort à la mode, ce sont les journaux. La paresse se sent flattée en les lisant. »

Concluons par ce mot de l'abbé Galiani à Mme d'Épinay : « Dieu vous préserve de la liberté de la presse établie par édit ! Rien ne contribue davantage à rendre une nation grossière, détruire le goût, abâtardir l'éloquence. »

On ne s'étonne pas qu'en face la plupart des journalistes soient hostiles aux philosophes, avec un phénomène cumulatif d'exaspération des critiques mutuelles.

Fréron et Linguet

Quelques exemples sont célèbres. En tête Élie-Jean Fréron. C'est le disciple d'un abbé Desfontaines qui crée en 1735 *Le Nouvelliste du Parnasse,* puis les *Observations sur les écrits modernes*, organe qui mène la vie dure aux philosophes. Fréron a une verve inventive, débridée, passionnée. Dans son *Année littéraire* qui paraît de 1754 à 1776 avec beaucoup de succès, il prend à rebrousse-poil l'ensemble de la gent philosophique. Sans détour, il se pose comme un défenseur de la tradition.

Avec un goût visible du paradoxe, contre les novateurs, il défend les abus. (On songe à Edgar Faure affirmant qu'une société est fondée sur une multitude de petits abus provoquant des satisfactions éparpillées qui finissent par constituer une sorte de ciment.) « Les novateurs ont tort, il faut défendre les abus, explique Fréron, qui par un long usage sont liés à tant de détails, se sont tellement amalgamés avec le courant des affaires, qui, en un mot, ont jeté des racines si profondes et si étendues que l'on ne pourrait les toucher sans un grand bouleversement. »

Chez beaucoup de conservateurs hostiles à la Révolution, on rencontre la même idée. Rivarol déclare ainsi que souvent il vaut mieux tolérer une situation certes critiquable mais à laquelle on est habitué, plutôt que de la supprimer au prix de bouleversements qui conduisent à bien pis que la situation antérieure. On sait la haine qu'en retour Voltaire a portée à Fréron, qu'il définit comme « un insecte sorti du cadavre de l'abbé Desfontaines » ; on connaît le fameux quatrain :

> L'autre jour, au coin d'un vallon,
> Un serpent piqua Jean Fréron.
> Savez-vous ce qui arriva ?
> Ce fut le serpent qui creva...

C'est ainsi que, tout défenseur de la liberté de la presse que Voltaire se veuille, il n'hésite pas à demander en 1749 au lieutenant de police d'enjoindre à Fréron d'être plus circonspect, et au besoin de l'enfermer à Bicêtre. Puis il poursuit sa campagne en mettant en scène, dans sa pièce *L'Écossaise,* en 1760, un personnage qu'il appelle Frélon, transposition transparente...

Il est significatif de cette inégalité dans la considération que Malesherbes, directeur de la librairie à partir de 1750, qui a beaucoup contribué à l'extension de l'esprit des Lumières en jouant habilement, pour élargir la marge de liberté des écrivains qu'il appréciait, entre toutes les forces compliquées qui se manifestaient à la cour et à la ville, ait été beaucoup moins compréhensif et tolérant à l'égard des journaux. Il interdit par exemple un temps à Fréron de répliquer à *L'Écossaise* dans son journal.

On peut faire un sort aussi à un autre personnage, qui, dans la génération suivante, représente bien cette situation des journalistes, qui sont des aventuriers autant que des écrivains : Simon Linguet. On pourrait faire de sa vie un film haut en couleur.

L'homme est en effet truculent. Il est le fils d'un sous-principal janséniste du collège de Beauvais (bon représentant de cette classe moyenne de pédagogues et de robins qui a donné tant d'acteurs importants de la Révolution française). Il est pauvre et il est cultivé. Pour un jeune homme ambitieux de cette catégorie, il n'existe qu'une solution : se mettre promptement au service d'un grand seigneur. Il commence donc par être secrétaire de plusieurs aristocrates, notamment du duc des Deux-Ponts qui l'emmène quelque temps en Pologne.

A Lyon, il invente un nouveau type de savon : de suif et produit à froid ; il crée une manufacture pour exploiter son idée, gagne beaucoup d'argent, puis se ruine. Et puisqu'il ne peut plus rester industriel, il se fait avocat. Avec une grande efficacité ; il plaide pour le chevalier de La Barre et soutient une série de causes célèbres, jusqu'à ce qu'il finisse par irriter le barreau par la virulence de son ton – et le voilà radié de la profession.

C'est alors que, pour gagner sa vie ailleurs, il décide de publier une gazette. Il se lance dans le journalisme politique. Non pas à Paris, à Londres ; parce qu'on est plus libre, à partir du pays voisin, de parler dru et de critiquer les pouvoirs en place. Il y fonde en 1777 les *Annales politiques, civiles et littéraires,* qu'il transporte ensuite à Bruxelles, qui entrent en France par mille canaux souterrains et y connaissent un grand succès.

L'homme est cosmopolite ; il parle plusieurs langues. Il ne cesse de se déplacer de pays en pays, à la fois par curiosité et pour protéger sa liberté. On s'en irrite à Paris ; on l'y attire, par une ruse de basse police ; on le capture. Il est embastillé pendant deux ans. Son disciple préféré, Jacques Mallet du Pan, en profite pour publier, à son indignation, les *Annales* sous son propre nom. Les philosophes si prompts d'ordinaire à défendre les libertés individuelles ne s'indignent pas du tout qu'on l'ait mis derrière les barreaux. Grimm écrit même à propos de cette arrestation : « L'ordre des avocats, l'Académie, le Parlement, un grand nombre d'honnêtes particuliers grossièrement insultés dans les écrits de M. Linguet n'auront pas beaucoup de peine à se consoler de cette disgrâce. »

Il sort de prison, fait reparaître son journal, va chercher en Autriche un climat moins malsain, fort bien accueilli à Vienne par Joseph II, satisfait que son talent égratigne les autres souverains. Linguet a l'imprudence – car il ne retient jamais sa plume – de soutenir la cause des insurgés du Brabant contre son protecteur. Ce que Joseph II prend très mal. Il disgracie notre homme et le chasse.

Linguet se retrouve en France au moment de la Révolution, membre du Club des Cordeliers, ne parvient pas à se faire élire député, se lie avec Desmoulins et avec Robespierre, et est finalement guillotiné en juin 1794 « pour avoir encensé les despotes de Vienne et de Londres » : fin assez logique pour cet aventurier aussi efficace dans sa verve qu'injuste dans ses polémiques. Une vie pleine de bruit, de fureur et de contradictions. Tout en étant farouchement ennemi des philosophes, Linguet a mené avec eux la lutte pour la liberté, et il avait, en définitive, le sentiment de cette connivence – contrairement aux philosophes eux-mêmes.

Les motifs du retard français

La haine que ceux-ci portaient à la presse explique en partie la lenteur des progrès de la liberté des périodiques en France. Mais quand on a dit cela, on ne fait que repousser le problème. Pourquoi donc la presse n'est-elle pas plus vivante et mieux considérée ?

Il faut rappeler le poids très lourd des journaux traditionnels, les journaux à privilèges, que nous avons rencontrés au XVIIe siècle et qui se perpétuent jusqu'à la Révolution française : *La Gazette,* qui paraît deux fois par semaine ; le *Journal des savants,* plus prudent, plus lisse, plus académique que jamais dans ses recensions d'ouvrages, et *Le Mercure,* devenu *Mercure de France.* Toutes ces entreprises demeurent très rémunératrices, même s'il leur faut payer une redevance au gouvernement. On doit attendre 1777 (75 ans après le *Daily Currant* de Londres) pour voir publier le premier quotidien français : le *Journal de Paris,* qui a des prudences de serpent pour ne faire de peine à aucune puissance en politique intérieure et qui pourtant est suspendu plusieurs fois.

Ces journaux traditionnels continuent d'étouffer les francs-tireurs porteurs d'avenir, les chevau-légers du journalisme. A quoi s'ajoute une seconde raison du retard français : l'absence d'affrontement bipartisan et du pouvoir d'une chambre des représentants. Non seulement la liberté de publier, en termes juridiques, ne s'améliore pas dans les premières décennies du siècle, mais la répression tend à s'alourdir. En 1764, un édit interdit tout écrit portant sur l'administration des finances. En 1767, un autre texte proscrit de traiter des questions religieuses, portant un rude coup au passage à un journal important : les *Mémoires de Trévoux.* Cette publication des jésuites, qui paraît de 1701 à 1782, a joué un rôle dans le mouvement des idées, avec un esprit plus libéral qu'on ne pourrait s'y attendre, et elle a enfoncé dans une clandestinité plus grande qu'auparavant la publication janséniste qui réussit à survivre pendant tout le XVIIIe siècle, les *Nouvelles ecclésiastiques* (1728-1803) : cette feuille est imprimée secrètement dans des caves et distribuée par des filières souterraines qui témoignent de la vitalité des réseaux jansénistes dans la France du XVIIIe siècle.

Le développement de la profession de censeur est significatif. En 1751, on en dénombre 82 en France, sous les ordres du directeur de la librairie ; en 1763 : 121.

Et lorsque l'entrepreneur Charles-Joseph Panckoucke – homme

de presse inventif, d'origine hollandaise – rachète, en spéculateur éclairé, *Le Mercure* en 1778, puis *La Gazette* en 1787, il prend grand soin de s'assurer la bienveillance du pouvoir, en promettant au gouvernement qu'il ne manquera pas de s'acquitter scrupuleusement des frais de son privilège. Ces deux journaux se trouvent fort bien, au moment de la guerre d'Indépendance américaine, de recevoir de l'argent corrupteur du ministre Vergennes qui souhaite préparer l'opinion à une intervention en faveur des « insurgents ».

Ainsi s'explique qu'ait survécu en France plus longtemps qu'en Grande-Bretagne, à côté de la presse muselée, un maillage d'informations qui perpétuent la tradition et la prospérité des « occasionnels » ou des « nouvelles à la main », des officines qui entretiennent des collaborateurs pour aller recueillir des informations qui sont ensuite mises en forme et recopiées par des scribes : l'équivalent des « lettres confidentielles » d'aujourd'hui, qu'on paie cher pour avoir la promesse, ou l'illusion, que l'on disposera avant les autres de nouvelles échappant à la grande presse. Ainsi s'éloigne peu à peu une civilisation où les lettres personnelles, dont on savait (songeons à Mme de Sévigné) qu'elles seraient lues à la ronde dans les cénacles auxquels appartenait leur destinataire, jouaient un rôle essentiel – exactement comme au temps de Cicéron.

La place de l'Amérique

Il faut dire un mot pour finir de l'influence de l'indépendance des États-Unis sur la chronique de la liberté de la presse en marche.

Lorsque Brissot, futur leader des Girondins, lance, à l'aube de la Révolution, en avril 1789, un journal qui rencontre tout de suite grand succès : *Le Patriote français*, il écrit dans son prospectus ces lignes qui sont révélatrices : « Il faut trouver un autre moyen que les brochures pour instruire tous les Français, sans cesse, à peu de frais et sous une forme qui ne les fatigue pas. Ce moyen est un journal politique ou une gazette. C'est l'unique moyen d'instruction pour une nation nombreuse, [...] qui cherche à sortir de l'ignorance ou de l'esclavage. Sans les gazettes [voilà l'important], la Révolution de l'Amérique [...] ne se serait jamais faite. »

L'itinéraire personnel de Brissot est significatif. Persuadé (sa lucidité avait des limites) que rien d'important ne se passerait en France dans les prochaines années, il part pour l'Amérique au début de 1788 afin d'y chercher fortune et d'y fonder un journal. Lorsqu'il apprend la convocation des États généraux, il se rembarque précipitamment pour revenir à Paris où il pense – ici meilleur prophète – qu'il jouera un rôle important. Entre-temps, durant quelques mois, il a pu constater, lui-même, aux États-Unis, de quel poids la presse a pesé dans l'émancipation.

Pendant l'époque coloniale, les gazettes américaines étaient médiocres ; à la fois parce qu'elles étaient très surveillées, et parce que, la circulation étant difficile d'une colonie à l'autre, le public potentiel de ces journaux était étroit et ne permettait pas de leur assurer une prospérité suffisante pour attirer les grands talents.

En 1775, dans les colonies britanniques d'Amérique, paraissent 34 feuilles à peu près régulières. Puis, dès le déclenchement de la guerre d'Indépendance, surgit une efflorescence de titres qui y jouent un rôle important. La *Boston Gazette*, qui s'est repliée à l'intérieur des terres, lorsque les troupes anglaises sont arrivées, est restée célèbre. La Déclaration des droits de l'État de Virginie, en date du 12 juin 1776, proclame – honorons ce texte pionnier : « La liberté de la presse est l'un des remparts les plus puissants de la liberté. » Et la Déclaration d'indépendance du 4 juillet 1776 inscrit cette même liberté de la presse parmi les droits inaliénables de l'homme. Au bout du chemin, le premier amendement de la Constitution américaine, en 1791, interdit pour l'avenir au Congrès d'adopter aucune loi qui la limite.

Deux noms émergent dans cette histoire : Benjamin Franklin et Thomas Paine.

Le « bonhomme Franklin », qui a vécu de 1706 à 1790, est le fils d'un imprimeur de Boston. Très jeune, il part pour Londres y apprendre son métier et, de retour au pays, il lance, à vingt-deux ans, en 1728, la *Pennsylvania Gazette* à Philadelphie. Il n'a pas seulement inventé le paratonnerre, ce pour quoi on ne saurait trop le louer ; il est également l'un des pères fondateurs de la presse libre aux États-Unis. Et c'est là un des fondements de cette popularité qui le conduit à Paris comme ambassadeur de la jeune République américaine, à l'issue de la guerre d'Indépendance.

Thomas Paine n'est pas moins digne d'intérêt. Au 10, rue de l'Odéon, à Paris, on peut voir une plaque toute fraîche qui signale l'immeuble où il a habité. Ce personnage, que se disputent aujourd'hui les fiertés anglaise et américaine, a aussi été fait citoyen français d'honneur sous la Révolution.

D'origine britannique, il franchit l'Atlantique en 1774 muni d'une lettre d'introduction de Benjamin Franklin. Arrivé à Boston, il rédige le *Pennsylvania Magazine,* pendant dix-huit mois. Sa plume déliée, inventive, colorée, lui assure une rapide notoriété. Les différents éditeurs des gazettes américaines se le disputent. Il prend des positions libérales, réclame la République, l'affranchissement des Noirs et l'extension des droits des femmes. De telle sorte qu'au moment de la guerre d'Indépendance, Washington le recrute à son état-major et donne l'ordre de faire lire ses articles à haute voix dans les corps de garde.

Ces deux personnages, Benjamin Franklin et Paine, ont été des truchements importants entre les révolutions américaine et française. Lorsque Benjamin Franklin meurt en 1790, la Constituante vote un deuil national de trois jours. Et Thomas Paine est élu à la Convention. Certes, il était incapable de parler français, semble-t-il, ou avec un tel accent que personne ne comprenait rien, si bien qu'on était toujours obligé de faire traduire ses élans par un interprète, ce qui brisait un peu l'effet de son éloquence ; mais il n'en était pas moins considéré comme un personnage important, bien représentatif de ces étrangers qui ont été faits citoyens français pour les services éminents rendus par eux à la Révolution.

De l'influence en France du « modèle américain » témoigne le journal fondé en 1776 sous le titre le *Courrier de l'Europe,* et tourné spécialement vers les événements d'Amérique. Imprimée à Boulogne, cette feuille, où Brissot fait ses premières armes, réussit à installer sa liberté en profitant du fait que chacun des deux pays se réjouit des critiques que le journal, dans la langue de l'autre, dirige vers son adversaire.

Vers 1775-1785, à l'aube de la Révolution française, on voit peu à peu diminuer, en France, l'opposition entre les classes dirigeantes et les philosophes d'un côté, et les gazetiers de l'autre. Dans ce dernier quart du siècle, l'Académie française commence d'accueillir pour la première fois des journalistes : signe que le mépris se dissipe. Target, magistrat et publiciste, entrant à l'Académie en 1788, est reçu par le duc de Nivernais, qui lui dit : « L'emploi de journaliste est digne désormais d'être exercé par les meilleurs esprits. » Et dans ses Souvenirs Brissot raconte que, s'il a surmonté son hésitation à embrasser une carrière aussi méprisée, c'est qu'il s'est aperçu assez vite que ce mépris se muait, dans ces années-là, en une certaine considération. Au sortir du collège, il se dit : « Bayle a bien été précepteur, Postel, goujat de collège, Rousseau, laquais d'une marquise ; je puis bien être gazetier. » Et bientôt il revendique hautement son rôle et sa situation d'homme de presse. « Je me réjouissais d'avoir un papier à mes ordres, qui pouvait répandre des principes dont j'étais un fervent enthousiaste. »

Cette évolution prépare l'article décisif de la Déclaration des droits de l'homme et du citoyen du 26 août 1789 : « La libre communication de la pensée et des opinions est un des droits les plus précieux de l'homme. Tout citoyen peut donc parler, écrire, imprimer librement, sauf à répondre de cette liberté dans les cas déterminés par la loi. » Parler, écrire, imprimer librement, les journalistes de la Révolution française ne vont pas s'en priver, avec des effets d'une grande portée.

CHAPITRE III

LA RÉVOLUTION FRANÇAISE
ET LA PRESSE

L'un des plus illustres tableaux que nous ait laissés la Révolution française est celui, peint par David, de Marat assassiné par Charlotte Corday. Le conventionnel enturbanné y figure dans sa baignoire sabot prenant un de ces nombreux bains que lui imposait chaque jour une cruelle dermatose. Devant lui, un petit plateau en bois sur lequel sont posées les feuilles de l'article qu'il était en train d'écrire. Le bras droit pend dans une pose dramatique. La plume d'oie a chu à terre à côté du couteau qui contraint le journaliste à un silence définitif...

Acceptons, dans ce chapitre, d'être gallocentrique. Dans l'histoire européenne, la Révolution française, moment capital, est incompréhensible sans le rôle qu'y ont joué les journaux. Qu'il s'agisse de son déroulement, de son rythme ou encore des représentations que les contemporains ou les générations ultérieures s'en sont faites, la Révolution serait indéchiffrable si on ne faisait pas sa juste place à la presse. Pour la première fois dans l'histoire de France, et même de l'Occident (à l'exception de quelques épisodes britanniques), la plupart des acteurs politiques importants se font journalistes. Quelques hommes de presse deviennent des figures de proue. A côté de Marat surgissent les noms de Camille Desmoulins, de Mirabeau ou encore de Brissot, le chef des Girondins (on disait les « brissotins » à l'époque), que nous avons déjà rencontré.

On ferait de la presse révolutionnaire une histoire étriquée si on y cherchait seulement la trace des événements, ou si l'on se contentait de restituer la chronique colorée des journaux. On

perdrait de vue l'essentiel si on ne voyait pas que ceux-ci jouè-
rent un rôle capital dans la transmutation même des sujets en
citoyens.

Un des périodiques qui a le plus de succès à l'époque,
Les Révolutions de Paris, prend comme épigraphe la phrase suivante : « Les grands ne nous paraissent grands que parce que
nous sommes à genoux. Levons-nous ! » Et voilà tout un programme !

Trois thèmes fondateurs

Si la méfiance, le mépris des classes dirigeantes et des philosophes envers les « gazetiers » ont commencé de décliner dès
les années 1770, c'est la Révolution française qui incarne le
changement majeur. En installant trois idées importantes, qui
viennent marquer toute l'action des journalistes de ce temps.

La première idée est que le secret est toujours détestable, protection des privilèges, rempart que les monarchies absolues
dressent autour d'elles pour dissimuler les iniquités qu'elles
entretiennent. Le secret est par essence contre-révolutionnaire.
Par conséquent, le régime nouveau se donne pour première
ambition de permettre et de mériter la transparence des affaires
publiques. Il ne suffit pas de dire que désormais la souveraineté
ne tombe plus d'en haut, et qu'elle procède du peuple ; il faut
que tout se passe en public, sous le regard attentif et sévère des
citoyens.

Nous savons à la suite de quels durs affrontements fut obte-
nue, en Grande-Bretagne, la publicité des débats des Communes. Même aux États-Unis, précurseurs à bien des égards, il
faut attendre 1795 pour que le Sénat s'ouvre aux journalistes.
Or, d'entrée de jeu, la Constituante pose que le peuple a droit
d'accéder à tout ce qui se dit dans ses comices : en août 1789,
on retient ce mot de Bailly, premier maire de Paris : « La publicité de la vie politique est la sauvegarde du peuple. »

Deuxièmement, la Révolution rend constamment hommage

60

à un modèle dominant : l'Antiquité, et aux formes de démocratie directe qui existaient dans les cités grecques ou dans la Rome antique. On a souvent observé que toute révolution tend à mimer celles qui l'ont précédée. Flaubert le relève avec ironie dans *L'Éducation sentimentale* à propos de 1848, et, après Mai 68, Raymond Aron en a fait un élément de sa critique du mouvement étudiant. En 1789, ce sont les précédents grec et surtout romain qui obsèdent. La culture des acteurs est fondamentalement classique ; ils ont dans la tête tout un magasin de références qui viennent nourrir leur éloquence, leurs controverses et leurs ambitions. Donc on cherche à réinventer la démocratie directe au prix de ce tintamarre de vociférations que le public lance à partir des tribunes des assemblées. On trouverait aujourd'hui inadmissible qu'il trouble ainsi, par la pression de ses cris, la sérénité des discussions. A l'époque cela semble normal : les spectateurs paraissent investis de la mission de représenter le peuple entier qui ne peut pas être présent physiquement.

A l'occasion du Bicentenaire de la Révolution, on a retrouvé et exposé le projet d'un étrange appareil destiné à diffuser la voix dans une foule grâce à une sorte de grand réflecteur sonore : c'est l'ancêtre du micro. On est moins intéressé par l'éventuelle efficacité technique de cette bizarrerie que par le fait que cette invention a été conçue à l'époque par son auteur – demeuré anonyme – dans une brochure qui la présente comme un instrument de la démocratie nouvelle parce qu'elle offre un moyen sûr de communiquer directement avec le peuple. C'est toujours la même utopie de passer par-dessus tous les intermédiaires.

On comprend mieux que dans un tel climat les contemporains aient assigné à la presse la charge d'établir un contact direct avec les lecteurs-citoyens. Il est significatif que le « courrier des lecteurs » soit beaucoup plus abondant dans ces journaux qu'il ne l'est aujourd'hui. Il s'agit explicitement d'organiser un va-et-vient d'échanges entre les journalistes et leur public. (A quoi s'ajoute, soit dit en passant, un autre motif, plus pratique celui-ci : aucun de ces journaux ne pouvant pourvoir aux frais de correspondants en province et à l'étranger, les lecteurs suppléent à ce manque en se faisant reporters d'occasion.) Dans cette fonction, la presse n'a guère de rival. Il y a bien le théâtre, qui a joué sous la Révolution un rôle important, comme en témoigne par exemple l'émotion qui entoure la mise à la scène, à la fin de 1789, du *Charles IX* de Marie-Joseph Chénier, une pièce qui retrace le combat entre les protestants et les catholiques, à l'époque de la Saint-Barthélemy, mais parsemée d'allusions limpides aux problèmes et aux affrontements contemporains. Les chansons comptent aussi, dont on a fait, lors du Bicentenaire, la recension systématique, frappantes par la richesse et la diversité, moins quant aux mélodies qui sont assez répétitives que quant à leur contenu politique.

Mais enfin, seule la presse peut tenir la place et jouer le rôle d'intermédiaire permanent. On relève dans un article de Roederer, journaliste lui-même, qui sera par la suite un haut dignitaire de l'Empire, une analyse pertinente en date du 30 brumaire an V (14 décembre 1796), analyse publiée par le *Journal d'économie publique* où il réfléchit à cette nouveauté bouleversante qu'est l'essor de la presse. Il montre qu'on a découvert que les journaux sont de loin les liens les plus efficaces entre les représentants du peuple et le peuple lui-même, seuls à permettre que la souveraineté populaire s'exerce concrètement, qu'elle ne soit pas un leurre. A cause, explique Roederer, de la régularité des journaux, acquis désormais définitif, à cause de la distribution par les crieurs dans tous les lieux publics, à cause de la facilité de leur lecture, du fait de leur coût modeste et de leur style accessible.

La troisième idée qui gouverne l'histoire de la presse en France sous la Révolution, c'est qu'elle ne constitue pas seulement un miroir du jeu politique, mais qu'elle en est un acteur central. Elle contribue à donner aux événements ce rythme haletant, cette précipitation dans les émotions qui a frappé les contemporains et qui est encore très sensible aux historiens. On ne parle pas encore, ainsi qu'on le fera au XXᵉ siècle, d'« accélération de l'Histoire », mais les acteurs de la Révolution éprouvent comme un sentiment d'urgence permanente, un changement du temps de la politique, par rapport à l'Ancien Régime. Avec l'impression qu'à chaque moment l'enjeu est remis en cause, que chaque pas accompli implique de choisir entre la liberté et la servitude, entre le succès ou le désastre.

Le premier grand moment, sous cette lumière, est la prise de la Bastille. On est frappé par la façon dont la France entière prend conscience de l'importance de cet épisode et l'institue aussitôt en symbole. Un an auparavant, après la Journée des Tuiles, à Grenoble, il a fallu longtemps pour qu'on mesure pleinement la portée de cet épisode (la presse à privilège n'en ayant pas soufflé mot). Le 14 juillet à Paris, c'est tout autre chose. Plusieurs quotidiens libres existent déjà. Le premier à en parler, semble-t-il, est le *Courrier de Versailles à Paris*, d'Antoine-Louis Gorsas, dans le numéro qui paraît à l'aube du 15 juillet. Le journaliste a travaillé toute la nuit, il dispose encore de très peu de renseignements précis, mais affirme sa conviction que l'événement survenu la veille est capital. « On se rappellera toujours, écrit-il, la journée d'hier. Elle ouvre la voie aux révolutions les plus grandes et les plus heureuses, peut-être. » Les journaux installés de longue date dans leurs habitudes de prudence surveillée ou stipendiée – *Le Moniteur, La Gazette* – n'en traitent que plus tard. Sujet d'importance : le délai nécessaire pour que les événements historiques soient perçus comme tels est variable. La vélocité avec laquelle le 14 juillet a été jugé comme fondateur est frappante pour toute réflexion sur la dialectique qui s'instaure entre des faits, le reflet qu'en donne la presse, et finalement l'influence de ce reflet même sur leur place ultérieure dans la mémoire collective.

Le tout s'organise constamment selon une tension vive entre unité et diversité. Cette presse, qui contribue tellement à unifier la représentation des événements, à leur donner un sens et une forme, à en organiser le rythme de façon durable, à permettre l'intelligibilité de ce tourbillon d'inattendu, de fureur, de générosité, de violence, de passion et de cocasse, joue en même temps un rôle direct dans la cristallisation des groupes qui travaillent le corps social et le corps politique d'une façon puissamment centrifuge ; elle confère leur identité et parfois leur raison d'être aux factions qui vont, en se disputant le pouvoir, tisser la trame de la vie politique pendant ces années dramatiques.

Pratiquement, ceux qui n'ont pas accès aux journaux sont hors du jeu. Ainsi les paysans, qui ne pèsent vraiment qu'au moment de la Grande Peur, durant l'été 89, à l'époque du pillage des châteaux : sous l'effet d'une rumeur, arme de ceux qui n'ont pas accès à une presse qui demeure sur eux silencieuse – même s'il advient qu'elle fasse écho, dans un deuxième temps, à cette rumeur même. La Grande Peur constitue en somme la réaction des paysans, qui, bien que majoritaires dans la nation, échappent au monde des journaux, soit parce qu'ils sont loin des centres d'information, soit parce qu'ils sont illettrés.

Le contraste est vif avec l'importance que, pour la définition des factions par elles-mêmes, ont eue les périodiques dont elles avaient la maîtrise. C'est la presse qui rend publics les désaccords, qui rend les affrontements ostensibles, et qui par là, en définitive, les légitime : qu'ils opposent les révolutionnaires et les contre-révolutionnaires ou les révolutionnaires entre eux.

Naissance de « l'esprit public »

Ainsi s'éclaire la distinction, qui apparaît à l'époque, entre la notion d'esprit public et celle d'opinion publique. Dans le *Dictionnaire critique de la Révolution française* organisé à l'occasion du Bicentenaire par François Furet et Mona Ozouf, cette dernière consacre un article stimulant à l'opinion publique. Elle montre que dans ce domaine les textes prérévolutionnaires reflètent à la fois un accord profond et un véritable trouble. L'« opinion publique » – Mona Ozouf date approximativement l'apparition de cette notion du milieu du XVIIIe siècle – est devenue « la principale figure du dynamisme historique, le moteur de l'Histoire » : progressivement, tout le monde en est tombé d'accord (ce qui n'était pas du tout incompatible, chez les philosophes, avec ce mépris de la presse que nous avons vu si longtemps se manifester chez eux : l'opinion doit se forger par les livres). Rousseau écrit en 1776 : « Parmi les singularités qui distinguent le siècle où nous vivons des autres est l'esprit méthodique et conséquent qui dirige depuis vingt ans les opinions publiques. Jusqu'ici ces opinions erraient sans suite et sans règle, au gré des passions des hommes, et ces passions s'entre-choquant sans cesse faisaient flotter le public de l'une à l'autre, sans aucune direction constante. » La modernité, aux yeux de Jean-Jacques Rousseau, c'est que désormais se produit une cris-tallisation de cette opinion publique qui cesse d'être un désordre de réactions dispersées et contradictoires, et du coup prend un sens. Et Mona Ozouf montre bien que le principe capable d'agréger toutes ces opinions flottantes en une seule a été, aux yeux des philosophes, la contestation de l'absolutisme : comme toujours, on s'unit plus facilement contre que pour quelque chose.

Mais en même temps naît un trouble, une inquiétude, un doute. Cette neuve opinion publique, d'où vient-elle donc ? Monte-t-elle de la base ? Est-elle la résultante spontanée des diversités d'une nation, ou alors quelques-uns ont-ils (et qui donc ?) la responsabilité de la coaguler, de lui donner sa cohé-rence et sa force ? Si on la laisse surgir spontanément d'en bas, le risque n'est-il pas grand qu'elle soit impossible à maîtriser, y compris par la raison des élites qui ont fondé leur autorité sur la contestation de la source divine du pouvoir, mais qui ne sont pas prêtes pour autant à accepter une égalité même théorique entre elles-mêmes et les masses incultes et encore balbutiantes ? Donc on discerne chez ces écrivains comme chez les journalistes de la Révolution un désir sous-jacent de substituer à cette opinion publique indécise, et qui menace d'être chaotique, qui risque d'être corrompue ou dépravée par les dévergondages indivi-duels, une opinion publique rectifiée par une cohérence impo-sée d'en haut. On tente alors d'introduire dans le cours d'une Révolution qui paraît toujours davantage menacée d'éclatement, à mesure que s'ensanglantent les divisions civiles, la notion dif-férente d'*esprit public* qui met l'accent sur une unité organisée et permet, selon les termes de Mona Ozouf, une « intégration pleine dans le collectif » : non sans risque d'étouffement des spontanéités, des diversités et finalement de la liberté.

Telle est l'alternative. Parfois, on accepte avec optimisme le risque des formes hétérogènes de l'opinion publique, qu'on pose comme rempart majeur contre l'arbitraire. Parfois, on rêve à l'absorption des individus dans la citoyenneté. Il est frappant que Saint-Just, qui était un des théoriciens de l'esprit public, finisse lui-même par préférer le terme de « conscience publique ». L'opinion publique n'est plus une expression neutre, mais elle devient moralement responsable, c'est-à-dire jugée, c'est-à-dire légitimement surveillée. Le débat durera bien après la Révolution, tout au long du XIXᵉ siècle et au-delà.

En termes plus concrets, on peut diviser l'histoire de la presse révolutionnaire en deux moments. Une première période est celle de la conquête brutale de la liberté, qui reste théoriquement limitée, mais qui en fait est quasiment sans entrave. Dans une seconde période, la liberté est théoriquement illimitée, mais se trouve en fait de plus en plus restreinte, la guillotine fonctionnant beaucoup.

1788-1789 : l'explosion

Dès les premiers temps on assiste à une efflorescence, un jaillissement qu'on n'a jamais connu en France ni auparavant ni jamais depuis lors (même au moment de la Libération). Au point de départ figure la décision du Conseil d'État du Roi, le 5 juillet 1788, de convoquer les États généraux. « Sa Majesté invite tous les savants et toutes les personnes instruites de son royaume à adresser à M. le Garde des Sceaux tous les renseignements et mémoires sur les objets contenus au présent arrêt. » Autrement dit, ce sont toutes les questions, notamment financières, que le roi de France pose à son bon peuple pour nourrir les réflexions collectives des représentants de la nation. Certes, la censure n'est pas officiellement abolie. Mais il apparaît vite qu'aucun ouvrage qui se situera dans le cadre de la préparation intellectuelle aux États généraux ne pourra être interdit.

C'est une modification très brutale des conditions mêmes de la circulation des opinions. Du coup prolifèrent les périodiques et les pamphlets dont le rythme est irrégulier. A partir de janvier 1787, on dénombre environ quarante de ces derniers par mois.

De juillet 1788 à mai 1789, ce chiffre s'élève à une centaine par mois, la grande majorité étant hostile au principe de la monarchie absolue. Le plus fameux est le factum de l'abbé Sieyès : *Qu'est-ce que le Tiers État ?* L'historien américain Jeremy D. Popkin, l'un des meilleurs spécialistes du sujet, estime qu'on en a tiré plus de 100 000 exemplaires pendant l'année précédant les États généraux. On voit également apparaître de nouveaux journaux, vigoureux et polémiques. Ainsi *La Sentinelle du peuple* de Volney (pseudonyme d'un célèbre journaliste qui l'a choisi en hommage à Voltaire – Voltaire-Ferney, d'où Volney), qui paraît tous les dix jours à partir de l'automne 1788. Quant au prospectus annonçant la publication du *Patriote français* de Brissot, il date d'avril 1789, juste avant l'ouverture des États généraux, le 5 mai, à Versailles.

Il faut citer aussi une importante brochure de Mirabeau sur la liberté de la presse qui est une adaptation de cet *Areopagitica* de Milton dont nous avons vu l'importance lors des premiers combats, en Grande-Bretagne, cent cinquante ans plus tôt. Mirabeau explique que la liberté de la presse a donné à l'Angleterre « cette prospérité qui étonne, cette richesse qu'on envie, cette puissance encore capable de tout maintenir quoiqu'elle ait tenté de tout subjuguer [...]. Enlevez à l'Angleterre, continue-t-il, cette précieuse liberté dont elle jouit et bientôt cette nation florissante ne sera plus qu'un objet de pitié pour tous ceux dont elle excite l'envie et mérite l'admiration ». Mirabeau y voit ainsi le principe même de la prospérité des îles Britanniques ; soustrayez-le et tout s'écroule. « Comment, demande-t-il, les députés qu'on va élire pourraient-ils connaître les vœux réels du peuple sans la liberté de la presse ? » Tout conduit donc à suivre le grand exemple britannique. « Obligés de tout savoir pour décider sur tout, quand l'Europe vous écoute, comment saurez-vous tout, si tous ne sont pas écoutés ? Comment saurez-vous tout si un seul homme éclairé, le plus éclairé peut-être, mais le plus timide, croit se compromettre s'il ose en parler ? » Donc, conclut Mirabeau s'adressant aux États généraux qui vont se réunir, « que la première de vos lois consacre à jamais la liberté de la presse, la liberté la plus inviolable, la plus illimitée ».

Quand on consulte sous cet éclairage les cahiers de doléances qui viennent de la France entière, on constate que si ceux des campagnes ne parlent guère de la liberté des publications périodiques, chose peu surprenante, ceux des villes la réclament – à plus de 80 %. C'est le clergé qui est le plus discret à ce sujet : on discerne déjà dans l'Église l'inquiétude qu'un certain nombre de vérités révélées ne soient battues en brèche par la liberté, et que ne se répandent des doctrines impies. En revanche, les cahiers du Tiers État et de la noblesse insistent quasi unanimement sur cette revendication. C'est bien un courant irrésistible qui parcourt le pays à l'aube des événements révolutionnaires.

Certes, la plupart de ceux qui entrent dans quelque détail admettent que, sur le modèle anglais, il est légitime de mettre en place un système de répression du blasphème, de la diffamation ou de l'indécence. Mais il ne faut punir qu'*a posteriori*.

Dans les premiers mois de la Révolution, la censure n'est pas officiellement supprimée, mais en fait elle renonce. L'ultime effort du pouvoir royal est de suspendre *Le Patriote français* de Brissot, qui du coup connaît un grand succès et s'assure une grande influence. Le quotidien cesse de paraître en mai, mais resurgit dès après la prise de la Bastille, le 28 juillet. Quant à Mirabeau, la Cour essaie aussi de lui chercher noise ; le 5 mai, il lance *Les États généraux*, pour commenter chaque jour à sa façon les débats de l'Assemblée... Le Conseil d'État, s'accrochant encore à l'idée, en pleine déconfiture, du secret des délibérations, suspend *Les États généraux*. Aussitôt, sans s'émouvoir, Mirabeau transforme sa publication en *Lettre du comte de Mirabeau à ses commettants* qui va devenir le *Courrier de Provence* (il est député de Provence). Qui saura l'empêcher, demande-t-il par là, de rendre compte à ceux qui l'ont élu de la façon dont il les représente ? Et le ministère renonce à réprimer...

C'est alors l'explosion.

Il surgit à Paris, au cours de l'année 1789, des périodiques dont le nombre varie, suivant les auteurs, de 140 à 190. Alors que dans la décennie 1770-1779, pour l'ensemble de la presse de langue française, dans une Europe où le français reste la langue des cours et des échanges internationaux, on atteint seulement le chiffre de 170. Dans la seule ville de Paris, on recense 23 quotidiens à la fin de 1789. Les autres feuilles sont hebdomadaires, bi- ou trihebdomadaires. Les tirages sont mal connus, mais on sait que certains montent jusqu'à 15 000 exemplaires.

Des quotidiens apparaissent qui héritent de la sagesse académique antérieure. Le même Panckoucke, cet ancêtre de nos grands entrepreneurs de presse, qui avait racheté naguère *La Gazette* et *Le Mercure*, fonde le *Journal des débats,* prudent et pompeux, qui durera jusqu'à la Seconde Guerre mondiale ; et aussi *Le Moniteur universel* en novembre 1789, qui est essentiellement consacré aux comptes rendus des débats des assemblées révolutionnaires. L'un et l'autre traversent la tourmente. Ainsi se met en place ce mélange de nouvelles, de commentaires et d'invectives qui vont caractériser la presse révolutionnaire.

Promenade au Palais-Royal

Pour en ressusciter le ton et la couleur, quel meilleur moyen que d'imaginer – comme nous y invite dans son livre Jeremy D. Popkin – une promenade au Palais-Royal ? Ce n'est pas le jardin d'aujourd'hui, noble et un peu morose, à peine égayé par les colonnes de Buren, où les magasins de timbres-poste et de décorations somnolent sous les arcades. C'est un univers grouillant de vie et de passions où les cafés, les restaurants, les salles de jeux pullulent, où le chaland est bousculé par les dames de petite vertu qui l'aguichent et par les marchands de glaces qui le tirent par la manche pour lui vendre leurs sorbets à l'italienne. L'excitation n'est pas toujours au niveau du 14 juillet 1789, lorsque Camille Desmoulins avait pris des feuilles d'un arbre pour les mettre à son chapeau, pour entraîner le peuple à la conquête de la Bastille. Mais il s'y passe toujours quelque chose. Négligez à gauche le Café du Caveau, sauf si vous avez le goût d'apercevoir les journalistes qui font la presse

– c'est un de ces lieux où ils se retrouvent volontiers avant d'aller dans la nuit, en toute hâte, composer leur « papier », pour boire une chope en échangeant les dernières rumeurs de la ville. Et gagnez le cabinet de lecture de Mme Vaufleury, une protégée du duc d'Orléans qui veille avec efficacité sur son commerce très lucratif. Vous devrez payer 6 sous pour entrer mais ensuite vous pourrez consulter librement sur les tables un bon nombre de journaux. A votre disposition (nous sommes au début de 1791) vous trouverez 27 quotidiens et 7 périodiques. Vous pourrez étendre votre curiosité à cinq ou six journaux étrangers, de langue française, dont *La Gazette de Leyde*, et à divers journaux provinciaux qui ont mis, par la malle-poste, dix ou douze jours pour arriver de Perpignan et deux jours depuis Troyes, Reims ou Le Mans. Là vous vous attablerez sans boire (les seules nourritures sont celles de l'esprit), vous jouerez du coude pour disputer une table à d'autres citoyens passionnés.

Mme Vaufleury n'a pas de préjugés. Elle donne tout l'éventail des publications disponibles, de gauche comme de droite, de *L'Ami du peuple* à *L'Ami du Roi*. La plupart ne sont pas très volumineux et ont encore la dimension des petits pamphlets, *in-octavo*. Rares sont les journaux (tels ceux de Panckoucke) qui adoptent le format « à l'anglaise », *in-folio*, celui du *Times*. On n'a pas encore inventé beaucoup de diversité dans la présentation. Les nouvelles se suivent les unes après les autres, à la va-comme-je-te-pousse. A peine agrémente-t-on les feuilles les plus populaires par des gravures faites au bois, qui sont souvent répétitives et destinées à identifier le journal plutôt qu'à illustrer les événements décrits. Vous aurez les doigts tachés d'encre, et quand vous sortirez, au bout de deux ou trois heures, un peu hébété par la diversité des opinions contradictoires et par la diversité du ton qui s'y déploie librement, vous serez assailli sous les arcades par des colporteurs qui vous vendront aussi leurs publications. A partir de là, vous ne résisterez pas au plaisir de retourner au Café du Caveau pour apercevoir ceux qui font ces journaux. Parmi les plus célèbres, on vous désignera Camille Desmoulins, bel homme qui bégaie un peu – il écrit mieux qu'il ne parle – et que Lucile vient parfois rejoindre.

Vous y verrez Marat. Vous y verrez Brissot. Vous n'y verrez plus Élysée Loustallot, le plus brillant peut-être, qui s'est littéralement tué à la tâche dans la fièvre des premiers mois, mort en septembre 1790.

Ce métier est prospère.

D'abord, il faut rappeler que les corporations ont été abolies et qu'ont disparu toutes les limites qui existaient pour empêcher que l'on soit imprimeur. Il n'en coûte que 3 500 livres pour s'équiper entièrement des machines nécessaires. Chiffre à rapprocher des gains d'une vedette comme Loustallot, le mieux payé, qui atteignaient jusqu'à 25 000 livres par an. Peu de correspondants coûteux : pour tout ce qui échappe à la capitale, on se contente d'acheter les journaux provinciaux ou étrangers et de faire fonctionner les ciseaux et la colle. Il n'existe pas encore de ces agences de presse qui naîtront au XIXᵉ siècle. Tous les journaux en jouent le rôle les uns pour les autres, mutuellement et gratuitement.

Résultat : plus de 200 imprimeurs sont bientôt au travail à Paris (contre 36 seulement à la fin de l'Ancien Régime) dont 90 % publient au moins un périodique. Si, en sortant du Café du Caveau, vous voulez achever votre journée dans le même secteur, vous irez visiter quelque lieu où les imprimeurs se regroupent en grand nombre, autour du Palais-Royal, et surtout autour de la Sorbonne, dans les rues qui montent vers la Montagne Sainte-Geneviève, et vous pourrez, en poussant quelques portes, voir se fabriquer les journaux que vous lirez le lendemain, chez Mᵐᵉ Vaufleury.

Pour situer les revenus possibles, il faut comparer. Jean-Jacques Rousseau avec l'*Émile*, « best-seller » du XVIIIᵉ siècle, n'a touché en tout que 6 000 livres. Voltaire, Rousseau étaient correctement payés, l'éditeur vivait bien, mais on est loin des 25 000 livres de Loustallot. Camille Desmoulins gagne 10 000 livres par an avec ses *Révolutions de France et de Brabant*. Et de surcroît, à côté des gains officiels qu'on tire de la vente des journaux, beaucoup s'engraissent de l'argent de la concussion.

Tâchons d'évaluer, pour finir, la taille du public. Certes, elle est limitée par l'analphabétisme, mais celui-ci est pallié en partie par la lecture à haute voix, très répandue. Si on se tait chez Mme Vaufleury pour ne pas déranger les voisins, en revanche on lit à haute voix au Café du Caveau. Quels sont les chiffres ? Selon Jeremy D. Popkin, on vendrait près de 300 000 exemplaires de journaux à Paris, au plus haut des événements révolutionnaires, en 1792-1794. On sait d'autre part, d'après les chiffres de la poste, qu'en 1793 80 000 exemplaires quittent chaque jour la capitale pour la province et l'étranger. On est loin des tirages confidentiels du début du siècle, quand, avec 500, 1 000, 1 500 exemplaires, on pouvait déjà faire ses affaires. Désormais, un tirage de 3 000 exemplaires est assez courant, et à 10 000 on gagne fort bien sa vie. Par comparaison, on peut noter qu'à Londres (capitale de la presse en Europe) on ne vend que 45 000 exemplaires quotidiens en 1780. A Paris, la retombée sera lourde dès le Consulat : 33 000 exemplaires. Il faut attendre 1846 pour atteindre le chiffre de 180 000 exemplaires, c'est-à-dire à peine plus de la moitié de ce qui se vendait à Paris à la plus belle époque de la Révolution.

Desmoulins, Hébert, Marat

Finissons ce chapitre en restituant quelques grandes figures de journalistes de cette époque tonitruante. Brissot et Mirabeau ont été déjà évoqués. Considérons donc Camille Desmoulins, Hébert et Marat.

C'est Camille Desmoulins qui a écrit, très conscient de l'importance sociale inédite de son rôle : « Les journalistes, aujourd'hui, exercent une fonction publique ; ils dénoncent, ils jugent, ils absolvent et ils condamnent. » Il a vingt-neuf ans en 1789. C'est un ancien camarade de Robespierre au collège Louis-le-Grand ; orateur médiocre avec un débit mal contrôlé, mais écrivain fluide, facile, rapide, qui rencontre presque tout de suite le succès avec les *Révolutions de France et de Brabant* (ce titre est un hommage au soulèvement de la Belgique, notamment à Liège, aux premières nouvelles de la Révolution française), qui paraît à partir de novembre 1789. Desmoulins n'est pas un tempérament fort, broyé finalement dans le conflit mortel qui opposera Robespierre à Danton et guillotiné avec celui-ci. Mais quelle belle plume !

Hébert est issu d'un milieu plus populaire. C'est son *Père Duchesne* qui le rend fameux. Voilà une idée neuve née de la Révolution, une publication qui s'efforcera, non seulement par le contenu mais par la forme même, de refléter la réalité du sentiment populaire. Les théâtres de quartiers, dès avant la Révolution, s'y étaient essayés. Son langage n'est pas sans artificiel. Mais cet artificiel même est bientôt adopté comme familier par un large public. Hébert est issu de la petite bourgeoisie, fils dévoyé d'un orfèvre d'Alençon. Il a fait toutes sortes de petits métiers (notamment contrôleur de contremarques au théâtre des Variétés), plus proche des *Tableaux parisiens* de Sébastien Mercier et de Rétif de La Bretonne que de la cour de Versailles.

Hébert découvre lui-même son talent de publiciste quand il lance son hebdomadaire *Le Père Duchesne*, qui atteint vite le plus grand succès ; sa diffusion atteint à certains moments jusqu'à 80 000 exemplaires, si on inclut les réimpressions qui sont faites après coup des numéros les plus spectaculaires. Les « grandes colères » et les « grandes joies » du Père Duchesne s'expriment dans un vocabulaire parsemé d'expressions violentes et même ordurières, choquantes pour les bienséances provinciales mais dont se régalent les Parisiens, y compris les bourgeois, pour se prouver à eux-mêmes qu'ils ne sont pas bégueules.

Marat enfin. Mona Ozouf lui a consacré une belle analyse dans son *Dictionnaire critique*. Figure totémique, dont la légende est instructive pour toute cette période. Cet archétype du bourreau martyr sort du commun. On sait le contraste romanesque entre l'homme célèbre, malade, laid, le visage marqué par la maladie de peau qui le ronge, et la « justicière », la belle inconnue au couteau, pure, vierge : Charlotte Corday. L'image de Marat dans la tradition historiographique et dans la mémoire populaire connaît des facettes beaucoup plus nombreuses qu'aucune autre personnalité révolutionnaire : depuis la plus pure vertu patriotique dont il serait la magnifique incarnation, désintéressé, vaillant, courageux, jusqu'à la folie furieuse d'un monomaniaque sanglant, qui réclame des centaines de milliers de têtes.

Mais on peut chercher plus loin. Il y a dans cette maladie de peau quelque chose de tellurique, de diabolique – puisque la légende veut qu'il l'ait contractée lors d'une journée révolutionnaire où il s'était réfugié dans les égouts pour échapper aux spadassins. Une puissance de l'ombre… Donc on s'intéresse moins au contenu même de son message qu'à tout ce qu'on a plaqué sur lui. Il existe bien des Marat différents. Il y a le Marat de Jean Jaurès et surtout de l'orthodoxie marxiste qui fait de lui un précurseur du socialisme : le premier, il aurait voulu donner au prolétariat une conscience de classe. La biographie qu'en a donnée Jean Massin en fait plutôt un précurseur du gauchisme, porteur d'une grande méfiance à l'égard de toute délégation consentie à des parlementaires élus, réclamant un appel constant à la sensibilité populaire sans aucun intermédiaire. Chez d'autres encore, dans toute une littérature contre-révolutionnaire, il devient le précurseur de la dictature la plus horrible, « l'homme aux mains sanglantes ».

Si l'on se penche sur ses écrits, Marat apparaît comme le premier représentant des journalistes redresseurs de torts. Voyez le style : la frénésie d'un monologue répétitif, qui sans cesse interpelle le lecteur : « Arrêtez les traîtres ! », « Visitez les logis pour y chercher les traces de la trahison ! », « Empalez ! flétrissez ! guillotinez ! ». *L'Ami du peuple*, son journal, est une longue litanie d'invectives. Le ton est marqué par un pessimisme extrême, un refus obstiné d'embellir jamais le passé. Les journées révolutionnaires ont toujours été inégales à ce qu'elles auraient dû être. Pour l'avenir, *L'Ami du peuple,* constamment, prédit le pire, la fureur, le malheur : le peuple lui seul peut réagir, mais saura-t-il le vouloir ? Dans ces conditions, le journaliste est à la fois témoin, vigie, vigile : sans cesse il juge, il condamne. Significativement, des journaux de l'époque s'appellent *La Sentinelle*, comme celui de Volney, *L'Œil*, etc. Il faut secouer la torpeur des Français dont la lucidité est endormie, soit que le clinquant des vanités les égare (« vanités du monde » comme dit Marat qui utilise beaucoup les métaphores, les comparaisons, les inspirations bibliques, au moins autant que le bric-à-brac romain), soit que leur inconscience somnole. Il s'agit de saisir au collet, de secouer ces Français menacés toujours par les deux périls de la jobardise et de la léthargie. Marat dénonce Pétion, le « donneur d'opium », il dénonce Brissot, il dénonce Roland, il dénonce les Girondins « endormeurs ». Marat est à la fois le veilleur et l'éveilleur ; le seul qui pourra réussir à faire fuir les traîtres « qui, écrit-il, ne craignent rien tant que les écrits lumineux des écrivains patriotes ».

C'est aussi le temps où les révolutionnaires font un succès au projet de l'économiste et publiciste anglais Jeremy Bentham, qui est traduit en français avec succès et qui invente le panoptique, projet d'une prison dont toutes les parties sont observées par le regard central ; rien de l'établissement n'échappe à la lucidité absolue du maître. C'est toujours la même obsession : réussir à percer les ténèbres de l'ignorance, de l'illusion et de la paresse.

Par quoi on en arrive à un thème qui sera présent dans toute l'histoire de la presse jusqu'aujourd'hui : celui du complot universel contre l'idée abstraite de la Révolution en marche où l'on retrouve les forces du mal, les forces de l'ombre. Un thème qui a connu des avatars nombreux depuis deux siècles. Avec cette perversion de l'intelligence qu'on retrouve constamment dans ce champ : les comploteurs sont si efficaces qu'ils ont la capacité de supprimer les traces de leurs propres menées, de telle sorte que l'absence de signes du complot, bien loin de rassurer, est au contraire révélatrice de ce complot lui-même et de sa terrible efficacité. Ainsi s'enferme-t-on dans l'obsession de la délation universelle : le livre de Raoul Girardet, *Mythes et Mythologies politiques*, éclaire tout cela pertinemment.

La fin du rêve

Le tableau serait incomplet si on n'exhumait pas aussi un journaliste contre-révolutionnaire. Les circonstances en révèlent d'excellents. Rivarol, qui a vécu de 1753 à 1801, a été le principal rédacteur du *Journal politique et national* et des *Actes des*

Apôtres, publiés à partir de novembre 1789. Cette feuille est parcourue par une violence égale à celle des journaux révolutionnaires contre la Révolution, avec un rare talent de plume. *Les Actes des Apôtres* constituent un répertoire de bons mots et d'insolences. Dans la biographie de Rivarol qu'a donnée Jean Lessay, j'en relève quelques-uns, non sans citer d'abord cet avertissement : « Sur vingt personnes qui parlent de nous, dix-neuf en disent du mal et la vingtième, qui en dit du bien, le dit mal. » Rivarol a commencé sa carrière en mondain. De petite extraction, fils d'un aubergiste italien, il est arrivé à Paris quelques années avant la Révolution, qui change ce frivole en un lutteur ardent multipliant les mots qui font mouche contre les grands hommes du moment. Par exemple Mirabeau dont il écrit : « Ce grand homme a senti de bonne heure que la moindre vertu pouvait l'arrêter sur le chemin de la gloire, et jusqu'à présent, il ne s'en est permise aucune. » Et encore ceci : « L'argent ne lui coûte que des crimes et les crimes ne lui coûtent rien. » D'un autre révolutionnaire, il disait : « C'est une cervelle d'oiseau dans une tête de veau... »

Après la chute de la royauté, le 10 août 1792, la liberté absolue, sans aucune poursuite efficace, va se perdre dans les discordes civiles. A mesure que tombent les factions, tombent aussi les têtes des journalistes qui les incarnent et les expriment, tandis que le poids de la guerre étrangère paraît justifier tous les excès. Les traîtres sont partout ; il y a l'or anglais, il y a l'or prussien, le « parti de l'étranger », toujours prêt à menacer la vérité patriotique et révolutionnaire. Et chaque fois, alors même qu'on a affirmé le principe inviolable de la liberté de la presse, on l'opprime davantage. Dès le 15 décembre 1792, la Convention vote une loi qui interdit de travailler au rétablissement de la monarchie : d'un seul coup est ainsi anéantie la presse royaliste, si brillante. Après la journée du 2 juin 1793, les feuilles girondines disparaissent à leur tour, dont *Le Patriote français* de Brissot.

Entre autres motifs de condamnation, les Montagnards accusent cette presse d'avoir monopolisé les fonds secrets. Le gouvernement girondin en avait obtenu beaucoup de l'Assemblée. Le bureau dit d'« esprit public » a été doté de 100 000 livres qui pour l'essentiel sont distribuées par le ministre de l'Intérieur

Roland à ses amis girondins. Ajoutons que ni la Convention thermidorienne ni la période du Directoire, marquée par des coups d'État successifs (« de gauche » ou « de droite »), ne restituent la liberté d'expression, les rigueurs de la censure étant seulement tempérées par une certaine anarchie qui règne sur toute la France.

C'est assez pour que les journalistes nourrissent la nostalgie de cette période de liberté vraiment inouïe qu'ils ont connue entre 1789 et 1794. Nostalgie qui s'accroîtra encore lorsque Napoléon réglera tout en imposant une soumission absolue. Mais l'histoire ne revient jamais complètement en arrière, et la période révolutionnaire servira de référence durable pour tous ceux qui, au cours du XIXe siècle, vont réussir peu à peu à réduire l'oppression de la pensée et de l'écrit.

LA LIBERTÉ FAIT
TACHE D'HUILE

L'avènement de la liberté de la presse s'affirme selon des rythmes variables, au cours du XIXe siècle, dans les différents pays occidentaux. Avec un double ressort. D'une part, le progrès de la démocratie et l'instauration par étapes du suffrage universel (masculin...) impliquant la nécessaire information de tous les électeurs par les journaux ; et, d'autre part, les progrès techniques, dans le suivi des nouvelles, dans l'impression et la diffusion des journaux : progrès beaucoup plus spectaculaires au XIXe siècle qu'au XVIIIe.

La lumière du Times

Pour éviter d'être trop abstrait, rien de mieux que d'esquisser la monographie du journal qui a longtemps fait figure, dans l'ensemble du monde occidental, de référence principale, à la fois institution, mythe et symbole : le *Times* de Londres. Retracer son itinéraire au long du XIXe siècle permet d'évoquer la plupart des problèmes que pose l'histoire de la presse pendant cette période.

En janvier 1785, un Écossais nommé John Walter, ancien marchand de charbon qui a spéculé avec profit sur les assurances, portées par l'essor des colonies britanniques, souhaite diversifier ses activités. Il décide de se lancer dans la presse. Il incarne le premier cette catégorie particulière qu'on peut appeler les « entrepreneurs saisis par les médias » : gens d'affaires qui ont fait la preuve de leur savoir-faire dans le négoce ou dans l'industrie, et qui, parvenus à l'âge mûr, éprouvent le désir de témoigner qu'ils peuvent être efficaces aussi dans le monde de l'information, tout en jouissant du plaisir mondain qu'ils éprouvent à jouer avec l'instrument. Nous en retrouverons plusieurs pour les périodes récentes de l'entre-deux-guerres à nos jours (François de Wendel, Raymond Patenôtre, Marcel Dassault, jusqu'à Francis Bouygues).

Walter crée donc un journal, destiné d'abord à porter de la « réclame », le *Daily Universal Register*, qui devient le *Times* le 1er janvier 1788. Au départ, il veut exploiter le brevet d'une invention mirifique qu'on lui a proposée, un procédé dit « logographique », qui permettrait d'éviter tous les inconvénients de l'impression traditionnelle. Cela ne marche pas, mais peu importe : le journal est lancé, et il va vivre longtemps.

D'emblée, Walter annonce son programme : « Le journal ne sera ni restreint à une classe sociale déterminée, ni attaché au service d'un parti. » Cette feuille nouvelle est servie par l'éclat de l'actualité et la Révolution française que le *Times* « couvre » de façon excellente, portant son tirage jusqu'à 4 000 exemplaires en 1792. Par pudeur, il vaut mieux pourtant passer vite sur ces dernières années du XVIIIe siècle, car ce ne sont pas les plus honorables du journal. Pour tout dire, il est complètement corrompu : vendu au gouvernement, qui paie ses complaisances par des subsides, vendu à qui veut l'acheter. L'histoire officielle du *Times*, établie par lui-même après la Seconde Guerre mondiale, ne dissimule pas ces origines troubles et rappelle même qu'on distingue alors deux catégories d'argent caché. *Suppression Fee* : somme versée pour ne pas voir paraître ce qui vous gêne. *Contradiction Fee* : somme versée pour avoir le droit de faire faire un article contradictoire à celui qui vous avait été désagréable antérieurement – deux variantes d'une même pourriture.

Mais bientôt le *Times* va choisir un chemin à la fois plus moral et plus efficace. Il invente un « cercle vertueux », qu'on peut définir ainsi : investir de l'argent en payant très bien les collaborateurs, qui sont connus et excellents, gagner par là de nombreux lecteurs, par conséquent faire payer davantage ses annonces, affirmer son indépendance par rapport aux pouvoirs publics, et, cette indépendance étant connue, acquérir de nouveaux fidèles, qui eux-mêmes permettront de faire réunir davantage de publicité, qui elle-même... La qualité des informations du *Times* est symbolisée par des coups d'éclat fameux. C'est ainsi que dès l'époque du Consulat John Walter envoie un petit bateau, très léger, dans la Manche, pour aller acheter aux pêcheurs français les journaux du continent, et en répercuter le contenu avant les concurrents. Le *Times* invente le correspondant à l'étranger et commence à payer – bien – tous ceux qui de loin lui fournissent des nouvelles intéressantes.

C'est le moment où l'on découvre – pour reprendre une formule ultérieure du grand historien britannique Macaulay – que « l'annonce est aux affaires ce que la vapeur est aux machines ». Il faudra un décalage de plusieurs décennies pour que cette évidence s'impose en France. L'avantage est clairement d'être mieux armé pour résister aux pressions du pouvoir. En 1804, le *Times* s'en prend violemment au premier Lord de l'Amirauté, lord Benville, qui, par rétorsion, décide que les administrations n'achèteront plus le journal : perte d'une clientèle importante. Le *Times*, loin de s'en plaindre, le fait savoir, et ses lecteurs privés viennent du même coup, en plus grand nombre, compensant largement le manque à gagner provoqué par le « désabonnement » du gouvernement.

L'autre talent de John Walter est de faire naître un fils ayant encore plus de talent que lui. Le père n'était qu'un homme d'affaires avisé ; John Walter II est un grand directeur de journal : le monde anglo-saxon, à la différence des Français, a très vite distingué deux tâches différentes, celle de propriétaire-animateur, gestionnaire, entrepreneur de presse, et celle du responsable du contenu de la rédaction, le second étant, évidemment, nommé par le premier et dépendant de lui. John Walter II a le don de choisir d'excellents collaborateurs, et aussi celui de se saisir de tout progrès technique.

Un épisode qui date de 1814 est resté célèbre dans les annales de la presse britannique. John Walter II a vent d'une invention due à un Allemand, Koenig : la presse à vapeur qui, remplaçant les bras de l'homme, selon un système de rouleaux, permet une rapide augmentation de la productivité. La difficulté est que les ouvriers, très nombreux, sont hostiles à l'introduction de la nouvelle machine, par peur de perdre leur emploi et leurs avantages corporatistes. C'est un cas de figure que l'on rencontre tout au long de l'histoire de la presse, y compris, comme nous le verrons, dans notre France contemporaine. John Walter II fait donc installer secrètement sa machine en pleine nuit, et un beau matin, à la surprise générale, y compris celle des ouvriers, on découvre que le *Times* est imprimé à la vapeur, arborant un article triomphant en première page : « Notre numéro d'aujourd'hui présente au public le résultat pratique du plus grand perfectionnement qu'ait connu l'imprimerie depuis son invention. » On peut imprimer 1 100 feuilles à l'heure, et à la fin de la vie de John Walter II, quelques décennies plus tard, on atteindra le chiffre de 7 000 exemplaires à l'heure : révolution.

L'adversaire, c'est le luddisme. Ned Ludd était un ouvrier un peu simple d'esprit, qui, en 1779, dans le Leicestershire, avait détruit des machines nouvelles qui servaient à fabriquer à grande vitesse des bas de femme et d'homme. Le mouvement luddiste provoque des poussées de grèves entre 1811 et 1813, et en 1816. Les ouvriers brisent les machines pour refuser le progrès technique qui risque de les priver de leur gagne-pain. Mais Walter, par son coup d'éclat, a sauté l'obstacle. Il est vrai qu'il relève les salaires en même temps, pour désarmer les hostilités. Il parvient ainsi habilement à valoriser l'avantage d'avoir introduit le premier la presse à vapeur dans la fabrication des journaux britanniques. C'est le moment aussi où il adopte l'encre d'imprimerie, qui a été inventée par le Français Lorilleux, avec le mérite de salir moins les doigts que l'encre ancienne et d'être plus fluide et plus efficace.

Entre 1815 et 1840, le *Times* installe de la sorte son autorité et sa puissance. Sa prospérité financière lui permet de déjouer toutes les contre-attaques du pouvoir, en particulier la hausse du droit de timbre qui l'oblige à augmenter ses prix ; mais les lecteurs suivent. En 1833, le *Times*, avec l'appui de ses confrères, obtient une baisse de l'impôt sur les annonces qui permet, pour un meilleur profit, d'en augmenter le nombre.

John Walter II choisit bien ses hommes. Deux rédacteurs en chef marquent l'histoire du journalisme britannique : Barnes et Delane, figures restées classiques dans la mémoire de Fleet Street. Barnes, viveur, alcoolique, qui n'écrit jamais aussi bien qu'après boire, entre trois heures et quatre heures du matin, la plume rapide, et l'invention brillante : il meurt à la tâche, en 1841. Lui succède, choix personnel de John Walter II, le jeune Delane, tout autre type de personnage. Homme du monde, âgé de vingt-quatre ans seulement quand il prend les commandes, il va chercher dans les salons et dans les antichambres les nouvelles les plus précieuses ; il écrit peu – c'est fatigant – mais revoit la copie des autres avec une froide autorité. Avec Barnes, l'hirsute, et Delane, le dandy, John Walter II a eu deux fois la main heureuse. L'un et l'autre jouent avec brio le jeu de l'indépendance du journal.

En 1839, lord Durham, de retour du Canada, publie un rapport très critique sur la colonie britannique. Le gouvernement se propose de publier le rapport avec des suppressions. Le *Times* s'en procure un exemplaire intégral et le livre au public. L'idée s'affirme ainsi, très moderne, qu'il est légitime qu'un grand journal d'information publie, même contre la volonté du pouvoir exécutif, un document officiel qu'il s'est procuré par des voies obliques.

Napoléon III n'a pas compris la spécificité du *Times*. Il connaissait mal l'Angleterre. Il n'avait pas bien perçu ce qu'était le journal. Après son coup d'État de décembre 1851, il envoie des corrupteurs acheter le *Times*, pour qu'il dise du bien de lui. Mais il échoue piteusement. Le *Times* lui fait comprendre qu'il ne mange pas de ce pain-là.

Le moment le plus héroïque de l'histoire du journal est la guerre de Crimée qui oppose les Russes d'un côté, les Anglais et les Français de l'autre, en 1854-1856. En même temps que ses confrères, le *Times* vient de gagner une bataille avec la suppression complète de l'impôt sur les annonces, et, en 1853, de l'impôt sur le timbre, ce boulet traîné depuis le XVIIIe siècle. Il se sent tout-puissant. Il envoie en Crimée un reporter qui a l'œil acerbe et prompt, William Howard Russell, qui jette une lumière crue sur toutes les déficiences du commandement britannique. Les services de santé sont dans un état misérable ; les armes ont été mal entretenues ; les erreurs tactiques sur le terrain sont piteuses. L'émotion est si forte dans l'opinion anglaise qu'elle contribue à la chute du gouvernement, qui a eu le réflexe de tout pouvoir politique, dans tout pays, en pareille circonstance : proclamant que si les choses ont mal tourné, c'est la faute de la presse qui a attaqué les militaires au moment le plus malencontreux. Le miroir est responsable, non la réalité qu'il a réfléchie. Le ministre de la Guerre, dans un discours public, va jusqu'à exprimer le souhait que le nommé William Russell, si mauvais patriote, soit lynché par des soldats exaspérés. Le ministre des Affaires étrangères fait écho à son collègue en s'écriant que « trois batailles gagnées ne suffiraient pas à réparer le mal causé à l'Angleterre par ces articles ». Accusation de haute trahison. On songe à « l'anti-France » vouée aux gémonies par le Premier ministre Michel Debré, lors de la guerre d'Algérie.

C'est le moment où le chef du gouvernement britannique, lord John Russell (simple homonyme du journaliste incriminé), parle de l'« abjecte tyrannie » du *Times* et écrit à la reine Victoria : « Le degré d'information atteint par ce quotidien en ce qui concerne les affaires les plus secrètes de l'État est mortifiant, humiliant et incompréhensible. »

Tel est le premier apogée du *Times*, qui porte le tirage à 50 000 exemplaires. L'image en est fixée. Un journal solide, grave, moralisant, faisant volontiers la leçon au monde entier, incontestablement libre. Bulwer-Lytton dit : « Si j'avais à transmettre aux âges futurs une preuve de la civilisation anglaise du XIXᵉ siècle, je ne choisirais ni nos docks, ni nos chemins de fer, ni nos édifices publics, ni même le magnifique Parlement où nous sommes. Il me suffirait pour donner cette preuve d'un simple numéro du *Times*. »

Progrès technique, progrès civique

Dans le monde occidental, partout, on a les yeux fixés sur le *Times*, pour soutenir, en retard sur le modèle britannique, un mouvement général vers la liberté.

Y contribue la poussée irrésistible du progrès technique. De l'invention majeure de la presse à vapeur, avec ses rouleaux, on passe, entre 1860 et 1870, aux rotatives qui ont fonctionné jusqu'à une période récente, et qui permettent d'augmenter encore considérablement la vitesse du tirage des journaux ; elles sont mises au point simultanément en Angleterre et aux États-Unis entre 1860 et 1870 ; introduites en France par un excellent homme d'affaires, Marinoni (dont les ateliers sont rue d'Assas à l'emplacement actuellement occupé par l'université Paris-II et l'Institut français de presse).

En même temps que l'imprimerie progresse aussi la composition. Est abandonné définitivement le procédé par lequel les typographes composaient à la main, avec des plombs, les lignes du journal : même s'ils étaient habiles et exercés, le travail était très lent. Désormais, les « flans » permettent de reproduire des pages entières et de les déplacer en bloc. Progrès encore dans l'illustration, de grande portée pour l'expansion d'une presse populaire : développement de la gravure sur bois, dont on a connu les balbutiements à l'époque de la Révolution française (avec notamment *Le Père Duchesne*) et qui gagne en précision, en finesse, en élégance. La lithographie, gravure sur pierre, est inventée en 1797. Ainsi se trouve favorisé le succès des journaux illustrés à bon marché. Dans cette catégorie le *Penny Magazine* naît à Londres en 1830, coûtant un seul penny, comme son nom l'indique, copié en Allemagne sous le nom de *Pfennig Magazine*. On connaît surtout le triomphe de *Punch* en Grande-Bretagne, à partir de la moitié du siècle, un journal satirique distingué, qui forme une pléiade de caricaturistes, et dont l'humour est intrinsèquement lié à la sensibilité britannique.

La caricature s'affirme, dès lors, comme une composante majeure de la presse. La Révolution française l'avait développée déjà – souvent scatologique, toujours violente... Mais c'est le XIXᵉ siècle qui en invente la forme contemporaine, celle qui a le talent de se saisir d'une conjoncture affective ou psychologique, et de la résumer avec force et avec gaieté. En France, *La Caricature* est fondée par Philipon en 1830, profitant de la liberté acquise après la Révolution de Juillet. Le même, associé à Daumier, lance *Le Charivari* en 1832, qui va se révéler une arme redoutable pour déstabiliser la monarchie. C'est Philipon qui publie la planche fameuse où l'on voit, par glissements successifs, la tête de Louis-Philippe évoluer jusqu'à devenir une poire : l'effet est ravageur !

Quant au recueil et à la vitesse de circulation des nouvelles, les progrès y sont également considérables. Non pas tellement grâce au télégraphe optique Chappe, mis au point pendant la Révolution française, avec ces sémaphores qui permettent, quand le temps n'est pas trop couvert, de faire courir les nouvelles de colline en colline : le système est l'apanage des gouvernements, et pendant longtemps la presse n'en profite qu'indirectement ; elle a beau essayer de payer des spécialistes pour déchiffrer le code, elle n'y parvient guère. En revanche, les courriers spéciaux se multiplient (selon l'exemple du *Times*) ; les pigeons voyageurs connaissent une ultime période de gloire, mais ils n'ont aucune chance de survivre à l'apparition d'un rival implacable, le télégraphe électrique, mis au point par Morse, aux États-Unis, en 1837. La première ligne de télégraphe électrique entre Calais et Douvres est installée en 1850. En 1866, le premier câble est déposé entre l'Europe et l'Amérique. C'est aussi en 1866 qu'on invente un transcripteur qui permet de transmettre 1 000 mots à la minute, puis 4 000, dix ans plus tard. Au regard de la géographie-temps se produit ainsi un prodigieux rétrécissement du monde occidental. Alors commencent d'apparaître les agences de presse, Havas en France, Reuter en Grande-Bretagne et Wolff en Allemagne, Associated Press aux États-Unis.

La distribution est également améliorée par le chemin de fer à partir des années 1840. Il permet aux journaux des capitales d'être disponibles rapidement dans les provinces les plus éloignées.

Le « modèle » napoléonien

Portée par ces progrès techniques, la liberté est en marche. Certes, c'est une marche très inégale suivant les pays et qui connaît des va-et-vient : deux pas en avant, un pas en arrière. Mais la tendance séculaire est irrésistible, et ce mouvement accompagne et favorise la poussée des nationalités, qui domine l'histoire du siècle.

Pour les dirigeants qui s'agrippent désespérément aux temps anciens et cherchent à brider la circulation des idées, le modèle légué par Napoléon Ier demeure fort. Car l'empereur ne s'était en rien piqué de libéralisme. Très clairement et très vite, Premier consul, il avait marqué que c'en était fini de jouer et que désormais la presse dépendrait étroitement de lui seul. Dès après son coup d'État du 18-Brumaire, il disait : « Si je lâche la bride à la presse, je ne resterai pas trois mois au pouvoir. » Pendant tout l'Empire, la rigueur est allée en augmentant. On crée le brevet d'imprimeur et le brevet de libraire, que l'administration peut retirer *ad libitum*. En 1805, les censeurs sont intégrés aux journaux et s'attachent de plus près à ce qui pourrait constituer encore une aire de liberté : le non-politique. C'est le moment où Napoléon écrit à Fouché, son ministre de l'Intérieur : « Réprimez un peu les journaux. Faites-y mettre de bons articles. Faites comprendre aux rédacteurs des *Débats* et du *Publiciste* que le temps n'est pas éloigné où, m'apercevant qu'ils ne sont pas utiles, je les supprimerai avec tous les autres, et je n'en conserverai qu'un seul. [...] Le temps de la Révolution est fini, et il n'y a plus en France qu'un seul parti. Je ne souffrirai jamais que les journaux disent ni fassent rien contre nos intérêts. » On ne peut être plus explicite.

Pour être encore plus efficace, Napoléon n'hésite pas à mettre lui-même la main à la pâte. Il a toujours eu le goût des journaux. Déjà au moment de la campagne d'Italie, général du Directoire, il avait publié le *Courrier de l'armée d'Italie*, écrivant lui-même de longs articles ; et en Égypte, le *Courrier de l'Égypte*. Le *Moniteur*, qui, on s'en souvient, avait été fondé par Panckoucke pendant la Révolution, devient, après le 18-Brumaire, le journal officiel du régime : nouveauté d'une publication qui donne, avec tous les actes du gouvernement, des commentaires et articles dits « libres », qui ne le sont pas du tout. Pendant tout l'Empire, Napoléon continue de dicter les canevas des articles qu'il veut voir développés par ses journaux. Et naturellement les dirigeants de l'Empire et les courtisans du maître manifestent une égale méfiance envers la presse. Fouché lui-même, après sa chute, dit à un ami sa répugnance pour ce qu'il appelle les « familiarités » et les « bavardages » des journalistes. « Avec un mot, ils attaquent un ministre, et il lui faut dix pages pour se défendre ; avec une phrase lancée de la tribune, ils mettent les têtes en émotion, et il faut prendre du temps pour les retenir. Quand on est ministre, on a autre chose à faire ! »

Le résultat se résume dans la série fameuse des titres successifs du *Moniteur*, au moment des Cent-Jours, lorsque Napoléon quitte l'île d'Elbe pour regagner Paris, après la première Restauration. A mesure que Napoléon progresse vers la capitale, *Le Moniteur*, qui est devenu très sagement royaliste, après l'installation de Louis XVIII aux Tuileries, évolue comme on va le voir : 1er jour : « L'anthropophage est sorti de son repaire » ; 2e jour : « L'ogre de Corse vient de débarquer au Golfe-Juan » ; 3e jour : « Le tigre est arrivé à Gap » ; 4e jour : « Le monstre a couché à Grenoble » ; 5e jour : « Le tyran a traversé Lyon » ; 6e jour : « L'usurpateur a été vu à 60 lieues de la capitale » ; 7e jour : « Bonaparte s'avance à grands pas, mais n'entrera jamais à Paris » ; 8e jour : « Napoléon sera demain sous nos remparts » ; 9e jour : « L'Empereur est arrivé à Fontainebleau » ; 10e jour : « Sa Majesté impériale a fait son entrée au château des Tuileries, au milieu de ses fidèles sujets ».

Répressions germaniques

Ce système très répressif fut, bien sûr, étendu à toute l'Europe sous domination napoléonienne et soigneusement conservé par les successeurs, en particulier par la Confédération germanique et par Metternich, qui depuis Vienne, chef du gouvernement des Habsbourg, domine l'Autriche-Hongrie et l'Europe de 1815 à 1848. Il avait été ambassadeur en France, au moment de Napoléon Ier, où il avait vu fonctionner les choses. Il écrivait alors : « Les gazettes valent à Napoléon une armée de 300 000 hommes », et encore : « Mépriser l'opinion publique est aussi dangereux que mépriser les principes moraux. »

Une première poussée survient en 1814-1815. Dans les provinces rhénanes, qui ont toujours été, loin de la Prusse, les plus rapides à saisir l'occasion d'étendre l'espace des libertés, le célèbre *Mercure rhénan* fait campagne, dès après la première chute de Napoléon, pour ce qu'il croit devoir être le rôle de la presse dans l'Allemagne affranchie, en expliquant qu'« un peuple en voie de progrès a besoin de journaux qui étudient publiquement ce qui agite tous les esprits, qui sachent lire dans le cœur de la nation, qui défendent leurs opinions sans peur, qui arrivent, pour tout ce que la foule sert obscurément et inconsciemment, à le lui rendre clair à elle-même et à le lui présenter nettement formulé ». Autrement dit, « le journal doit être la bouche du peuple et l'oreille du prince ». Beau programme, résultat rapide : *Le Mercure rhénan* est supprimé en janvier 1816.

Le même mouvement se produit en Italie, au moment de la révolution qui jette à bas le royaume des Deux-Siciles à Naples, en 1820. Il y surgit un bouquet de journaux similaires à ceux que la France de 1789 avait connus – écrasés, dès que le pouvoir royal revient en force. Un personnage célèbre incarne ce combat, Silvio Pellico, qui, après avoir participé activement à la lutte pour une presse libre dans la péninsule, passa derrière les barreaux de longues années – racontées par lui dans son livre *Le mie prigioni* (*Mes prisons*), grand succès de librairie.

En 1830 renaît l'espoir de liberté. L'héritier du *Mercure*, côté rhénan, est la *Deutsche Tribune*, qui touche en quelques jours un large public. Mais, dès que la main de fer de la répression retombe, à la fin de l'année, la Diète de la Confédération germanique confirme les règles strictes qu'elle avait adoptées en 1819.

Deux ans plus tard, en 1832, elle vote les « six articles » qui sont restés un texte noir dans l'histoire de la presse outre-Rhin, empêchant pratiquement toute publication politique. Après la suppression de la *Deutsche Tribune* et de quelques autres, la presse retombe dans une lourde torpeur. Avec quelques exceptions pourtant qui témoignent que tout l'acquis n'a pas été perdu : un journaliste nommé Cotta, qui a du talent et de l'habileté, fonde la *Gazette d'Augsbourg*, qui s'est installée dans cette ville de Bavière en 1810, joue assez habilement de sa position intermédiaire entre l'influence prussienne et l'influence autrichienne. Il s'appuie sur le patriotisme de la Bavière – c'est le règne de Louis Ier, père de Louis II – pour gagner une liberté relative.

A partir de 1840-1845, la situation s'améliore un peu, et puis survient le moment lumineux de la Révolution de 1848, le « printemps des peuples » qui fait traverser toute l'Europe d'un souffle d'espérance. Partout, à nouveau, émergent des journaux libres.

C'est dans ces années-là que la *Gazette de Voss* s'affirme comme l'un des grands journaux d'Europe, qui gardera son prestige jusqu'à l'époque nazie. Christian Voss est l'imprimeur qui a fondé le journal à Berlin en 1704. Celui-ci a végété au XVIIIe siècle, mais il atteint 10 000 exemplaires en 1840, et 20 000 exemplaires en 1847, chiffre record pour les pays germaniques. Le roi de Prusse, Frédéric-Guillaume IV, ouvert et cultivé, a adouci la censure après son accession au trône en 1840. C'est le moment aussi où Karl Marx fait ses premières armes de journaliste dans les colonnes de la *Rheinische Zeitung*, lancée à Cologne par des bourgeois libéraux ; le moment où la montée du nationalisme italien s'accompagne, dans la péninsule, du développement d'une presse clandestine : y brillent la *Jeune Italie* de Mazzini, qui est distribuée sous le manteau et échappe aux sbires de l'Empereur et des souverains locaux, et les journaux autorisés, tel *Risorgimento*, qui est publié à Gênes et à Turin, dans le royaume de Piémont-Sardaigne, par les soins du jeune Cavour, futur héros de l'unité.

Hélas ! après le grand souffle de 1848, qui touche non seulement l'Autriche (Vienne supprime le cautionnement et décide que le jury traitera des délits de presse), mais aussi la Hongrie et la Bohême, le joug, une fois de plus, se remet en place. Des journalistes sont fusillés. Pourtant, quelques zones de liberté – ou de moindre oppression – subsistent. Des habitudes heureuses ont été prises. Des acquis sont irréversibles.

Combats français

En France aussi, l'histoire des journaux est intimement liée à la vie très agitée du siècle. En trente-trois ans, de 1815 à 1848, sont promulguées 18 lois ou ordonnances sur ce sujet. Lors de chacune des révolutions qui scandent le siècle, la presse est à la fois un acteur et un enjeu essentiel.

C'est le cas au moment du spasme qui précède la révolution de Juillet, en 1830, avec les ordonnances du gouvernement Polignac qui sont fatales à Charles X. L'une d'entre elles concerne la presse, précédée de cet exposé des motifs : « La presse périodique n'a été, et il est dans sa nature de n'être qu'un instrument de désordre et de sédition. » Donc, il faut la remettre au pas. Eh bien, c'est raté !

Dans le cours de la révolution de 1830, *Le National*, l'un des grands journaux du temps, fondé par Thiers, Mignet et Armand Carrel, compte lourd. Le banquier Laffitte, futur ministre de Louis-Philippe, le subventionne. Après la victoire, la nouvelle Charte sanctionne le succès en abolissant la censure préventive. On n'y reviendra jamais, sauf en cas de guerre. Il subsiste pourtant une arme redoutable au service du pouvoir, le cautionnement : un journal qui se crée doit déposer une grosse somme d'argent qu'on lui confisquera s'il ne file pas droit. Et pendant les dix-huit ans du règne de Louis-Philippe les poursuites contre les journalistes d'opposition, qu'ils soient légitimistes ou républicains, sont nombreuses.

En février 1848, la campagne des Banquets contre le régime en place est soutenue par une presse de plus en plus audacieuse. La chute de la monarchie offre à nouveau aux journaux une parenthèse de liberté, mais après les journées de Juin, sanglant retour en arrière, la répression reparaît.

Le roi et les siens n'ont visiblement pas médité plus que leurs prédécesseurs les justes réflexions de Benjamin Constant dans un ouvrage de 1814 intitulé *La Liberté des brochures* : « En tenant les journaux sous une autre dépendance que celle qui résulte de la responsabilité légale à laquelle tout écrit doit soumettre son auteur, le gouvernement [...] se rend de fait, malgré lui, responsable de tout ce qu'[ils] disent. C'est en vain qu'il proteste contre cette responsabilité : elle existe moralement dans tous les esprits. Le gouvernement pouvant tout empêcher, on s'en prend à lui de tout ce qu'il permet. Les journaux prennent une importance exagérée et nuisible. On les lit comme symptômes de la volonté du maître, et comme on chercherait à étudier sa physionomie si l'on avait l'honneur d'être en sa présence. Au premier mot, à l'insinuation la plus indirecte, toutes les inquiétudes s'éveillent. On croit voir le gouvernement derrière le journaliste ; et quelque erronée que soit la supposition, une ligne aventurée par un simple écrivain semble une déclaration, ou, ce qui est tout aussi fâcheux, un tâtonnement de l'autorité. A cet inconvénient s'en joint un autre. [...] Si tout ce que [les journaux] contiennent d'équivoque et de fâcheux est un sujet d'alarme, ce qu'ils contiennent d'utile, de raisonnable, de favorable au gouvernement, paraît dicté et perd son effet. »

Le Second Empire, dans ce champ, est bien l'héritier du premier. Pour Napoléon III, la presse est « l'hydre aux cent têtes » : on a beau en couper quatre-vingt-dix-neuf, il en repousse toujours de nouvelles. Ce qui ne le détourne pas d'en trancher souvent... Son régime installe un système qui est habile par sa gradation, celui de l'« avertissement ». Le premier avertissement est sans conséquence concrète. Au deuxième avertissement, si la feuille concernée ne procède pas à une sage autocensure, elle est suspendue pour quelques jours, ou quelques semaines. Le troisième avertissement entraîne la suppression. C'est une manière de s'en remettre aux journalistes eux-mêmes pour respecter la « sagesse ».

Pendant les années 1860, le procédé est efficace. Puis, progressivement, « Napoléon le Petit » doit jeter du lest. L'empire autoritaire cède la place à l'empire libéral, puis à l'empire parlementaire, et à chaque étape s'élargit la marge de liberté des journaux. Le système de l'avertissement est abandonné en 1867, et l'autorisation préalable en mars 1868. Enfin le gouvernement d'Émile Ollivier, installé le 2 janvier 1870, et par lequel l'empereur se rallie l'opposition orléaniste, installe *in extremis* une vraie liberté de la presse.

La trace de Girardin

Émile de Girardin, dont la biographie illustre l'histoire générale de cette émancipation des journaux de 1815 à 1870, est un des premiers entrepreneurs de presse, au sens moderne du terme. Il a un sens très sûr des goûts du public. C'est un homme d'une énergie indomptable, de peu de scrupules, et dont la carrière est jonchée de prisons et de duels, mais qui rebondit toujours.

Sa naissance est irrégulière, ce qui, à l'époque, est un handicap, mais peut être aussi un stimulant. Il s'en explique dans un roman autobiographique, *Émile*, publié en 1827, le seul de ses livres qu'on lit parfois encore. L'année suivante, à vingt-deux ans, à la fin de la Restauration, il se lance dans le monde des périodiques en créant un hebdomadaire qu'il appelle avec sincérité *Le Voleur* et qui invente la revue de presse ; *Le Voleur* reproduit les meilleurs morceaux des meilleurs journaux de la semaine, et, comme les droits d'auteur sont encore anarchiques, il n'a pas de rétribution à verser ; avec sa colle et ses ciseaux, Girardin bâtit un périodique prospère.

Une autre de ses idées neuves est de proposer des journaux spécifiques aux femmes. C'est le début de l'essor de la presse féminine qu'Évelyne Sullerot a étudié jadis dans un livre où elle montre bien l'importance de *La Mode* qui se pose comme l'arbitre des élégances, et qui, transportée par les diligences jusqu'au fond des provinces, vient dire à toutes les Mme de Raynal de France ce qui se fait, se porte, ou se murmure dans la capitale.

Et voici une troisième invention : en 1831, au lendemain de la Révolution de Juillet, Girardin crée le *Journal des connaissances utiles*. C'est l'ancêtre des publications pratiques, de type *Bricoler, Mon Jardinage, Rustica...*, qui fournit 32 pages mensuelles de documentation, avec une foule d'indications utiles, notamment sur les progrès de l'agriculture, et qui revendique bientôt 130 000 abonnés, la plupart provinciaux.

C'est dans ces colonnes que Girardin expose le projet d'un

quotidien deux fois moins cher que ses concurrents. Au lieu de 80 francs par an, il souhaite parvenir à n'en faire payer l'abonnement que 40. Ce sera *La Presse*, lancée en 1836, journal important qui, malgré la concurrence d'un jumeau, *Le Siècle*, se révèle vite une excellente affaire, rameutant au moins 20 000 abonnés parmi les classes moyennes, le commerce, l'artisanat, les agriculteurs aisés.

La Presse n'est pas démagogique. Il n'y a rien là de ce que *Le Père Duchesne* avait essayé de faire, nul effort de mimer un parler populaire. C'est l'« air de Paris » que l'on veut faire connaître à d'autres ; Girardin dispose d'une excellente collaboratrice, sa propre femme, Delphine, la fille de Sophie Gay, qui a un salon, et beaucoup d'esprit, et qui, sous le pseudonyme de « vicomte de Launay », publie dans le journal, de 1836 à 1848, des « Lettres aux Parisiennes » dont chacun s'accorde à louer le brio et la finesse.

La nouveauté, comme souvent, suscite une vive résistance du milieu. Les confrères, y compris certains républicains – bien que Girardin soit des leurs –, considèrent qu'il est dégradant (éternel débat !) de vendre une feuille trop bon marché et de se rabaisser pour obtenir un lectorat plus large. C'est cette opposition qui provoque le duel célèbre où s'affrontent en juillet 1836 Émile de Girardin et Armand Carrel. Celui-ci est, à trente-six ans, un journaliste de grand prestige. Il a rompu avec Thiers et Mignet, pour entraîner *Le National* vers le Parti républicain. Or, lorsque *La Presse* paraît, c'est paradoxalement du côté des républicains que le journal subit le plus de critiques. Armand Carrel reprend dans *Le National* des attaques lancées par une petite feuille appelée *Le Bon Sens* contre Girardin. Celui-ci s'en indigne, publie une réplique considérée comme injurieuse par Carrel. On se retrouve, un matin blême, dans le bois de Vincennes. Les deux coups de feu partent ensemble, les deux hommes s'écroulent, Girardin a une balle dans la jambe, qui le fera longtemps souffrir, y compris quand il sera sur la paille humide des cachots de Cavaignac en 1848 ; quant à Carrel, il est touché au ventre et met deux jours à mourir. C'est un événement qui a beaucoup marqué la sensibilité des contemporains, et dont j'emprunte le récit à l'*Histoire de dix ans* de Louis Blanc, beau livre marqué d'éloquence néoclassique.

« Une grande révolution, écrit Louis Blanc, allait s'introduire dans le journalisme. Parmi les auteurs de cette révolution figura M. Émile de Girardin, un spéculateur. Diminuer le prix des grands journaux quotidiens, accroître leur clientèle par l'appât du bon marché et couvrir les pertes résultant du bas prix de l'abonnement par l'augmentation du tribut qu'allaient payer à une publicité, devenue plus considérable, toutes les industries qui se font annoncer à prix d'argent, tel était le plan de M. Émile de Girardin. Ainsi, l'on venait transposer en un trafic vulgaire ce qui est une magistrature, et presque un sacerdoce ; on venait proposer de rendre plus large la part jusqu'alors faite dans les journaux à une foule d'avis menteurs, de recommandations banales ou cyniques, et cela aux dépens de la place que réclament la philosophie, l'histoire, les arts, la littérature, tout ce qui élève, en le charmant, l'esprit des hommes ; le journalisme, en un mot, allait devenir le porte-voix de la spéculation. Nul doute que, sous cet aspect, la combinaison nouvelle ne fût condamnable.

»D'un autre côté, continue Louis Blanc, elle appelait à la vie publique un grand nombre de citoyens qu'en avait éloignés trop longtemps le haut prix des journaux ; et cet avantage, il y avait évidemment injustice à le méconnaître. Mais les intérêts sont toujours absolus et exclusifs dans leur colère : M. Émile de Girardin, qui avait commencé l'attaque, fut attaqué à son tour, et avec un blâmable excès d'âcreté, par quelques-unes des feuilles dont une concurrence inattendue menaçait la prospérité ou l'existence. »

Le duel, la réclame et le feuilleton

Observons que le duel, dont l'histoire reste à écrire, fait partie des mœurs littéraires et de la vie des journaux jusqu'en 1914. Ensuite, la boucherie de la guerre le frappe d'obsolescence. Le duel ne pouvait fleurir qu'à une époque relativement pacifique : ainsi entre 1830 et 1914. Parmi ses victimes illustres figure le grand mathématicien Galois : toute la nuit qui précède la rencontre, il écrit des équations pour qu'elles ne soient pas perdues.

André Billy, pour la seule époque 1885-1895, dénombre 150 duels à Paris. Panama, l'antisémitisme, l'affaire Dreyfus, en multiplient les occasions. Clemenceau s'est battu une douzaine de fois, soit à l'épée, soit au pistolet, notamment contre Déroulède, Deschanel et Édouard Drumont.

Le duel est en somme une des formes du compromis social, et qui s'est imposé un certain temps à côté des tribunaux, dans les affaires de diffamation. Mettant en jeu d'une façon plus aléatoire le courage personnel et physique, il constitue aussi une façon de lubrifier la vie collective du monde journalistique – comme on le voit bien, sous une lumière ironique, dans la pièce du Viennois Arthur Schnitzler, *Les Journalistes*.

Mais revenons à Girardin. Il est le premier entrepreneur de presse en France à réussir ce que le *Times* avait réalisé en Angleterre : fonder son équilibre sur la publicité. Celle-ci donne de 40 à 50 % des recettes, dans le cas du *Siècle* et de *La Presse*. On frôle déjà les chiffres contemporains. Avec cet inconvénient très moderne que désormais les journaux pâtissent des crises conjoncturelles qui rétrécissent la publicité. D'où résulte une autre invention, destinée à « avaler » ces cahots : l'affermage à des intermédiaires qui achètent des espaces aux journaux sur une certaine durée et qui se chargent de les revendre, après bénéfice, aux industriels et aux commerçants. C'est confortable pour les journaux assurés de leurs recettes de ce côté-là, et il y a de gros profits à attendre pour les officines qui réussissent à bien négocier leurs colonnes.

Une autre nouveauté est un coup de génie : le roman-feuilleton. La presse d'information s'annexe ainsi un vieux courant populaire, rejoint la Bibliothèque Bleue du XVIIIe siècle et la littérature de colportage. Meurtres horrifiques, exploits des bandits de grands chemins, apparitions merveilleuses... D'abord, cette presse se gorge de faits divers (dont l'archétype est le crime attribué à Mme Lafarge, « l'empoisonneuse », en 1840). Mais, souvent, il y a disette de beaux crimes bien sanglants. Alors, on invente le roman-feuilleton, histoire à rebondissements publiée chaque jour dans le « rez-de-chaussée », au bas de la première page. Aucun des grands romanciers français du temps, étant donné les sommes qui sont en jeu, ne refuse de se voir découper de la sorte en tranches quotidiennes. Plusieurs ouvrages de Balzac ont d'abord été publiés ainsi, et d'autres de George Sand, de Victor Hugo, d'Alexandre Dumas (*Le Comte de Monte-Cristo, Les Trois Mousquetaires, La Dame de Monsoreau, La Reine Margot*). Le genre exige du savoir-faire, et surtout un sens du rythme, puisqu'il importe que la curiosité rebondisse à la fin de chaque épisode (comme dans les feuilletons télévisés américains d'aujourd'hui). Le maître en est Eugène Sue, l'auteur des *Mystères de Paris* et du *Juif errant*, qui assurent la soudaine prospérité du *Journal des débats*, pour *Les Mystères de Paris*, et du *Constitutionnel* du docteur Véron, pour *Le Juif errant*, acheté à Sue forfaitairement 100 000 francs (un abonnement coûte 40 francs par an). On atteint ainsi une clientèle qui dépasse largement celle qui paraissait jusque-là assignée, politiquement et sociologiquement, à la presse.

Après la révolution de 1848, Émile de Girardin, député de Bourges depuis 1834, s'en prend à Cavaignac, le général des journées de Juin ; est emprisonné ; se rapproche de Louis-Napoléon ; essaie de devenir son conseiller ; s'indigne du coup d'État ; part pour la Belgique ; revient ; végète dans les années cinquante, celles où il ne peut pas publier de journal ; remonte la pente à partir des années soixante ; relance *La Presse* qui stagnait, puis *La Liberté*, à laquelle il donne un grand essor (60 000 exemplaires), et où il invente la première rubrique sportive (sous le titre « Le monde sportique »).

Les dernières années sont moins flamboyantes. Après la chute de l'Empire, Girardin attaque le gouvernement de Défense nationale, soutient Thiers et finit plutôt sur sa gauche, puisqu'il est élu, lors de la crise du Seize-Mai 1877, dans le camp des républicains. Il meurt peu de temps après.

Si on considère ce destin dans la durée, il apparaît représentatif notamment par le fait que l'homme n'est pas *lesté*. Il n'est lesté ni de ce talent littéraire, ni de ces convictions fortes qui auraient pu lui donner une postérité, et le faire lire encore aujourd'hui. Il est seulement – mais il est remarquablement – un témoin et un cristallisateur de la sensibilité politique de son temps, avec les évolutions et éventuellement les palinodies que cela implique. Proudhon disait de lui sévèrement en 1863 :

« Plus nous avançons, plus je remarque chez cet homme un esprit brouillon, charlatanesque, sans mesure, tantôt dans la courtisanerie, tantôt dans l'opposition. » En contraste, Émile Ollivier, premier ministre libéral rallié à Napoléon III en 1870, l'admirait beaucoup : « De pareils hommes se trompent quelquefois. Ils ne se perdent jamais. Jusqu'à la fin ils s'imposent comme une puissance. »

Une puissance... en témoigne l'attitude de Napoléon III à son égard. Il le déteste, le considère comme pernicieux. Lorsque Girardin attaque trop son gouvernement, il donne des instructions pour qu'on l'envoie en prison, il refuse qu'il soit membre du gouvernement du 2 janvier 1870. Mais, en même temps, il le craint. Dans son Journal intime, le saint-simonien Michel Chevalier observe avec étonnement, lorsque Girardin perd sa fille dans des conditions dramatiques à Biarritz, en 1865, « les mille grâces et mille signes d'affection » que l'impératrice prodigue au père éploré. Chevalier écrit : « On se demande si l'impératrice aurait fait autant pour la fille d'un ministre qui aurait admirablement servi l'État et la dynastie. » La presse, Girardin en témoigne, s'affirme définitivement comme un pouvoir, qu'on s'efforce de séduire, de caresser, parfois de réduire, et qui va jouer un grand rôle dans la vie politique et sociale des générations suivantes.

CHAPITRE V

L'ÂGE D'OR

Voici l'âge d'or de la presse écrite dans le monde occidental : une période qui court du début des années 1870 jusqu'à la Première Guerre mondiale durant laquelle les journaux élargissent puissamment leurs bases, sans être encore concurrencés par les autres médias à venir. L'extension de leur audience et de leur influence vient alors rendre aigus deux problèmes nés du triomphe de la liberté de la presse ; d'un côté, la vénalité, par quoi des influences occultes menacent la vérité ; et, d'autre part, la diffamation, la réputation des citoyens pouvant être injustement piétinée par une presse qui échappe souvent à toute sanction.

La liberté : ressorts d'un triomphe

Cette période se définit par des traits communs à tous les pays d'Occident. Données juridiques d'abord : la liberté de la presse est désormais conquise, à peu près partout dans le monde occidental, et ne sera remise en cause que dans les années 1920 et 1930 par les dictatures allemande, italienne et bolchevique. En Grande-Bretagne, elle est définitivement assurée après l'abolition des taxes et du cautionnement, en 1869. Aux États-Unis, elle est acquise depuis longtemps. En Allemagne, après la victoire de la Prusse contre la France et l'instauration de l'Empire allemand, la loi de 1874 unifie le régime de la presse : avec la disparition complète des censures préalables, et, dans de nombreuses régions, le jury populaire, toujours plus laxiste, comme nous savons, que les magistrats professionnels ; même si Bismarck continue d'exercer une pression plus forte qu'ailleurs sur la presse écrite avec le maintien de dispositions très répressives pour tous les cas de lèse-majesté, on ne peut plus parler d'oppression. Quant à la France, elle jouit, à partir de la loi du 29 juillet 1881, du régime le plus libéral de tous.

Partout les améliorations techniques pèsent dans le même sens : il s'agit moins de bouleversements que de l'accentuation des évolutions antérieures. Du côté de la fabrication apparaissent les composeuses mécaniques, en particulier les linotypes, qui permettent de « saisir » les textes sur un clavier comparable, en plus complexe, à celui d'une machine à écrire. Un autre progrès, dans les années qui précèdent la Première Guerre mondiale, est la transmission des clichés par le fil télégraphique : le Haut-Saônois Édouard Belin invente le bélinographe, grâce auquel la presse quotidienne peut publier des photographies prises n'importe où. D'autre part, le nombre de pages augmente, servi par l'amélioration des machines. En France, les quotidiens passent de quatre pages à six ; ils atteignent parfois vingt pages déjà aux États-Unis ou en Grande-Bretagne.

Un troisième progrès est l'extension du marché des nouvelles ; c'est la période où l'information devient une marchandise mettant en jeu des intérêts matériels d'une importance inédite ; une marchandise qui a en commun avec certains primeurs, telles les fraises ou les framboises, de se défraîchir à grande vitesse. Dans la *Revue de Paris* du 1er janvier 1914, le journaliste Louis Latzarus cite un directeur de journal anonyme qui jette un regard strictement économique sur le journal ; soixante tonnes de marchandise ont été préparées en douze heures, exécutées en trois heures, expédiées en cinq heures à 20 000 personnes ; il s'agit de la vendre dans la journée, parce qu'elle vaut 75 francs les 100 kilos, et que le lendemain elle n'en vaudra plus que 6,75. Ainsi s'installe le souci de rentabilité qui vient, chez beaucoup d'entrepreneurs de presse, l'emporter définitivement sur les préoccupations politiques ou déontologiques. Même si, comme nous le verrons, ce poids des investissements laisse néanmoins un espace pour diverses publications qui n'ont d'autre but que le seul profit capitaliste, parce qu'il ne coûte pas très cher encore de faire paraître de petites feuilles.

L'essor des agences

Le développement du marché des nouvelles est d'abord marqué par l'installation et l'extension des agences de presse, sur lesquelles Michael Palmer donne des informations utiles dans un livre intitulé *Des petits journaux aux grandes agences. Naissance du journalisme moderne (1863-1914)*.

Au moment où, grâce aux progrès techniques et à l'élargissement de la curiosité d'un public agrandi, le marché de l'information devient mondial, la plupart des organes de presse sont incapables d'entretenir des correspondants au loin, étant donné le coût des frais d'installation, d'entretien, de transmission des nouvelles. Par conséquent, les agences de presse, qui sont nées au milieu du XIXe siècle, prennent une place centrale. L'ancêtre, le précurseur, Charles Havas, fonde l'agence qui porte son nom, vers 1835, sous la monarchie de Juillet. A l'origine, il s'agit simplement d'un bureau de traduction de la presse étrangère au service des quotidiens de la place ; mais, très vite, l'idée vient à Havas de développer un réseau de correspondants, et de vendre leurs informations. L'essor de l'agence, à partir de la Seconde République et durant le Second Empire, se fonde sur deux bases principales. D'abord la Bourse : une escadrille de pigeons voyageurs vient chaque jour à tire-d'aile apporter à Havas les cours du Stock Exchange de Londres. Ensuite la guerre. L'époque connaît une série de conflits spectaculaires. Havas envoie donc des correspondants dynamiques en Crimée, en Italie, au Mexique, aux États-Unis, etc.

L'agence Havas invente le couplage entre la fonction d'information et la fonction de publicité. Elle fonde une « Société générale d'agence » pour affirmer la publicité commerciale dans les journaux. Une idée ingénieuse est de proposer à ceux-ci de payer en espaces publicitaires une partie de la copie qu'ils achètent. Ce troc est avantageux pour la trésorerie des journaux, leur évitant de sortir de l'argent frais de leurs caisses. A charge pour Havas de revendre cet espace, avec un bon bénéfice au passage, aux industriels et aux commerçants pour leur réclame. Ce couplage fonctionnera jusqu'en 1940, et c'est la guerre et la Libération qui amèneront à dissocier la fonction d'information – aujourd'hui dévolue à l'AFP – et la fonction de publicité – Havas maintenue.

En Allemagne domine l'agence Wolff. Il est frappant que les deux grandes agences allemande et anglaise aient été toutes les deux fondées par d'anciens employés de Charles Havas. C'est le cas de Bernard Wolff qui crée sa maison en 1849 à Berlin ; et de Julius Reuter, qui inaugure en 1851 l'agence qui porte son nom à Londres, favorisée d'emblée par l'avantage de travailler dans la principale ville du monde pour les affaires commerciales et financières d'où partent bientôt les réseaux les plus denses de câbles électriques internationaux.

Ces trois agences européennes s'assurent un quasi-monopole dans leur territoire. Il en va autrement aux États-Unis, pour Associated Press, qui naît en mai 1848. Car les journaux concurrents dans une même ville refusent de s'abonner à la même agence, ce qui en suscite d'autres, telle United Press, dans les années 1880.

Le budget des agences est lourd, à cause du coût de la récolte et de la transmission des nouvelles : d'où leur tendance, très vite, à passer des accords entre elles, pour éviter de se trop concurrencer. On se partage le marché, en échangeant les nouvelles internationales sur les marchés nationaux. Le premier accord de ce type est signé entre Havas, Wolff et Reuter en 1859. Associated Press y adhère en 1872.

Les gouvernements ne mettent pas longtemps à mesurer l'importance de canaux d'information qui vont irriguer des centaines et des milliers de publications : enjeu capital désormais. Mais ils découvrent bientôt que, comme Napoléon le disait de la Banque de France, il faut que les agences soient un peu dans leur main, mais pas trop ; un peu pour pouvoir faire valoir le point de vue du pouvoir exécutif au-dedans et servir la diplo-

matie au-dehors ; mais pas trop, car le discrédit toucherait vite
ces entreprises qui, du coup, perdraient de leur influence :
l'équilibre est toujours précaire.

L'agence Wolff est la plus bridée : le contrôle du gouvernement prussien sur elle, à partir de 1865, est étroit. Bismarck n'est
pas un maître tendre ; mais assez habile pourtant pour lâcher du
lest afin qu'elle n'apparaisse pas comme trop inféodée.

A la rencontre du grand public

L'augmentation exponentielle des budgets de la presse s'explique au premier chef par le développement de l'audience.

Il se produit un double mouvement. Un public plus large se
porte vers la lecture de la presse écrite à cause de la hausse du
niveau moyen de l'instruction et la diminution de l'analphabétisme, et en sens inverse la presse se rapproche des lecteurs
populaires. Les entrepreneurs les plus prospères sont ceux qui
comprennent qu'il faut abaisser à la fois les coûts de fabrication
du journal et l'ambition intellectuelle du produit.

Nous avons déjà évoqué les précurseurs, dans le cas de la
France, avec *La Presse* de Girardin ou *Le Siècle* de Dutacq, appa-
rus sous la monarchie de Juillet. Aux États-Unis, le *New York
Sun*, le *New York Herald*, lancés en 1833 et 1835, se vendent un
cent seulement. En Grande-Bretagne s'affirment les journaux à
un penny : tel, en 1855, le *London Evening News* ; et même à un
demi-penny, avec l'*Evening News* de 1881, ou le *Star* en 1888.

Cette presse à succès s'éloigne délibérément du style littéraire
qui avait dominé jusqu'à la moitié du XIXe siècle. C'est le
moment où la vente au numéro devient plus importante que les
abonnements, avec ce que cela entraîne d'instabilité dans les
recettes ; d'où, pour les responsables, la nécessité de se livrer
sans cesse à une surenchère dans le sensationnalisme.

Le feuilleton littéraire, invention d'abord française, continue
de connaître, pendant cette période, une belle prospérité. C'est
sur le feuilleton que *Le Petit Journal*, journal archétypique qui

commence à paraître en 1863, à l'initiative d'un grand entrepreneur de presse, Moïse Millaud, et qui vend quatre pages à 5 centimes, va fonder son essor. Millaud a ce docte précepte à propos de la presse moderne : « Il faut avoir le courage d'être bête ! » Le feuilleton est-il bête ? Il demande en tout cas beaucoup de savoir-faire, construit selon des stéréotypes, des séquences familières qui reflètent l'imaginaire d'une époque. Désormais, les fabricants de feuilletons ne sont plus les glorieux écrivains qui dominaient sous la monarchie de Juillet (Victor Hugo, Balzac, George Sand ou même Eugène Sue). Une spécialisation se produit avec des figures aussi remarquables qu'Émile Gaboriau ou Ponson du Terrail, l'inventeur de l'immortel Rocambole. Le Fantômas d'Allain et Souvestre, sous la IIIᵉ République, est son descendant direct. Gaboriau, pour sa part, imagine un policier nommé M. Lecoq, ancêtre de tous les Maigret et autres Hercule Poirot.

On distingue deux familles dans ces romans-feuilletons : en France, et bientôt, par imitation, dans d'autres pays. La première catégorie est celle du roman d'aventure, rempli d'épisodes étranges qui frôlent le surnaturel, avec maléfices, complots et disparitions, avec une quantité d'orphelins arrachés à leur famille et découvrant tardivement leur ascendance, avec un affrontement du Bien et du Mal entourés de toutes sortes de fumées, dans les circonstances les plus dramatiques. Le roman à dominante policière, pour sa part, est fondé sur l'enquête, dévoilant peu à peu le mystère des crimes les plus abominables ou les plus baroques. Ponson du Terrail, un beau jour, avait eu l'extrême imprudence – comme font certains créateurs lassés de leurs héros qui finissent par les consumer – de tuer Rocambole. « Pas de ça ! lui dit Millaud, vous le ressuscitez, et je vous le paie très cher ! » (La même mésaventure arrivera plus tard à Conan Doyle avec Sherlock Holmes.) *La Résurrection de Rocambole* permet au *Petit Journal* de se porter à des sommets de vente jamais atteints. Quant à Gaboriau, après son succès dans d'autres journaux, Millaud lui déclare : « Votre système s'adapte à merveille aux exigences de la bêtise humaine : il y a en France 500 000 lecteurs qui vous gobent. » Et il lui commande *Monsieur Lecoq*, feuilleton qui paraît à l'extrême fin du Second Empire. Pour la première fois, un journal achète des publicités géantes dans Paris, en placardant de grandes affiches pour l'annoncer.

Il est à noter d'ailleurs que Gaboriau se veut journaliste autant que romancier. Il prétend faire mieux connaître les ressorts de la société de son temps et il part souvent d'un fait divers réel pour construire une intrigue qu'il appuie sur l'actualité. Le premier roman qu'il publie dans *Le Petit Journal* après 1870-1871, *La Dégringolade,* se déroule ainsi entièrement sur le fond de la défaite française. Il n'existe pas vraiment de solution de continuité entre le genre du roman policier qui se définit dans ces années-là et le fait divers traité de façon romanesque.

L'affaire Troppmann

Arrêtons-nous sur une affaire qui a bouleversé la sensibilité française à l'aube de notre période : l'affaire Troppmann, dont Michelle Perrot a restitué naguère dans *L'Histoire* les couleurs et la portée. Par une froide soirée d'automne, en septembre 1869, dans le paysage sinistre qui jouxte la porte de Pantin, au nord de Paris, un cultivateur nommé Langlois s'apprête à labourer son champ, lorsqu'il remarque un renflement de terrain qui l'étonne. Il fouille et voit surgir la petite main d'un enfant. Il continue à creuser et met au jour, horrifié, six cadavres, une femme et cinq enfants. Ceux-ci sont bientôt identifiés. Il s'agit de la famille Kinck, d'origine alsacienne, venue de Roubaix à Paris pour accompagner le père qui avait l'intention – petit ouvrier enrichi par son labeur – de fonder une usine de mécanique élémentaire. Le coupable ? On soupçonne d'abord le dernier fils, Gustave, qui aurait assassiné sa mère, et peut-être son père, également disparu. Heureusement pour l'honneur de Gustave, on retrouve, en cherchant mieux, son propre corps dans un champ voisin. Et, finalement, on déterre aussi le père dans un bois, également « refroidi », comme dit le chroniqueur du temps. Huit cadavres et une grande émotion publique... L'attention de la police se porte sur un jeune homme, beau et trouble, qui s'appelle Troppmann, un ami de la famille, sur lequel on met la main dans des conditions « rocambolesques » au moment où il s'échappait de France. Après avoir affirmé qu'il n'avait été que le comparse de complices mystérieux, Troppmann finit par avouer son crime qu'il aurait commis seul. Il est exécuté le 15 janvier 1870.

Or, voyons comment *Le Petit Journal* traite l'affaire. Il commence par consacrer deux pages entières au « beau » crime ainsi proposé à la curiosité alléchée du public, puis bientôt il passe à trois pages, puis à quatre. Non sans grand profit. Dès le 23 septembre 1869, le tirage, qui avoisinait précédemment 250 000 exemplaires, bondit à 357 000 ; le 26 septembre il atteint 404 000. La découverte du septième cadavre le fait monter jusqu'à 448 000 ; le huitième, à 467 000. Un record magnifique est celui du jour de la guillotine, le 15 janvier 1870, avec 594 000 exemplaires ! On murmure que *Le Petit Journal* a fait engager un de ses reporters comme aide-bourreau pour être plus près de l'assassin, qui n'a pas cillé au moment suprême. Enthousiaste, Millaud peut s'écrier : « Si nos machines pouvaient servir assez rapidement les marchands, nous ne savons pas quels chiffres nous atteindrions. »

Durant toutes ces semaines *Le Petit Journal* organise une formidable orchestration de l'indignation populaire. Le champ sanglant de Pantin devient un lieu de pèlerinage dominical pour des centaines de milliers de Parisiens. On s'y rend en famille, *Le Petit Journal* à la main, qui indique avec un plan sommaire le lieu exact du charnier. Toute la campagne se construit autour des stéréotypes – situations, personnages, dialogues – d'une vision très moralisante du monde, le Bien contre le Mal. Le Bien : cette famille courageuse, qui a donné naissance à de nombreux enfants pour repeupler la France. (Un bref instant, la presse avait évoqué l'idée que le mari mort aurait pu être trompé par sa femme, mais on a vite rejeté l'hypothèse : ce n'était pas conforme au schéma.) Dans ces gens qui sont sortis de la pauvreté à force de labeur et de rigueur, toute une petite bourgeoisie en mal d'ascension sociale peut se reconnaître – jusqu'à la fin tragique, exclusivement... En face, le Mal, incarné par Troppmann. Il est né d'un père alcoolique, d'une mère qui l'a trop aimé. On a trouvé dans ses bagages un miroir de poche : il porte longs ses cheveux blonds, trop bien peignés, signe évident d'une homosexualité latente, dont on dénonce les effets pervers. Il est peut-être alchimiste : on a trouvé chez lui de mystérieuses cornues.

Certains confrères jaloux ont été jusqu'à soutenir, légende dans la légende, que *Le Petit Journal* lui-même aurait organisé le crime, pour en tirer de prodigieux bénéfices ! – comme, de nos jours, on a accusé certains journalistes de télévision, de façon moins invraisemblable, d'avoir fait rejouer en plus efficace des scènes de guerre civile que leur caméra n'avait pas bien saisies.

On pourrait citer bien d'autres « affaires Troppmann », dans cet âge d'or de la presse. Ces faits divers ont été, depuis quelque temps, un sujet de curiosité pour l'historiographie. Car on peut en extraire, en étudiant les réactions du public et les multiples commentaires, politiques, moraux, religieux, des contemporains, beaucoup d'informations sur l'état d'une société à un moment donné. Michel Winock s'est livré avec brio au même exercice à propos de l'incendie du Bazar de la Charité, vingt-cinq ans plus tard.

Tout l' éventail

Il ne suffit pas d'évoquer la profusion de talents divers, des plus élevés aux plus vulgaires, qui se déploient désormais, d'une rubrique à l'autre, et dont Thomas Ferenczi a restitué la richesse dans un livre récent consacré à ce qu'il appelle *L'Invention du journalisme en France*, il faut prendre la mesure chiffrée de l'extension du nombre et des tirages des journaux. Au début du siècle, vers 1900, on trouve à Paris dans les kiosques entre cinquante et soixante-dix quotidiens. A la veille de la Grande Guerre, l'ensemble des titres vendraient quotidiennement environ cinq millions d'exemplaires, soit cinq fois plus qu'en 1871. Sur ces cinq millions, quatre reviennent au quadrige de tête (*Le Petit Journal, Le Petit Parisien, Le Matin* et *Le Journal*). La presse de ce temps-là est constituée, autour d'un petit nombre de titres très populaires, par un poudroiement de feuilles dont le tirage est modeste.

Le Petit Journal de Moïse Millaud, qui, dans la lancée du prodigieux succès qu'on a vu, a dépassé le million d'exemplaires
vers 1884, connaît ensuite une certaine décadence, pour retom-
ber au-dessous de cette barre symbolique en 1914. L'inflexion
date de la fin du siècle lorsque le quotidien, au moment de l'Affaire, prend violemment parti pour le camp antidreyfusard, vio-
lant ainsi une règle d'or : cette presse, pour réussir, doit rester,
politiquement, d'apparence assez neutre ; si elle s'engage dans
des combats civils trop vifs, elle risque de perdre la moitié de sa
clientèle. C'est ce que *Le Petit Journal* n'a pas aperçu. En
revanche, *Le Petit Parisien*, né en 1876, l'a très bien compris.
La thèse que Francine Amaury a consacrée à ce quotidien
montre bien qu'il a choisi délibérément, en politique, de rester
toujours tiède et prudent, tout à fait *middle of the road*. On
érode les angles aigus et tout ce qui peut provoquer trop de tension. Jean Dupuy, son patron, fait une des plus belles réussites
du temps. Cet ancien saute-ruisseau, qui fut trente ans sénateur
des Hautes-Pyrénées et plusieurs fois ministre, porte son journal,
à la veille de la guerre de 1914, jusqu'à ce record des records :
1,5 million d'exemplaires. *Le Matin*, fondé en 1883, approche
du million à la même date, œuvre et propriété d'un personnage
puissant et excentrique, Maurice Bunau-Varilla, qui vivra quatre
ans de trop – il mourra en 1944, après avoir entraîné son journal
sur des chemins douteux. Il était très autoritaire, très inventif, et
persuadé que le Synthol était le remède à tous les maux du
corps, si bien que ce produit pharmaceutique a beaucoup pros-
péré tant que *Le Matin* a paru... Enfin, *Le Journal* de Letellier,
fondé en 1882, se situe au même étiage en 1914. Ils seront
rejoints bientôt par un cinquième concurrent, *L'Écho de Paris*,
plus nettement marqué à droite.

Si, d'autre part, la presse d'opinion est très nombreuse
(en 1910, sur 60 quotidiens, à Paris, 39 tirent à moins de
5 000 exemplaires, et 25 à moins de 500), c'est qu'il n'en coûte
encore pas bien cher pour fabriquer une feuille recto verso, ou
même quatre pages. On n'est pas obligé de s'abonner aux
agences. Un éditorial – c'est l'ossature –, un compte rendu des
débats parlementaires, les cours de la Bourse, éventuellement un
feuilleton tombé dans le domaine public, et le tour est joué.

L'essentiel est de peser dans le combat politique. C'est le moment où les parlementaires qui comptent ont presque tous une expérience de journaliste et s'efforcent en tout cas d'avoir leur journal.

Esquissons un inventaire. A l'extrême gauche, domine *L'Humanité*, fondée par Jean Jaurès, en avril 1904, le quotidien du Parti socialiste SFIO, qui succède au *Cri du peuple* et à *La Petite République* ; c'est le journal de l'unité retrouvée (1905).

Du côté des radicaux, saluons les quotidiens successifs de Clemenceau révélé comme une excellente plume après l'affaire de Panama qui interrompt pour plus d'une décennie sa carrière parlementaire. Il avait été déjà le directeur politique de *La Justice* dans les années 1880. Avec sa formidable énergie, il rebondit, continue de faire paraître *La Justice* puis recrée un journal, *L'Aurore*, en 1897, qui publie le fameux « J'accuse » d'Émile Zola, le 13 janvier 1898. S'appuyant sur l'affaire Dreyfus, il retrouve dans le journalisme auquel il consacre un formidable labeur, outre les moyens de vivre, une influence qui, plus tard, permet son accession tardive au gouvernement en 1906. Il rédige même un hebdomadaire à lui tout seul : *Le Bloc*, au début des années 1900. En 1913 enfin, il fonde *L'Homme libre*, qui deviendra pendant les hostilités, à cause de la censure, *L'Homme enchaîné*.

Au centre droit trône le *Journal des débats*, l'une des feuilles les plus anciennes, qui remonte à la Révolution, l'ancien journal des Bertin, qui est maintenant la propriété d'un certain nombre de capitalistes, notamment les Lebaudy, des sucres, et les Wendel, les sidérurgistes de Lorraine : 25 000 exemplaires encore en 1914. Un ton bien-pensant, assez guindé, sans jamais un mot plus haut que l'autre ; au point que son directeur, Étienne de Nalèche, se débondait le soir en écrivant une lettre à peu près quotidienne à son ami Lebaudy, qui voguait généralement sur son yacht, dans laquelle il lui rapportait gaiement tous les bruits de la ville qu'il n'avait pas pu imprimer.

Il faut aussi faire un sort au *Temps* qui a été fondé par Nefftzer sous le Second Empire, sur le modèle du *Times*, et qui a été repris en 1873 par un grand entrepreneur, Adrien Hébrard. *Le Temps*, qui ne tire qu'à 35 000 ou 40 000 exemplaires, mais a su s'installer dans la considération publique, au-dedans et au-dehors, comme l'organe officieux du ministère des Affaires étrangères. André Tardieu qui rédige le « leader », comme on dit à l'époque, l'éditorial, la « chandelle », cette colonne de gauche qui a longtemps subsisté dans *Le Monde*, est considéré comme une puissance dans l'Europe entière. On dit qu'Adrien Hébrard aime répéter à ses journalistes : « Faites emmerdant ! » Autrement dit, en termes plus châtiés : « Votre influence sera proportionnelle à votre gravité. » Ce qui n'empêche pas que les cuisines, comme nous le verrons plus tard, sont parfois peu ragoûtantes.

Le Figaro de Villemessant, devenu républicain, a la courageuse imprudence de s'afficher dreyfusard : imprudence inverse de celle du *Petit Journal*, compte tenu de la clientèle bourgeoise et mondaine du *Figaro*. D'où une chute. Mais un homme d'entregent, Gaston Calmette, qui prend les commandes en 1902, remonte la pente et restitue, à la veille de la guerre, une belle influence au *Figaro*, entre échos et commentaires. Jusqu'à ce qu'il soit assassiné par Henriette Caillaux, le 16 mars 1914, parce qu'il avait utilisé des lettres intimes dans une campagne contre son mari, ministre des Finances.

A droite, il faut citer *La Libre Parole*, violemment antisémite, illustrée par la plume d'Édouard Drumont ; *L'Autorité*, de Paul de Cassagnac, également parlementaire, de tradition bonapartiste ; et surtout *L'Action française* de Charles Maurras, qui est d'abord une revue mensuelle et devient un quotidien en 1908, redonnant du lustre à la pensée monarchiste et contre-révolutionnaire. *L'Action française* n'atteindra jamais les grands tirages, mais son influence sera considérable. On peut rattacher au même camp, du côté des journaux mi-politiques, mi-religieux, *La Croix* des Assomptionnistes, appuyée sur le puissant réseau des *Croix* de province (c'est un des rares cas en France de « syndication », comme on dit aux États-Unis). Cette feuille s'engage avec violence dans l'antidreyfusisme, à l'extrême pointe de l'antisémitisme catholique. Pierre Sorlin, dans le livre qu'il lui a consacré, donne des citations qui stupéfient aujourd'hui par leur violence et leur racisme. *La Croix* d'aujourd'hui, qui est loin de ces bords-là, a eu récemment l'élégance d'organiser un colloque où on n'a rien caché de ces sinistres antécédents. *La Croix* tire à 170 000 exemplaires. François Mauriac a souvent évoqué l'importance de ce journal dans la sensibilité de la bourgeoisie bordelaise où il a grandi.

Signalons encore que c'est en France qu'est aussi inventé le premier quotidien sportif, *Le Vélo*, devenu ensuite *L'Auto*, fondé en 1900 par Henri Desgranges. C'est l'ancêtre de *L'Équipe*, qui assure son succès en organisant le Tour de France à partir du début du siècle : la première édition remonte à 1903.

Il serait fastidieux de passer en revue la presse de province. Mais il faut signaler l'importance du Sud-Ouest où le goût des débats civiques est vif. *La Dépêche de Toulouse*, sous la houlette des frères Sarraut, a une grande influence dans l'histoire du radicalisme – parti de gouvernement. Il paraît une feuille, soit quotidienne, soit bi- ou trihebdomadaire pratiquement dans chaque sous-préfecture en France : quatre millions d'exemplaires en tout en 1914. Une presse souvent violente, mais parfois de bonne tenue littéraire, où l'on s'affronte volontiers à coups de citations latines.

Allemands et Anglo-Saxons

Dans les autres pays développés, la presse connaît aussi un essor important.

L'Allemagne où la loi a unifié le régime de la presse dans tout l'empire, est caractérisée plus que la France par la puissance de la presse régionale, avec un nombre élevé de *Heimatblätter*, généralement de bonne qualité. La presse populaire y connaît un certain retard. Il faut dire qu'elle s'est bien rattrapée depuis.

En Grande-Bretagne, le développement de la presse quotidienne est un peu moindre qu'en France : 6,5 millions par jour – contre 9 – pour une population à peu près équivalente. Mais les 10 millions d'exemplaires des journaux du dimanche compensent, et au-delà, cette infériorité apparente. La personnalité d'Alfred Harmsworth, devenu en 1905 lord Northcliffe après fortune déjà faite, et succès assuré, rayonne. Il fonde le *Daily Mail*, en 1896, vendu un demi-penny. Le *Daily Mail* change la physionomie de la presse populaire en introduisant des titres plus aérés, une plus grande variété dans les sujets, des rubriques féminines, des concours de pronostics, etc. Deux ans après sa naissance, le journal tire à 400 000 exemplaires et il atteint un million en 1900. Il joue sans vergogne du chauvinisme national, du « jingoïsme » nationaliste, longtemps antifrançais, jusqu'à ce qu'il se rallie, dans les années où la guerre approche, à l'Entente cordiale. Grâce aux gains du *Daily Mail*, Northcliffe rachète le *Times* au petit-fils de John Walter, un *Times* en pleine décadence. Il abaisse son prix de trois pence à un penny, sans en changer l'ordonnance générale, ce qui provoque une remontée spectaculaire : 145 000 exemplaires du *Times* sont vendus chaque jour en 1914.

Aux États-Unis, le coup d'envoi de la modernité est donné par la guerre de Sécession, qui crée un élan formidable. En 1910, il s'y vend chaque jour 24 millions d'exemplaires, répartis entre 2 430 titres. Deux grandes figures émergent ; Joseph Pulitzer (1847-1931), qu'on connaît surtout aujourd'hui parce qu'il a donné son nom aux prix littéraires qui sont l'équivalent du Goncourt en Amérique, fonde en 1895 le *New York World* qui atteint un tirage de 850 000 exemplaires en 1913, en utilisant tous les procédés de la presse populaire. William Randolph Hearst (1863-1951) est le modèle fameux du *Citizen Kane* d'Orson Welles. Il crée le *New York Journal*, rival direct du *New York World,* la même année, en 1895, qui grimpe à 700 000 exemplaires en 1913. Ces journaux nationaux doivent surmonter un handicap : à l'époque comme actuellement, on les lit peu en dehors de la côte est, car la nature même du pouvoir fédéral et l'équilibre des « communautés » font préférer les quotidiens régionaux. Il est vrai que le système des chaînes de journaux (les *syndicates*) où sont communs les pages d'informations générales et les éditoriaux donne de l'unité à l'ensemble. Un trait original est la place prise par ce que nous nommons les « bandes dessinées », et que les Américains appellent des *comics*. L'ancêtre est le personnage de Yellow Kid, inventé en 1895, et qui va jouer le rôle que jouent les feuilletons en Europe pour faire vendre cette presse à un centime, que du coup on dénommera, dans le jargon américain, la « presse jaune ».

En France : la loi du 29 juillet 1881

Venons-en maintenant aux deux problèmes qui émergent comme conséquences directes de cet essor de la presse ; avec ces deux grands effets de la liberté débridée que sont la corruption et la diffamation.

Dans le cas de la France, il faut s'attarder un instant sur cette loi du 29 juillet 1881, que nous voyons encore invoquée sur les palissades parce qu'un de ses articles réglemente l'affichage, mais qui est de portée bien plus large. Il faut comprendre comment ce texte, le plus libéral du monde, est adopté, dans l'atmosphère de la IIIᵉ République qui s'installe, quatre ans après la victoire définitive des Républicains de Gambetta sur Mac-Mahon lors de la crise du Seize-Mai. Elle se situe à la rencontre d'une tradition ancienne et d'une conjoncture spécifique.

Les pères fondateurs de la IIIᵉ République ont été nourris de l'esprit des Lumières et formés par les combats contre le Second Empire, oppresseur des libertés. Ils considèrent, dans le droit-fil de la Déclaration des droits de l'homme du 26 août 1789, que la liberté de la presse est un droit sacré et permet seule la formation civique d'un peuple, propre à lui permettre l'exercice sage et réfléchi de sa souveraineté. Le rapporteur de la loi au Sénat, Eugène Pelletan, s'exprime en ces termes : « La presse à bon marché est une promesse tacite de la République au suffrage universel. La presse, cette parole présente à la fois partout et à la même heure, grâce à la vapeur et à l'électricité, peut seule tenir la France tout entière assemblée comme sur une place publique, et la mettre, homme par homme, jour par jour, dans la confidence de tous les événements et au courant de toutes les questions. » Ces propos renvoient au passé et à l'espoir des révolutionnaires de reconstituer par la presse le forum ou l'agora, et anticipent en même temps sur la radio et la télévision de l'avenir.

Il faut faire aussi sa place, pour expliquer ce libéralisme, à la conjoncture particulière de 1881. Dans la Chambre élue en octobre 1877, après le Seize-Mai, une coalition hétéroclite pousse dans le même sens. Les républicains du gouvernement, qui pensent avec Tocqueville que le seul moyen de neutraliser les journaux est de multiplier leur nombre, sont rejoints par les monarchistes et les conservateurs qui sont hostiles par principe à la liberté de la presse, mais se réjouissent de s'en servir pour bousculer un régime qu'ils détestent. Les socialistes, pour leur part, sont persuadés que cette liberté va forcément se dégrader en licence et saper le régime bourgeois qu'ils souhaitent remplacer. Deux décennies plus tard, Jean Jaurès écrit encore dans la *Revue bleue*, en décembre 1897 : « La presse, par la loi de contradiction et de dissolution du système capitaliste, fait son œuvre. Les journaux aident à la désorganisation du monde mauvais qu'ils représentent. Ils le font avec cette superbe inconscience des régimes condamnés. Ils ont une belle vertu de destruction. C'est la seule à laquelle ils puissent prétendre. Nous ne leur en souhaitons pas d'autre. »

Quel est donc le contenu de cette loi qui se substitue à 300 articles répartis dans 42 textes législatifs antérieurs ? La liberté de publication et la liberté de diffusion y sont posées comme absolues avec très peu de formalités administratives.

Les délits de presse sont précisés de façon étroite : provocation directe aux crimes et méfaits ; appel des militaires à la désobéissance ; diffamation des souverains étrangers ; offense au président de la République. Quant à la diffamation envers les particuliers, la définition en est très protectrice pour les journalistes. D'abord, parce que c'est le gérant seul qui est responsable, qu'il est désigné librement, et qu'il peut par conséquent fort bien être un homme de paille. D'autre part, la plupart des délits relèvent de la cour d'assises, donc du jury. Seule la diffamation relève du tribunal correctionnel, c'est-à-dire des magistrats professionnels, d'ordinaire plus sévères. Ce libéralisme quasi absolu est brièvement remis en cause après les attentats anarchistes du début des années 1890, mais les correctifs qui sont introduits alors dans le sens de plus de rigueur tombent vite en désuétude. D'où naissent ces deux problèmes taraudants, la corruption et la diffamation.

Les ravages de la vénalité

Quant à la corruption, il semble bien que la France, hélas ! parmi tous les pays évoqués, est la moins honorable. Dans *La Folle de Chaillot*, pièce de Jean Giraudoux qui date de l'Occupation mais qui reflète bien l'atmosphère de la IIIe République, on voit cette insensée très sage attirer tous les corrupteurs du monde contemporain dans un grand trou où elle leur a laissé croire qu'il y avait du pétrole. Ce sont les « syndicats de la presse publicitaire » qu'elle a le plus de peine à faire entrer dans la trappe.

LE SYNDIC : Nous vous proposons ce contrat de publicité, chère madame.
LA FOLLE : Parfait. Voilà l'entrée pour la visite.
LE SYNDIC : Oh ! madame, nous ne visiterons pas. La publicité n'a pas à s'occuper de la réalité. Que votre jugement soit réel ou imaginaire, c'est l'honneur de sa mission à laquelle elle ne dérogera pas de la décrire avec le même zèle.
LA FOLLE : Alors je ne signe pas.
– A votre aise, dit LE SYNDIC. Visitons-le. Mais je le déplore. En nous obligeant à constater l'existence de la matière publicitaire, vous nous amenez du même coup à rompre avec nos traditions d'impartialité entre le réel et le faux.

« L'impartialité entre le réel et le faux », pour raison de concussion secrète, est, malheureusement, un trait fréquent de cette presse française de la IIIe République. Pour l'expliquer, un élément majeur : le système de collecte de l'épargne. Il n'existe pas, comme aujourd'hui, le réseau serré des investisseurs institutionnels (les « zinzins ») qui drainent et organisent l'épargne, et en définitive la protègent. Toutes sortes de banquiers, honnêtes ou douteux, font appel directement aux petits déposants. Or, comme le dit l'une des figures de ce journalisme « financier », Robert Bollack, fondateur de l'Agence économique et financière : « Il n'y a rien de plus sensible qu'un petit déposant. » Un rien l'effraie. Autrement dit, il est indispensable pour les milieux financiers et boursiers de désarmer toute campagne de presse dès lors qu'ils lancent une émission qu'ils proposent au public. Et voilà le germe du pire.

Le système perverti se révèle pour la première fois avec éclat à l'occasion du scandale de Panama. Un certain nombre de députés avaient été corrompus pour voter l'autorisation d'un emprunt à lots qui permettrait – en principe ! – à l'entreprise du Canal, en difficulté, de se renflouer. Mais, d'autre part, le procès met en pleine lumière le rôle qu'a joué la presse pourrie. Charles de Lesseps, fils de Ferdinand, un des dirigeants de l'entreprise en déconfiture, explique clairement que, sous prétexte de publicité commerciale, il a été très souvent amené à payer des journaux pour dire du bien de l'entreprise, ou pour n'en pas dire du mal : « Ce n'est pas moi, explique-t-il, qui ai été l'initiateur de la corruption. Ce sont les journaux qui venaient me voir et qui disaient : "Si vous ne me donnez pas d'argent, je vais dire que votre entreprise ne marche pas". » Et il payait.

Une autre affaire, entre des centaines, est restée célèbre : celle des emprunts russes. Dans les années qui précèdent la guerre, travaille auprès de l'ambassade de Russie à Paris un corrupteur : Arthur Raffalovitch, économiste distingué, comme on dit, qu'on charge d'« arroser » la presse française et, selon ses propres termes, « les journalistes quémandeurs et affamés ». Après la révolution de 1917, les bolcheviques arrivant au pouvoir saisirent les correspondances de Raffalovitch et les transmirent à leurs camarades communistes français qui les publièrent dans *L'Humanité*, en 1923. On en fit ensuite un volume, en 1931, sous le titre emprunté à une dépêche de Raffalovitch : *L'Abominable Vénalité de la presse française*.

Tous les scandales qui touchent à la petite épargne et qui secouent la IIIe République, à la rencontre des milieux de Bourse et des milieux politiques, donnent à voir le chancre que constituent, au cœur de la démocratie, cette infection non seulement de la presse « financière », mais aussi, hélas ! les rubriques financières de la presse généraliste. On le voit avec l'affaire Rochette avant 1914, ou l'affaire Marthe Hanau dans les années vingt. Celle-ci a été évoquée de façon romancée dans le film de Francis Girod, *La Banquière*, qui, entraîné par le charme de Romy Schneider, a fait la part belle à cette aventurière en la dépeignant écrasée par les institutions banquières les mieux installées sur la place et dont elle aurait dérangé les combinaisons. En réalité, Marthe Hanau est une étoile parmi ces aigrefins qui, comme Rochette avant elle, comme Stavisky après elle, fondent leur prospérité sur un système d'échafaudages mirobolants. Avec l'argent qu'on obtient des gogos en leur vendant des valeurs creuses grâce à l'appui des journaux qu'on a créés ou stipendiés (ce fut la *Gazette du franc* pour Marthe Hanau), on paie de gros dividendes aux actionnaires de l'affaire précédente. Et la machine fonctionne jusqu'au jour inévitable où quelqu'un crie que le roi est nu. Alors le château de cartes s'écroule, et le financier véreux se retrouve à terre. Le plus étonnant étant que jusqu'à la fin – c'est le cas de Rochette, c'est le cas de Marthe Hanau – il restera des malheureux déposants dépouillés, grugés, pour dire encore : « En fait, c'était un grand homme, c'est une femme merveilleuse, qui ont été abattus par des jaloux. »

Au surplus, il est inquiétant de constater une centralisation progressive de la publicité financière : un personnage du nom de Léon Rénier, vers 1910, obtient un quasi-monopole sur ce genre de rubriques. Et, à ce propos, Jaurès pousse un cri d'alarme à la Chambre, le 6 avril 1911 : « Les bulletins financiers étaient autrefois dispersés. Ils étaient à peu près autonomes dans chaque journal. Peut-être aucun ne disait-il la vérité, mais comme ils la faussaient tous d'une manière différente, cela faisait une sorte de vérité. Maintenant, il s'est organisé un trust des bulletins financiers. Une organisation unique, centrale, qui, sur toutes les affaires qui se produisent, donne exactement la même note. Et vous voyez d'ici l'influence formidable qu'exerce nécessairement sur l'opinion une presse qui par tous les organes de tous les partis donne à la même heure le même son de cloche, discrédite ou exalte les mêmes entreprises, et pousse toute l'opinion comme un troupeau dans le même chemin. »

A côté de ces forces obscures, les fonds spéciaux, dits « fonds secrets », dont dispose le gouvernement, pèsent beaucoup moins. Les sommes sont bien plus faibles, et une tradition conduit à les disperser en poudre au profit d'un grand nombre de journaux et de journalistes, sans guère d'effet pratique.

Le plus grave, c'est que par contagion le système de corruption des rubriques financières tend à contaminer l'ensemble de la presse. Le petit monde de ceux qu'on appelle les « distributeurs de publicité » – il s'agit de publicité financière dissimulée sous forme rédactionnelle – joue un rôle délétère. Un banquier, un directeur d'établissement financier, qui veut faire une émission de papier et qui est contraint de consacrer une certaine somme d'argent à corrompre la presse, n'est pas capable lui-même de savoir combien « pèse » chacun des interlocuteurs. Il risque de donner trop à quelqu'un qui n'avait pas de pouvoir de nuisance et pas assez à tel autre qui, du coup, mécontent, expliquera que les actions en question ne valent rien. De telle sorte qu'il faut se confier à des spécialistes, qui prennent leur pourcentage au passage et qui, dans certains cas, « étouffent », comme dit le jargon du milieu, c'est-à-dire mettent dans leurs poches une partie de l'argent en sus du pourcentage qui leur est accordé. Ainsi fourmille toute une faune de folliculaires de bas étage qui vivent beaucoup moins de ce qu'ils publient que de ce qu'ils ne publient pas.

Reconnaissons que les pays anglo-saxons ont toujours eu une déontologie plus stricte que la nôtre en faisant clairement le départ entre le contenu rédactionnel des journaux et la publicité commerciale affichée comme telle. Certes, il y a toujours le risque d'interférences avec les intérêts d'un très gros annonceur à qui le journal ne veut pas risquer de faire de la peine. Mais, durant cette IIIe République, le phénomène de contamination est brutal, grossier et vulgaire.

La politique étrangère est touchée ; car on sait, naturellement, dans les ambassades, qu'un bon nombre de journalistes français sont à vendre. On peut difficilement acheter, à vrai dire, les articles de fond sur les grands problèmes de la nation. Mais, dès qu'il s'agit de pays d'importance secondaire, que le public connaît moins bien, dont on peut lui parler avec plus de liberté dans la dérive, alors l'argent sale afflue. La période où se négocient le traité de Versailles et les autres traités qui concluent la guerre, en 1919, est un temps de vaches grasses pour les journaux à l'encan. Les ambassades des pays concernés se concurrencent activement pour les corrompre. Nous connaissons bien le cas de la Grèce qui a été étudié de près à partir de ses archives diplomatiques par l'historien Dimitri Kitsikis. Le pays dispute à la Turquie diverses îles de la Méditerranée ; donc l'un et l'autre gouvernement font de secrètes surenchères pour s'assurer des complaisances dans les colonnes des journaux les plus austères, y compris *Le Temps* ! Dès 1897, on voit le célèbre helléniste Victor Bérard, de retour d'Arménie où il avait été enquêter sur les massacres de 1895-1896, qui ne sont guère moins horribles que ceux de 1915-1916, même si on en parle moins, affirmer au retour que le sultan turc Abdül-Hamid a payé très cher le silence des journaux français pour qu'on y fasse le silence sur ces barbaries. Personne ne le dément.

En vérité, cette situation méphitique dépasse le simple problème de l'honnêteté des journalistes. La corruption finit par peser sur le fonctionnement même de la démocratie : une des raisons majeures du déclin de la IIIe République se trouve là – comme Léon Blum n'a pas eu tort de l'écrire dans son livre, *A l'échelle humaine.*

Les périls de la diffamation

Un deuxième problème, résultat de la liberté si chèrement acquise, est celui de la protection des individus contre les attaques diffamatoires. Sur ce chapitre, à rebours du précédent, on ne peut pas dire que la France soit dans une situation pire que l'Angleterre ou surtout les États-Unis d'Amérique, où aujourd'hui encore, dans les attaques touchant à la vie privée, se déploie une violence qui l'emporte sur tout ce qu'on connaît dans la vieille Europe.

Certains acteurs se résignent ; Adolphe Thiers un jour dit à un ami : « J'aime mieux être gouverné par d'honnêtes gens qu'on traite comme des voleurs, que par des voleurs qu'on traite en honnêtes gens. » Soit. Mais il n'empêche que, pour le fonctionnement d'un régime démocratique, il y a péril à laisser une presse mue par des motifs autres que la recherche de la vérité mordre sans cesse les mollets des hommes politiques. Certes, la

démocratie exige que soient scrutés de près leurs comportements publics, mais il faut poser une limite au voyeurisme. Tout
le problème de ce moment-là se pose aux États-Unis. En 1987,
lorsqu'une partie de la presse américaine s'en est prise à un juge
désigné par le président pour siéger à la Cour suprême, Robert
H. Bork, elle est allée jusqu'à stipendier des employés de maison pour savoir s'il ne possédait pas dans sa vidéothèque des
cassettes pornographiques...

Tocqueville disait déjà : « L'esprit du journaliste en France est
de discuter de manière violente, mais élevée, et souvent élo-
quente, des grands intérêts de l'État. L'esprit du journaliste en
Amérique est de s'attaquer grossièrement, sans apprêt, sans art,
aux passions de ceux auxquels il s'adresse, de laisser là les principes pour saisir les hommes, de suivre ceux-ci dans leur vie privée, de mettre à nu leurs faiblesses et leurs vices. » Les voyageurs
européens, dès le XIXe siècle, sont frappés par ce trait de la presse
américaine. Dickens, en particulier, dans ses *Notes américaines*
et dans son roman *Martin Chuzzlewit*, évoque, en le déplorant, le
goût passionné de la presse américaine pour les scandales domes-
tiques. Le succès des Pulitzer et des Hearst se construit principa-
lement sur ce type de presse où l'on recouvre ces peu ragoûtantes
pratiques d'un moralisme hypocrite. En particulier, la défense de
la fidélité conjugale sert de prétexte à de cyniques investigations.
La violence des insultes adressées aux hommes politiques, aux
États-Unis, au début du siècle, grâce à la liberté de la presse,
atteint des sommets inconnus des périodes antérieures. On voit
par exemple Hearst se déchaîner contre le président McKinley,
qui est à la Maison-Blanche de 1896 à 1901. Lorsque McKinley
est assassiné par un anarchiste, Hearst est gêné pendant quelques
jours, car sa presse avait lancé contre lui de véritables appels au
meurtre : brefs remords, et bientôt il repart de plus belle. Les bio-
graphes des plus grands journalistes américains de l'époque montrent comment, pour lancer leur notoriété, la plupart ont cherché
à « se payer » – vocabulaire anachronique – un homme politique.
Il est vrai que, puisque la vie politique était corrompue dans
beaucoup d'États américains, il y avait de quoi dire. Mais cette
dialectique n'est pas saine en démocratie.

Gambetta s'en est préoccupé qui, peu de temps avant sa mort en

1884, réclamait, dans la suite de l'adoption de la loi de 1881 (j'emprunte cette citation à Georges Weill), que la justice fût très sévère pour la diffamation et protégeât le « mur de la vie privée. » « Frappez, disait-il, comme frappent les magistrats anglais. Si ce pays est entré véritablement en possession non seulement de la théorie, mais de la pratique de la liberté de la presse ; si cette liberté est défendue avec une égale passion par les hommes qui sont au pouvoir et par l'opposition, [...] c'est que le domaine de la vie privée, c'est que l'honneur des particuliers a rencontré, non pas dans des peines d'incarcération, non pas dans des peines purement physiques et corporelles, mais par la répression pécuniaire, de sérieuses garanties et une véritable sanction. » (Cet hommage à l'Angleterre n'est malheureusement plus de saison...)

Au moment du Front populaire, l'affaire Salengro viendra étaler le problème aux yeux de tous. Salengro est ce maire de Lille, ministre socialiste de l'Intérieur dans le gouvernement du Front populaire, que la presse d'extrême droite accusa de désertion pendant la guerre ; ces attaques infâmes l'acculèrent au suicide. Pour la dernière fois sous la IIIe, on songera à renforcer la sévérité des lois sur la presse. Mais le projet élaboré à l'instigation de Léon Blum s'enlisera dans la procédure parlementaire.

Pour conclure sur cette période contrastée, quoi de mieux que d'évoquer deux figures opposées : Rouletabille et Georges Duroy ?

Rouletabille, le héros de Gaston Leroux, dans *Le Mystère de la chambre jaune*, ou *Le Parfum de la dame en noir,* ou encore *Rouletabille chez le tsar,* figure le reporter intrépide, sans peur et sans reproche ; l'homme qui met la vérité au-dessus de tout et qui la débusque à tout risque, au service d'une meilleure démocratie. Albert Londres, aussi, que nous retrouverons, est un fils de Rouletabille.

Georges Duroy, c'est la face sombre du métier : le *Bel Ami* de Maupassant fait carrière dans l'ignoble, d'alcôve en alcôve, de lâcheté en trahison avec un succès sulfureux, suivant l'un de ces itinéraires qui amènent les plus pessimistes à l'époque (mais ils ont tort !) à citer le mot de Balzac, en 1843, en conclusion de sa *Monographie de la presse parisienne*, le plus brillant, le plus efficace pamphlet du moment : « Si la presse n'existait pas, il faudrait ne pas l'inventer ! »

CHAPITRE VI

LA GRANDE GUERRE

Après la Grande Guerre quelqu'un a dit que « la vérité avait été [sa] première victime ». Et ce qui domine en effet, dans les démocraties surtout où la liberté complète de la presse est assurée, c'est le choc où s'affrontent d'une part l'intérêt de l'État en charge de la survie de la nation et d'autre part le droit à la vérité. Au fond, de façon moins immédiatement visible, il ne s'agit de rien de moins que du même débat moral et civique qu'avait provoqué naguère l'affaire Dreyfus en France. D'un côté le droit à la vérité et à la justice, en défense d'un individu, et de l'autre l'intérêt supérieur de la patrie légitimant, aux yeux de certains, l'injustice accablant un innocent. Ce qui se joue dans l'ordre de la justice, à l'occasion de l'affaire Dreyfus, se joue dans l'ordre de la vérité, pour 1914-1918.

Voici l'histoire de cette tension. Il faut y distinguer l'action de l'État se protégeant contre les vérités qu'éventuellement charrient les journaux : la censure ; et l'action offensive cherchant à toucher les esprits et les cœurs, au-dedans et au-dehors : la propagande. Même si l'une et l'autre se mêlent quelque peu dans la pratique, on les distingue pourtant assez bien, tous les gouvernements de guerre ayant eu le double souci, parfois antagoniste, de réprimer la presse comme pourvoyeuse de nouvelles dangereuses, et de la développer comme organe de propagande.

Les censures suscitent constamment, parmi le personnel politique, une incertitude : jusqu'où est-il souhaitable et justifié d'aller – en termes de principes, comme en termes d'efficacité ? Très vite, on comprend qu'une censure excessive peut aboutir à des effets contraires à ceux que l'on recherche.

Censures : les degrés de la crispation

Les pays anglo-saxons sont les plus libéraux. Les États-Unis, qui n'entrent en guerre qu'en 1917, installent une censure tardive et limitée, essentiellement un contrôle des câbles télégraphiques et de la circulation des nouvelles, en amont des journaux eux-mêmes. En fait, la participation des États-Unis à la guerre a été trop brève pour que le problème s'y pose véritablement.

En Grande-Bretagne, le pays où la tradition de liberté est la plus ancienne et la plus forte, les journalistes pensent au moment où la guerre éclate que, comme cela a été le cas pour la guerre des Boers, au début du siècle, les pouvoirs publics n'imposeront aucune mesure restrictive et se fieront à l'instinct patriotique des rédacteurs, capables de faire eux-mêmes le départ entre ce qu'il est loisible de dire à leurs compatriotes et ce qu'il est dans l'intérêt national utile de cacher. En somme : « le droit de savoir et le courage de taire » – pour reprendre en le détournant un slogan de *L'Express* au début des années soixante-dix. Seulement l'enjeu est cette fois beaucoup plus grand, de telle sorte que le gouvernement britannique met très vite une censure en place. Mais il choisit de la faire nettement moins contraignante que dans le reste de l'Europe en guerre, et par approximations successives, avec pragmatisme, s'élabore un compromis.

Un Press Bureau est créé, chargé du contrôle des télégrammes, mais l'originalité du cas britannique est qu'on refuse la censure préventive des journaux. Le gouvernement leur donne un certain nombre d'instructions, avec la seule menace, s'ils les violent, d'une saisie après coup. Le responsable de la censure, sir Stanley Buckmaster, déclare en février 1915 : « Je n'ai absolument aucun pouvoir de contraindre les journaux à me soumettre leurs publications. » Même la saisie n'est guère pratiquée, elle reste une arme « virtuelle », comme on dit en stratégie nucléaire. La menace suffit le plus souvent à maintenir la presse britannique à l'intérieur des normes que le gouvernement souhaite la voir respecter. Au demeurant, beaucoup de journaux, par un souci de prudence à la fois patriotique et commerciale, lorsqu'ils ont un doute, viennent spontanément soumettre les morasses de leurs articles au bureau de presse pour savoir si celui-ci ne voit pas d'objection à la sortie des articles.

La seule crise retentissante, dans les premières années de la guerre, en Grande-Bretagne, est provoquée par lord Northcliffe, l'homme du *Daily Mail*, celui qui avait redonné un élan nouveau au *Times*, personnage ambitieux, impérieux, un peu mégalomane – le défaut est fréquent dans ce milieu –, persuadé qu'il a un rôle historique à jouer et qui, à la fin de 1914, accuse le gouvernement Asquith de mollesse dans la conduite de la guerre, en cherchant à susciter un leader de rechange. Un moment il s'efforce d'imposer Kitchener, héros de la guerre du Soudan, gloire des armées britanniques, sur le nom duquel il lance une campagne de presse. Il en résulte une rupture avec le Foreign Office. Que, pour la première fois depuis longtemps, le *Times* ne soit pas en bonne intelligence avec le département des affaires étrangères, voilà un événement qui fait trembler l'administration et Fleet Street. Mais on se réconcilie bientôt, au point que, à la fin de la guerre, en février 1918, lord Northcliffe, passant de l'autre côté de la ligne, accepte de devenir lui-même directeur officiel de la propagande.

En France, le danger que représentent les dérapages de la presse paraît plus grand que dans le cas de la Grande-Bretagne, protégée par la mer et par sa flotte, et où la tradition de liberté maîtrisée est plus ancienne. On n'avait pas modifié en 1881 la législation antérieure pour les temps de guerre : la loi de 1849 sur l'état de siège permet à l'autorité militaire d'interdire les journaux dangereux. Une loi du 5 août 1914, « destinée à réprimer les indiscrétions de la presse en temps de guerre », confirme cette autorisation. Elle fait partie de cette fournée de décisions législatives qui sont adoptées à l'unanimité par les Chambres dans l'émotion des premiers jours.

Il faut dire que dans l'esprit d'Union sacrée qui domine les débuts de la guerre le système de contrôle s'organise sans trop de heurts. Un bureau de presse est créé, qui dépend du ministère de la Guerre, à Paris, composé de trois sections : quotidiens.

125

périodiques, télégrammes, et s'appuyant sur un système de double censure, à la fois militaire et civile, à Paris et en province. On charge les commandants des régions militaires et les préfets, chacun à sa place, de veiller à ce que la presse ne déborde pas. Et le système est très rigoureux, puisqu'on instaure un contrôle des armées sur les morasses, beaucoup plus tatillon qu'en Grande-Bretagne. Ce que le gouvernement justifie en expliquant que les journalistes français sont plus indociles, et qu'il existe des feuilles défaitistes, absentes outre-Manche.

En Allemagne, comme dans l'empire austro-hongrois, nous savons que la tradition de liberté est moindre, surtout en politique étrangère. D'autre part, les liens sont moins étroits que dans les pays de l'Entente entre les journaux et les dirigeants politiques. Après quelques tâtonnements, le gouvernement de Berlin met en place le Kriegspresseamt (Bureau de presse de guerre), directement sous l'autorité du haut commandement. Le ton en est impérieux : on traite les journalistes comme des fonctionnaires – ce qui n'empêche pas la presse de retrouver une certaine latitude d'expression en profitant de ces dissensions entre le haut commandement et le gouvernement civil qui marquent l'histoire intérieure de l'Allemagne pendant la Grande Guerre et dont le premier livre de Charles de Gaulle, *La Discorde chez l'ennemi* (1923), offre une analyse pertinente.

Les trois efforts d'Anastasie

On touche ici au fond d'un problème qui dépasse la période considérée : dans quel cas de crise extérieure, et dans quelle mesure, une démocratie peut-elle se résoudre à limiter la liberté d'expression des médias ? L'analyse s'organise à trois niveaux : celui des opérations de guerre et des actions diplomatiques ; celui du moral des troupes et de la population ; et enfin celui des jugements politiques sur le gouvernement et les dirigeants : la censure y paraît très inégalement légitime.

En ce qui concerne le front, tout le monde est à peu près d'accord pour admettre qu'il est indispensable d'occulter un certain nombre d'informations, par exemple sur les mouvements de troupes, sur le dispositif des armées, sur les tactiques de terrain. On rappelle abondamment, au début de la guerre de 1914, en France, qu'en 1870 la marche de Mac-Mahon sur Sedan a été révélée aux généraux allemands par des journaux français, et que ce fut une des causes de notre défaite.

A l'autre extrêmité du spectre, le jugement politique sur les pouvoirs publics. Là on voit bien qu'il faut dénoncer la tentation, qui est celle de tout gouvernement, de penser que mettre en cause son action, c'est attenter au moral des populations, donc des soldats. Or, il se trouve qu'en démocratie le gouvernement est distinct de la nation, et par conséquent que ce type de protection frileuse est civiquement infondé et pratiquement dangereux, car on se prive de l'avantage d'une critique constructive. En novembre 1914, par fidélité à la tradition démocratique des Britanniques, le chef de la censure, sir Stanley Buckmaster, dit expressément aux Communes qu'il faut être prudent et ne pas protéger exagérément les pouvoirs publics. Il se hâte d'ajouter néanmoins : « La censure doit arrêter la critique, dans le cas où cette critique est de telle nature qu'elle pourrait détruire la confiance du public dans le gouvernement. » Terrain glissant ! Car la moindre critique peut apparaître à cet égard comme dangereuse, donc devant être étouffée. En face, le chef de l'opposition, Bonar Law, s'indigne de cette doctrine, et le Premier ministre doit reconnaître qu'il ne suit pas son collaborateur jusqu'au bout.

Semblablement, en France, René Viviani, président du Conseil au début de la guerre, déclare : « Il n'est pas tolérable que, par des attaques systématiques contre des parlementaires, la souveraineté nationale soit sourdement minée. » Louis-Lucien Klotz, futur ministre des Finances de Clemenceau, qui était à l'époque responsable de la censure auprès du gouverneur militaire de Paris, le général Gallieni, raconte dans ses Mémoires que, dès l'arrivée du gouvernement français à Bordeaux, où il s'était replié après les premiers échecs, il reçut de celui-ci un télégramme réclamant une censure politique. Mais, aussitôt, bon nombre d'hommes politiques – qui ne sont pas ministres ! – brandissent contre cette conception l'étendard de la révolte. Ainsi fait lord Northcliffe en Angleterre, avant que lui-même, en 1918, prenne des responsabilités de censure. Ainsi fait Clemenceau en France, qui, dans le journal qu'il a fondé peu avant la guerre, *L'Homme libre*, fait du thème de la lutte contre la censure un de ses chevaux de bataille préférés – de telle sorte qu'il voit très souvent ses attaques elles-mêmes caviardées... Car toute censure considère que la critique contre la censure elle-même est la plus intolérable de toutes... Après quelques escarmouches de ce genre, Clemenceau transforme le titre de son journal, qui devient *L'Homme enchaîné*. Ce qui ne l'empêche pas, lorsqu'il arrive au gouvernement, en novembre 1917, de maintenir la censure ; même si on doit reconnaître, pour être juste, qu'il dit clairement à Georges Mandel, son proche collaborateur chargé de cette tâche, qu'il faut laisser passer les critiques personnelles et les attaques politiques contre les dirigeants, dont lui-même, et ne s'en prendre qu'à ce qui touche à la conduite de la guerre ou à l'action diplomatique. La frontière n'en demeure pas moins incertaine.

En Angleterre, lord Beaverbrook – député conservateur qui commence de bâtir un empire de presse qu'il va développer après la guerre, en fondant avec un grand succès le *Sunday Express*, en rachetant le *Daily Express* – part en campagne, en novembre-décembre 1916, contre le gouvernement d'Asquith, qu'il juge trop mou, et contribue à le faire remplacer par Lloyd George, à qui il attribue des capacités d'énergie plus grandes, et qui, de fait, sera le Premier ministre de la victoire. Il est intéressant d'observer que Beaverbrook fait le même saut que Northcliffe, son grand rival qui l'a précédé dans ces philippiques contre Asquith : au début de 1918, il accepte de devenir ministre de l'Information.

Dans tous les pays belligérants, c'est le rôle social des intellectuels que d'élargir la latitude d'expression et de dénoncer le risque d'autosatisfaction de l'exécutif. Gustave Téry, plume importante du moment, déclare : « La censure, c'est un bon truc pour nous faire lire enfin les journaux suisses. » Et Alfred Capus, publiciste notoire à l'époque, écrit le 27 septembre 1914, dès le début de la guerre, en pastichant le fameux monologue du *Figaro* de Beaumarchais : « Pourvu qu'on ne parle en ses écrits, ni de l'autorité, ni du gouvernement, ni de la politique, ni des sociétés de crédit, ni des blessés, ni des atrocités allemandes, ni du service des postes, on peut tout imprimer librement sous l'inspection de deux ou trois censeurs. »

Les protestations les plus fortes concernent les cas évidents d'ignorance ou de bêtise chez les censeurs. Il faut dire que ceux-ci font un métier difficile, car il se crée toujours un jeu du chat et de la souris entre le journaliste qui essaie d'échapper à l'emprise du censeur, en procédant par allusions subtiles, et le censeur qui arrive avec ses gros sabots – et souvent une culture limitée. Les choses s'améliorent au cours de la guerre, car parmi les blessés on a pu recruter des esprits plus déliés que dans les débuts.

Beaucoup de controverses se nouent autour du rôle des correspondants de guerre de la presse britannique qui avait développé l'habitude, lors des guerres de Crimée, des Boers et du Soudan, d'envoyer de nombreux correspondants au front, en dépit de l'hostilité de l'état-major (le maréchal Wolseley, commandant en chef des troupes au Soudan, entre 1899 et 1905, dit un jour que le correspondant de guerre était « la malédiction [curse] des armées modernes »). Pourtant, dans les débuts du conflit, en dépit de cette tradition, le gouvernement britannique s'oppose à l'envoi de correspondants de guerre et charge des officiers spécialisés de commenter à distance les informations venant du front, qui sont soigneusement filtrées par l'État-major. D'où quantité de réclamations, protestations, indignations : dès la fin de 1914, le gouvernement britannique revient sur sa décision et autorise les correspondants accrédités. Rôle ambigu : c'est un personnage qu'on retrouve dans plusieurs films de guerre américains sur la Seconde Guerre mondiale, ce journaliste qui débarque avec comme seule arme son appareil photo, d'abord très mal vu par les soldats avant que son courage et son esprit de solidarité forcent, peu à peu, leur admiration ; généralement le scénario prévoit qu'il soit tué au moment où le commando victorieux va regagner ses bases...

Il est bien vrai qu'au départ les combattants sont méfiants. Rudyard Kipling, à l'issue d'une visite dans les tranchées françaises, observe avec auto-ironie qu'il n'est pas étonnant que les combattants regardent d'un œil peu amène des écrivains qui vont faire « de la copie avec leur sang ». Et pourtant, le ton juste que trouvent, dans cette deuxième phase du conflit, la plupart des correspondants de guerre les fait progressivement accepter. En particulier parce qu'ils font admettre par leurs journaux et par le monde politique l'idée qu'il n'y a pas intérêt à pousser trop au rose la description de la vie quotidienne au front ; car la colère des combattants à la lecture de ces textes idylliques pèsera sur leur moral. La France, ici encore, est en retard sur la Grande-Bretagne : il faut attendre le gouvernement Painlevé de l'été 1917 pour qu'on agrée un certain nombre de correspondants de guerre. Ceux-ci prennent des risques : on signale la mort au front de Serge Basset, l'envoyé spécial du *Petit Parisien*, et la presse ne manque pas de monter son sacrifice en épingle.

Les nouveautés de la propagande

Après la censure, la propagande. Ici, au lieu d'être protecteur et frileux, on se montre offensif et, espère-t-on, imaginatif : si l'arme essentielle demeure la presse, il faut signaler des nouveautés originales ; par exemple le tract – média élémentaire. Dans *Les Thibault* de Roger Martin du Gard, à la fin de *L'Été 14*, Jacques, le pacifiste idéaliste, se fait tuer, en allant en avion, sans aucun espoir d'efficacité, jeter des tracts pacifistes au-dessus des lignes allemandes. En France est créé un service de la propagande aérienne, dès août 1915, sous l'autorité d'un officier interprète, Tonnelat, et de Hansi, le dessinateur alsacien qui a illustré beaucoup de livres pour enfants et nourri de la sorte la nostalgie française pour l'Alsace-Lorraine. Hansi reprend l'idée des Allemands qui, en septembre 1914, avaient lancé des tracts sur Nancy, et il obtient du haut commandement des crédits pour une riposte. A la fin de la guerre, les deux hommes sont à la tête d'un Centre d'action de propagande contre l'ennemi. Avec toutes sortes d'inventions, parfois baroques : ils vont jusqu'à fourrer des grenades offensives de tracts repliés sur eux-mêmes, et même de fausses saucisses (au nom du stéréotype qui veut que, dès qu'un Allemand voit une saucisse, il oublie tout autre souci et se précipite sur elle !). En Grande-Bretagne, à la fin de la guerre, lord Northcliffe développe aussi ce type d'initiative. Pendant le dernier été, l'aviation britannique fait tomber chaque jour 100 000 tracts derrière les lignes ennemies. Pour les textes qu'ils portent, l'imagination se déploie librement. On envoie par exemple de fausses lettres de prisonniers allemands qui se disent magnifiquement heureux dans les camps de prisonniers français ; au point qu'un pilote américain écrit dans ses Souvenirs : « La description idyllique de la façon dont ont été accueillis en France les déserteurs allemands m'a donné à moi-même l'envie de déserter. » On largue aussi le discours du président des États-Unis, Woodrow Wilson, au moment de l'entrée en guerre de son pays, car le texte a été donné tronqué à l'opinion allemande.

Évidemment, les effets de cette action sont incertains. Beaucoup de tracts ont fini dans les cheminées, pour compenser les difficultés d'approvisionnement en charbon. Mais ce type d'intervention a un bel avenir devant lui – jusqu'à la guerre du Golfe comprise.

Deuxième nouveauté : les actualités cinématographiques qui apparaissent pendant la guerre. La thèse de Joseph Daniel, *Guerre et Cinéma*, nous renseigne sur leur genèse. Au début, l'État et l'Armée n'avaient rien prévu. Les généraux sont hostiles à ce qui leur semble un divertissement enfantin ; voir des caméras sur le front leur paraît absurde et même insupportable. « Nous sommes là pour nous battre, monsieur, nous ne nous amusons pas ! », dit un jour Pétain à l'un des fondateurs du Service cinématographique aux armées. Jean-Louis Croze, avec la complicité de son ami Pierre Marcel comme lui lieutenant de réserve, réussit à imposer à la hiérarchie militaire la création de cet organisme, et nous leur devons une double gratitude. D'abord pour avoir donné à mieux connaître ce qu'était la guerre sur le moment, ensuite, après coup, pour nous avoir fourni des sources dont les documentaires historiques n'ont pas fini d'épuiser les richesses.

Gallieni, qui se montre souvent plus inventif, et plus jeune d'esprit que Joffre ou Pétain, soutient l'entreprise de Croze et de Marcel, et favorise son développement. Non sans mal :

Joseph Daniel cite un texte du grand Abel Gance, qui avait échoué au Service cinématographique, et qui écrit le 14 juin 1917 : « Je profite de mon obscure situation pour préparer un rapport que je fais copier en triple exemplaire à l'intention de MM. Dalimier, Malvy et Painlevé [trois membres importants du gouvernement]. Il y a tout un projet d'organisation et d'administration d'une production qui pourrait en ce moment rendre à la France haletante des services moraux absolument inappréciables. L'Allemagne, depuis deux ans, intensifie cette sorte de propagande que la Banque d'État soutient, le cinéma, arme de guerre au même titre que la presse. Je me heurte à une incompréhension des services, et pourtant, quelle dynamite je possède entre les mains ! »

Cependant, à la fin du conflit, le Service cinématographique s'est imposé dans l'estime des dirigeants ; il emploie des centaines de collaborateurs, fournissant des actualités hebdomadaires, les Annales de la guerre, que l'on donne avant le « grand film » dans tous les cinémas du pays. Or, le public s'étant beaucoup élargi, comme dans toutes ces périodes de guerre où l'on cherche à se changer les idées, à soulager l'angoisse quotidienne, ces réalisations, dans l'opinion, comptent et pèsent. Même si, naturellement, les plus avertis savent que les images sont étroitement surveillées (on ne voit jamais, par exemple, de cadavres à l'écran).

Il reste qu'en dépit de ces innovations nul n'ignore que la presse écrite demeure, dans cet effort de propagande, en particulier en direction de l'ennemi et des neutres, l'arme essentielle, et c'est sur elle qu'il faut insister surtout.

Peser sur la presse des autres

En Allemagne, Erzberger, déplorant que la responsabilité en soit dispersée entre diverses administrations, obtient le regroupement en un seul bureau qui s'appelle Zentralsteller für Ausland (Bureau central pour l'action vers l'étranger).

En Grande-Bretagne, la centralisation est tardive, autour de Beaverbrook et de Northcliffe, collaborateurs et rivaux. Northcliffe a toute sorte d'idées subtiles. On envoie dans les pays neutres, notamment scandinaves, de faux articles, apparemment germanophiles, et en réalité construits pour signifier que les choses vont mieux en Angleterre et que le moral y est bien meilleur que ne le dit la presse allemande. C'est un peu dangereux, car, comme les articles sont souvent lus superficiellement, on n'est pas sûr que le message passe et de ne pas provoquer un effet contraire, mais cela donne de grandes satisfactions à ceux qui inventent une stratégie aussi raffinée.

Dans le cas de la France fonctionne d'abord un Bureau de presse et d'information. Puis, en janvier 1916, sous l'autorité du président du Conseil Aristide Briand, Philippe Berthelot crée la Maison de la presse. Fils de Marcelin Berthelot, grand savant et hiérarque des débuts de la IIIe, qui est au Panthéon, Philippe Berthelot est un diplomate hors de pair, tantôt ductile et tantôt cassant, un personnage qui a eu sa légende, et est resté longtemps un mythe au Quai d'Orsay, mêlant une efficacité cynique dans l'emploi des fonctionnaires et des politiques à une révérence ostensible à l'égard des littérateurs. Il crée la Maison de la presse avec l'idée de concentrer l'effort de propagande vers l'étranger. Elle comprend quatre sections : une section diplomatique ; une section militaire ; une section de traduction et d'analyse de la presse étrangère ; et un service de propagande.

La Maison de la presse diffuse par exemple beaucoup d'écrits dans le domaine du catholicisme, pour combattre les interprétations germanophiles de l'action du Saint-Siège, où le pape Benoît XV apparaît comme un pape « boche » (« *Gott mit Huns* ») – il est spécialement difficile d'être pape pendant une guerre mondiale. On répand l'œuvre de Mgr Baudrillart, *La Guerre allemande et le Catholicisme*.

Un peu plus tard, la Maison de la presse se trouve au centre de polémiques parce que Philippe Berthelot y a « embusqué » de nombreux amis, en particulier des fonctionnaires du Quai d'Orsay, des écrivains, des artistes. Querelle intéressante : à l'idée qu'en temps de guerre tout le monde doit payer le prix du sang à égalité, Berthelot oppose la conviction implicite qu'il faut faire échapper les génies (ou même les talents) – un Claudel, un Giraudoux, un Morand, un Cocteau – à la loterie de la mort des tranchées. On trouve, sous cette lumière, une bonne évocation de la Maison de la presse dans le *Journal d'un attaché d'ambassade* de Paul Morand, décrivant ces jeunes gens en très bonne santé faisant la guerre entre le Ritz, l'Automobile Club et quelques « salons » à la mode ; et le soir, cigare au bec, sur les Champs-Élysées, se disant que la vie n'était pas si mauvaise – meilleure que dans la boue des tranchées – et se donnant bonne conscience en s'assurant qu'ils font à Paris un travail plus utile qu'en allant vulgairement jouer de la baïonnette.

Illusions et impuissances

L'effet de cette propagande ? Chacun se persuade, d'une façon un peu masochiste, que l'autre est plus efficace. On s'intoxique soi-même, on est convaincu que l'adversaire, par une quantité de canaux obscurs, réussit à empoisonner l'esprit public. « L'Allemagne est une usine à mensonges ! », s'écrie, dans *Le Journal*, le professeur Alphonse Aulard, grand historien de la Révolution, professeur à la Sorbonne. En fait, on est frappé de voir combien cette propagande est en général peu efficace. C'est l'impression qu'on retire par exemple d'une étude qu'a faite Pierre Guillen des efforts de la France en Italie avant l'entrée en guerre de celle-ci.

L'Espagne est un autre cas intéressant. La presse ibérique tire une belle prospérité de la neutralité du pays pendant cette période. Les journaux, qui sont pauvres, vont toucher de toutes mains, accepter de l'argent des protagonistes des deux bords, avec promesse de complaisances contradictoires : le contenu n'a guère dû en être changé mais des deux côtés on a cru éviter le pire...

Cette inefficacité est d'autant plus frappante que des sommes considérables sont dépensées. En temps de paix – nous avons déjà évoqué la corruption de la presse française en 1919 au moment du traité de Versailles – on ne court guère de risques que pour son honneur, mais, en temps de guerre, on est menacé du poteau d'exécution ; donc, on hésite davantage !

D'autre part, la centralisation des efforts est difficile. Dans tous les pays les gouvernements cherchent à diversifier les services secrets d'information et d'action, de peur de se confier à un seul ; d'où naissent tous les effets pervers que crée le cloisonnement de ces activités occultes. On se marche sur les pieds, on se contredit, on dépense inutilement trop d'argent.

Ajoutons enfin qu'on ne peut que rarement agir directement. Il faut s'en remettre à des experts ; ainsi retrouve-t-on de façon plus aiguë la difficulté évoquée plus haut à propos de la corruption de la presse en temps de paix : il est indispensable de faire appel à des intermédiaires, supposés compétents quant à la vénalité respective des différents organes, cibles possibles d'une intervention ; ces intermédiaires sont compétents, soit, mais sont-ils sûrs ? Surtout en temps de guerre, ils se justifient de garder pour eux une bonne part de l'argent en invoquant les énormes risques qu'ils courent.

Deux exemples éclairent cela, chacun dans un sens.

Dès le début de la guerre, l'ancien khédive d'Égypte, Abbas II Hilmi, qui a été déposé par les Anglais à la fin de 1914, réussit à persuader les Allemands qu'il est capable, étant émigré en France, de corrompre à peu près toute la presse française. Et il propose un réseau de complices faméliques dont l'influence est imaginaire – touchant beaucoup d'argent, mais n'aboutissant guère qu'à faire prendre et fusiller un de ses agents français, Bolo dit Bolo pacha, qui avait stipendié une petite feuille sans influence, *Le Bonnet rouge* d'Almereyda (le père du cinéaste Jean Vigo).

Dans le sens inverse, on peut citer un curieux épisode, éclairé par un article de Jean-Claude Montant, l'affaire de la *Kölnische Zeitung*. Au début de 1918, par l'intermédiaire de notre légation à La Haye (les Pays-Bas sont neutres dans cette guerre), un certain Fritz Domsdorf vient proposer au gouvernement français d'acheter ce quotidien rhénan, fondé en 1860, qui est installé, influent, respecté. « Nous allons en faire l'avocat, promet-il, des thèses françaises. Seulement, cela va coûter cher. » L'ambassadeur est méfiant, mais l'attaché militaire est enthousiaste.

On prévient le président du Conseil Clemenceau. Celui-ci, bien que d'un tempérament sceptique, se précipite dans le piège, en même temps que son chef de cabinet Georges Mandel, pourtant homme de discernement. On envoie un ancien ministre, Marc Réville, rencontrer Domsdorf à La Haye. L'atmosphère est celle d'un film policier de série B. On se retrouve au couvent de Tilburg, dont le père supérieur, missionnaire du Sacré-Cœur de Jésus, est le frère de Domsdorf. Encens, soutanes, clôtures... Belphégor. Dans cette ombre feutrée, on décide qu'on va faire un coup magnifique, le père Domsdorf bénissant tout cela avec suavité. La France donne beaucoup d'argent. D'abord à Domsdorf pour le remercier de ses services, 15 000 francs (c'est le traitement annuel d'un ministre plénipotentiaire en poste à l'étranger), et surtout pour corrompre la *Kölnische Zeitung*, 400 000 marks, somme considérable. Puis on attend, en scrutant avidement, depuis Paris, les colonnes du journal. Rien ne se passe. La ligne antifrançaise est maintenue. Domsdorf, pressé de questions, se défend avec sérénité : « C'est tout à fait normal ! S'il y avait un changement trop brutal, on attirerait l'attention des autorités allemandes, et toute l'opération échouerait... » Oui, mais le temps passe, les semaines, les mois. La *Kölnische Zeitung* ne change toujours pas de tonalité. Novembre 1918... Domsdorf sent le danger se resserrer puisque la guerre s'achève. Il déclare à la légation de France : « Je ne comprends pas ce qui se passe, il va falloir que j'aille enquêter moi-même à Cologne. » Il obtient un passeport, passe la frontière le 2 novembre, avec le reste des 400 000 marks, plus ses 15 000 francs, et... il « se fond dans une absence épaisse », disparaissant à jamais.

L'aventure est topique, car elle montre la dimension des illusions et le désir lancinant, chez les responsables, de peser sur les opinions étrangères, ce qui les prépare à des dépenses considérables, et d'efforts et d'argent. Il suffit qu'un événement aille dans le sens souhaité pour que les intermédiaires affirment qu'ils l'ont provoqué, même si rien ne le prouve. Lorsque par exemple survient, en octobre 1915, la démission de Delcassé, connu pour son hostilité à l'Allemagne, démission qui est en réalité provoquée par l'entrée en guerre de la Bulgarie contre l'Entente, le réseau du khédive se targue à Berlin de l'avoir suscitée : c'est tout à fait fallacieux, mais l'occasion est bonne de réclamer plus d'argent. On trouve l'équivalent, du côté français, de l'attitude de la *Kölnische Zeitung* ; *Le Rappel* de Du Mesnil, qui est acheté par les Allemands, et reparaît en 1915, fait campagne pour l'annexion de la Rhénanie en cas de victoire ! Du côté allemand, on s'étonne... Et c'est le refrain habituel : « Commençons par acquérir la confiance des patriotes et c'est ensuite qu'on infléchira utilement... » Absurdité !

L'ambassadeur de France en Suède est beaucoup plus sage lorsqu'il conseille à son gouvernement, vers 1916, de ne pas dépenser d'argent pour essayer d'influencer la presse suédoise. « Trois journaux de Stockholm, écrit-il, sont ouvertement pro-allemands. Les journaux radicaux ou socialistes pencheraient plutôt vers nous. Une subvention ne pourrait être accordée qu'à un journal de deuxième ordre, dont l'influence, déjà médiocre, deviendrait nulle, dès qu'il serait soupçonné d'avoir été acheté. » Et avec un gentil bon sens il conclut : « La meilleure propagande serait une victoire décisive. »

En temps de guerre, comme on sait, il y a beaucoup plus d'illusions que de réussites dans ce genre de stratégie. Bolo pacha, à son procès, avant le poteau d'exécution qui a mis fin à sa carrière, déclare : « La bande de chats maigres, qui était autour du khédive, avait trouvé moyen de battre monnaie sur le dos de l'Allemagne. Je ne peux pas arriver à comprendre comment les Allemands ont pu se laisser prendre. Il se serait agi d'acheter *Le Temps, Le Figaro, L'Homme libre, La Guerre sociale* de Gustave Hervé. Autant vouloir prendre la lune avec les dents ! »

Les folies du bourrage de crâne

Il reste à considérer tout ce que ces censures, ces illusions, ces efforts désordonnés, provoquent d'effets pervers. On a l'impression que le corps social, privé de nouvelles sûres, invente sans cesse de nouveaux moyens de s'informer. Réaction contre la censure, défense contre la propagande. D'abord le doute, puis un solide scepticisme s'installent chez les lecteurs. Il faut reconnaître que le bourrage de crâne n'avait pas joué dans la subtilité. Léon Bailby expliquait par exemple dans *L'Intransigeant* que les Allemands étaient tellement affamés qu'il y avait un moyen très sûr d'en descendre un bon nombre, de tranchée à tranchée. La nuit, vous vous glissez en rampant dans l'espace qui sépare les tranchées, et vous y déposez, le plus près possible des lignes allemandes, une belle tartine de confiture – avec du beurre dessous, c'est encore mieux –, tartine accrochée à une ficelle. Dès que l'aube apparaît, dès que vous constatez que l'adversaire a repéré la tartine, vous tirez doucement sur la ficelle. Et la faim tenaille tant l'adversaire qu'il ne peut pas résister. Ses narines frémissant, il sort à quatre pattes. Il suit la tartine. Il s'approche, et, quand il est à deux mètres de vous, vous tirez entre les deux yeux !

Jean-Jacques Becker, dans son livre consacré aux *Français dans la Grande Guerre*, relève de nombreux autres exemples de ce bourrage de crâne. En voici quelques-uns, qui restituent bien l'atmosphère, et expliquent le discrédit ultérieur de la presse, après 1919.

– Déclaration du futur cardinal Baudrillart, en août 1914, au moment où éclate la guerre : « Je pense que ces événements sont fort heureux. Il y a quarante ans que je les attends. La France se refait, et, selon moi, elle ne pouvait pas se refaire autrement que par la guerre qui purifie. »

– Jean Richepin, homme de lettres, considéré naguère comme esprit libre et vaguement anarchisant, apostrophe le 25 septembre 1914 les Allemands en ces termes : « Faites-le donc, ô taupes, le jeu de votre Kaiser et de son immonde rejeton. Faites-le, mais en pensant du moins que vous le faites, et pleurez de rage. Et qu'ils le sachent aussi, nos petits soldats, qu'ils s'en tordent de rire, les bons troupiers en vous crevant la peau joyeusement, ô lamentables taupes ! »

– Le général Cherfils, dans *L'Écho de Paris*, mérite un diplôme d'honneur. (C'est un moment de gloire pour les généraux à la retraite qui croyaient que leur destin s'achevait et qui, tout d'un coup, trouvent des tribunes imprévues.) Lorsque les Allemands attaquent, en mai 1915, il s'écrie : « Rien ne pourrait nous arriver de plus heureux que cette recrudescence d'offensive boche. » Et il explique que, quand les autres attaquent et qu'on recule, cela vous donne d'autant plus de force pour contre-attaquer et pour accabler l'ennemi.

– *Le Journal* prête à un évadé de Verdun, le 28 février 1916, la formule suivante : « A l'entrée de Beaumont, nos Poilus, ceux qui avaient fait semblant de fuir, s'amusèrent follement » et commente : « Le fait est que certaines caves de Verdun étaient relativement confortables, chauffage central et électricité, s'il vous plaît, et qu'on ne s'y ennuyait pas trop. »

– Du côté du front russe, c'est le mythe du « rouleau compresseur » des Cosaques qui vont ratatiner les Allemands. Les Alliés seront sauvés par le front oriental. Voyez *Le Matin* du 5 octobre 1914 : « Le Cosaque n'a pas de peine à transpercer plusieurs Hongrois à la file, autant que le bois de la lance peut en contenir, et ensuite, il jette toute la brochette ainsi enfilée. »

– Sur le front de Salonique, dans les Dardanelles (entre 1915 et 1918), *Le Matin* prête ce propos à un combattant : « Rien ne pouvait nous arrêter. Nous allions de l'avant, nos énormes gaillards enlevaient les Turcs à la pointe de leur baïonnette. »

– A propos du front serbe *Le Journal* écrit le 6 août 1914 : « Belgrade, bombardée, ne s'en aperçoit pas. »

– L'artillerie allemande ? *Le Journal* du 19 août 1914 affirme : « Les Allemands tirent bas et fort mal. Quant aux obus, ils n'éclatent pas dans la proportion de 80 % » ; et *Le Matin* publie une prétendue lettre du front, datée du 15 septembre 1914 : « Leur artillerie lourde est comme eux, elle n'est que bluff. Leurs projectiles ont très peu d'efficacité et tous les éclats font simplement des bleus. »

– Citation du *Petit Parisien* (11 octobre 1914) : « Nos troupes, maintenant, se rient de la mitrailleuse. On n'y fait plus attention. » C'est le moment où, à l'arrière (et pas du tout au front !), on chante un grand succès, une chanson sur l'air de « Ma Tonkiki, Ma Tonkinoise » : « Ma Mimimi, Ma Mimimi, Ma Mitrailleuse ».

Ainsi va la bêtise au front bas. Mais évidemment ses effets se retournent à cause du dégoût que les combattants éprouvent envers ce genre de littérature. Toute leur correspondance reflète leur indignation, leurs haut-le-cœur. Et par là s'explique le succès du livre d'Henri Barbusse, *Le Feu*, un des rares romans de guerre où les combattants retrouvent la vérité de leurs souffrances, de leur courage, et aussi de leur désarroi, de leurs angoisses, la vérité de l'enfer où ils sont plongés.

Ainsi s'éclaire aussi la popularité d'un certain nombre de petites feuilles qui, dans des conditions matérielles difficiles, apparaissent dans les tranchées. Toutes les armées connaissent ces journaux, et la Bibliothèque nationale en conserve une collection. A la fin de 1916-1917, les généraux considèrent qu'il y a plus d'avantages que d'inconvénients à autoriser leur diffusion. C'est le moment où paraît, puis s'arrête, puis reparaît, le journal de Maurice et Jeanne Maréchal, *Le Canard enchaîné* qui a connu ensuite la carrière que l'on sait. Les Maréchal sont des anarchistes qui n'ont pas été entraînés dans le courant qui a emporté la plupart des milieux pacifistes. Le titre, *Le Canard enchaîné*, est une allusion malicieuse à *L'Homme enchaîné* de Clemenceau. Un autre journal qui survivra jusqu'aujourd'hui est *Le Crapouillot* – un crapouillot est le nom donné familièrement aux mortiers de tranchée – de Jean Galtier-Boissière qui mènera dans l'entre-deux-guerres un combat acharné contre les « trusts », l'alliance des généraux et des marchands de canons.

Le doute et les rumeurs

Assurément, ce bourrage de crâne a pu, dans un premier temps, renforcer le moral à l'arrière. Mais, la guerre durant, le procédé s'use vite et développe surtout des périls. C'est alors que fleurissent les rumeurs de guerre. Le grammairien Albert Dauzat en a établi un répertoire impressionnant après la victoire, sous le titre *Légendes, Prophéties et Superstitions de la guerre*. Un autre compilateur, Lucien Graux, a trouvé la matière de 8 volumes, sous le titre *Les Fausses Nouvelles de la Grande Guerre*. Je signale aussi le livre précieux de Marie Bonaparte, amie de Freud, *Mythes de guerre*, paru en 1946, et qui parle surtout du second conflit mondial.

On observe d'abord une profusion d'apparitions. Pierre le Grand, saint Antoine de Padoue, Jeanne d'Arc... resurgissent un peu partout. Mais le plus intéressant est ailleurs. Il y a deux catégories : d'un côté, les rumeurs positives, unificatrices, qui contribuent à renforcer le moral, et, d'autre part, celles, négatives, qui le minent et répandent le découragement.

Celles qui unifient, ce sont les rumeurs noires sur l'adversaire. Une des plus fameuses concerne la barbarie allemande dans les pays occupés, la Belgique et le nord de la France. L'opinion française a été convaincue, fallacieusement, que les Allemands coupaient systématiquement les poignets des enfants dans ces zones occupées. Certes, il a existé, ici ou là, des crimes de guerre, mais en nombre limité, surtout en comparaison avec la Seconde Guerre mondiale.

En face, les rumeurs qui conduisent au découragement concernent la traîtrise des chefs, vieille idée – ils sont vendus à l'ennemi ; et aussi les répressions féroces. Le cas des mutineries du printemps 1917 est instructif. Aujourd'hui nous en connaissons la vérité. Contrairement à une légende répandue après la guerre, aucun des dossiers des armées n'a été détruit pour dissimuler une vérité gênante. On sait à présent, notamment grâce aux travaux de Guy Pedroncini, que ces mutineries sont nées de la sanglante et vaine offensive Nivelle : bien plutôt du refus élémentaire d'opérations qui apparaissaient inutilement sanglantes, de la fatigue des combattants de plus en plus mal ravitaillés, que d'une pulsion révolutionnaire, comme on l'a cru à l'extrême gauche, ou d'un complot subversif comme l'a pensé l'extrême droite. En l'occurrence, les rumeurs ont porté sur l'extension des mutineries, qu'elles ont exagérées, et surtout sur la répression. Près de quatre-vingts ans après l'événement, beaucoup demeurent persuadés qu'il y a eu des décimations : on aurait fait entourer les révoltés par des régiments fidèles, et on aurait fait sortir des rangs un homme sur dix pour le fusiller devant les autres. Or, il n'y a jamais eu de décimation, mais seulement – si l'on peut dire – une cinquantaine de mutins exécutés après un procès sommaire. On a envoyé d'autre part un certain nombre de « meneurs » supposés, peut-être un millier, dans des régiments disciplinaires où le taux de mortalité était beaucoup plus élevé qu'ailleurs. Répression réelle, donc, mais hors de proportion avec les bruits qui ont couru. Pour l'essentiel, les mutineries se sont calmées lorsqu'on a pris quelques mesures d'humanité, et c'est là que Pétain, successeur de Nivelle, a été avisé. Il a annoncé qu'on allait se donner le temps de souffler, « en attendant les Américains et les chars », et il a accompli ostensiblement des gestes qui ont montré qu'il avait plus que d'autres grands chefs le sens de la psychologie des « poilus ».

L'extraordinaire succès des rumeurs provient de ce que tous ceux qui sont convaincus de leur vérité trouvent généralement dans l'absence de signes qui les confirment non une incitation à la prudence mais l'évidence de la perversité et de l'efficacité exceptionnelles de ceux qui dissimulent leurs menées ignobles.

Veut-on d'autres exemples ? J'en emprunte un, en anticipant, à la Seconde Guerre mondiale, qui montre bien comment la réalité et la rumeur entretiennent une dialectique un peu folle. Au moment où les Allemands en 1940, après la débâcle française, s'apprêtaient à envahir la Grande-Bretagne, le bruit court que les Anglais seraient en train de mettre au point un système très complexe de diffusion de pétrole sur la mer, le long des côtes, pétrole qui serait enflammé, les bateaux ennemis étant ainsi empêchés de franchir ce cordon de feu pour atteindre le territoire britannique. Les Allemands croient ce bruit fallacieux. Ils décident donc de faire des exercices en bassin pour préparer leurs soldats à affronter ces ouragans de feu. Au cours de ces exercices, plusieurs militaires allemands sont brûlés. Ils sont conduits et soignés dans les hôpitaux militaires de l'arrière, la nouvelle – vraie – de leur venue s'en répand, et tout le monde y voit la confirmation que les Allemands avaient bien essayé d'attaquer l'Angleterre, que l'Angleterre avait utilisé ce système de rideau de feu, et que les assaillants avaient de ce fait échoué, non sans de nombreuses pertes que le haut commandement hitlérien avait dissimulées. Voilà un cas remarquable de dialectique entre la réalité et la fiction. On en trouve d'autres dans le livre de Marie Bonaparte.

Il faut aussi considérer les rapports entre ces rumeurs et la presse. Il y a sans cesse des va-et-vient, en période de censure. Car, très volontiers, les journaux se font eux-mêmes l'écho des rumeurs, surtout lorsqu'il s'agit de rumeurs « roses », unificatrices, et que les censeurs laissent volontiers passer.

Un bon exemple est fourni par l'épisode des cloches d'Anvers que je dois à Maurice Mégret. En 1914, les Allemands occupent la Belgique. La *Kölnische Zeitung* (avant d'être « achetée » !) écrit : « Quand la chute d'Anvers fut connue, les cloches des églises se mirent à sonner en Allemagne, en signe de joie. » *Le Matin* reprend l'information de la *Kölnische Zeitung* dans les termes suivants : « D'après la *Kölnische Zeitung*, le clergé d'Anvers a été contraint de sonner les cloches après la prise de la forteresse. » Premier glissement ! Le *Times* de Londres lit *Le Matin* de Paris, et écrit : « D'après les informations que *Le Matin* a reçues de Cologne, les prêtres belges qui ont refusé de sonner les cloches ont été chassés de leur poste. » L'horreur grandit ! On passe ensuite en Italie. Le *Corriere della Sera* reprend le *Times* de Londres (plus on se copie, plus ça paraît vrai), et ajoute : « Ces malheureux prêtres seront condamnés aux travaux forcés. » Et, à la fin de la chaîne, *Le Matin* reprend l'information du *Corriere della Sera* : « D'après les informations du *Corriere della Sera* reçues *via* Londres et *via* Cologne, on confirme que les barbares vainqueurs d'Anvers ont supplicié les malheureux prêtres belges à cause de leur refus héroïque en les pendant aux cloches, comme des battants, la tête en bas. »

Dans l'ensemble le coût de cette période est très lourd pour la presse, et plus largement pour l'autorité des milieux intellectuels dans tous les pays engagés dans la guerre. Nous avons vu que la censure a joué un rôle très positif à certains moments. Mais à quel prix ! Après 1919, dans des pays comme la France et l'Allemagne où les dévergondages de la pensée ont été les plus marqués, le bourrage de crâne le plus éhonté, la presse écrite ne reconquerra plus jamais le prestige qui avait été le sien avant 1914. Elle a dilapidé un capital de confiance qu'elle ne retrouvera pas. Et c'est dans ces conditions de faiblesse qu'elle va devoir affronter l'émergence d'un pouvoir rival, la radiodiffusion, qui vient remettre en cause son monopole.

CHAPITRE VII

L'ÉMERGENCE DE LA TSF

L'entre-deux-guerres est marqué par l'émergence de la radio. L'écrit avait jusqu'alors régné sans partage, et voici qu'en deux décennies le paysage est bouleversé par cette concurrence neuve.

Merveilles techniques

Rappelons d'abord quelques données techniques, et comment la radio, qui est partie de la « télégraphie sans fil », et qui ensuite a su accueillir la voix humaine, n'est devenue que dans un troisième temps une façon de communiquer avec un auditoire indéfini.

La première étape est celle de la télégraphie sans fil au sens propre, qui va donner son premier nom usuel – TSF – à la radio. Rendons hommage à l'Écossais James Clark Maxwell, qui établit en 1864 une théorie d'ensemble des ondes électromagnétiques à côté des ondes lumineuses. En 1887, l'Allemand Heinrich Hertz parvient à découvrir et à produire les ondes qui porteront son nom. En 1890, le Français Édouard Branly met au point le premier radioconducteur, un tube rempli de limaille de fer en circuit avec un galvanomètre et une pile. Il faut attendre 1894 pour que la première antenne soit créée, et c'est cette même année que l'Italien Marconi réalise à Bologne les premières expériences probantes de communication à distance, en morse, par les ondes dites désormais hertziennes, communiquant à 400, puis à 2 000 mètres. En 1899, il réussit la première liaison par-dessus la Manche, avec ce message : « Monsieur Marconi envoie à Monsieur Branly ses respectueux compliments par la télégraphie sans fil à travers la Manche, ce beau résultat étant dû en partie aux remarquables travaux de Monsieur Branly. » Le même Marconi réalise en 1901 la première liaison hertzienne transatlantique ; depuis Poldhu, en Cornouailles, il lance un immense cerf-volant, qui lui sert d'antenne, à 122 mètres au-dessus de la mer, et lui permet d'atteindre Terre-Neuve. Lorsque à la première page du *Lotus bleu*, Tintin, installé chez le maharadjah de Rawhajpoutalah, reçoit en morse, non sans parasites, un message lointain qui va l'entraîner dans les aventures extraordinaires que nous connaissons, il ramène encore, trente ans plus tard, à ces balbutiements.

La deuxième étape est celle où les ondes hertziennes se montrent capables de porter la voix humaine. L'Américain Lee De Forest invente la lampe triode, amplificateur qui permet de restituer, à l'arrivée, la voix humaine et qui l'adapte au téléphone. Il est curieux de constater que ceux qui dessinent alors l'avenir de cette technique (l'histoire des futurs successivement anticipés est un champ riche de surprises) prévoient que la TSF servira essentiellement au téléphone. Des dessins de la Belle Époque montrent de bons bourgeois, le téléphone à l'oreille, en train d'écouter Caruso chanter Verdi à distance. L'idée dominante est qu'on communiquera de point à point. Le téléphone, en somme, bride l'imagination.

La première liaison, pour la voix humaine, est réalisée à partir de la tour Eiffel jusqu'à Villejuif, en 1908. Et aux États-Unis, le même Lee De Forest transmet le chant de Caruso depuis le Metropolitan Opera à New York, sur vingt kilomètres. Les militaires, les premiers, aperçoivent l'intérêt de cette invention, en particulier pour la liaison avec les bateaux en mer. Notons que la tour Eiffel en tire grand avantage. Elle était destinée à la ferraille, vers 1905, après quinze ans de survie depuis l'exposition de 1889. Et voici qu'elle est sauvée parce qu'elle constitue la meilleure des antennes possibles, rôle qui n'avait été nullement prévu par ses créateurs : elle devient un précieux émetteur militaire.

Pendant la Grande Guerre, de nombreux progrès, stimulés par les circonstances, sont encore réalisés, et sur mer en particulier la TSF prend toute sa place ; les empires coloniaux s'en trouvent rapprochés des métropoles.

Il faut attendre la troisième étape, au début des années vingt, pour que des émissions soient dirigées vers des récepteurs multiples et non identifiés. Curieusement, cette évolution rappelle, de façon ramassée dans le temps, celle de la presse. On se souvient qu'à l'origine la circulation des nouvelles se faisait de point à point, gouvernements et gens d'affaires cherchant à conserver le monopole de l'utilisation des courriers ; et que dans un deuxième temps seulement des innovateurs entreprenants avaient eu l'idée de diffuser lesdites nouvelles dans un plus large public. Il en va de même dans l'histoire de la radio.

C'est en 1912 qu'un jeune ingénieur français, portant le nom prédestiné de Raymond Braillard, et travaillant pour la Société française de radiotélégraphie, fondée en 1910, propose à une station belge de diffuser des messages vers des destinataires inconnus. Mais le vrai démarrage est ultérieur à la guerre. Il faut pour le permettre que les États acceptent de se dessaisir au moins partiellement d'un instrument qui était, pendant le conflit, essentiellement militaire. Se constitue alors tout un public de sans-filistes, passionnés par ce nouveau mode de communication, bricolant leurs « postes à galène » et formant le premier milieu propre à porter les progrès de la radio. Dans l'évolution de la radio, le contenant, en somme, a précédé le contenu : on a joué avec les tuyaux avant de savoir ce qu'on y ferait courir. C'est dans un deuxième mouvement seulement que les fabricants de postes cherchent à développer des stations émettrices pour favoriser la vente de leurs produits.

Pour retracer l'histoire de la radio dans cet entre-deux-guerres, il faut d'abord montrer selon quel équilibre mouvant le public et le privé se sont disputés le média nouveau ; puis considérer la façon dont les gouvernements, et plus largement les milieux politiques, ont réagi à l'arrivée de ce mode de communication qui leur est apparu fascinant et effrayant, et qu'ils ont souhaité tout à la fois asservir à leur profit et cantonner, tant il leur faisait peur, dans des limites étroites ; et enfin comprendre comment la presse écrite s'est accommodée de cette concurrence neuve, et comment, cahin-caha, la jeune puissance de sa rivale s'est affirmée, avec affrontements et compromis.

Les deux modèles de développement

Au départ, l'État possède une longueur d'avance sur l'industrie privée, puisqu'il a le monopole de la radio. Le conservera-
t-il ? Très vite, deux modèles se précisent. Les États-Unis, où le
libéralisme économique est posé comme dogme, sont contraints
après quelque temps d'organiser d'en haut la pagaille originelle.
En face, se définit pragmatiquement un système qui demeure
dominé par l'emprise de l'État : en Grande-Bretagne, en Allemagne et en Italie notamment. Entre les deux, originale, inventive (d'autres disent : incertaine et tâtonnante), la France fraie
son chemin entre secteur public et secteur privé.

L'Amérique est pionnière. Dès 1920, des stations diffusent des
programmes réguliers à l'intention d'un public non identifié. Il
en existe 200 en 1922, 578 en 1925, 650 en 1938. A la veille de la
guerre mondiale, 7/10 des Américains écoutent régulièrement
la TSF, qui imprègne désormais la vie quotidienne. (Même si le
film de Woody Allen *Radio Days* concerne plutôt l'après-guerre,
il restitue avec brio cette place de la radio dès cette époque-là.)

En 1921, on dénombre 50 000 postes aux États-Unis ; en 1925,
4 millions ; en 1927, 6,5 millions ; en 1929, 10 millions ; en 1938,
26 millions ; en 1939, 31 millions. Les débuts de cet essor sont
favorisés par un laisser-faire généralisé. Jusqu'en 1927, l'État
n'intervient en rien. Ni autorisation nécessaire, ni taxe sur les
émetteurs. D'où une atmosphère de Far West. Mais bientôt une
évidence s'impose : les ondes sont une matière rare et par conséquent on ne peut pas les laisser accaparer par n'importe qui dans
n'importe quelles conditions. Le *Radio Act* du 23 février 1927
décide qu'une licence sera désormais nécessaire pour installer
un poste émetteur et crée la Federal Radio Commission. Composée de 5 membres nommés par le président, elle est chargée d'arbitrer le jeu, de surveiller la puissance des émetteurs et de
distribuer les licences en contrôlant la moralité du commerce qui
pourra être fait.

Les résultats concrets de ce choix initial ? D'abord s'affirme
le poids écrasant de la publicité qui entraîne les programmes

vers la moyenne étriquée des goûts du public. Au lieu que, comme ce sera le cas ailleurs, la publicité vienne se rattacher à des programmes préétablis, aux États-Unis les émissions sont conçues d'entrée de jeu au service de la publicité. En 1932, une enquête sur les excès de la « réclame » radiophonique, suscitée par diverses associations familiales, se perd dans les sables. Déjà, le monde publicitaire s'est assuré une trop grande puissance pour qu'il soit question de s'y attaquer sérieusement, et cela sera important, plus tard, dans l'histoire de la télévision américaine. D'autre part, l'absence de toute réglementation, dans les débuts, permet le développement rapide de réseaux, de *networks* qui viennent offrir leurs programmes à des stations émettrices dispersées sur tout le territoire, avec un système de décrochages locaux – qu'on appelle des « fenêtres » en Allemagne et aux États-Unis. C'est ainsi que la National Broadcasting Company (NBC) possède une centaine de stations dès les années trente, et Columbia Broadcasting System (CBS), environ 75.

De l'emprise qu'a conquise la radio sur son public dans les années trente, aux États-Unis, témoigne l'épisode fameux de la « Guerre des mondes » d'Orson Welles. Il se situe le 31 octobre 1938, juste après Munich. L'Amérique se sent moins impliquée dans les affaires européennes que nos vieilles nations, et néanmoins il se crée dans le public un sentiment d'inquiétude devant l'instabilité des relations internationales. Le 31 octobre 1938, le jeune Orson Welles, vingt-trois ans, fait une entrée fracassante dans l'histoire des médias, avant de s'imposer – avec quel éclat ! – dans celle du cinéma. Acteur de théâtre reconnu, il met en ondes chaque semaine, afin d'améliorer ses fins de mois, une « dramatique » pour CBS, que suivent plusieurs dizaines de millions d'auditeurs. Ce jour-là, il a accepté (en maugréant, car l'idée ne lui paraissait pas très bonne) d'adapter un roman publié naguère par son quasi-homonyme, H.G. Wells, l'auteur anglais de *La Machine à explorer le temps* et d'un certain nombre de récits fantastiques. Il s'agit d'un livre intitulé *La Guerre des mondes* qui imagine l'arrivée des Martiens aux États-Unis. Comme Orson Welles n'aime pas beaucoup l'ouvrage, il cherche à dramatiser davantage et il a l'idée de donner l'apparence d'une vraie émission, interrompue par l'annonce sensationnelle de l'arrivée des Martiens. Il ne doute pas que tout le monde comprendra que c'est une fiction. Mais, surprise, tout tourne autrement. Lorsque Welles convie un faux ministre de l'Intérieur pour supplier le public de ne pas se laisser aller à l'affolement, et « avoue » en même temps que, désormais, le plus efficace est de prier Dieu, alors la panique naît et se répand. De grandes files de voitures quittent New York. Toute une kyrielle de procès viendront par la suite accabler CBS. Plusieurs dames qui ont perdu leurs chaussures dans leur fuite réussiront à se les faire rembourser. *La Guerre des mondes* d'Orson Welles fait brutalement découvrir la force de la radio. Si Wells est furieux, Welles est ravi. Il gagne une brusque célébrité, et aussitôt les bouillons Campbell lui proposent de le « sponsoriser ».

Le deuxième modèle est celui de l'Allemagne et de la Grande-Bretagne. Au rebours des États-Unis, l'État, qui a dominé la radiodiffusion de guerre, décide de ne s'en pas dessaisir. Il en résulte à court terme un certain retard dans le développement, à plus long terme des caractéristiques durables bien différentes.

Outre-Rhin, les premières autorisations d'émissions publiques sont données seulement en 1923, au bénéfice d'un petit nombre d'entreprises. Et dès mai 1925, après un bref moment de flottement, la République de Weimar regroupe les 9 sociétés régionales qui existent au sein de la Reichs Rundfunk Gesellschaft (RRG, Société de radiodiffusion du Reich), et peu après elle donne naissance à la Deutsche Welle (« l'onde allemande »), chargée d'émissions éducatives pour tout le pays (avant de devenir, plus tard, responsable des émissions vers l'étranger). Le ministère des Postes assure l'exploitation technique et surveille la gestion. Le ministère de l'Intérieur a autorité sur les contenus. L'Allemagne fixe la première le principe d'une taxe mensuelle sur les récepteurs dont une partie est reversée aux Postes pour faire fonctionner le réseau. Très vite, la publicité est interdite : on est là dans une logique exactement inverse de celle des États-Unis. La qualité des émissions est bonne, avec notamment d'excellentes retransmissions musicales, et peu de concessions au goût populaire. En 1937, on compte 8,5 millions de postes (soit 122 pour mille habitants) ; il y en a 10,2 millions en 1939, chiffre qui situe l'Allemagne au deuxième rang dans le monde. La mainmise de l'État, dès l'époque de la République de Weimar, prépare l'instrument pour la future propagande hitlérienne.

En Italie, l'organisation est assez similaire. L'État est majoritaire dans la première station émettrice, créée en 1924, l'Unione Radiofonica Italiana, société mixte. En 1926, naît Radio Milan, en 1928, Radio Rome. Les fascistes sont au pouvoir. L'Ente Italiano Auditione Radiofoniche (EIAR) reçoit alors pour 25 ans la concession de toutes les émissions de radio et imite l'Allemagne en instituant une redevance sur les récepteurs. La publicité est autorisée, mais limitée et surveillée. Le pouvoir mussolinien tient le manche.

L'Angleterre est originale en ceci qu'elle installe une distance organique entre le gouvernement et la radio. Après quelques tâtonnements, l'État met promptement fin au désordre initial des initiatives privées. Dès novembre 1922, Neville Chamberlain, ministre des Postes, les contraint à s'unir et c'est ainsi que se constitue la BBC, British Broadcasting Company. Son capital appartient pour plus de 60 % à 6 grandes sociétés de production de matériel radioélectrique ; le reste étant réparti entre 200 petits fabricants. Dans un premier temps l'État semble accepter, moyennant un contrôle étroit, de déléguer la radiodiffusion au secteur privé, regroupé à son initiative. Mais très vite il s'inquiète de ce pouvoir naissant. La commission Sykes (l'histoire de la radiodiffusion et de la télévision en Angleterre est scandée par une suite de commissions prestigieuses) propose une dépendance plus étroite de l'État. On envoie des observateurs aux États-Unis, et la rigueur britannique s'inquiète des effets de la publicité dominante sur la médiocrité des programmes ; elle se montre d'ailleurs très réticente devant l'introduction de systèmes de mesure d'audience tels que l'Amérique est en train de les perfectionner – car il s'agit, comme le dit en parfaite bonne conscience un rapport de 1935, « non pas de donner au public ce qu'il souhaite, mais ce dont il a besoin... ». Un deuxième rapport, celui de la commission Crawford, aboutit, le 1er janvier 1927, à l'instauration pour dix ans du monopole de la radio accordé par charte royale à la British Broadcasting Corporation qui remplace la British Broadcasting Company en gardant les mêmes initiales. L'État rachète ses biens pour en faire désormais une propriété publique ; comme en Allemagne, le principe de la redevance et de l'interdiction de la publicité est affirmé. Mais la grande différence c'est que la tradition libérale britannique invente un système qui permet à la BBC d'échapper bien mieux à l'emprise du gouvernement que ce n'est le cas en Allemagne. Un conseil de « gouverneurs » est institué, nommé par le pouvoir exécutif. Le directeur général de la BBC est sous son autorité directe : la fonction est inaugurée par un ingénieur de trente-quatre ans, John Reith, qui va marquer la fonction de sa forte personnalité (et qui sera le ministre de l'Information de Churchill pendant la guerre). En 1939 on dénombre 8,3 millions de postes à l'écoute des dix stations britanniques. Ce qui met la Grande-Bretagne, en chiffres absolus, au troisième rang dans le monde après les États-Unis et l'Allemagne, et au deuxième après le Danemark en pourcentage par habitant avec 171 récepteurs pour mille habitants.

En France : secteur public et secteur privé

La France, pour sa part, affirme son originalité à mi-chemin entre les deux modèles, celui du libéralisme absolu et celui d'une emprise étroite de l'État – tempérée dans le cas britannique de la façon qu'on vient de voir. Quand on considérait, dans les années 1970 encore, l'histoire de la radio française, on pouvait avoir l'impression qu'il fallait la diviser en deux périodes clairement opposées : une période de double secteur et une autre définie par un monopole d'État – à peine aéré par l'existence de postes périphériques surveillés de près. Mais, depuis la loi du 29 juillet 1982, les années qui s'étendent de 1945 à 1982 apparaissent comme une parenthèse entre deux époques définies l'une et l'autre par la concurrence du public et du privé.

Comme ailleurs, l'origine est militaire. Un des premiers postes émetteurs est celui de la tour Eiffel, qui appartient à l'armée ; il diffuse à partir de février 1922 des émissions confiées à Maurice

Privat, un protégé de la majorité de centre droit du Bloc national qui est en place dans la Chambre « bleu horizon » ; mais son déclin est rapide ; il sera pratiquement supprimé à partir de 1936, se limitant dès lors à des émissions scolaires. Le poste Radiola, pour sa part, enfant de la Société française de radiophonie, créé pour encourager la vente des postes récepteurs, devient ensuite Radio Paris, racheté par l'État en 1933 : l'une des rares stations qui ait franchi la barrière séparant le secteur privé et le secteur public. Citons enfin, créé en 1922, le poste de l'École supérieure des PTT qui devient ensuite Radio PTT et qui crée le Radio Journal de France en 1927 ; il fonctionne à partir de janvier 1923, en ondes moyennes, à la différence de ses concurrents des grandes ondes (son poste émetteur ayant été au départ offert par la Western Electric américaine : aux États-Unis, à l'époque, on n'utilise que les seules ondes moyennes).

Toute la législation est marquée, dès les débuts, par l'ambiguïté. La loi de finances de juin 1923, sous un gouvernement Raymond Poincaré, étend le monopole des télégraphes à la radio, mais en sens inverse un décret du 24 novembre 1923 autorise les postes privés « pour favoriser l'industrie électrique ». Parvenu au pouvoir le 11 mai 1924, le Cartel des gauches qui est doctrinalement plus favorable que la droite au monopole de l'État et plus méfiant envers les intérêts capitalistes (c'est déjà l'opposition durable gauche/droite, mais vite tempérée par d'autres considérations) laisse pourtant, dans la pratique, naître des stations privées : le Poste Parisien est ainsi créé en 1924, et d'autres aussi profitant de ce *no man's land* juridique dans plusieurs villes de province – Lyon, Agen, Fécamp, Toulouse, Bordeaux, Montpellier. A quoi s'ajoutent divers postes de constructeurs : Radio Vitus et Radio LL (du nom du fabricant Lucien Lévy). Les PTT, de leur côté, créent des relais en province.

Si bien que, vers 1926, le paysage est assez anarchique. Des conflits nombreux opposent les postes d'État et les postes privés, en particulier sur la répartition des fréquences et, à l'intérieur même des postes d'État, des tensions se développent entre les associations d'auditeurs qui les animent (parfois à partir de la salle à manger de l'un d'entre eux...) et les fonctionnaires des PTT.

En décembre 1926, un décret-loi tente de mettre un peu

153

d'ordre, après l'effondrement du Cartel des gauches et le retour de Poincaré au pouvoir. On crée un Service de radiodiffusion dirigé par un homme qui va marquer cette histoire de son empreinte : l'ingénieur Marcel Pellenc. Tout en réaffirmant le monopole, on décide de le différer (tant pis pour Descartes !) et de maintenir les postes privés « à titre précaire ». Cette situation durera jusqu'à la Seconde Guerre mondiale, dans l'attente d'un statut qui ne verra jamais le jour. La loi de finances du 19 mars 1928 perpétue cet état de fait de telle sorte qu'au début des années trente la situation est à peu près fixée. Il existe 13 postes privés (dont 4 à Paris et 9 en province), et 14 postes d'État.

Une fois ces deux secteurs précisés, le fossé, comme il était prévisible, se creuse entre le public et le privé. L'époque suivante est marquée par le rachat de Radio Paris, qui devient poste d'État, et par la création de la redevance instituée en 1933 avec dix ans de retard sur la Grande-Bretagne et sur l'Allemagne, tandis que progressivement la publicité disparaît des ondes d'État. C'est l'application du principe « à poste privé, argent privé ; à poste public, argent public ».

Cette évolution est influencée par la personnalité de Georges Mandel, ancien chef de cabinet de Clemenceau dans le gouvernement de la Victoire, qui devient ministre des PTT en novembre 1934 dans un cabinet Flandin et le reste jusqu'en mai 1936 et l'arrivée au pouvoir du Front populaire. Mandel, personnalité coupante et autoritaire, clarifie la situation et théorise l'opposition des deux secteurs ; il confirme la suppression de la publicité sur les postes d'État, que son prédécesseur Jean Mistler avait déjà annoncée ; il obtient que la redevance « rentre » régulièrement ; il crée le Conseil supérieur de la radio et des conseils de gérance pour donner plus de qualité et d'éclat aux programmes. L'influence de sa compagne Béatrice Bretty, sociétaire de la Comédie-Française, contribue à sa décision de diffuser, chaque fin de semaine, des pièces de théâtre classique.

C'est encore du ministère de Georges Mandel que date une amélioration nette de la qualité des émetteurs et des émissions qui provoque une augmentation du nombre des postes et un rattrapage partiel du retard par rapport aux pays voisins dans ce domaine : en 1935, fonctionnent 1,9 million de postes ; en 1937, 4 ; en 1939, 5,2. Mais ce n'est qu'en décembre 1937 qu'est adopté un système d'autorisations pour les postes privés.

L'emprise des politiques

D'un pays à l'autre, un autre critère de différenciation est la façon dont les gouvernements se comportent devant la puissance politique du nouveau média qui s'affirme. Ici encore des rapprochements s'imposent avec la presse écrite dans les siècles antérieurs, ou avec la télévision plus tard.

C'est naturellement sur l'information que se porte d'emblée l'attention du personnel politique, qui d'ailleurs n'a guère le loisir, dans sa vie quotidienne, d'écouter autre chose. L'information comme enjeu, l'information comme défi : très vite apparaît cette fascination-haine qui va longtemps colorer les comportements des parlementaires et des ministres dans ce domaine.

René Viviani est un magnifique orateur, à la fois fluide et drapé, tout à fait représentatif de l'éloquence à amples périodes de la IIIe République. Eh bien ! il s'avoue terrorisé par le micro. « Cet œil aveugle, dit-il, m'impressionne comme un instrument de torture ! » On trouve encore dans *La Paille et le Grain* de François Mitterrand, à propos de ses premières apparitions à la télévision en 1965, des impressions toutes similaires ; il s'y est adapté ensuite...

Contre l'emprise du pouvoir exécutif, la BBC se protège très bien, affirmant par là sa dignité. Une grève générale, du 3 au 12 mai 1926, est l'événement fondateur : grève de tous les médias britanniques créant un vide absolu de l'information. Le chancelier de l'Échiquier, qui n'est autre que Winston Churchill, veut utiliser la radio contre les grévistes et notamment ceux de la BBC elle-même. Le directeur général de la BBC, Reith, refuse tout net cette réquisition. Affrontement violent, et de longue portée ! Or c'est Reith qui l'emporte, le Premier ministre Baldwin ayant pris parti pour lui contre Churchill. Si bien que le terrain est libre pour que, dès les élections générales de 1928, la campagne à la radio soit organisée très équitablement.

Dans l'ensemble les informations de la BBC sont jugées impartiales ; le prix qu'on paie est qu'elles sont aussi fort austères, sinon ennuyeuses. En 1937, le Parlement renouvelle la charte pour dix ans et rejette l'idée avancée par le gouvernement de donner à un ministère plus politique la charge de surveiller les contenus. En dépit du défi que représente la montée des régimes totalitaires, le système mis en place dans les années vingt tient bon.

Aux États-Unis, le rôle politique de la radio s'affirme aux élections présidentielles de 1932. Des deux concurrents, Roosevelt et Hoover, c'est le premier qui a la voix la plus « radiogénique ». Et après sa victoire, c'est lui qui invente les « causeries au coin du feu » pour s'adresser au public sur un ton familier « par-delà les intermédiaires », comme dira plus tard de Gaulle, et installe, de la sorte, sa popularité et son *leadership*.

En France, le premier cas de censure explicite relevé dans le livre pionnier de René Duval remonte au 26 octobre 1923. Au poste Radiola, qui vient de devenir Radio Paris, on annonce le « Journal sans fil » de Léo Poldès : interdit au dernier moment par le sous-secrétaire d'État aux PTT, méfiant devant cette nouveauté qu'il n'est pas sûr de savoir maîtriser : mieux vaut ne rien laisser dire ! Cette interdiction est réitérée en 1924 à Maurice Privat, l'animateur de Radio Tour Eiffel. Nous verrons qu'il passera outre. Au moment du Cartel des gauches, pis encore, le sous-secrétaire d'État aux PTT dans le gouvernement d'Édouard Herriot, Pierre Robert, va jusqu'à réclamer à Radio Paris que tous les textes prononcés sur les ondes lui soient soumis vingt-quatre heures à l'avance ! Ensuite, peu à peu, les plus imaginatifs des hommes politiques commencent à comprendre que cette attitude purement négative est sotte, faite pour se retourner contre eux, et à se dire qu'après tout il peut être intelligent d'utiliser l'instrument nouveau au lieu de le casser.

C'est ainsi que le ministre des Finances du Cartel, Étienne Clémentel, vante sur les ondes de l'École supérieure des PTT l'emprunt qu'il lance à la fin de 1924 : une première !

Pourtant, l'habitude ne se prend que lentement : quand en mars

1928 Louis Marin, ministre des Anciens Combattants, vient défendre sa politique au Journal parlé de la Tour Eiffel, cela surprend toujours. Dans *L'Antenne*, journal des auditeurs de radio, que cite René Duval, on relève l'étonnement de voir un ministre parler au micro. « Sans escorte, sans "flafla", vêtu d'un démocratique veston et d'un chapeau mou, M. Louis Marin s'est rendu au studio du Grand Palais et sa causerie a été un vibrant appel à tous ceux dont il a assumé la défense, les mutilés et les pensionnés de guerre. » Le lendemain, le même journal observe que M. Louis Marin a un meilleur débit oratoire à la tribune qu'au micro...

Lors des élections législatives de 1932, le président du Conseil sortant, André Tardieu, décide sans vergogne d'utiliser les ondes à son seul profit, suscitant une violente réaction des partis de gauche et notamment de Léon Blum qui s'écrie : « L'incomparable moyen de diffusion qu'est la radiophonie a été accaparé avec cynisme par la réaction ! » Voilà bien encore un genre d'affrontement qui a de l'avenir. « M. Tardieu, écrit Blum dans *Le Populaire* du 11 avril 1932, par un coup d'arbitraire inouï, et qui dans tout autre pays que la France provoquerait un scandale insoutenable, s'est assuré le monopole de la radio et du cinéma. En Belgique, par exemple, les postes d'émissions sont mis successivement à la disposition de tous les partis politiques durant le même laps de temps et suivant un roulement régulier. En France, le ministre, seul, dispose des postes d'État et la diffusion du discours dit de Bullier [nom d'une salle de bal du Quartier latin où le président du Conseil sortant a exposé son programme électoral] a été imposée aux postes privés par autorité de police. N'ayant pas de poste d'émission à nous, il nous est interdit de nous servir du "sans fil". En France, le "sans fil" appartient au gouvernement et à la réaction. »

L'avant-veille du 6 février 1934, devant la menace des manifestations dans la rue, le ministre de l'Intérieur Eugène Frot installe tout tranquillement un censeur – en temps de paix ! – aux côtés des journalistes de « Radio Journal de France » sur Radio Paris et du « Journal parlé » de la Tour Eiffel, si bien que les informations sont très édulcorées...

Après l'époque de Georges Mandel, où, malgré les craintes de la gauche, règne un libéralisme relatif (sous ses apparences tranchantes, c'était un assez bon démocrate), arrive le Front populaire. Robert Jardillier, qui a le portefeuille des PTT, n'est pas le phœnix des ministres ; et sous son autorité théorique on relève un effort de prise en main des ondes par les socialistes. Marceau Pivert, leader de leur aile gauche, est chargé de la maîtrise des postes d'État. En dépit des justes protestations antérieures de ses dirigeants, le Front populaire ne cherche pas à établir des règles d'indépendance et d'équilibre de l'information : une occasion manquée.

Sous le gouvernement d'Édouard Daladier, à partir du printemps 1938, la main de l'exécutif s'alourdit, la menace extérieure aidant. En septembre 1938, dans l'atmosphère de Munich, le ministre des PTT Jules Julien impose à nouveau le contrôle des informations radiodiffusées, y compris celles des postes privés, et installe des censeurs partout. En février 1939, Pierre Brossolette, chroniqueur régulier pour le Radio Journal de France, futur héros de la Résistance, est écarté parce que trop marqué à gauche : un épisode qui se répétera souvent. Il n'en reste pas moins que ces intolérances, ces mesquineries, ces manœuvres médiocres sont peu de chose à côté de l'usage brutal que les régimes totalitaires font de la radiodiffusion.

C'est vrai en URSS, où, sous Staline, les émissions locales dans les différentes langues demeurent sous l'emprise étroite du pouvoir central.

C'est vrai de l'Italie, où Mussolini utilise beaucoup la radio, avec une chronique fasciste diffusée trois fois par semaine, et la rediffusion intégrale de ses interminables discours. Le fascisme, on le sait mieux grâce aux travaux de Jean A. Gili, est dans l'ensemble subtil en ce qui concerne le cinéma, dont il sait se servir pour installer l'image d'une Italie consensuelle, paisible, dont tous les conflits sociaux sont extirpés, sans chercher à l'utiliser pour célébrer directement la politique fasciste. Dans le cas de la radio en revanche, Mussolini est plus brutal, ne cessant pas d'y faire célébrer les mérites de son régime.

En Allemagne enfin, les nazis investissent progressivement les ondes, dès avant le 30 janvier 1933, date de l'accession de Hitler au pouvoir, par le canal des associations d'auditeurs.

Ensuite, Goebbels, ministre de la Propagande, prend personnellement la radio en main et nous étudierons plus loin ses procédés.

Les ripostes de la presse écrite

Restent enfin à considérer, pour cette première époque, les rapports de la radio avec la presse écrite, et les épisodes de leur rivalité.

Dans la plupart des pays occidentaux, la presse reçoit le choc de cette concurrence inédite à un moment où elle est affaiblie. Malgré des aspects flamboyants, elle affronte, dans l'ensemble, une situation moins brillante que jadis. L'histoire de l'entre-deux-guerres prolonge celle de l'avant-1914, mais avec quelques évolutions négatives. Certes, on relève divers progrès techniques avec l'extension de l'offset et de l'héliogravure, qui permet l'essor des photos en couleurs, au profit des magazines populaires. Mais en gros la hausse des coûts est plus forte que le niveau de vie, cause importante, notamment dans le cas français, de l'affaiblissement de la presse jusqu'aujourd'hui. Le prix du quotidien s'élève, par rapport aux autres produits de consommation courante. Les progrès techniques alourdissent les investissements et augmentent le poids social des ouvriers typographes, donc leur pouvoir syndical, donc leur capacité de blocage dans une industrie qui est très sensible à toute menace de grève, étant donné la fragilité de l'adhésion du public et sa mobilité.

Significative est l'histoire de l'offensive menée par le parfumeur François Coty contre les grands journaux populaires en place, *Le Matin, Le Journal, Le Petit Journal, Le Petit Parisien*, qui forment avec *L'Écho de Paris* le cartel que l'on sait. Les quotidiens se vendent, dans les années 1920, 25 centimes le numéro. Coty lance *L'Ami du peuple* à 10 centimes. Farouche bataille ! Le cartel fait pression sur les kiosquiers pour que *L'Ami du peuple* soit défavorisé dans les étalages. Coty met en place son propre système de distribution. Il l'emporte d'abord, avant d'être finalement défait.

C'est ainsi que, sauf aux États-Unis, et dans une certaine mesure en Grande-Bretagne, prend fin cette expansion du nombre des lecteurs qui avait marqué les années 1870 à 1914 ; tandis que l'offre se réduit, sous l'effet d'une concentration des titres accélérée par la crise économique de 1929. De sorte qu'en somme l'espace de liberté se restreint, même dans les pays qui restent démocratiques.

Cela ne peut que conduire à une accentuation des particularismes et des égocentrismes nationaux. En ces temps où l'histoire du monde est agitée de tant de soubresauts, les opinions publiques semblent paradoxalement moins tournées vers le dehors qu'avant 1914 dans chacun des pays concernés. Elles tendent à se replier sur elles-mêmes. C'est ainsi que les agences de presse Havas, Wolff, Associated Press, qui s'étaient accordées, nous l'avons vu, dans la période antérieure, pour des échanges d'informations et de services, ne parviennent que péniblement en 1919 à proroger les contrats qui les lient entre elles et ceux-ci ne survivent pas à la Grande Crise. D'autres agences, d'ailleurs, viennent concurrencer les premières ; par exemple, aux États-Unis, Associated Press est menacée par United Press qui apparaît en 1907 et prend son essor après 1914.

Un autre phénomène préoccupant, dans plusieurs pays, est la dégradation dans la qualité et la rigueur de l'information. L'effet ravageur du « bourrage de crâne » dans le public, après coup, et notamment en France, se révèle pleinement. On constate aussi une exaspération de la violence polémique et de la presse de chantage, tandis que le secret de la vie privée est de moins en moins bien préservé. D'où l'émotion qui entoure le suicide déjà évoqué de Roger Salengro. Les exemples sont nombreux aussi en Grande-Bretagne où la compétition acharnée des journaux aboutit à une exploitation du sensationnel qui les rapproche de la presse américaine, dont nous avons observé à quel point elle était, de longue date, diffamatoire et calomniatrice. Le mot de Robert de Jouvenel, dans son livre célèbre de 1914, *La République des camarades :* « Aucune profession n'est plus décriée que celle de journaliste, aucune n'est plus flagornée », sonne juste dans la plupart des pays occidentaux, et spécialement en France, pour cette période.

160

Ainsi, c'est un secteur en mauvaise santé qui se trouve (ou se croit) menacé par la radio. Ses réactions sont donc crispées et obsidionales.

Aux États-Unis un rapport de l'Association américaine des éditeurs de journaux (ANPA) dénonce avec une grande violence, en 1931, la concurrence des radios pour la diffusion de l'information – avant qu'on aboutisse à un compromis entre l'ANPA d'une part et NBC et CBS d'autre part, en décembre 1933, portant sur le nombre des bulletins et sur l'échange des nouvelles et de la publicité. En Grande-Bretagne, dès l'apparition des premiers journaux parlés, en 1923, la presse écrite, groupe de pression très efficace auprès des dirigeants politiques, obtient qu'ils ne puissent pas être diffusés avant 19 heures : c'est-à-dire après la vente des quotidiens.

En France, même jeu. Le Syndicat de la presse parisienne affronte la Fédération des postes privés et, dans les années trente, on interdit tout bulletin d'information avant 13 heures. Et la presse écrite obtient des pouvoirs publics, juste avant la guerre, que la publicité sur les postes privés soit limitée et que la taxe sur celle-ci soit augmentée de 13 % à 30 %. Au printemps de 1938, Daladier accepte la réduction de l'information sur les ondes d'État à trois répétitions d'un même bulletin de sept minutes. Certes, la crise de Munich et le désir de nouvelles immédiates qui en résulte font bientôt sauter ce verrou, mais le seul fait que le gouvernement ait un instant cédé à de telles requêtes est significatif. On pense au célèbre apologue de Frédéric Bastiat, théoricien du libéralisme économique du XIXe siècle, où il imagine que les marchands de chandelles s'adressent à l'État pour obtenir qu'on les protège contre la « concurrence du soleil », donc qu'on oblige tous les particuliers à clore leurs volets et à empêcher toute pénétration de lumière de l'extérieur. On nage en pleine absurdité malthusienne, bien révélatrice du malaise de la presse écrite.

Parfois une autre réaction moins frileuse, plus inventive, conduit la presse à des prises de participation dans la radio. C'est surtout le cas aux États-Unis où de nombreux accords sont passés entre des groupes de journaux et des stations de radio. En France aussi, à partir des années trente, le même phénomène touche le secteur privé. *Le Petit Parisien* contrôle le Poste Parisien, *L'Intransigeant* a des liens étroits avec Radio Cité de Marcel Bleustein-Blanchet, *Le Journal* avec Radio Vitus, etc.

Dans son effort pour résister, la presse joue sur deux tableaux : développement de la différence et développement de la concurrence.

Compte tenu de l'immédiateté des informations données par la radio et du sentiment de confusion qu'elle laisse souvent dans les esprits, il s'agit d'abord d'affirmer les vertus de la presse de réflexion. Tandis que les revues mensuelles ou bimensuelles (*Revue des deux mondes* ou *Revue de Paris*), qui avaient tellement influencé, pendant des décennies, les milieux dirigeants, subissent un certain déclin, ce sont les années où les hebdomadaires prennent la place que nous leur connaissons aujourd'hui. Aux États-Unis, *Time Magazine* apparaît en 1923, bientôt rejoint par deux concurrents qui le copient : *Newsweek* et *US News World Report*. *Newsweek* et *Time* seront imités tout autour du monde après la Seconde Guerre mondiale.

En France aussi les hebdomadaires politiques commencent à peser beaucoup. Ils ont une apparence différente de celle d'aujourd'hui, plus proche des quotidiens par le format, la maquette, la typographie. Ainsi, du côté droit, *Candide*, qui tire à 80 000 exemplaires en 1924, au moment de sa naissance, à 265 000 en 1930 et grimpe jusqu'à 465 000 en 1936 ; ou encore *Gringoire* d'Horace de Carbuccia, 155 000 exemplaires lors de son lancement en 1928, et 650 000 exemplaires en 1937 ; et aussi *Je suis partout*, qui finira dans une collaboration frénétique sous l'occupation – pour ne citer que ces trois titres qui contribuent à l'excitation de l'opinion publique et à la montée des ligues dans les années trente. A gauche, les concurrents, bien que de bonne qualité, ne réussissent jamais à trouver la même influence durant cette période (*Vendredi*, *Marianne* tirent respectivement à 100 000 et à 60 000 exemplaires seulement en 1935), soit qu'ils soient marqués par une pédagogie un peu lourde, soit que sur ces bords le public reste plus attaché aux quotidiens. Un hebdomadaire, bien que de faible tirage, a beaucoup d'influence : *La Lumière* de Georges Boris, l'un des seuls organes de gauche qui s'efforce de traiter de façon techniquement précise des problèmes économiques et sociaux et conquiert peu à peu un public. C'est aussi le temps du premier essor du *Canard enchaîné*.

Parmi les magazines en couleurs qui profitent des progrès techniques évoqués plus haut, l'un des pionniers, en France, est *Vu*. Son nom l'indique : on y mise d'abord sur les photos, comme le fait aussi aux États-Unis le magazine *Life*, qui est créé en 1936 par le grand entrepreneur Henry Luce. Signalons encore, juste avant la guerre, la reprise par Jean Prouvost en 1938 d'un titre qui vivotait : *Match*, et qui entame une brillante carrière.

Ce mouvement vers la spécialisation se marque ailleurs aussi : on voit se développer la presse spécialisée, presse féminine (journaux de beauté, journaux de tricot, journaux de mode), magazines de renseignements pratiques, presse sportive…

Pour réagir au défi de la radio, la presse s'affirme ainsi dans sa différence, mais ce qu'il y a de plus dynamique en elle ne renonce pas pour autant à la concurrence. Elle tâche de répondre au double défi de la rapidité et de l'émotion que lui posent les nouvelles diffusées à chaud par la radio. Au moment où celle-ci invente les premiers reportages en direct, les quotidiens s'efforcent d'accélérer leur propre rythme. Non sans périls parfois : un numéro de *La Presse* est resté célèbre, annonçant, le 9 mai 1927 sur cinq colonnes à la Une, que les aviateurs Nungesser et Coli, qui s'efforcent, quelque temps avant Lindbergh, et dans l'autre sens, de traverser l'Atlantique en avion jusqu'à New York, ont été accueillis à New York par une foule enthousiaste. Hélas ! Cet optimisme, porté par le désir de « griller » les confrères, se heurte bientôt à une cruelle réalité : on apprend peu après que l'avion de Nungesser et Coli s'est abîmé quelque part dans l'Atlantique. *La Presse*, discréditée, ne survit pas longtemps à ce « scoop »-là.

Il faut faire, dans le cas français, un sort particulier au *Paris-Soir* de Prouvost, seule vraie nouveauté de l'époque. Jean Prouvost est un industriel du textile, appartenant à une grande famille du Nord, qui se révèle un exceptionnel patron de presse. Il fait grimper le tirage de *Paris-Soir*, qu'il a acheté en 1930, de 60 000 exemplaires à plus d'un million, à la veille de la guerre. La distribution en « puzzle » de la page rompt avec les colonnes que pratiquaient encore jusque-là les journaux même les plus populaires. Et pour répondre au défi de la radio, Jean Prouvost participe au premier rang à l'essor du grand reportage qui éclaire ces années-là.

Le mythe du grand reporter

Il s'agit de faire vivre aux lecteurs de façon plus intense les événements bouleversants qui secouent la planète. Certes, on avait vu émerger dès avant la guerre des figures d'« envoyés spéciaux ». Célèbres en France, Jules Huret, par exemple, ou Gaston Leroux, le père de Rouletabille. Mais la guerre de 1914-1918 accélère le mouvement et affirme le type social prestigieux du « grand reporter » dont Albert Londres demeure le symbole (son souvenir étant entretenu par le prix annuel qui porte son nom). A côté d'Édouard Helsey par exemple ou de Joseph Kessel, Albert Londres est bien archétypique. Avant 1914, il est spécialiste de la vie parlementaire au *Matin* et c'est la guerre qui le révèle. Son reportage sur le bombardement de la cathédrale de Reims par les Allemands le place d'emblée hors de pair : avec une émotion contenue, une efficacité dans la description, une précision dans le langage, une couleur des expressions, qui gardent aujourd'hui intacte leur force d'évocation. Peu à peu, il s'impose même auprès des militaires. Tel général qu'il rencontre à Anvers observe, non sans humour, devant lui : « Je sais, messieurs, que les gens de votre métier sont régulièrement là où ils ne devraient pas être [un temps]. C'est d'ailleurs pourquoi nous lisons les journaux... »

Albert Londres incarne le personnage du *globe-trotter* qui ne tient jamais en place, toujours prêt à bondir, sa petite valise en papier mâché à la main, vers le pays de la planète où l'actualité le convoque. Et on le suit, derrière sa barbiche frémissante, en Orient avec l'expédition des Dardanelles, avec D'Annunzio à Fiume, avec les nationalistes arabes, dans la Russie des Soviets, au Japon, en Chine, en Indochine, en Inde... Pierre Assouline cite dans son excellente biographie de Londres cette description du métier par Henri Béraud, un autre grand reporter qui finira en se perdant dans la collaboration et échappera de justesse au poteau d'exécution en 1945, mais qui fut longtemps une star dans ce firmament-là : « Le grand reportage est peut-être de tous les métiers l'un des moins accessibles [...]. On ne le donnait qu'au choix, jamais à l'ancienneté. Faire du reportage, cela signifiait : regardez l'envers de la société, mêlez-vous aux hommes, percez les mobiles des grands, touchez les plaies des humbles, observez de la coulisse les tragédies du monde et ses comédies, errez dans les villes de cristal où l'on voit les négociants dans leurs bureaux, les ouvriers dans leurs faubourgs, les prêtres dans leurs presbytères, les politiciens dans leurs couloirs, les assassins devant la guillotine, les diplomates en proie au vertige du néant et les grands hommes dans la misère de leur gloire. » Texte un peu pompeux, mais qui rend compte de l'énergie vitale qui jette sur les routes du monde ces journalistes de l'entre-deux-guerres.

Ils cèdent parfois, lorsque, l'âge venant, une certaine lassitude de la curiosité émousse leur regard, à deux tentations auxquelles Albert Londres ne résiste pas. L'une est de se mêler à une situation qu'on observe, pour peser sur elle ; c'est le cas en Grèce lors du conflit qui oppose le roi Constantin à Vénizélos, en 1915, sur le camp qu'il convient de rallier. La seconde est de se juger assez bien informé pour accepter, par patriotisme, des missions de renseignement au profit des services secrets. Au bout de son chemin, le « flâneur salarié » devient redresseur de torts ; c'est le temps où Albert Londres publie un reportage sur le bagne de Cayenne, qui, par son retentissement, contribue à la fermeture d'une institution dont le fonctionnement était barbare et indigne de la République. Il se consacre ensuite aux asiles de fous, à la traite des Blanches, à la traite des Noirs ; et finalement, au retour d'une visite ambiguë en Chine, où l'on perd sa trace pendant un mois, il périt dans l'incendie du *Georges Philipar*, au large d'Aden, en 1932, dans des conditions dramatiques qui ajoutent au romantisme de sa destinée le halo du mystère final indispensable à la pérennité de sa légende.

Les ambiguïtés de la publicité

Tels sont quelques aspects heureux de l'influence de la radio sur la presse. En sens inverse, on relève la contagion des mauvaises habitudes de la presse vers la radio. En particulier pour la publicité cachée. Le cas le plus célèbre, en France, date de 1925, où nous retrouvons Maurice Privat, patron du poste de Radio Tour Eiffel, personnage d'intrigues et de coulisse, qui a de l'entregent et peu de scrupules. On lui interdit de lancer des journaux parlés ? Il passe outre, sous un autre intitulé. On lui interdit la publicité, où Marcel Pellenc, le vertueux fonctionnaire en charge du secteur, voit « l'objet des tractations les plus immorales » ? Eh bien ! il l'introduit quand même, à petites doses, dissimulée sous une forme rédactionnelle, rejoignant ainsi la pire pratique de la presse écrite. Et il finit par affermer la publicité de Radio Tour Eiffel, en 1926, à un homme d'affaires qui souhaite l'utiliser pour, lui dit-il, promouvoir plusieurs de ses entreprises : par exemple le bouillon P'tit pot, que les auditeurs ont la surprise d'entendre longuement vanté. Ce personnage deviendra célèbre plus tard ; il s'appelle Alexandre Stavisky. Le contrat est occulte (comme il est spécifié dans le document lui-même). Après le P'tit pot, on vante sur les ondes diverses affaires très creuses : les Nouveaux Terrains de Marseille ou encore une fabrique de liqueurs qui s'appelle « La Jurançonne ». Et la rubrique boursière est envahie par des « tuyaux » douteux, payés par des intérêts louches. C'est ainsi que la société Bancarel, entreprise incertaine de location de films, est abondamment célébrée, pour que ses actions soient soutenues sur le marché, avant de s'effondrer lamentablement. Comme Stavisky est arrêté une première fois en juillet 1926, la police signale au gouvernement ces pratiques dévergondées, et le contrat de Privat est rompu par l'État.

Terminons sur une note moins sombre : on constate une certaine amélioration morale du milieu de la radio qui, dans les années trente, a su, contrairement à la presse écrite, rétablir une distinction claire entre la publicité commerciale affichée comme telle et la publicité rédactionnelle hypocrite et dissimulée. Non sans des effets heureux sur la prospérité des radios privées.

De ce point de vue-là, l'histoire de Marcel Bleustein-Blanchet, fondateur de Publicis, est intéressante. Il l'a racontée lui-même dans un livre de l'après-guerre, *Sur mon antenne*, qu'il a repris en 1984 sous le titre *Les Ondes de la liberté*. C'est un pionnier. Fin 1929, alors qu'il ne songe pas du tout à la radio, un de ses amis vient lui dire qu'il a un « crédit de publicité » sur Radio Tour Eiffel. « Trouvez-moi quelqu'un, dit-il à Bleustein-Blanchet, qui souhaite faire passer un message. » Surpris mais stimulé, celui-ci réussit à revendre le crédit de publicité à un fourreur nommé Brunswick contre un manteau d'astrakan donné à son client. Et du coup l'idée lui vient de développer la publicité sur les postes privés qui, pour l'essentiel, vivent très chichement. Il prend son avion de tourisme et, d'aéroport en aéroport, démarche les radios privées aux quatre coins du pays : un assez pittoresque univers ! Et il réussit à signer un certain nombre de contrats d'affermage avec des stations bien contentes de recevoir cette manne inattendue sans avoir à placer elles-mêmes leur publicité. Il invente les « messages radiophoniques » qui sont portés par une musiquette : « Brunswick, le fourreur qui fait fureur », « André, le chausseur sachant chausser », « Un meuble signé Lévitan est garanti pour longtemps », « Halte-là, qui vive ?, Saponite la bonne lessive », etc.

Dans un premier temps c'est un grand succès. Puis le système réagit. D'abord les prix montent. Tous ces bons animateurs de radios privées souhaitent bientôt augmenter des profits auxquels ils n'avaient pas d'abord songé. Et l'on constate une mutation rapide qui annonce celle que les radios, dites « libres », ont connue dans les années 1980. Marcel Bleustein-Blanchet raconte de façon piquante comment Pierre Laval qui était un homme d'affaires avisé et possédait Radio Lyon lui avait affermé sa publicité et lui réclama soudain une augmentation de son contrat qui parut insupportable au patron de Publicis. Ajoutez qu'en 1934 Georges Mandel, nous l'avons vu, supprime toute publicité sur les postes d'État avec lesquels Bleustein-Blanchet était lié par contrat. C'est alors que celui-ci décide de franchir l'étape suivante, en devenant lui-même propriétaire d'un poste émetteur,

Radio LL (Radio Lucien Lévy) qui devient Radio Cité, et qui connaîtra un beau succès de juin 1935 à juin 1940, avec beaucoup d'inventions et notamment les émissions en public, parrainées par différentes marques, où s'illustre le populaire Jean Nohain.

CHAPITRE VIII

LA GUERRE DES RADIOS

Ce chapitre commence le 31 août 1939 à Gleiwitz, en Haute-Silésie allemande. Dans cette petite ville paisible, tout près de la frontière polonaise, fonctionne une station de radiodiffusion qui, en dehors de quelques émissions de portée locale, relaie les programmes de Berlin, à partir de Radio Breslau. Il est 19 heures, dans la torpeur de cette fin d'été. Le portier somnole sur sa chaise de vieux rotin. Le présentateur habituel, dans son studio surchauffé, attend mollement que vienne l'heure d'intervenir. Tout à coup, devant la porte du bâtiment de la radio, deux voitures noires freinent dans un bruit de gravier dispersé. Six hommes en jaillissent. Ils portent un uniforme polonais. Ils font irruption dans le hall, mitraillette au poing, assomment le gardien, forcent l'entrée du studio et, au moment précis de l'ouverture habituelle de l'antenne, lisent une proclamation, en allemand et en polonais, de haine violente contre le Reich.

Ces prétendus Polonais sont, en réalité, des agents du service secret de Heydrich, l'homme de main de Hitler chargé du Renseignement. En fin d'après-midi, ils ont quitté Breslau et ils se sont rendus dans la forêt de Ratibor, proche de la station de Gleiwitz, où ils ont revêtu des uniformes et sorti des armes de leur coffre. Dans une des voitures, ils ont un chargement sinistre : le cadavre d'un juif mort en captivité, qu'ils ont habillé aussi en soldat polonais. Au moment de quitter l'immeuble de la radio, ils laissent le cadavre sur les marches devant la porte pour signer plus clairement le forfait. « Un cadavre frais », a demandé Heydrich. Il avait prévu également que la fausse proclamation serait relayée par Berlin, ce qui donnerait plus d'écho au coup de main

169

supposé, mais le technicien membre du commando a été intimidé par la complexité des manettes et n'a pas su les faire fonctionner. Peu importe ! A Berlin, Goebbels, ministre de la Propagande, se hâte de faire savoir que des « éléments polonais incontrôlés » ont accompli le coup de force qu'on vient de décrire. Le lendemain matin à l'aube, les troupes hitlériennes pénètrent en Pologne. La Seconde Guerre mondiale a commencé.

Cet épisode de la propagande nazie donne d'entrée de jeu la mesure du rôle capital que la radio va jouer dans le conflit. Et il avertit que ce rôle méritera d'être étudié autant pour sa portée en soi que du point de vue de la mythologie, de l'illusion d'une influence absolue.

L'arme absolue ? Galops d'essai

La Seconde Guerre mondiale intervient dans un climat intellectuel, psychologique, politique, qui a préparé l'opinion à l'idée que la radiodiffusion pourrait être quelque chose comme l'arme totale ; et qu'en tout cas, bien maniée, elle vaudrait beaucoup de corps d'armées.

De cette atmosphère particulière de l'avant-guerre témoignent diverses publications dont la plus célèbre est le livre de Serge Tchakhotine, *Le Viol des foules par la propagande politique*, paru en 1939. Tchakhotine est un socialiste allemand qui a observé la montée des nazis dans l'opinion jusqu'en 1933, et qui fonde ses analyses sur cette expérience. Quand on lit ce livre aujourd'hui, il n'apparaît pas exempt de naïveté, représentatif d'une tendance à surévaluer la capacité de manipulation des foules. Il est construit sur une application du principe du chien de Pavlov dans le domaine de la propagande et de l'opinion. On lance un certain nombre d'impulsions, et on provoque ainsi des réactions automatiques du public. Tchakhotine est influencé par un personnage un peu oublié mais qui a eu un grand rayonnement dans les années qui ont précédé la guerre, Gustave Le Bon – auteur d'un ouvrage célèbre sur la psychologie des foules. Il

170

cherchait à y démontrer que « l'âme des foules » avait une réalité autonome, autre que celle des individus la composant, et qu'il était possible de peser sur elle par des moyens aussi frustes que ses réactions propres. Dans cette conception, la presse et surtout la radio jouent évidemment un rôle décisif. En témoigne de façon prémonitoire le livre du romancier italien Curzio Malaparte, *Technique du coup d'État*, publié en 1931 : il y démontre que désormais la maîtrise des moyens de communication de masse, et notamment de la TSF, sera un souci central pour les auteurs des coups d'État futurs.

Voici quatre exemples qui scandent la découverte progressive par les militaires et par les politiques, par conséquent par les opinions publiques, de l'importance de la radio.

Citons d'abord le Japon en Chine. Dans les régions qu'ils occupent progressivement à partir de 1931, les Japonais développent abondamment l'usage de la radio, appuyé sur la technique neuve des haut-parleurs dans les lieux publics. Il faut dire qu'au Japon même la radio, à l'origine assez décentralisée, a été reprise en main et gouvernée de Tokyo, lorsque les militaires ont progressivement dominé le régime du Mikado.

Deuxième exemple : l'Anschluss. Dès avant l'arrivée des nazis au pouvoir, en janvier 1933, l'Allemagne de Weimar avait installé un puissant émetteur en Bavière, à Munich, capable, en dépit de la configuration montagneuse de l'Autriche, de couvrir l'essentiel de ce pays. Ensuite, Goebbels se sert abondamment dudit émetteur en direction de l'Autriche pour préparer le rattachement de ce pays à l'Allemagne, appliquant en somme le propos de Hitler dans *Mein Kampf*, son ouvrage de prison des années vingt : « Dès ma prime jeunesse, j'éprouvai l'impression fondamentale que le germanisme ne pouvait être sauvegardé que par la destruction de l'Autriche. » Oui, mais en face gouverne un chancelier d'Autriche, Dollfuss, qui est coriace. Non pas qu'il soit impressionnant physiquement – il est tout petit : on l'appelle « Milli-Metternich » –, mais il a de l'énergie à revendre, un fort patriotisme, une grande aversion pour l'Allemagne nazie. Il n'a pas hésité à interdire, à Vienne, les journaux favorables à Hitler. Il se trouve qu'il est lui-même, comme beaucoup de gens de sa génération, un « sans-filiste » passionné. Et c'est lui qui invente

171

le premier brouillage politique de l'histoire de la radio. La guerre des ondes rejoint ainsi tout de suite la dialectique ordinaire entre offensive et défensive, entre le glaive et le bouclier. La défensive, en l'occurrence, consiste à empêcher qu'on entende. Dollfuss fait installer par ses ingénieurs le premier brouillage qui rend difficile l'écoute de l'émetteur de Munich en Autriche, et, en même temps, il contre-attaque. Sur le plateau de Bisemberg, il crée un émetteur aussi puissant que Radio Munich – 100 kW, le maximum de ce que permet la technique du moment – qui rend coup pour coup, dénonce l'impérialisme glouton de l'Allemagne nazie et de son régime.

Cette bataille des ondes, la première de l'histoire internationale, explique pourquoi lorsque les nazis autrichiens, actionnés depuis Berlin, tentent un putsch à Vienne, le 25 juillet 1934, et qu'ils assassinent Dollfuss, ils dépêchent une quinzaine d'hommes pour s'emparer de la radio. Ceux-ci pénètrent dans le bâtiment par surprise et réussissent à tenir le micro tout l'après-midi. Le journaliste vedette est contraint de lire à l'antenne une proclamation réclamant le rattachement de l'Autriche à l'Allemagne. Mais c'est une fausse victoire. Le directeur de la radio a pu appeler au téléphone le plateau de Bisemberg et ordonner de passer le programme de secours prévu en cas de difficulté de transmission. Enfin les forces autrichiennes reprennent le bâtiment. Dans la maison de la radio on relève six morts, trois d'un côté, trois de l'autre. Le coup d'État a échoué et Schuschnigg remplace Dollfuss. Et l'émetteur de Bisemberg émettra, avec une violence accrue, en direction de l'Allemagne nazie, jusqu'en 1938, c'est-à-dire jusqu'à l'Anschluss, réussi cette fois par Hitler. On imagine assez que ce premier affrontement sur les ondes hertziennes a été observé très attentivement par l'ensemble des chancelleries du monde occidental…

Troisième exemple : l'Italie en Éthiopie. L'Italie ayant avalé l'Éthiopie en 1935, à la grande indignation de la Société des nations, celle-ci décide d'imposer des sanctions économiques, un blocus à la péninsule. C'est alors qu'à partir à la fois de l'Italie (Rome et Bari), de Tripoli et d'Addis-Abeba, la capitale du Négus, les Italiens, pour riposter aux sanctions, développent des postes puissants qui émettent en dix langues, dont le turc et l'arabe : le but étant de déstabiliser les empires coloniaux britannique et français. La Tunisie constitue une cible privilégiée, car elle a une importante colonie italienne. L'Égypte est également touchée, en arabe égyptien, par les émetteurs de Mussolini, qui portent jusqu'à l'Inde.

La guerre d'Espagne constitue le quatrième moment fort de ce prologue au second conflit mondial. Elle provoque un usage intense des radios. La péninsule Ibérique était très retardataire dans le domaine. Au moment du pronunciamento militaire, en juillet 1936, il n'y existe encore qu'un petit réseau de radios privées d'assez faible puissance, la radio d'État n'ayant commencé à fonctionner – timidement – qu'à partir de 1934. Les radios privées espagnoles servent les forces centrifuges qui travaillent l'Espagne ; et, par exemple, la radio catalane est très jalouse de son autonomie (c'est toujours vrai aujourd'hui). Les syndicats possèdent leur radio comme aussi l'Église catholique et divers intérêts privés : une grande dispersion règne donc.

Mais, dès le coup d'État de Franco, tout change. Chaque camp s'efforce de faire main basse, dans le territoire qu'il contrôle, sur les émetteurs privés. Il n'est plus question qu'ils échappent à l'autorité militaire des républicains ou des nationalistes. Franco utilise le poste de Tétouan, au Maroc espagnol, pour des émissions en arabe, en direction des Maures qui sont travaillés par la propagande communiste ; à partir de 1938, le général Queipo de Llano parle tous les jours de Radio Séville, pour défendre les positions des nationalistes ; et un fort émetteur de 20 kW est installé, audible dans l'Espagne tout entière, dans le territoire occupé par les forces franquistes, en janvier 1937. En face, les républicains n'ont rien d'aussi puissant à leur disposition. Ils doivent se contenter de la station de Valence pour émettre en espagnol, en français et en arabe.

Telle est la préhistoire de la guerre des ondes. Mais quelque importants qu'aient été ces épisodes, il ne s'agit que d'escarmouches par rapport au second conflit mondial.

Goebbels et Staline

Dans l'Allemagne hitlérienne d'abord, Joseph Goebbels, déjà plusieurs fois cité, est le grand théoricien, préoccupé de l'ensemble comme du détail – et porté facilement à l'autosatisfaction. Il affirme que, « grâce à la radio, le régime a éliminé tout esprit de révolte », et cite respectueusement la formule de Hitler dans *Mein Kampf* : « En période de guerre, les mots sont des armes. »

Il centralise toutes les décisions. A l'intérieur, d'abord, où il développe une politique astucieuse de postes de radio à bon marché. Voici quelques années, certaines radios périphériques ont essayé de répandre des postes à transistors qui ne pouvaient se brancher que sur une seule fréquence – la leur. Il y avait un précédent, de portée plus dramatique, avec Goebbels, quand il incitait les fabricants à lancer sur le marché des récepteurs populaires, *Volksempfänger,* ne garantissant une écoute confortable que pour les stations allemandes et bientôt surnommés dans le public « les museaux de Goebbels ». A la déclaration de guerre, on dénombre en Allemagne – maximum en Europe continentale – 9,5 millions de postes déclarés, contre 5 millions seulement en France.

C'est le moment aussi où Goebbels incite les bons militants nazis à pousser le niveau sonore de leur radio et à laisser leurs fenêtres ouvertes quand passent les émissions de propagande. Cette façon de répandre la bonne parole est une variante allemande des haut-parleurs japonais.

Vers l'extérieur, le centre de radio en ondes courtes qui est construit à Berlin est le plus perfectionné du monde, et le mieux organisé, pour l'heure. La planète est divisée en cinq zones, Extrême-Orient, Asie du Sud, Afrique anglaise, Amérique du Sud et Amérique du Nord. On émet, record absolu pour l'époque, en 53 langues : le grand muftí de Jérusalem vient y prêcher en arabe la guerre sainte contre les Juifs.

A mesure que les conquêtes nazies submergent l'Europe, Goebbels utilise les émetteurs des pays envahis. Il met sur pied des équipes spéciales, à qui il ne faut pas plus de vingt-quatre

heures pour faire redémarrer les émetteurs que les armées vain-
cues ont sabotés en se repliant. Celui d'Hilversum, très puissant,
fonctionne dès le lendemain de l'invasion des Pays-Bas. Prague,
Bruxelles, Varsovie, Oslo, Copenhague, plus tard Athènes et Belgrade, reprennent ainsi des programmes élaborés à Berlin. On a
même prévu des petits camions émetteurs mobiles, destinés à être
transportés sur le sol britannique, dès que l'invasion aura réussi.

Voilà pour le contenant. Quant au contenu, Goebbels considère qu'une propagande qui martèlerait trop lourdement ses
thèmes provoquerait des contre-effets. Il rejette donc l'idée d'un
matraquage – en dehors des grands discours de Hitler, qui sont
repris intégralement sur les ondes. Il cherche plutôt à imprégner
l'opinion publique en faisant appel au « politique du non-politique », en dehors des émissions d'information proprement dites.
Il est influencé par son collaborateur Fritzsche, chef de la division
de la presse du ministère de la Propagande, qui est un modéré,
capable de résister aux fanatiques (ce qui lui vaudra d'être
acquitté au tribunal de Nuremberg), et qui persuade Goebbels
qu'il convient de n'être pas systématique. Et, de fait, la férule est
plus souple, à l'intérieur, sur la radio, qu'elle ne l'est sur la presse
écrite, ou sur les actualités cinématographiques assurées par
d'excellents opérateurs.

L'Italie mussolinienne, de son côté, offre un tremplin à la propagande hitlérienne. Goebbels y envoie des conseillers techniques pour harmoniser les propagandes de l'Axe. Les puissants
émetteurs italiens fournissent à l'influence allemande un relais
utile vers l'Amérique du Nord, et surtout vers l'Amérique Latine,
où existent d'importantes colonies italiennes.

En face, l'URSS est beaucoup moins efficace. Certes, à la fin
des années trente, le régime de Staline avait commencé de réaliser des émissions assez violentes en direction de l'Allemagne. Il
s'était fait une spécialité, en particulier, de dénoncer, réalité ou
fantasmes, la vie dissolue des dirigeants du Reich. Naturellement, après le pacte germano-soviétique d'août 1939, cette propagande s'arrête net. Et il ne semble pas que pendant la période
qui sépare le pacte de l'invasion de l'URSS par les armées
nazies en juin 1941, on ait, à Moscou, beaucoup réfléchi au problème. Aussi bien, dès le déclenchement de l'offensive hitlé-

rienne, Staline est-il, ici comme ailleurs, sur la défensive. Une de ses premières décisions est d'imposer aux populations des régions menacées par l'envahisseur qu'elles remettent leur récepteur de radio au commissariat de police le plus proche – sous peine de mort ! Signe clair de frilosité, et même de défaitisme intime, puisqu'on se juge incapable d'utiliser la radio pour faire croire à la légitimité de son propre combat.

Plus tard, redressée, la propagande soviétique sur les ondes aura deux originalités. L'une est inspirée par les Japonais : au moment des attaques, on installe des haut-parleurs qui sont l'équivalent des tambours d'autrefois et diffusent puissamment en direction des lignes ennemies. Une seconde spécialité consiste à s'adresser aux proches des soldats allemands, notamment en donnant des listes de prisonniers, ce qui pousse les familles inquiètes à se mettre à l'écoute des émissions soviétiques en langue allemande.

Doctrines anglo-saxonnes

Après les dictatures, les démocraties. Et d'abord – à tout seigneur tout honneur – la BBC. Sa réaction a suivi la politique extérieure de la Grande-Bretagne en face du péril nazi dans les années trente : à la fois tardive et très vigoureuse. Jusqu'après Munich, jusqu'à l'invasion de la Tchécoslovaquie tout entière par les troupes nazies en mars 1939 – à la tradition démocratique de la BBC s'ajoute la politique dite de l'*appeasement*.

Éclairante est à cet égard l'histoire de l'homme qu'on a appelé « lord Haw-Haw ». Cet Américain né en Grande-Bretagne, de son vrai nom William Joyce, parle en anglais sur la radio allemande à partir de Hambourg, puis de Berlin, pendant toutes ces années 1937, 38, 39 ; avec un humour grinçant et efficace. Il est très écouté à Londres : il y a quelque chose de délicieusement snob dans certains milieux à écouter lord Haw-Haw, et à répercuter ses bons mots. Il développe habilement le thème de l'injustice sociale, de l'égoïsme des classes dirigeantes en

Grande-Bretagne (dans un pays qui est encore beaucoup plus inégalitaire que la France du temps). Il connaît très bien la vie politique britannique, et sur les débats fiscaux et financiers par exemple il s'en donne à cœur joie. Aux armées même, pendant toute la drôle de guerre, les combattants aiment à faire circuler les bonnes histoires de lord Haw-Haw. Et à son propos, le *Daily Mail* peut écrire en mars 1940 : « Sur le champ de bataille de la propagande, la Grande-Bretagne a subi une défaite décisive. Les radios allemandes influencent non seulement les populations civiles britanniques, mais même les forces armées. » Sur quoi survient l'attaque allemande du 10 mai 1940 et, d'un seul coup, tout change. Churchill est au pouvoir, et c'est le moment de son fameux discours aux Communes, où il ne promet aux Anglais que « du sang, de la sueur et des larmes »…, en attendant la victoire. Dès lors l'audience de lord Haw-Haw chute brusquement. C'est désormais, et enfin, une affaire de simple patriotisme.

Si la BBC a été capable de réagir très vite contre les mollesses antérieures, c'est parce qu'elle s'appuyait directement sur l'opinion publique. En très peu de temps, elle invente des émissions de propagande vers l'étranger. En 1939, elle ne parle que 6 langues seulement en ondes courtes, en face des 53 langues de sa rivale allemande. Le redressement est rapide pendant la drôle de guerre, et surtout ensuite. Dès le début de 1940, la BBC émet en 16 langues vers l'étranger, avec 51 bulletins d'information, tous différents, adaptés à la sensibilité des divers auditoires. S'ajoute une utilisation accélérée des ondes moyennes, à destination de l'Europe occupée : celles-ci portent facilement par-dessus la Manche.

Il faut dire que Churchill est très conscient de l'importance de la radio. Il comprend sans délai l'intérêt d'accueillir dans les micros de la BBC la voix des exilés des pays vaincus et il fait donner la parole, en particulier, aux souverains et aux Premiers ministres des gouvernements en exil repliés à Londres. De même qu'au général de Gaulle…

La radio joue un rôle capital pour soutenir le moral des pays envahis : la Finlande, la Norvège et le Danemark, et aussi la Hollande et la Belgique. Tout de suite la BBC choisit un principe, celui de la vérité, y compris dans les moments les plus difficiles, et ceux-ci, comme on sait, sont nombreux jusqu'au basculement de 1943. C'est ce courage-là, jusque dans les jours les plus sombres, qui assure à la BBC, dans toute l'Europe occupée et au-delà, une audience exceptionnelle, et finalement bénéfique. Cas heureux où, de façon éclatante, l'habileté rejoint la morale.

On ne s'étonnera pas que du côté des États-Unis l'effort ait été plus tardif encore. Il faut dire qu'avant la guerre il n'y existait aucune radio à vocation internationale. L'idée de propagande répugnait à Roosevelt, quelque habile qu'il fût lui-même dans l'usage du micro, avec ses « causeries au coin du feu ». Celles-ci étaient simplement de la bonne pédagogie démocratique, à ses yeux. Mais de la propagande vers l'étranger, pas question ! Il est vrai que la dispersion des postes privés et l'absence de toute emprise gouvernementale sur les ondes la rendaient de toute façon très difficile, faute d'outils.

Avec l'attaque-surprise des Japonais sur Pearl Harbor, le 7 décembre 1941, le tableau change d'un seul coup, y compris dans l'esprit de Roosevelt. L'Amérique réagit avec vigueur et promptitude. Le président crée une commission d'étude présidée par un homme en qui il a toute confiance, le colonel Donovan. En découle la création d'un Office de l'information de guerre dès le début de 1942, dirigé par le dramaturge Robert Sherwood. L'Office de l'information de guerre est l'ancêtre de ce que l'on connaît aujourd'hui sous le nom de Voice of America (la Voix de l'Amérique). L'idée forte est qu'il faut se mettre attentivement à l'écoute de ce que propage l'adversaire pour être mieux à même de répliquer. Plus que l'Allemagne, les États-Unis consacrent beaucoup de moyens à cela ; il s'agit de réagir plus promptement à telle nouvelle qui apparaît fausse ou biaisée et aussi de lutter contre les rumeurs ; on avait déjà constaté le rôle pernicieux de celles-ci lors de la Première Guerre mondiale, mais cette fois les Américains mettent tout leur sérieux, parfois un peu naïf, mais finalement assez efficace pour en déjouer l'effet délétère. C'est ainsi qu'ils créent des commissions composées de personnalités jouissant d'une autorité morale exceptionnelle, un pasteur, un président de tribunal, etc., chargées de rédiger des communiqués pour dénoncer les mensonges qui circulent.

Le premier message de l'Office est diffusé en allemand et date du 24 février 1942, avec cette phrase : « A partir de ce jour, nous vous parlerons quotidiennement, à la même heure, de l'Amérique en guerre. Que les nouvelles soient bonnes ou mauvaises, nous vous dirons toujours la vérité. » C'est la même ligne que celle des Britanniques. D'autre part, on organise attentivement la coopération avec la Grande-Bretagne, réplique de celle qui unit Berlin et Rome. Les accords de reprise par la BBC sur ondes moyennes, à la fin de la guerre, sont facilités par la communauté de langue.

Les États-Unis ne renoncent pas pour autant à émettre eux-mêmes vers l'Europe, mais ils n'y gagnent jamais une influence égale à celle des Britanniques ; ils y sont toujours moins écoutés. A partir du débarquement, plutôt que la Voice of America, les Européens anglophones préfèrent écouter la radio des troupes américaines, l'American Forces Network dont les émissions sont précédées par un indicatif fameux, joué par l'orchestre de Glenn Miller, *Moonlight Serenade*. Plus nettement on l'entendait, plus joyeusement on pouvait se réjouir de l'approche des troupes américaines.

L'effort essentiel des ondes américaines est dirigé vers le Pacifique et vers l'Amérique Latine, qui connaît un grand engouement pour la radio. Un émetteur géant est dressé à San Francisco, et Washington passe des accords avec la Chine de Tchang Kaï-chek, pour réémettre, contre la propagande des Japonais, des émissions en chinois.

Incertitudes françaises

Le cas de la France est intéressant, non seulement pour notre propre mémoire, mais aussi à cause du type d'affrontement qu'elle a connu dans le domaine des ondes, et qui pose bien la question du rôle de la radio : son efficacité réelle, et son efficacité mythique. Ce rôle n'est pas seulement d'information et même de propagande : la radio a provoqué, à l'époque, de par le monopole écrasant que lui conférait la situation, un effet de cristallisation des opinions dans les deux camps. D'ailleurs, nous savons que la mémoire collective lui attribue une grande importance. Dans le souvenir des générations parvenues à l'âge civique avant 1940, bien des souvenirs marquants sont auditifs.

On trouve là quelque chose de fort, qui s'explique par le décri qui entoure la presse écrite, servilement respectueuse du régime de Vichy au sud, complètement vassalisée au nord. Qu'il suffise d'évoquer, pour la zone occupée, une seule anecdote, minuscule, mais significative. Lorsque les Allemands prennent *Paris-Soir*, de Jean Prouvost et de Pierre Lazareff, ils en nomment le liftier directeur, ce qui provoque cette remarque de Lazareff : « Jamais dans l'histoire de la presse un garçon d'ascenseur n'a connu une ascension aussi rapide. » Au sud, à Lyon ou à Vichy, se sont repliés les grands journaux, *Le Temps*, les *Débats*, *Le Figaro*, *L'Action française*, *Le Matin*, beaucoup d'autres... Non sans perdre de leur influence puisqu'ils ne franchissent que très difficilement la ligne de démarcation ; d'autre part, faute de publicité et de lecteurs en nombre suffisant, ils sont dépendants des subventions que Vichy leur consent, et qui entravent leur liberté.

Cela, tout le monde le sait ou le devine, et par contraste la radio, dans sa diversité, acquiert un poids d'autant plus grand. A côté de la BBC, il ne faut pas ignorer l'importance de la radio suisse : son éditorialiste, René Payot, qui a toujours gardé la tête froide et de la distance par rapport aux événements, tout en nourrissant une sympathie assez perceptible (et croissante...) pour le camp des démocraties, a été fort écouté durant toute la guerre, notamment dans la partie orientale du pays.

Dès avant la débâcle, la période de la drôle de guerre illustre une certaine difficulté de la démocratie à jouer de cet instrument, surtout quand elle ne choisit pas – et qui le pourrait vraiment en temps de guerre ? – la carte de l'absolue vérité. Goebbels s'est rengorgé, après le *Blitzkrieg* et la défaite française de mai-juin 40, en affirmant que la radio avait joué un rôle essentiel, parlant même de « Sedan psychologique ». Idée reprise par plusieurs auteurs et, notamment, par le grand historien de la BBC, Asa Briggs. Lui-même rejoint l'analyse que faisait Goebbels sur le moment et il tient que les ondes ont beaucoup contribué à la défaite française. Autant que les chars et la stratégie ? C'est à voir de plus près.

En politique internationale, les Français attachaient depuis peu de l'importance à la radio. Probablement faut-il dater le tournant du 8 mars 1936, avec la remilitarisation de la rive gauche du Rhin par Hitler. Le président du Conseil Albert Sarraut commente ce jour-là l'événement sur les ondes. Il fait attendre ses auditeurs vingt minutes, ce qui fait mauvais effet, d'autant plus que tourne « en boucle » une comptine enfantine qui paraît assez mal adaptée à une atmosphère martiale : « Je suis un joli poupon / De bonne figure, / Qui aime bien les bonbons / Et les confitures... » Puis il parle, avec un coup de menton : « Nous ne laisserons pas Strasbourg sous le feu des canons allemands ! » On sait qu'ayant dit cela il se juge quitte, et que la France ne bouge pas...

Avec Daladier, qui accède au pouvoir au moment où s'érode le Front populaire, en avril 1938, c'est une autre affaire. Le personnage est très décrié, dans la mémoire collective, à cause de Munich, depuis la débâcle. Mais son image s'est améliorée dans l'historiographie, notamment depuis un colloque qui a été consacré, en 1975, à la période 1938-1939 par la Fondation nationale des sciences politiques. Il faut rappeler la popularité dont il jouissait à l'époque. Notamment parce qu'il « passait » bien à la radio ; il avait une voix chaude, avec l'efficacité d'un accent méridional ; il a été l'un des premiers, en France, à adapter son éloquence à l'instrument, à rejeter l'emphase des tribunes avec une sincérité sans apprêt, une conviction sans pompe.

A l'approche de la guerre, de décembre 1938 à juillet 1939, Daladier, qui a pris conscience de l'importance de la radio, procède à une refonte progressive de ses structures et à une centralisation des postes d'État, jusque-là assez largement autogérés. Il constitue en février 1939 un Centre de l'information générale, qui pilote le Radio Journal sous l'autorité directe de la présidence du Conseil. Puis, par un décret-loi du 29 juillet 1939, il crée une administration unique de la radiodiffusion nationale (c'est l'acte de naissance d'un système de centralisation étatique qui durera jusqu'à la loi de juillet 1982, aux sources des futures RDF, RTF et ORTF) et il nomme son premier directeur, un professeur de physique au Collège de France, Léon Brillouin. En même temps, il développe le grand émetteur en ondes longues de Radio Paris à Allouis dans le département du Cher, près de Bourges, et il en fait le centre le plus puissant d'Europe : deux fois 450 kW. D'autre part, en ondes moyennes, il fait moderniser les émetteurs de Bordeaux et de Limoges, et, en ondes courtes, il crée Paris Mondial, qui fonctionne à partir de septembre 1939.

Vers l'étranger, en fait, la France n'est pas mal armée. Georges Mandel, quand il était ministre des PTT, en 1934-1936, avait amorcé le mouvement en instaurant pour la première fois des émissions en langue allemande, confiées à deux personnalités intéressantes, Pierre Bertaux, normalien, agrégé d'allemand, et Pascal Copeau (fils de Jacques Copeau), qui ont mis en place des programmes de qualité, peu à peu complétés en italien, en espagnol, en polonais, en anglais, en arabe, en serbo-croate et en slovaque. Plus tard le même Mandel, devenu ministre des Colonies dans le gouvernement Daladier, crée ou renforce des émetteurs dans tous les pays d'Afrique noire.

Et pourtant, en dépit de cette volonté politique et de ces efforts techniques, les résultats sont inégaux.

D'abord, on divise trop les responsabilités. Un chef des programmes politiques, Émile Lohner, qui ne s'occupe que des émissions d'information, jouxte un « contrôleur général » des émissions culturelles. Pour ce poste il faut un intellectuel et Daladier le confie à Georges Duhamel, le romancier de la *Chronique des Pasquier*, qui est paradoxalement très méfiant à l'égard des techniques nouvelles de diffusion : il a dit un jour que le cinéma était « un divertissement d'ilotes ivres » et il n'aime pas beaucoup plus la radio. Il est pourtant jaloux de son autorité et, à la suite de quelques conflits, démissionne dès janvier 1940. Ajoutez le Commissariat général à l'information, situé à l'hôtel Continental et attribué à Jean Giraudoux qui n'a, lui, d'autorité politique que sur les émissions d'information destinées à l'étranger ; mais qui a en même temps, à titre personnel, accès aux ondes intérieures comme éditorialiste officiel de la France en guerre. Cette dispersion de l'autorité est d'autant plus néfaste qu'on impose aux radios privées, appauvries par la guerre, par la mobilisation de leurs cadres et par la chute de la publicité, de reprendre tel quel le Radio Journal.

Toute cette période de la drôle de guerre est parcourue par un grave débat. Certains trouvent que la radio est trop culturelle, trop « haut de gamme », trop « *high-brow* », comme disent les Anglo-Saxons. Même Émile Henriot, le critique littéraire du *Temps*, s'écrie un jour, en direction de Georges Duhamel : « Assez ! trop de Corneille, trop de musique religieuse ! » – parce qu'il a reçu, en provenance des armées, beaucoup de protestations des soldats qui, plutôt que de se voir imposer *Le Cid* ou *Cinna*, préféreraient entendre Maurice Chevalier (« Et tout ça, ça fait d'excellents Français !... ») ou bien Ray Ventura (« On ira pendre notre linge sur la ligne Siegfried »...). D'où un changement au printemps 1940, dans le sens du plus populaire. Mais aussitôt d'autres critiques, tel Léon Blum, trouvent qu'on a introduit « trop de gaudriole » et qu'on va « rabaisser la sensibilité française ».

Le plus préoccupant, c'est que cette propagande française manque de tonus. Et, à vrai dire, la personnalité de Giraudoux vient aggraver cette déficience. Anatole de Monzie, ministre munichois et homme d'esprit, l'appelle le « Marivaux de la TSF ». Sa préciosité, au micro, paraît alambiquée et il est desservi par une voix qui « passe » mal. Voici un exemple de son style, en date du 27 octobre 1939 : « En ce moment, deux armées adverses sont déjà au repos et dorment. Il est bientôt 9 heures. Tous dorment, mais pas dans le même sommeil. L'ange de la mort, qui vole au-dessus des armées étendues, ressent au-dessus de l'une plus d'aise, plus d'assurance, plus de sérénité. Il regrette de ne pas être l'ange de la vie pour favoriser cette armée de soldats, au-dessous de laquelle le sol est léger. Mais il est l'ange de la mort, et impartial, il s'apprête à choisir ses élus dans les deux camps. » La femme de Georges Bidault, Suzy Borel, raconte dans ses Souvenirs que sa mère qui écoutait ces propos sinistres et avait quatre enfants au front fondit en larmes... Citons encore ce lyrisme qui a dû en interloquer plus d'un, sur la ligne Maginot, le 25 novembre 1939 : « L'homme est à cette chasse qu'est la guerre. Il est parti pour faire sortir du foyer ce tiers, cet intrus qui y pénétrait depuis trois ans, qui y vivait, qui assistait aux repas, qui était là quand on habillait les enfants pour l'école, qui se mettait sans cesse entre le mari et la femme, la mère et le fils, et qui était Hitler. Il était parti pour chasser Hitler de la cuisine, du jardin, de la chambre et du cœur de la nuit. »

La portée du mythe Ferdonnet

En face, le mythe Ferdonnet, dont le beau livre de Jean-Louis Crémieux-Brilhac, qui a enrichi notre connaissance de cette période, fournit une analyse éclairante. L'Allemagne émet vers la France notamment à partir de Stuttgart. Le Deuxième Bureau y a identifié un collaborateur des émissions en français, journaliste de dixième ordre, qui a vivoté depuis quelques années en essayant de faire naître une agence de presse franco-allemande et qui a vaguement travaillé un moment à l'Action française : Paul Ferdonnet. Au début d'octobre 1939, dans le cours d'une campagne contre l'espionnage, son nom est livré en pâture à la presse par les pouvoirs publics, et il atteint d'un coup une grande notoriété. Le mythe fait de Ferdonnet un personnage très puissant, maître et inspirateur de la Cinquième Colonne. On l'imagine tirant, depuis l'ombre, toutes les ficelles de la sensibilité française. Après la guerre, on apprendra qu'il avait une voix trop peu « radiogénique » pour parler au micro, et qu'il n'était qu'un collaborateur parmi d'autres chargé de rédiger de petits échos fielleux. Mais, pour l'heure, Ferdonnet et son ombre gigantesque envahissent tout l'horizon. Et les rumeurs de courir. *Paris-Soir* raconte même que des habitants de Stuttgart, indignés par ses excès – fallait-il qu'ils fussent indignés ! –, l'ont rossé un soir dans une rue obscure. Pur fantasme, puisque en fait il travaille à Berlin. *Le Canard enchaîné* forge le mot « ferdonniser ».

Le plus remarquable, c'est qu'en cherchant à désigner Ferdonnet à l'indignation populaire comme un maître de l'influence souterraine on a aussi persuadé les Français, selon cet effet de boomerang que provoque souvent la propagande, et non sans inconvénient grave, de la toute-puissance de la Cinquième Colonne. Jean-Louis Crémieux-Brilhac observe, à partir des archives du contrôle postal, combien sincèrement les combattants au front ont été persuadés de l'importance de Ferdonnet. Beaucoup affirment ainsi qu'ils l'ont entendu souvent – alors qu'il n'a jamais parlé à la radio (ce qui n'empêche pas le gouvernement de faire brouiller les émissions de Stuttgart, avec succès, au moins pour la région parisienne et pour tout l'est de la France). Semblablement, en Angleterre, l'opinion a cru dur comme fer que « lord Haw-Haw » s'était adressé un jour aux dirigeants d'une usine explicitement désignée :« Il est inutile de passer une deuxième couche de peinture sur vos murs après celle d'hier, car nous allons vous bombarder demain. » Cela n'était que pure imagination.

En France, certains finissent par croire qu'il y a des espions allemands sous la table du Conseil des ministres. Dans ses Mémoires, publiés sous le titre *Passions*, Jean-Jacques Servan-Schreiber rapporte encore après un demi-siècle comme un fait avéré qu'Hélène de Portes, maîtresse en titre de Paul Reynaud, était un agent allemand – ce qui, malgré le rôle néfaste qu'elle a pu jouer dans le sens du défaitisme, est pure fantasmagorie. La rumeur court... Il faut savoir que Friedrich Sieburg, excellent écrivain, au courant des détails de la politique française, auteur d'un livre habile, *Dieu est-il français ?*, qui a eu du succès au début des années trente, a accepté de prendre du service à l'ambassade d'Allemagne en Belgique (ce pays n'est pas belligérant durant la drôle de guerre) et qu'il envoie régulièrement à Berlin des commentaires et interprétations de la presse française à laquelle il a accès librement, qui permettent à la radio nazie de donner l'impression qu'elle connaît le dessous des cartes. De telle sorte que Goebbels a pu déclarer dans les jours qui ont suivi l'armistice du 23 juin : « Les historiens futurs rendront hommage à la quatrième arme, la propagande », et aussi : « Nos émissions ont remporté un succès à cent pour cent. » On a compris que la propagande a moins compté au premier degré qu'en instillant l'idée fausse et terrifiante de son efficacité absolue.

Débâcle et servitude

Avec la débâcle du 10 mai au 23 juin 1940, tout change. Le tissu social est déchiré. La panique jette 7 millions de réfugiés sur les routes. 600 000 soldats font retraite. Les journaux ne peuvent plus être convenablement distribués. Par conséquent, c'est autour de la radio, en fin de matinée et en fin d'après-midi, que beaucoup de Français, désemparés, arrachés au décor ordinaire et confortable de leurs controverses politiques, tâchent de discerner la vérité des événements. Dans le même temps, Goebbels déchaîne sa propagande à partir des émetteurs dont il s'empare, les uns après les autres. Radio Paris ne diffuse de programmes en français, à partir d'Allouis, que jusqu'au 17 juin.

Soyons lucides. Les mensonges imaginés par Goebbels n'ont pas empêché le sursaut, souvent héroïque, des armées françaises entre le 5 et le 10 juin. Ce n'est pas Goebbels qui a provoqué la panique qui s'est créée à partir de la rupture de la ligne Weygand, mais plutôt cette rupture elle-même. Mais il est vrai pourtant que la radio scande l'histoire. Le 14 juin au soir, après l'occupation de Paris, Paul Reynaud lance son dernier appel qui, cette fois, sonne faux. On l'avait cru lorsqu'il avait dit, au moment de Narvik, « la route du fer est coupée ». On ne le croit plus ce jour-là quand il affirme que la victoire est encore possible. Autre moment majeur, dans sa tonalité sinistre : au lendemain de la chute de Reynaud, le 17 juin, le maréchal Pétain, qui vient d'être désigné comme président du Conseil par le président de la République, Albert Lebrun, lance par deux fois, à 11 h 30 et à 13 h 30, le message fameux où il dit : « C'est le cœur serré que je vous dis qu'il faut cesser le combat. » « Cesser le combat ». L'expression est d'autant plus dangereuse que l'armistice n'est pas encore signé. L'armée française en a le jarret coupé dans plusieurs régions où l'on se bat encore vaillamment. Pétain peut bien faire corriger son texte pour la publication dans les journaux, le lendemain : « Il faut "tenter" de cesser le combat » ; le mal est fait.

Le 22 juin, c'est sur les ondes de la radio allemande que la France apprend l'armistice et son contenu. Le texte prévoit, dans une des clauses annexes, que, à partir du 25 juin, aucune antenne française n'émettra plus. Si bien qu'il se crée un « silence radio » complet jusqu'au 5 juillet, et ce mutisme effrayant symbolise le drame que vivait le pays. Lorsque les émissions reprendront, le paysage, à l'intérieur, aura changé du tout au tout. Mais entre-temps est intervenu l'appel historique du général de Gaulle à la BBC, le 18 juin.

La troisième période est celle de la guerre radiophonique franco-française. Allouis est en zone occupée, la ligne de démarcation passant au sud du Cher. La Propaganda Abteilung, créée le 18 juillet 1940, a donc barre sur Radio Paris, dont le fond musical est fourni par le grand Orchestre symphonique (héritier de l'Orchestre de la radiodiffusion française, créé par Jean Mistler, ministre des PTT en 1934) et par l'ensemble de musique légère de Raymond Legrand. On y développe *ad nauseam* la thématique de la démocratie pourrie par les Juifs, les francs-maçons et « l'internationalisme ploutocratique ». On y fait un accueil empressé aux ultras de la collaboration, les Déat, les Doriot, qui fustigent la mollesse de Vichy dans le développement de l'amitié franco-allemande. On y chante sur l'air d'« Auprès de ma blonde » :

> Au jardin d'Angleterre
> Les bobards ont fleuri,
> Tous les menteurs du monde
> Parlent à la BBC.
> Au gré de ces ondes,
> Qu'il fait bon, fait bon,
> Au gré de ces ondes
> Qu'il fait bon mentir...

A Vichy, Pétain attache un grand prix à l'usage de la radio. Maurice Martin du Gard, journaliste des *Nouvelles littéraires*, bon chroniqueur de la capitale thermale, note : « Il n'y a qu'une chose qui l'intéresse, ce sont ses messages. » Et, de fait, ceux-ci rythment l'histoire de Vichy, avec les formules célèbres : « La terre, elle, ne ment pas », ou encore : « Je hais les mensonges qui vous ont fait tant de mal. » On se rappelle aussi le discours du « vent mauvais » qui soufflerait sur la France.

En dehors de ces messages qui ont été très écoutés – le dernier que Pétain ait enregistré, en 1944, n'a jamais été diffusé –, le régime s'efforce, non sans tâtonnements, d'organiser l'influence des ondes. En février 1941, Paul Marion, chargé de l'Information dans le nouveau gouvernement Darlan, installe son emprise. En direction des colonies, pour les défendre contre l'influence gaulliste, on reprend les émissions de la « Voix de la France » sous l'autorité d'André Demaison, l'écrivain qui était mieux inspiré quand il écrivait son *best-seller : Ces bêtes qu'on appelle sauvages*. Quant aux émissions générales, hors politique, elles sont toujours confiées à Jean Nohain, dit Jaboune, pour célébrer la famille, le travail et l'effort.

Les ondes de la liberté

En face, Londres. Le 18 juin donne le magnifique coup d'envoi. Dans la pression du moment, on n'a pas pris la peine d'enregistrer sur disque mou, comme on faisait d'habitude, l'appel du général de Gaulle, et nous ne l'entendrons plus jamais. Dès le 19 juin, il s'affirme au micro non pas seulement comme le chef d'une légion française au service du combat guerrier des Alliés, mais comme l'incarnation politique de la France future. C'est déjà Sertorius : « Rome n'est plus dans Rome, elle est toute où je suis. »

Jusqu'alors la BBC ne diffusait que 6 bulletins en français, sur ondes moyennes, d'un quart d'heure et de faible audience. En trois semaines, elle met sur pied un système puissant, sous l'impulsion d'une jeune Anglaise énergique, dont le nom mérite d'être honoré : Cecilia Reeves. Dès le 1er juillet, on passe à une demi-heure en sus du bulletin d'information *stricto sensu*. Et, à partir de septembre 1940, la structure des émissions est en place, qui restera inchangée pendant tout le conflit. Une demi-heure est réservée à l'émission « Les Français parlent aux Français », confiée à Jacques Duchêne, pseudonyme de Michel Saint-Denis, avec Jean Oberlé, André Gillois, André Labarthe.

Pierre Bourdan est une autre grande voix. Et, chaque jour, cinq minutes sont attribuées librement à de Gaulle et aux siens, précédées par l'indicatif célèbre : « Honneur et Patrie ».

Très vite, l'effet de ces émissions est patent. D'abord, parce qu'elles sont animées par une résolution claire, par une idée nette du combat. L'inspiration en est magnifiée par Churchill lui-même, lorsqu'il vient à ce micro prononcer son fameux discours dans notre langue, « Français, c'est moi, Churchill, qui vous parle... » – qui se termine par ces phrases qui, chez les auditeurs français, mouillèrent beaucoup de regards : « Allons, bonne nuit, dormez bien, rassemblez vos forces pour l'aube, car l'aube viendra. Elle se lèvera brillante pour les braves, douce pour les fidèles qui auront souffert, glorieuse pour les tombeaux des héros. Vive la France ! »

Une deuxième raison du succès tient au parti confirmé de la vérité dans les nouvelles, y compris pour les mauvaises. Avec, de plus en plus riches, les informations précises apportées par les lettres de France qui échappent à la censure et par tous ceux qui ont réussi à gagner l'Angleterre pour se battre.

Et puis, il y a le talent. Le journaliste Maurice Schumann est chargé, à partir du 17 juillet, d'une émission quotidienne de cinq minutes. Il prononcera plus de mille allocutions jusqu'à la libération du territoire, avec un lyrisme dont la trace subsiste forte dans la mémoire des contemporains. A côté, l'émission « Les Français parlent aux Français » invente un ton moins guindé que la radio d'avant-guerre, avec des slogans, dont le plus célèbre, imaginé par Oberlé, est : « Radio Paris ment, Radio Paris ment, Radio Paris est allemand » : ritournelle qui fut chantée des quantités de fois.

Un des signes de l'impact de cette radio est, en septembre 1941, l'ordre donné par les Allemands aux Juifs d'apporter leurs récepteurs au commissariat le plus proche. Dans le Journal de guerre de Charles Rist, bourgeois protestant et d'esprit résistant, *Une saison gâtée*, on trouve cet épisode significatif : en mai 1942, sa femme, dans le train de Versailles à Paris, entend deux ouvriers qui se plaignent de mal capter la radio anglaise. « Le plus vieux dit à l'autre : "Je suis bien ennuyé, on brouille tellement la radio de Londres que la patronne s'agace et ne veut plus me laisser

écouter. Alors je m'énerve, je fume, et je n'ai plus de nouvelles."
Germaine le regarde et lui dit à mi-voix : "Écoutez donc sur
1 500 mètres ; le pylône de Bourges servant au brouillage a sauté ;
on entend de nouveau." La figure de son interlocuteur s'illumine :
"Ah bien alors, merci madame, je vais en avoir une bonne
soirée !" »

Le plus important est peut-être que la radio anglaise a contribué à donner une unité et une dynamique à la France libre elle-
même. Au fond, le mouvement gaulliste n'a pris sa pleine
réalité, aux yeux des Français, que par la radio qui l'exprimait.
Frappant est le fait que de Gaulle ait été surnommé le « général
micro ». Sur une affiche allemande, on le voit entouré par des
visages de Juifs dépeints selon l'archétype physique que la propagande allemande cherchait à imposer, et le visage du général
lui-même y est remplacé par un gros micro noir. La radio a permis à la France libre de s'inventer, si l'on peut dire, à mesure
des événements.

Peu à peu, enfin, elle est devenue une arme directe pour l'action, qui a contribué à la Résistance, tout en lui donnant pleinement le sentiment de son utilité, en unifiant aux yeux de tous le
résultat d'efforts dispersés par la clandestinité. L'opération
– c'est la première – qui consiste à demander de faire le vide dans
la rue, le 1er janvier 1941, de 15 h à 16 h, connaît un certain succès, notamment dans l'Ouest. Il y eut ensuite, à partir de mars-
avril 1941, la fameuse campagne des « V » – une idée des Belges
– que la radio appelait les patriotes à inscrire sur les murs. A partir de 1942, c'est le temps des plus grandes batailles, avec l'effort
pour détourner les jeunes Français d'accepter le Service du travail obligatoire en Allemagne, la Relève que prônait la propagande de Vichy : ressort essentiel dans le développement des
maquis.

En novembre 1942 survient le débarquement américain en
Afrique du Nord, qui ouvre une période de flottement. L'allocution que de Gaulle veut prononcer le 21 novembre est interdite par la BBC. D'où un retrait sur l'Aventin du Général, qui
s'indigne que les États-Unis songent à mettre Darlan au pouvoir,
puis Giraud, aux dépens de sa propre autorité. La France libre,
muette à la BBC, s'appuie sur d'autres émetteurs, surtout Radio

Brazzaville, que de Gaulle avait lancée dès octobre 1940, au moment où l'Afrique équatoriale française avait rallié la France libre. Un émetteur de grande puissance sur ondes courtes (50 kWh) y est inauguré en juin 1943, qui permettra, au moment où de Gaulle est en passe de l'emporter sur Giraud, d'assurer la propagande de la France libre. A Alger, Radio Alger devenue Radio France reflète toutes les incertitudes de l'époque. Après l'affermissement du pouvoir de De Gaulle, celui-ci se réconcilie avec la BBC, et Maurice Schumann parle à nouveau de Londres. En mai 1944, avec générosité, les Britanniques acceptent une sorte de condominium franco-britannique sur les émissions en français à la BBC, accord négocié par Pierre Viénot, l'ambassadeur de De Gaulle à Londres, et annoncé au micro par André Gillois.

Dès lors, la radio est au centre de la bataille. On sait l'importance des messages cryptés pour les parachutages. Le plus célèbre est celui des vers de Verlaine – « Les sanglots longs / des violons / de l'automne / bercent* mon cœur / d'une langueur monotone » – qui annoncent le débarquement du 6 juin 1944. C'est le moment où culmine, de micro à micro, le duel opposant Maurice Schumann à Philippe Henriot, secrétaire d'État à l'Information de Vichy qui, à partir de 1943, parle deux fois par jour, à 12 h 40 et à 19 h 40, avec une éloquence que les archives sonores restituent intacte. Philippe Henriot a une efficacité très supérieure à celle de Jean-Hérold Paquis, qui lui succédera, en brodant sur le thème obsessionnel : « L'Angleterre, comme Carthage, devra être détruite ! » Si bien que la Résistance décide d'exécuter Philippe Henriot, abattu par un commando dans son appartement, à Paris, le 28 juin 1944 au matin.

La radio n'a pas fait la victoire, mais elle a joué un rôle important, du côté de la liberté, au service d'une certaine cohésion des combattants. A partir d'une constante conviction, celle qu'exprimait Albert Camus quand il écrivait, en 1943 : « A énergie égale, la vérité l'emporte sur le mensonge. »

---

* Au lieu de « blessent » dans le poème : modification rarement remarquée.

CHAPITRE IX

LA PRESSE ÉCRITE DEPUIS 1945 : DÉCLIN OU MUTATION ?

Une réflexion sur le déclin de la presse écrite et notamment des journaux quotidiens, depuis la Seconde Guerre mondiale, peut s'organiser autour du cas de la France qui a connu une désaffection des lecteurs particulièrement forte. Il faut jeter sur ce problème la lumière d'une comparaison internationale pour discerner ce qui ressortit à des évolutions structurelles du marché de l'information, notamment avec l'arrivée de la télévision, et ce qui paraît tenir à une spécificité nationale.

La France en mauvaise posture : un regard comparatif

La mesure du phénomène ? Dans la durée du siècle, le déclin statistique des quotidiens nationaux d'information générale (si on laisse de côté les journaux spécialisés, sportifs, hippiques ou boursiers) est impressionnant, qu'il concerne les titres offerts ou les exemplaires diffusés.

A la veille de la Première Guerre mondiale, nous l'avons vu, les kiosques parisiens proposaient environ 70 quotidiens différents. En 1944-1945, après la frustration de l'Occupation, on constate une remontée : 19 titres en 1944, 26 en 1945. Mais, très vite, beaucoup disparaissent. Dès 1953, on tombe à 12, chiffre encore diminué ensuite, puisqu'on tourne aujourd'hui autour d'une dizaine de titres seulement. *L'Humanité, Libé-*

ration, Le Monde, La Croix-L'Événement, France-Soir, Le Figaro, Présent, La Tribune Desfossés, Les Échos, InfoMatin...

Pour la diffusion, le mouvement est le même. On se souvient des chiffres de l'âge d'or – grimpant de 1 million d'exemplaires pour les quotidiens nationaux après la guerre de 1870, jusqu'à 5,5 millions en 1914, et à 6,5 millions (record jamais égalé depuis) à la veille de la Seconde Guerre mondiale. 6 millions encore en 1945-1946, et puis le déclin commence. 1959 : 4,3 millions ; 1969 : 4,5 millions. Ensuite, la pente est constamment descendante puisqu'on tombe à 3,1 millions en 1975 ; 2,9 millions en 1980 ; 2,8 millions en 1985 ; 2,5 millions en 1991. De son côté la « PQR », c'est-à-dire la presse quotidienne régionale, a souffert également d'une forte diminution. 175 titres en 1946 ; 85 encore en 1968 ; en 1975, 71 ; en 1986, 69. Toutefois, l'érosion des tirages est moins marquée que celle de la presse nationale ; un peu plus de 9 millions d'exemplaires diffusés chaque jour en 1946 ; 8 millions en 1968 ; 7,4 millions en 1975 ; 7,2 millions depuis une dizaine d'années. On note une stabilisation récente de ces ventes, mais, pour être pertinent, on doit observer qu'elle intervient en une période où la démographie est en hausse, le nombre de Français passant de 40 à 55 millions pendant la période considérée ; vendre le même nombre de journaux, c'est donc, proportionnellement, régresser ; la courbe de la démographie et celle de la vente des quotidiens nationaux et régionaux additionnés s'écartent progressivement.

Il faut ajouter que la majorité de la presse, pendant cette période, perd de l'argent, au contraire de l'âge d'or, quand la prospérité d'un journal populaire assurait des revenus importants. Même *Le Monde* a connu des moments difficiles au début des années quatre-vingt et il est de nouveau entré dans une période de turbulences financières vers 1990.

Il n'existe plus maintenant que très peu de journaux français de « qualité internationale », c'est-à-dire dont la lecture renseigne de façon complète sur ce qui se passe, non seulement à proximité, mais tout autour de la planète. Même le succès de *Libération*, un des rares journaux qui aient réussi à percer et à durer dans le dernier quart de siècle, porté par la sensibilité de la génération « soixante-huitarde », reste modeste si on le compare à l'essor de *La Repubblica* en Italie, par exemple, ou d'*El País*, en Espagne, né de la fin du franquisme.

Les quotidiens régionaux de leur côté sont, dans l'ensemble, moins riches qu'avant la guerre de 1940. Beaucoup moins nombreux sont les titres qui ambitionnent de couvrir sérieusement l'actualité internationale (tels *Ouest-France*, premier tirage de France, journal remarquable, *Les Dernières Nouvelles d'Alsace, Sud-Ouest, L'Est républicain*, quelques autres) ; mais un bon nombre se contentent pratiquement, en dehors de leur région, d'un ou deux éditoriaux, en fonctionnant à partir du seul fil de l'AFP.

Or c'est un fait que ce déclin, que d'autres pays ont connu, reste plus marqué en France qu'ailleurs. La pénétration en nombre total d'exemplaires pour mille habitants était environ de moitié moins élevée, vers 1992 – toujours pour les quotidiens –, en France qu'en Allemagne, en Belgique, en Autriche, aux Pays-Bas, en Australie, en Grande-Bretagne, aux États-Unis, trois fois moins élevée qu'en Suisse, en Suède, en Finlande, quatre fois moins élevée qu'au Japon et en Norvège. Seules parmi les pays de développement similaire l'Espagne et l'Italie ont une situation un peu moins bonne que la France, et encore la différence entre eux et nous diminue-t-elle peu à peu.

Un tour d'horizon permet de préciser cela.

Du côté de la Belgique, l'évolution est assez semblable à celle de la France (alors que la vitalité de la presse pour enfants y a été longtemps remarquable, fondée sur le brio des deux écoles de bandes dessinées de Bruxelles et de Charleroi).

En Grande-Bretagne, la presse nationale a toujours été très centralisée – en contraste avec le cas allemand. Ce pays étant travaillé plus que le nôtre par des forces centrifuges, c'est l'une des façons de marquer l'unité nationale. Les tirages avaient été multipliés par trois entre 1900 et 1939, et l'expansion a continué de façon ralentie, après la guerre, jusqu'en 1957 ; c'est vers cette année-là qu'on aperçoit clairement une rupture et le début de la régression : baisse de 21 % de l'ensemble des quotidiens de 1957 à 1989 et de 32 % pour les journaux du dimanche (dont on sait l'influence au Royaume-Uni). Néanmoins, cette baisse est en pourcentage nettement moindre qu'en France, et les tirages nationaux demeurent encore très supérieurs : en 1992, il se vendait chaque jour 14,7 millions d'exemplaires de quotidiens nationaux ; 6,5 millions de quotidiens régionaux ; soit 21,2 millions en tout. Il existe plus de quotidiens de « vraie » information générale que chez nous, surtout si on ajoute au *Daily Telegraph*, au *Times*, au *Guardian*, à l'*Independent*, les excellents journaux à dominante financière, mais en fait à vocation générale, tel le *Financial Times*, ou un quotidien écossais comme le *Scotsman* d'Édimbourg, qui est renommé. La palette est plus large qu'en France.

Aux États-Unis, le tirage global des quotidiens reste stable, à peu de chose près (60 millions d'exemplaires en 1993 pour 250 millions d'habitants), tout comme le nombre des titres. En 1992, on en comptait 1 570 et presque autant en 1993 : 1 556, soit au moins quatre fois plus qu'en France, en proportion de la population. Il est vrai que le tirage n'a pas suivi la croissance démographique, ce qui traduit un déclin relatif. Le nombre d'exemplaires de quotidiens vendus est passé de 339 à 233 pour mille habitants entre 1955 et 1992. Le nombre de lecteurs journaliers est tombé de 80 % à 67 % entre 1960 et 1984.

L'Italie est intéressante ; la presse quotidienne y a toujours été assez faible ; elle connaît un certain déclin en nombre de titres et en tirages jusqu'au début des années quatre-vingt, moment où la pénétration n'est que de 93 pour mille habitants. Mais un redressement très net est intervenu depuis 1981, avec un chiffre de 113 pour mille en 1992, vitalité symbolisée par le succès de *La Repubblica* de Scalfari. Plusieurs autres quotidiens de qualité sont bien portants, le *Corriere della Sera*, *La Stampa* et le *Giornale*, et on peut ajouter le *Tempo* à Rome, plus régional, mais néanmoins de qualité internationale, le *Mezzogiorno* à Naples, et *La Nazione* à Florence. Il est frappant de voir que *L'Unità*, organe de l'ex-Parti communiste, jouit d'une vraie influence, d'une assise commerciale, d'une autorité, à rendre jalouse *L'Humanité*, qui est en train de devenir doucement l'organe d'une formation rapetissée et nostalgique.

En Allemagne, la presse quotidienne a progressé jusqu'en 1968, puis elle s'est stabilisée à un niveau élevé. Les tirages globaux (RFA + RDA) étaient de 16 millions en 1945 ; de 23 millions en 1968 ; de 27 millions en 1980, de 25,5 millions en

1993. Avec une division très marquée, comme en Grande-Bretagne, entre ce qu'on appelle la *Boulevard Presse,* celle dite en anglais *Gutter Press* (presse de caniveau), avec 7 titres et 30 % du marché, et la presse « honorable », distribuée surtout par portage.

L'Espagne, depuis la disparition de Franco, a développé d'excellents journaux comme *ABC*, conservateur, à Madrid, la *Vanguardia* à Barcelone, plus les deux nouveaux *Diario 16* et *El País*.

Le petit Danemark dispose de 4 quotidiens nationaux à lui seul, avec des éditions doubles ou triples le dimanche.

Enfin, à tout seigneur tout honneur, célébrons le Japon, qui est à l'autre extrémité du spectre par rapport à la France et qui a connu pendant toute cette période, si chagrine pour nous, un essor sans pareil de la presse quotidienne, les tirages ayant bondi de 27 millions d'exemplaires en 1950 à 68,6 millions d'exemplaires en 1986, et à 71 millions en 1993. Avec une domination écrasante des trois principaux quotidiens de Tokyo, qui se partagent près de 60 % de l'ensemble : le *Mainichi Shimbun*, le *Yomiuri Shimbun* et l'*Asahi Shimbun*. Le *Yomiuri*, record absolu de la presse mondiale, vendait en 1993 plus de 14 millions d'exemplaires entre les éditions du soir (1/3) et celles du matin (2/3) ; l'*Asahi :* 12,6 millions ; le *Mainichi :* 6 millions. En divisant ces chiffres par deux, en proportion de la population, on voit que la comparaison est accablante pour la France.

Or cette situation est d'abord surprenante, si l'on songe à l'importance qu'a prise, depuis toujours, la presse dans notre pays ; et aussi que son essor est en général parallèle à celui de l'économie et des pratiques démocratiques. Le fait est patent pour l'Allemagne, comme, plus récemment, pour l'Espagne. En France, rien de tel...

La prospérité des magazines

Pour être équitable, il faut commencer par rappeler l'exceptionnelle vitalité des magazines qui, nous l'avons vu, remonte chez nous à l'entre-deux-guerres et qui place la France aujourd'hui, en Europe et dans le monde occidental, au premier rang *ex aequo* avec la Finlande. Au milieu des années 1980, on y vendait par semaine 1 354 magazines pour mille habitants (la plupart hebdomadaires) : le double de la Grande-Bretagne, de l'Italie ou de la Suisse, 25 % de plus qu'en RFA et aux Pays-Bas, et 18 % de mieux qu'au Canada et aux États-Unis. On connaît pourtant l'importance, la solidité, l'influence des *news magazines* en Amérique du Nord ; plus de 4 millions d'exemplaires de *Time* sont actuellement vendus chaque semaine (y compris les éditions internationales) et plus de 3 millions d'exemplaires de *Newsweek*. Il existe 900 titres de magazines en France (non compris les « gratuits » et la presse technique et professionnelle), chiffre élevé témoignant d'une vitalité qui contraste avec les difficultés des quotidiens politiques. Cette presse a su s'adapter à l'évolution de la demande et tirer parti du déclin des quotidiens : l'association de l'audiovisuel et des hebdomadaires s'étant, pour beaucoup de citoyens, substituée à la lecture de la presse quotidienne.

Jusque vers 1960, les hebdomadaires sont encore assez proches, dans l'esprit et dans la forme, de ceux qui avaient compté avant la guerre. C'est le cas des feuilles vichystes qui subsistent à l'extrême droite, comme *Rivarol* ou *Aspects de la France,* et de la presse de gauche, qui a renversé à son profit le déséquilibre dont elle souffrait jadis au profit de l'autre camp. Dans les années cinquante, la presse hebdomadaire de gauche domine en influence et en tirage, avec *L'Observateur*, devenu ensuite *France-Observateur*, fondé en avril 1950 par une équipe qu'emmenaient Claude Bourdet, Gilles Martinet et Roger Stéphane ; avec aussi *L'Express*, une grande aventure. Créé en 1953 par un jeune polytechnicien, Jean-Jacques Servan-Schreiber, issu d'une famille de journalistes qui possède *Les Échos*, *L'Express* naît sous le même format comme hebdomadaire issu de ce quotidien avant de prendre bientôt son autonomie et de s'affirmer comme un acteur important du jeu politique dès 1954, en contribuant à préparer l'arrivée de Pierre Mendès France au pouvoir et en le soutenant durablement. Le premier *Express* a compté dans la sensibilité et la formation de toute une génération de gauche. Le talent de Jean-Jacques Servan-Schreiber y est renforcé par ceux, hors de pair, de Françoise Giroud et de Pierre Viansson-Ponté. Le don principal de « J.-J. S.-S. » est de séduire et de recruter les plumes les plus prestigieuses du moment, de Sartre à Malraux. François Mauriac quitte *Le Figaro* pour venir y tenir un « Bloc-notes » étincelant de jeunesse et de courage.

Ces hebdomadaires, dans leur première époque, sont liés indissolublement aux combats de la décolonisation. L'autre raison de leur succès est leur capacité d'adaptation aux temps nouveaux qui ont suivi la guerre d'Algérie, l'essor économique, le développement du marché des cadres. C'est le moment (1963) où Jean-Jacques Servan-Schreiber envoie son frère Jean-Louis aux États-Unis, pour étudier comment sont fabriqués les hebdomadaires du type *Newsweek* et *Time*. Il revient avec une maquette très proche de ces modèles et suscite la mutation de *L'Express*, qui prend en 1964 l'apparence qu'on lui connaît encore aujourd'hui. En dépit des remous provoqués, dans la rédaction, chez ceux qui craignent de voir trahi l'idéal initial, et de changer de public (et qui parfois s'en vont), le succès s'affirme et *L'Express* gagne de l'argent...

C'est le moment aussi où *France-Observateur* devient *Le Nouvel Observateur*, avec une équipe venue de *L'Express* (autour de Jean Daniel et d'Hector de Galard) et qui adopte également – tout en restant plus ancré à gauche – une maquette proche des *news*. D'ailleurs le marché n'est pas saturé pour autant, ainsi que le prouve le lancement du *Point*, au début des années soixante-dix, animé lui aussi par des transfuges de *L'Express* : comme une ruche nouvelle fondée par le départ d'un essaim, en rupture avec la personnalité de Jean-Jacques Servan-Schreiber. Il faut dire que celui-ci, qui a l'ambition d'une carrière politique, met son journal au service de ses desseins, non sans contre-effets.

Durant cette même décennie soixante, *Le Canard enchaîné*, « institution » typiquement française, trouve une nouvelle jeunesse. Il a vécu des heures difficiles sous la IVᵉ République, mais, durant la décennie gaullienne, il est porté par une équipe enrichie (on se rappelle le succès de « La Cour », habile pastiche de Saint-Simon, dû au talent d'André Ribaud). D'où une prospérité retrouvée, avec, maintenu, ce mélange inimitable de goguenardise et d'investigation, fidèle aux traditions de l'anti-militarisme et de l'anticléricalisme. C'est aussi le temps où, à l'extrême droite, *Minute*, qui joue sur d'autres registres, connaît une prospérité depuis lors disparue.

Ces hebdomadaires contribuent à créer un public et « tirent » l'essor de nombreuses publications spécialisées, du bricolage au sport, de la décoration au tricot, tandis que les périodiques donnant les programmes de télévision progressent en parallèle avec le parc des récepteurs. Seuls souffrent les organes littéraires, avec la disparition d'*Arts* puis du *Figaro littéraire*, alors que dans les pays anglo-saxons ils continuent de compter : tels le *Times Literary Supplement* (*TLS*), en Grande-Bretagne, par exemple, ou aux États-Unis la *New York Review of Books*.

Quand on considère cette prospérité des magazines, on est tenté de l'analyser comme un simple transfert, selon un phénomène de vases communicants, du public qu'ailleurs se sont gardé les quotidiens, surtout si l'on prend en compte l'importance des supplé-ments du dimanche dans les pays à dominante protestante. Soit ! Mais rien ne remplace tout à fait une lecture journalière assidue. Un épisode est éclairant, celui de *L'Express* quotidien et de son échec. A la veille des élections du 2 janvier 1956, Jean-Jacques Servan-Schreiber et les siens tentent l'aventure : elle ne dure que quelques semaines. Très vite, le journal a perdu beaucoup d'argent et revient à la formule hebdomadaire, témoignant par là qu'il n'y avait pas substitution possible, même dans le cas d'un public qui paraissait aussi impliqué dans sa fidélité à *L'Express*.

Donc, aux difficultés rencontrées en France par les quotidiens nationaux, il faut chercher des causes plus profondes. On peut en distinguer trois principales.

Ce qui paraît le plus immédiat et qui exige des analyses nuan-cées, c'est le problème de la concurrence des autres médias et des habitudes de loisirs, des pratiques culturelles ; ensuite se pose la question des dimensions économiques et financières optimales ; et on ne peut échapper enfin à une interrogation sur la qualité de l'offre, ou encore, en termes moins subjectifs, de l'adéquation de l'offre du quotidien à l'attente du lecteur potentiel.

La concurrence de l'audiovisuel

Revenons d'abord à la concurrence des autres médias. Même si le temps de travail est en diminution, le temps des loisirs n'est pas, pour les Français, extensible sans limites. Et le développement, après la radio, de la télévision, accentué plus tard par l'invention du magnétoscope, qui libère le spectateur de l'asservissement aux horaires imposés, crée une pression lourde de la concurrence. Certes. Mais la presse écrite d'autres pays, qui ont pourtant été plus prompts à installer la télévision dans leurs habitudes, a mieux résisté à ce défi. En France, en 1963, on ne dénombrait encore que 3,5 millions de téléviseurs, contre 7,5 millions en République fédérale, 12,5 millions en Grande-Bretagne. En proportion, le Japon était au même niveau. Or c'est précisément le moment où, en France, s'affirme la stagnation des tirages des quotidiens, qui précède une forte diminution, dans les années 1970. Il est trop simple d'analyser la concurrence en termes de simple soustraction de données supposées fixes. On a souvent observé que – jusqu'à un certain point – plus le public reçoit d'informations, plus il a envie d'en avoir. Dans les années 1982 à 1986, les radios locales de service public qu'installait Radio France étaient accueillies avec inquiétude, par crainte de la concurrence, dans les départements où on les implantait, par les journaux du cru. Mais ensuite, spécialement dans les régions qui étaient défavorisées en moyens d'information (ce fut patent par exemple en Creuse ou dans le Périgord), l'expérience montra que les ventes de la presse écrite augmentèrent : ce qui détendit beaucoup les relations entre les journalistes des deux familles…

Il n'est pas moins frappant que les magazines d'informations générales, où domine la photographie, aient mieux survécu en France qu'aux États-Unis. *Paris-Match,* qui avait marqué la sensibilité française dans les années cinquante, et qui paraissait condamné après la mort de Jean Prouvost, à la fin des années soixante, est redevenu un magazine prospère après sa reprise par Daniel Filipacchi. Ainsi le goût de la télévision n'a-t-il pas sup-

201

primé en France celui des magazines « illustrés » ; alors qu'en Amérique, à la même époque, la plupart sont passés de vie à trépas. On pense au mot de Forain, en réplique à son médecin qui, sur son lit de mort, lui disait qu'il allait mieux : « En somme, docteur, je meurs guéri ! » Les magazines américains sont morts guéris ; ils maintenaient un gros tirage tels *Collier's*, disparu en 1956, *Look*, qui s'éteint en 1972, *Life* ou *The Saturday Evening Post*, disparus dans la même période : tous parce que la publicité déclinait, aspirée par le petit écran, mais non pas parce qu'aurait diminué le lectorat potentiel qui existait avant l'apparition de la télévision.

Il n'empêche que la presse quotidienne française a montré, devant la concurrence de l'audiovisuel, beaucoup de frilosité. Elle a eu souvent la tentation de se replier sur soi, comme dans l'entre-deux-guerres (on se rappelle les combats qu'elle avait menés contre le développement des revues de presse à la radio, ou des bulletins d'information le matin). Ce malthusianisme est un premier signe. Un autre, le faible nombre de groupes multimédias. Certes, au moment de l'essor des radios locales privées, dans les années 1982-1983, certains journaux, par exemple *Sud-Ouest*, se sont efforcés de s'adjoindre une antenne, et de la faire profiter de leur potentiel et de leur expérience journalistiques. Mais la plupart ont assez vite renoncé – alors que dans beaucoup de pays amis se multipliaient les cas de « synergie » entre un journal local et une radio privée.

Un autre signe est fourni par le déclin de la critique de télévision. En Grande-Bretagne, il existe encore de nombreuses rubriques très brillantes où sont commentées les émissions de la veille. Aujourd'hui, en France, les gens de télévision sont frustrés de susciter – hormis quelques remarquables exceptions – aussi peu de commentaires sur leurs émissions, en dehors des « pré-papiers ». Cette critique était très vivante dans les années cinquante et soixante. François Mauriac, par exemple, ne dédaigna pas de tenir pendant quelque temps une rubrique qu'il avait intitulée : « Les hasards de la fourchette », évoquant par là les loisirs que lui laissaient ses dîners en ville.

Cette situation est d'autant plus paradoxale qu'on ne peut pas incriminer une baisse de la lecture en général. Assurément, les élites bourgeoises lisent moins, comme en témoigne une étude récente sur les « pratiques culturelles » de nos compatriotes établie par le ministère de la Culture, par rapport à la génération précédente ou à l'avant-guerre ; mais le nombre de lecteurs potentiels s'est accru, et, avec des hauts et des bas, l'édition française ne se porte pas si mal.

Naturellement, un aspect important de la concurrence entre la presse écrite et la radiotélévision concerne la publicité. Mais comme celle-ci a toujours moins compté en pourcentage, dans les budgets, qu'aux États-Unis, la passe a été moins douloureuse, et c'est aussi pour cela que *Paris-Match*, par exemple, a bien survécu, alors que *Life* et les autres sont morts aux États-Unis pour les motifs qu'on a dits. Dans l'ensemble, la publicité accompagne le succès ou l'insuccès d'une publication, ce qui renvoie à d'autres explications pour comprendre la faiblesse française, qu'il faut bien aller chercher ailleurs puisque la concurrence de la radio et de la télévision est loin de pouvoir seule rendre compte du phénomène.

Coût du produit, aides de l'État, argent caché

Accordons donc toute leur place aux motifs économiques en posant une donnée de base, dont on ne saurait minimiser l'importance, même si les journalistes eux-mêmes l'évoquent rarement : le prix du « produit » offert, du quotidien au numéro, a beaucoup augmenté, en francs constants, depuis le début du siècle (celui des quotidiens nationaux plus encore que celui des régionaux). Pendant longtemps il ne dépassait pas celui d'un timbre-poste. Aujourd'hui il est plus du double. C'est un facteur dont on ne peut pas sous-estimer l'influence : dès que telle ou telle circonstance provoque un tassement dans les revenus des ménages, le journal est un produit dont beaucoup sont tentés de faire l'économie.

Les prix des quotidiens parisiens ont évolué de la façon suivante (en francs 1988) :

1834	13,03 francs
1851	3,97 francs
1871	1,54 franc
1914	0,68 franc
1921	0,89 franc
1938	1,02 franc
1946	1,32 franc
1959	1,50 franc
1968	2,40 francs
1979	3,86 francs
1988	4,50 francs *

Et, depuis la fin des années quatre-vingt, ces chiffres ont encore augmenté plus que le coût de la vie. L'âge d'or de la presse, jusqu'après la dernière guerre, en France, correspond exactement au moment où le journal était bon marché. En contraste, aux États-Unis, la baisse des prix est nette depuis dix ou quinze ans et, dans le cas de la Grande-Bretagne et de la République fédérale d'Allemagne, ils sont restés à peu près stables. Les quotidiens français de province, qui sont moins chers, sont précisément les moins affectés, et les *news magazines* ont haussé nettement moins leur prix de vente. Peut-être est-ce pour cela (en dépit de l'exception de *L'Événement du jeudi* qui, plus cher, a rejoint un temps le peloton de tête formé par *L'Express, Le Point* et *Le Nouvel Observateur*) qu'ils augmentent à la fois leur lectorat et le nombre de leurs titres.

On est d'autant plus frappé par ces coûts élevés des quotidiens que les aides de l'État ont été, depuis la Libération, plus importantes qu'ailleurs – qu'elles soient directes ou indirectes. Le contribuable paie pour la prospérité de quotidiens qu'il lit de moins en moins. L'origine de cette générosité remonte à la Libération où dominait la conviction, d'ailleurs fondée, que la presse de qualité coûte cher et que, pour la protéger des finance-

* Source : Pierre Albert, *La Presse française*, Paris, La Documentation française, 1990, p. 36.

204

ments occultes, il faut accepter que la collectivité y contribue, sans empiéter jamais sur la liberté des journalistes.

En 1994, 7 milliards de francs ont été distribués aux journaux français, dont 260 millions seulement d'aides directes. L'essentiel se fait sous forme d'aides indirectes. Le taux de TVA appliqué à la presse (2,1 %) est l'un des plus faibles. Les tarifs postaux sont fixés très bas. Sans compter des aides plus dissimulées. Ainsi l'article 39 *bis* du Code général des impôts permet-il à celle-ci de ne payer pratiquement pas de taxe sur ses bénéfices, qu'elle peut faire passer comme provision d'investissements dégrevés d'impôt. Ajoutez diverses déductions fiscales : telle celle de 30 % dont les journalistes jouissent pour leur impôt sur le revenu (plafonnée, il est vrai, depuis quelques années), et aussi l'aide de l'État à l'AFP, la moitié de son budget étant assurée par les abonnements des administrations, souvent théoriques ; un pays aux dimensions de la France ne peut guère entretenir une agence internationale sans que la collectivité en paie le prix, mais il est indéniable que, puisque les quotidiens régionaux font largement appel à l'AFP pour remplir leurs pages d'informations générales, l'État contribue indirectement à alléger leurs budgets. Comme on voit, il faut dénicher attentivement la diversité des aides que la collectivité apporte.

Dans tous les pays occidentaux, l'État intervient, consentant des facilités postales et des impositions limitées. Mais en général les aides sont mieux modulées. Celles, françaises, qui ont été énumérées plus haut, sont proportionnelles au tirage des journaux et même favorisent les feuilles les plus prospères par la non-imposition de fait des bénéfices. Alors que beaucoup d'autres pays – Georges Vedel, dans un rapport au Conseil économique, en 1971, y avait spécialement réfléchi – ont choisi, peut-être plus sagement, d'aider de façon inversement proportionnelle à la prospérité des journaux, et ainsi de donner un appui spécial à la création de publications nouvelles. Ainsi en va-t-il dans les pays scandinaves, où la presse quotidienne est très prospère. Une commission spéciale, créée en Suède en 1963, a été animée par le souci de ne pas trop aider les organes les plus riches, et, selon ses recommandations, on y a modulé les tarifs postaux au profit des journaux les plus pauvres, dont le lectorat était plus spécialisé, partant plus limité. Malgré des dispositions récentes, dont *La Croix* et *L'Humanité* notamment profitent, la France est en retard sur ce chemin. Le rapport Vedel n'a pas été suivi quand il proposait de remplacer l'article 39 *bis* par un fonds d'aide à la création de nouveaux titres. Il aurait fallu passer outre à une donnée de fait : la capacité d'influence des patrons de presse sur la vie politique est plus grande de la part des gros que des petits.

Au chapitre des financements et des coûts, on rencontre enfin la question des subventions occultes. Un souci central des dirigeants issus de la Résistance, à la Libération, a été de réagir contre les pratiques honteuses de la presse vénale de la IIIe République. Ils ont rêvé d'ouvrir les voies à une presse purifiée, notamment grâce à la transparence des flux financiers. D'où sont issues les ordonnances de mai à septembre 1944 et notamment celle d'août 1944 qui interdisait l'usage des prête-noms, des hommes de paille et des cumuls secrets de propriété, et imposait la publication annuelle de comptes avérés.

Le progrès moral a été sensible. La législation n'y a pas contribué seule. A joué aussi une conséquence de la prospérité des « Trente Glorieuses » : la place prise par les « zinzins », les investisseurs institutionnels, dans le jeu boursier, aux dépens des spéculateurs individuels, de ces gogos, évoqués plus haut, qu'un rien troublait, et dont il fallait à tout prix éviter qu'effarouchés ils ne fissent échouer n'importe quelle émission de valeurs. Aujourd'hui, les « zinzins » sont évidemment moins sensibles aux journaux de chantage...

D'autre part, la séparation est mieux marquée, dans la presse écrite, entre la « réclame » et le reste du journal. La publicité commerciale est plus clairement désignée comme telle à l'attention du lecteur, et la publicité dissimulée sous une forme rédactionnelle est en régression. Non pas que le problème soit résolu définitivement. Est-il possible à un quotidien de heurter de front un important bailleur de publicité ? Alfred Sauvy, dans sa bataille pour le rail contre l'automobile, a souvent expliqué qu'une des raisons pour lesquelles cette dernière était favorisée dans la presse au-delà du raisonnable tenait à la capacité des constructeurs et des pétroliers de peser sur les journaux par la menace du retrait de leur très bénéfique publicité. Il reste que dans l'ensemble on peut se féliciter d'une moralisation du milieu.

Le pouvoir syndical

Après les ressources, les dépenses : ici on ne peut pas omettre la question du pouvoir syndical.

On se souvient comment John Walter II avait triomphé du « luddisme » de ses ouvriers, en 1814, pour moderniser l'impression du *Times*. Eh bien ! le luddisme n'est pas mort, il s'est seulement modernisé. Chacun connaît la puissance du Syndicat du Livre, renforcée par le souvenir prestigieux des luttes des ouvriers typographes au XIXe siècle. Les organisations syndicales disposent dans la presse, en France, d'un pouvoir plus considérable qu'ailleurs en face d'un « management » souvent plus faible, soit qu'il doute secrètement de sa légitimité, soit qu'il soit moins solide financièrement, et incapable de tenir longtemps en cas de débrayage. L'effet est double : les coûts élevés en frais de personnel, et l'hostilité à l'introduction de nouvelles machines destinées à provoquer à terme la diminution du nombre des employés. Les difficultés du *Monde,* voici quelques années, autour de sa nouvelle imprimerie d'Ivry, étaient directement liées à cela. Et le Syndicat du Livre n'a pas hésité, à plusieurs reprises, à faire durer des grèves, très coûteuses pour les quotidiens, non seulement à court terme, mais aussi à plus long terme dans la mesure où elles risquaient de provoquer la désaffection définitive d'une partie des lecteurs.

La première grande grève de l'après-guerre s'est déroulée du 13 février au 14 mars 1947. Les journaux quotidiens furent absents des kiosques pendant un mois, dans une période troublée par les débuts de la guerre froide et riche en événements au-dedans et au-dehors. On constata que beaucoup de lecteurs prirent, pendant ces longues semaines, l'habitude de se passer de quotidien et de se contenter de la radio. On a observé souvent avec étonnement dans de telles circonstances qu'un bon nombre d'entre eux disparaissaient définitivement dans un mystérieux triangle des Bermudes. Ce fut le cas par exemple lorsque se saborda *Paris-Jour*, appartenant à la famille Del Duca, journal « tabloïd » à grand tirage, les propriétaires ayant décidé de mettre la clé sous la porte après un conflit avec les ouvriers typographes. Les autres journaux populaires (*France-Soir, Le Parisien*) se réjouirent un bref moment de recueillir l'héritage, mais ils furent bientôt déçus : les fidèles de *Paris-Jour* paraissant s'être à peu près tous évanouis dans la nature...

Un autre exemple frappant, en France, est fourni par l'affaire du *Parisien libéré*, qui connut un conflit de 29 mois avec le Syndicat du Livre, entre mars 1975 et août 1977. Dès décembre 1974, les ouvriers du Livre opposèrent un refus absolu à un remaniement du système salarial du *Parisien libéré* qu'exigeait un projet de développement d'éditions régionales du quotidien. C'était l'idée d'Émilien Amaury, propriétaire du journal depuis la Libération. Celui-ci n'était certes pas un tendre et il voulait licencier 200 ouvriers. Il se heurta à une agitation efficace, héritière du luddisme : destruction d'exemplaires dans les rues de Paris et même occupation par les grévistes des tours de Notre-Dame ! Le résultat fut impitoyable : le tirage chuta de moitié pendant cette période.

Résistons pourtant à la tentation de croire que de l'autre côté de la rivière l'herbe est toujours plus verte. D'autres pays occidentaux ont connu de très violents conflits sociaux. Par exemple les États-Unis, secoués par une série de très longues grèves, en 1962-1963, en 1966-1967 et en 1978 : cette année-là, les journaux ne parurent pas à New York pendant 90 jours, du 8 août au 6 novembre. La Grande-Bretagne aussi a connu un conflit dramatique autour du *Times*, en 1978-1979, qui a provoqué la suspension du journal après le 60 472e numéro, le 1er décembre 1978. Il a cessé de paraître jusqu'en novembre 1979 ; assez longtemps pour que beaucoup de lecteurs ne lui reviennent jamais. Il a fallu le rachat par l'Australien Murdoch pour permettre un nouveau départ. Pourtant la Grande-Bretagne, depuis le dernier conflit, survenu en 1987, a progressé. Le départ de plusieurs journaux de Fleet Street, quartier historique de la presse, a marqué les esprits et symbolisé un âge nouveau. Désormais, de nouveaux quotidiens peuvent naître avec des formules de fabrication moins coûteuses.

Dans l'ensemble les autres pays occidentaux ont été en avance sur la France pour le rajeunissement des matériels et des priorités, la saisie directe des textes par les journalistes sur les ordinateurs, bref, pour la modernisation de toute la fabrication des journaux. Aujourd'hui encore, un journal comme *Le Monde* emploie plus d'ouvriers que les logiques techniques ne l'exigeraient. On est loin du Japon où le système social a permis de briser de telles résistances et d'aboutir à des efficacités et à des économies qui contribuent à la prospérité de tout le secteur et des diverses professions qui y collaborent.

Tout cela, comme il advient toujours dans ces questions de presse, est largement affaire d'idiosyncrasie nationale. L'absence, en France, de syndicats qui sachent accepter les compromis de la social-démocratie est particulièrement néfaste dans le cas des journaux. S'ils sont faibles, ils ne l'osent pas ou ne pourraient l'imposer à leurs troupes. S'ils sont forts, comme le Livre, avec le bénéfice d'un *close-shop,* de fait sinon de droit, qui réserve le recrutement aux seuls membres du syndicat, ils tendent à jouer le rôle d'aventuriers installés sur un col où ils peuvent rançonner les voyageurs, avec un pouvoir de nuisance considérable, dont ne disposent pas d'autres ouvriers aussi respectables qu'eux. Les résultats négatifs en sont patents.

Kiosques, abonnements, portage et effets d'échelle

Un autre problème est celui des invendus. Là encore, sous une apparence technique, on rencontre des données culturelles durables. Le « bouillon » est considérable en France ; certes, on peut dire que c'est le prix de la liberté ; et il est vrai que les Français ont toujours le goût de butiner parmi les journaux et qu'il existe dans ce pays plus de lecteurs occasionnels que dans les autres pays occidentaux. Chacun aime à acheter un quotidien tel jour et pas tel autre, au gré de son humeur, de sa fantaisie, de l'actualité. Seulement cette pratique, qu'on peut voir probablement comme un signe heureux d'esprit critique, est difficile à vivre pour les entreprises concernées. Ajoutons le poids du monopole des Nouvelles Messageries de la presse parisienne, dominées par Hachette, nées, après la Libération, de l'échec de solutions plus coopératives. De telle sorte que ce monopole a les moyens de faire pression sur les journaux, en laissant entendre par exemple que, s'ils développent trop le portage à domicile (qui n'existe efficacement que dans quelques régions, par exemple en Alsace) ou encore leurs campagnes d'abonnement par *mailing*, ils seront moins bien traités dans les kiosques.

Il est frappant que les magazines ont un pourcentage de ventes par abonnements nettement plus élevé que celui des quotidiens. En 1982, les quotidiens « nationaux » avaient un taux d'abonnement de 15,4 % seulement, et un bouillon de 24 %, ces pourcentages étant respectivement, pour les hebdomadaires « généralistes », de 31,2 et de 21 %, et pour les magazines spécialisés de 67 et de 8 %. Si les *news magazines* ont pu se développer dans les années soixante, c'est grâce au système du *mailing* importé des États-Unis. Quand on sait que les quotidiens, en Allemagne, sont vendus à hauteur de 62 % par abonnements, on mesure la différence de sécurité financière. Au Japon, 92,8 % des quotidiens sont distribués par abonnement ou par portage, aux États-Unis, 80 %. Le portage est une solution, mais la France commence à peine de s'y risquer (sauf en Alsace, sous l'influence de l'Allemagne).

Un dernier aspect de l'incertitude économique est lié au problème de la concentration. La notion est ambiguë. La concentration peut contribuer à un affaiblissement de la qualité, faute de l'aiguillon de la concurrence, mais elle peut offrir des avantages de gestion, par diminution des frais généraux et des économies d'échelle, donc assurer une meilleure santé à la presse et une richesse plus grande de son contenu.

Malheureusement on éprouve parfois le sentiment que la France perd sur les deux tableaux. Elle n'a pas su établir des lois « antitrusts » respectées, comme en témoigne la mésaventure de la loi de 1984 – dite généralement loi anti-Hersant (limitant à

15 % la part de la presse quotidienne qu'un groupe peut posséder, avec un processus de contrainte très complexe) –, texte qui a eu la faiblesse d'apparaître comme dirigé directement contre un homme, entraînant forcément des effets politiques pervers, et qui en plus a été assez largement inopérant, grâce à l'entregent de l'entrepreneur dont il s'agit et à la qualité de ses juristes.

En Angleterre, il existe cinq ou six groupes de presse importants, notamment Murdoch, Thompson, Pearson Longman. D'après une étude de la DAFSA, en 1982, les cinq plus grandes sociétés éditrices de France (Hachette Presse, la CEP-Communication, la Socpresse d'Hersant, les Éditions mondiales, les Éditions Filipacchi) n'atteignent que 20 % de l'ensemble, alors qu'en Grande-Bretagne les quatre premières font 50 % du chiffre d'affaires de la presse périodique. Même en Espagne, qui est beaucoup plus neuve dans ce jeu, on constate la solidité du groupe 16 qui possède *Diario 16,* mais aussi un hebdomadaire renommé, *Cambio 16,* et des magazines d'automobile, de sport, etc.

L'imprimerie nouvelle du *Monde* à Ivry est loin de tourner – et cela lui coûte cher – à sa pleine capacité. Or, pour des raisons morales, d'ailleurs très honorables, certains journalistes de ce quotidien ont fait naguère la petite bouche à l'idée qu'on puisse y éditer *Ici Paris* : voilà bien une prévention qui n'aurait pas traversé la tête d'un journaliste anglo-saxon ! C'est aussi un problème du point de vue de la publicité, car les achats couplés qui se pratiquent de plus en plus sont naturellement favorisés par l'existence de groupes « multimédias ».

Un public insatisfait ?

Il reste enfin à traiter, dans cette réflexion sur les faiblesses, par comparaison, de la presse française, du problème de l'adéquation du produit à l'attente du public. On est alerté par des symptômes inquiétants. Il se dessine un discrédit grandissant de la presse écrite, dont témoignent de récents sondages de

La Croix. A la question générale : « Les choses se sont-elles passées comme le journal les raconte ? », en décembre 1989, 55 % répondaient : « oui vraiment », ou « oui à peu près ». Un an plus tard, en décembre 1990, ce chiffre est tombé à 44 %. A l'inverse, 50 % des personnes interrogées (contre 39 % en 1989) répondent négativement. 43 % considèrent qu'il y a « pas mal de différence avec la réalité », et 7 % que « les choses ne se sont pas passées du tout comme on nous le dit ». La défiance est plus grande à l'égard de la presse écrite qu'à l'égard de la télévision, et surtout qu'à l'égard de la radio.

Entre autres composantes de l'érosion de la confiance des lecteurs, le sentiment d'impunité dans l'erreur compte beaucoup. La comparaison est frappante entre le cas de *La Presse* qui s'est effondrée, nous l'avons vu, à la fin des années vingt pour avoir annoncé l'arrivée triomphale de Nungesser et Coli à New York, en mai 1927, alors qu'ils s'étaient abîmés dans l'Atlantique, et la tranquille prospérité maintenue de *Stern* en Allemagne et de *Paris-Match* en France qui ont présenté comme authentiques les faux carnets de Hitler : ils s'en sont ensuite mollement excusés auprès de leurs lecteurs en expliquant tranquillement que, même si ces textes étaient faux, il était tout de même intéressant de réfléchir sur le fait qu'on ait pu croire qu'ils étaient vrais, et que par là ils avaient mérité, quoi qu'il en fût, l'intérêt de leur fidèle lectorat... Autre donnée : pendant longtemps a prévalu chez les téléspectateurs une sorte de naïveté devant l'image, sa fausse vertu d'évidence, son pouvoir de créer l'émotion. Il semble que cette naïveté soit en passe de se dissiper peu à peu, heureux progrès civique. C'est, hélas, moins l'effet d'une formation à l'école, d'un apprentissage de la « lecture » des images (on est en retard à cet égard), que celui d'un certain nombre d'erreurs retentissantes comme la fameuse affaire du faux massacre de Timisoara.

A vrai dire, la France n'est pas seule concernée. Un graphique que donne Francis Balle dans son manuel *Médias et Société* montre l'évolution sur près de trente ans, de 1966 à 1994, de la courbe de confiance des Américains pour le pouvoir exécutif et pour la presse : avec des hauts et des bas intéressants. Au temps du maccarthysme, paradoxalement – étant donné les mensonges que le sénateur McCarthy distribuait généreusement à la ronde –, on constatait un relatif consensus autour des médias. La confiance, dégradée ensuite, a fortement augmenté à l'époque du Watergate, dépassant largement pendant deux ou trois ans celle que le public éprouvait pour le pouvoir exécutif, Richard Nixon étant président. On observe un recul marqué ensuite, notamment avec la fin de la guerre du Vietnam, puis un regain, au début de l'époque Carter, et un nouveau décri à la fin des années 1970 annonçant une érosion décennale tendancielle.

Dans le cas français, la chronologie de cette évolution du crédit de la presse dans l'opinion a des traits spécifiques, l'héritage de la période de Vichy pesant lourd. Il faut distinguer la décantation de la première décennie suivant la Libération, de 1944 à 1955 et, d'autre part, le déclin progressif de confiance du lectorat envers la presse depuis 1970.

Au départ, en 1944, la presse française subit un double handicap que ne connaissent pas les autres pays.

D'abord le souvenir du comportement des journaux sous l'Occupation pèse lourd. Certains, en zone sud, ont été très collaborateurs ; à Paris, ils se sont abîmés dans l'ignominie. D'autres, repliés, se sont montrés paresseusement et académiquement vichystes. A la Libération, le gouvernement du général de Gaulle a décidé l'interdiction des journaux qui avaient continué à paraître trop longtemps – en faisant tomber le couperet au mois de novembre 1942, quelques jours après l'invasion de la zone sud par les Allemands ; il se trouve que *Le Figaro* s'était sabordé quelques jours plus tôt que *Le Temps* ; faire passer la coupure, comme ce fut le cas, entre *Le Figaro* et *Le Temps* permettait de laisser le premier renaître, sous l'influence de Pierre Brisson qui s'était bien comporté à la fin des années sombres, et au contraire de sceller la disparition du second. D'autre part, la répression qui frappa un certain nombre de journalistes collaborateurs fut plus sévère que pour d'autres catégories professionnelles. L'exécution de Ferdonnet, ce symbole, mais aussi de Robert Brasillach en tant que journaliste, accablé par ses articles de *Je suis partout*, ou de Georges Suarez, le biographe de Briand, ne suffit pas à exorciser, aux yeux du public, le souvenir « des mensonges qui lui avaient fait tant de mal » (pour détourner le mot de Pétain).

Cette situation française est en contraste avec celle d'autres

213

pays, notamment ceux qui n'ont pas été envahis, et où la démocratie n'a pas connu d'éclipse, comme la Grande-Bretagne ou les États-Unis, ou encore ceux dont la rupture a été brutale et très nette entre la dictature passée et la démocratie nouvelle : l'Italie ou l'Allemagne. En Allemagne, la plupart des journaux anciens ont disparu, et les nouveaux sont partis de zéro, avec une virginité précieuse : un bon exemple est *Die Welt*, qui a été fondé en 1946 à Hambourg, sous les auspices des autorités britanniques d'occupation et qui est aujourd'hui l'un des journaux les plus influents, dans les eaux du conservatisme.

Le second handicap spécifique de la France fut l'insuffisance de l'expérience professionnelle des nouveaux venus dans la presse, beaucoup de vaillants résistants s'improvisant journalistes sans avoir toujours le loisir d'apprendre le métier : inconvénient d'un appel d'air trop rapide, la formation « sur le tas » n'ayant pas pu assez fonctionner. D'où des déconfitures immédiates et des mésaventures ultérieures. A cause de diverses fautes de gestion, un certain nombre de quotidiens de province, qui avaient été conquis à la pointe de la mitraillette par des résistants, furent dirigés, ceux-ci vieillissant, de façon incertaine. Ce fut un grand atout de Robert Hersant, lorsqu'il commença d'acheter, dans les années soixante-dix, plusieurs de ces feuilles. Le film de Patrice Chéreau, *Judith Therpeauve* (1979), où Simone Signoret incarnait cette tradition de la Résistance, a bien donné à voir cette évolution.

La troisième donnée importante, du point de vue de la satisfaction du public, est la qualité des journalistes eux-mêmes : notion très subjective et dont pourtant on ne peut pas faire l'économie. Naturellement, les milieux politiques contribuent à la critique permanente de la presse, sans être eux-mêmes très objectifs. Car il se crée toujours, dans les démocraties, des tensions entre politiques et journalistes (en même temps que des connivences). Le cas du général de Gaulle est éclairant. Lui qui était un homme de l'écrit, très attaché à la presse avant la guerre de 40, a été violemment déçu par son comportement après l'armistice, et il a contracté avec la radio un mariage d'amour inattendu, conservant jusqu'à sa mort pour la presse écrite une vive méfiance, sinon du mépris, et brocardant volontiers tous ceux qui « gribouillent, grenouillent et scribouillent ».

Le problème de la déontologie de la presse est de toujours. Dans les pays anglo-saxons, on a souvent débattu de l'opportunité de créer une instance qui juge de la moralité de la profession, avec l'idée que les lois sur la diffamation ne peuvent nulle part suffire à y pourvoir. En France, les journalistes sont très hostiles à l'idée d'un Ordre des journalistes, marqués notamment par l'exemple de l'Ordre des médecins dont ils rappellent toujours qu'il a été créé sous Vichy. En Grande-Bretagne est apparu, en 1953, un Conseil général de la presse, sans aucun pouvoir décisionnel, qui ne pouvait conquérir de prestige que celui que ses blâmes et commentaires lui apporteraient. Le succès en a été pour le moins mitigé et patente son impuissance à empêcher les atteintes les plus graves à la vie privée ; un nouvel avatar est né en 1991, la Press Complaints Commission, dont il est un peu tôt pour juger l'efficacité.

L'indépendance des journalistes ne se définit pas seulement par une éventuelle vénalité : il peut exister d'autres types de gratifications plus subtiles. Quelques-uns d'entre eux, par exemple, estimant – mais ils sont rares – qu'un homme de presse ne devrait jamais accepter de décorations, puisque celles-ci sont attribuées par le pouvoir exécutif, et donc risquent d'entacher l'image de leur liberté.

Mais l'essentiel est la compétence, qui pose à la fois la question de l'encadrement (c'est-à-dire l'autorité des rédacteurs en chef, qui a pu paraître parfois décliner un moment après Mai 68) et celle du recrutement. Certains continuent de défendre *mordicus* la formation sur le tas : on n'apprendrait bien le métier qu'en commençant par « faire la main courante » dans les commissariats. De plus en plus nombreux ceux qui pensent au contraire que, ce métier étant très prenant, la culture générale qui n'aura pas été acquise avant de s'y plonger fera toujours défaut et que le métier exige aussi un savoir-faire qui doit s'apprendre à l'avance. Aux États-Unis (qui connaissent d'ailleurs le même débat), les écoles de journalisme sont nombreuses ; en 1985 on dénombrait 260 facultés ayant des « départements de journalisme ». Le développement de ces écoles a été plus tardif en France, où le prestige du Centre de formation des journalistes (CFJ) ou celui de l'école de Lille, par exemple, sont assez récents. En Grande-Bretagne a été créé en 1952 un Conseil national pour la formation des journalistes, qui s'est peu à peu fait admettre, et qui organise la formation en cours d'emploi, avec des stages organisés et des années sabbatiques.

CHAPITRE X

LE MONDE ET LE WASHINGTON POST

Pour illustrer ces réflexions générales, on peut dresser un parallèle instructif entre *Le Monde* et le *Washington Post*, deux grands quotidiens qui ont tous deux comme ambition principale, presque pour raison d'être, de combiner éthique politique et déontologie de l'information, en défendant un corps de valeurs explicites ou implicites avec une respectabilité et une fiabilité qui les gouvernent et qui les obligent – et les conduisent d'ailleurs à des prises de position tranchées à certains moments solennels de l'histoire nationale.

Pourquoi *Le Monde* et le *Washington Post* ? D'abord parce que le terrain a été déblayé, voici quelques années (avec un éclairage plus sociologique qu'historique), par Jean G. Padioleau, qui a eu le premier, dans un livre stimulant, l'idée de ce rapprochement. Ensuite parce que ces deux quotidiens prestigieux ont été l'un et l'autre étudiés plus que leurs concurrents. Enfin parce qu'ils ont, chacun dans leur pays, un caractère emblématique : *Le Monde* presque depuis sa naissance, le *Washington Post* depuis une vingtaine d'années et son triomphe contre Nixon dans l'affaire du Watergate.

Naissance du Monde

Pour ouvrir la réflexion, citons le mot du rédacteur en chef du *New York Times*, Abe Rosenthal, répliquant vers 1980 à quelqu'un qui lui disait que *Le Monde* était le meilleur journal d'Europe : « Peut-être, je veux bien que ce soit le meilleur quelque chose dans le monde, mais en tout cas pas un journal. » Et c'est une réaction qui donne le goût d'y aller voir de plus près.

Le Monde naît en décembre 1944. Un vide est à remplir. Certes, beaucoup de journaux sont offerts dans les kiosques, mais avec peu d'espace, à cause de la pénurie de papier – et sans l'autorité dont jouissait naguère *Le Temps*, jouant, dans la société et la politique françaises, un rôle central, et de surcroît ayant figure d'organe officieux du Quai d'Orsay. *Le Temps,* nous l'avons vu, n'a pas été autorisé à reparaître. D'autre part, une équipe est disponible, car les collaborateurs de ce journal sont loin d'avoir tous démérité et sont prêts à mettre leur expérience au service d'un quotidien héritier. Ajoutez à cela la volonté du général de Gaulle, chef du gouvernement provisoire. Quelques mois après la Libération de Paris, il s'inquiète du faible rayonnement international des journaux issus de la Résistance – en dépit de la considération entourant *Libération* d'Emmanuel d'Astier de La Vigerie, *Franc-Tireur*, surtout *Combat* de Pascal Pia et Albert Camus, qui acquiert en quelques semaines un grand prestige moral, mais qui n'a pas les moyens de fournir l'information, notamment internationale, que *Le Temps* offrait avant la guerre. De Gaulle souhaite expressément « un journal officieux en politique étrangère qui conserve une entière liberté en politique intérieure ». Il s'agit de ressusciter la réputation originelle de sérieux et de solidité du *Temps*, tout en ayant purgé les miasmes de la corruption qui avait altéré aux yeux des honnêtes gens, dans les années trente, l'image du journal de la rue des Italiens.

Par une décision régalienne, le cabinet du Général et le ministre de l'Information Pierre-Henri Teitgen choisissent trois hommes pour leur confier cette tâche, avec comme viatique l'immeuble, l'imprimerie et l'équipe rédactionnelle du *Temps*. Christian Funck-Brentano, ancien directeur de la bibliothèque de Rabat, qui a des titres de Résistance éminents, représente le gaullisme orthodoxe mais n'est guère préparé à la tâche. Un professeur d'économie politique à l'université de Montpellier, René Courtin, qui a été influent dans le Comité général d'études de la Résistance, assure la permanence d'une certaine tradition huguenote rue des Italiens et constitue l'aile droite de l'équipe, très attaché au libéralisme économique et ouvertement proaméricain.

Le troisième homme, qui s'affirmera vite comme le premier, est Hubert Beuve-Méry. Il est issu d'un milieu modeste, exemple de promotion sociale par la filière catholique. Il a, dans les années trente, enseigné le droit à l'Institut français de Prague, en Tchécoslovaquie, et il y a été le correspondant de plusieurs journaux parisiens – en particulier du *Temps* ; il a pu y observer la déliquescence morale du monde de la presse. Il a acquis ses premiers titres à sa désignation ultérieure par de Gaulle, lorsque, au moment de Munich, indigné par la position du *Temps* (qui avait publié un article promunichois d'un professeur à la faculté de droit et à l'École libre des sciences politiques, futur garde des Sceaux de Vichy, Joseph Barthélemy, justifiant en termes juridiques l'abandon des Tchèques par la France), il a jeté sa démission à la figure de Jacques Chastenet, codirecteur du journal. Après l'Armistice, il a été responsable des études à Uriage, l'école des cadres fondée après l'armistice, près de Grenoble, d'abord sous l'aile de Vichy, et qui, au moment du retour de Laval en avril 1942, a rallié la Résistance : Beuve-Méry a fini la guerre dans les maquis du Périgord.

Dans l'équipe du *Monde*, il apparaît comme le représentant de la famille démocrate-chrétienne. A quarante-huit ans, il est jeté dans cette aventure.

Pour échapper aux tentations de l'argent caché, une SARL au capital très modeste est instituée, dont les parts initiales sont réparties entre des personnalités sans liens avec les milieux d'affaires. Ces parts sont incessibles sans l'accord des autres fondateurs détenteurs de parts. Pour un demi-siècle au moins, *Le Monde* a été par là protégé.

Les périls surmontés

Un bon départ est pris. Beuve-Méry s'affirme d'emblée comme le Premier consul – rares sont les triumvirats qui durent longtemps. Funck-Brentano accroche un imperméable à une patère où il verdit lentement, oublié par son propriétaire. Courtin vient le matin, mais se cantonne aux pages économiques. Beuve-Méry écrit en 1944 à un ami : « Je me sens comme un homme nu sur l'avant d'un très gros tank débouchant en plein combat. » C'est un pessimiste actif, travaillé par la tentation du retrait, à l'image des religieux du Moyen Age repliés dans leurs monastères et sauvegardant la petite flamme d'une civilisation submergée par les Barbares. Sa formation, son expérience ont inscrit chez lui l'obsession du pouvoir corrupteur de l'argent. Il montre un esprit d'économie qui apparaît à ses journalistes, certains soirs, comme de la ladrerie, mais ceux-ci en sont honorés, au fond, et ils restent fidèles au journal, fiers de participer à l'aventure et heureux du poids que prend *Le Monde*.

L'amalgame se fait assez bien entre l'ancienne équipe du *Temps* et les jeunes rédacteurs que Beuve-Méry recrute : la génération des Jean Planchais, André Fontaine, Jacques Fauvet, Pierre Drouin. Une bonne idée de Beuve, au bout de quelques numéros (puisqu'on doit utiliser les presses du *Temps*), est de couper le format en deux, en obtenant celui d'aujourd'hui, que tous les professionnels considèrent comme excellent. Au bout d'un an seulement, vers la fin de 1945, *Le Monde* atteint 170 000 lecteurs, c'est-à-dire trois fois plus que *Le Temps* avant la guerre.

Il ne faut pas pourtant se réjouir trop tôt. Car des menaces se dessinent. *Le Monde* ne trouvera pleinement son assise qu'après avoir traversé une grave crise d'adolescence. Il subit des attaques venant de la gauche comme de la droite. Les premières sont celles du Parti communiste qui l'accuse d'être l'héritier trop fidèle du *Temps,* que Jean Jaurès appelait « la bourgeoisie faite journal ». « Après tout, dit un orateur communiste à la tribune de l'Assemblée nationale, ce journal dans son titre n'a fait que passer de l'ordre de la durée à l'ordre de l'espace. Du *Temps* au *Monde*, rien n'est changé en profondeur ; pas plus que les lettres gothiques du titre. » Il est vrai qu'un des atouts de départ du *Monde* a été qu'il a su recueillir un certain nombre de lecteurs du *Temps*. Mais, du coup, c'est de la mouvance des héritiers du *Temps* que partent, symétriques aux premières, les attaques de droite. A mesure que la conjoncture politique permet aux « vichystes mous » de relever la tête, on s'indigne de plus en plus haut sur ces bords de « l'expropriation pour cause d'intérêt privé » que *Le Temps* a subie, dépouillé de ses biens en 1944. D'où résultent une série de procès, qui se termineront par une indemnisation du *Temps*, Beuve-Méry ayant gratté sou par sou pour l'assurer.

Un autre facteur de déstabilisation résulte de la conjoncture politique. Les fondateurs voyaient le MRP comme voué à rester le grand parti porteur du gaullisme ; or il rompt avec de Gaulle, peu après que celui-ci a entamé sa « traversée du désert ». Dans le même temps, au printemps de 1947, le Parti communiste, sur fond de guerre froide commençante, quitte le gouvernement, provoquant la naissance de la Troisième Force. *Le Monde* est donc obligé de se définir par rapport à cet équilibre imprévu de la IVe République. D'un côté le RPF, qui naît cette même année 1947, machine de guerre gaulliste contre le régime, et de l'autre le MRP, dont Beuve-Méry est alors considéré comme proche, pivot de la Troisième Force.

Or, à la surprise générale, *Le Monde* prend des positions qui ne sont pas du tout orthodoxes. Il ne choisit pas de rallier le RPF, étant très méfiant à l'égard des aspects autoritaires de l'entreprise du Général, mais il n'en est pas pour autant fidèle au MRP, qui joue un rôle central dans la conduite de la guerre d'Indochine. *Le Monde* commence à s'en prendre violemment à « la sale guerre ». Il met dans sa condamnation de celle-ci plus de sévérité que plus tard envers les paladins de la guerre d'Algérie. De surcroît, en politique étrangère, il est hostile à « l'atlantisme » qui domine au gouvernement, hostilité exprimée soit par Beuve-Méry lui-même, soit surtout par un certain nombre de « neutralistes » à qui il donne place dans ses colonnes : Pierre Emmanuel, le poète, violemment antiaméricain (il changera ensuite), Maurice Duverger, jeune professeur de droit à la faculté de Bordeaux qui prend vite de l'autorité, Étienne Gilson, professeur d'histoire du Moyen Age au Collège de France et qui enseigne aussi au Canada. Bref, *Le Monde* défend l'idée d'une troisième voie possible entre Soviétiques et Américains (l'idée que se fait Beuve-Méry des États-Unis, qu'il connaît mal, est extrêmement sombre). Le Quai d'Orsay, évidemment, s'indigne et s'inquiète. Les gouvernements successifs, où pèse spécialement la personnalité de Robert Schuman, père de la Communauté européenne du charbon et de l'acier, redoutent que les chancelleries étrangères ne continuent de penser que *Le Monde* a une autorité officieuse – alors qu'il n'en est plus rien. Contre cette double « trahison » se développe une double offensive : du dedans, et du dehors.

De l'intérieur d'abord. René Courtin, un honnête homme attaché au libéralisme économique et à l'amitié américaine, constitue le ferment de possible dissolution. Déjà, en 1945, il avait eu de vives algarades avec Beuve-Méry, puis ils s'étaient accommodés l'un de l'autre, Beuve-Méry s'affirmant comme le patron et Courtin se bornant aux pages économiques. En 1949-1950, les attaques du *Monde* contre les États-Unis sont insupportables à Courtin qui proteste, encouragé par un certain nombre de sommités françaises modérées. Remous, attaques, passions – pendant que le MRP guette à la porte dans l'espoir de rentrer au *Monde* et d'en faire enfin son journal (*L'Aube* de Francisque Gay ne pouvant jouer ce rôle).

A la fin de juillet 1951, coup de théâtre : Beuve, fatigué de remâcher ses chagrins dans ses nuits d'insomnie, cède soudain à la tentation du départ et démissionne. Il n'a consulté personne. Ses fidèles qui sont en train de prendre les rênes du pouvoir (Jacques Fauvet, chef du service politique, André Fontaine, chef du service étranger) sont accablés par cette décision. Passons sur les péripéties. Les rédacteurs, exaspérés de penser qu'on va livrer au mal un journal qui est aussi leur œuvre, et se voyant en passe d'être vendus avec les meubles, se rebiffent collectivement. Maurice Duverger et d'autres suscitent dans les grandes villes universitaires des comités de soutien à Beuve-Méry. On annonce la naissance d'une société de lecteurs (qui, la crise passée, restera mort-née). Beuve-Méry accepte, en maugréant, de se faire une douce violence et de revenir. A la fin de l'année, le MRP constate que la partie est perdue quand Funck-Brentano revient chercher son imperméable et soutient Beuve-Méry, le général de Gaulle considérant qu'à la fin des fins, celui-ci, tout malcommode qu'il soit, vaut encore mieux que le MRP qu'il juge l'avoir trahi : c'est la voix de Funck-Brentano qui fait basculer les choses au profit de Beuve-Méry... Celui-ci n'aimait guère qu'on rappelât que c'était de Gaulle qui l'avait sauvé par ce soutien apporté *in extremis*. Au reste, s'il a pu revenir, c'est d'abord grâce à la mobilisation des jeunes journalistes et de diverses amitiés qui l'ont défendu au nom d'une certaine idée de l'indépendance d'un journal par rapport à tous les pouvoirs.

L'héritage principal de la crise fondatrice de 1951 est une importante réforme des statuts. Pour permettre le retour de Beuve-Méry, on a inventé un système conférant des parts de la SARL à une « Société des rédacteurs » qui est constituée à cette fin et à laquelle participent tous les journalistes du journal. Quand la crise a été terminée, Beuve-Méry aurait volontiers secoué ce qu'il appelait « le soviet », mais il trouve en face de lui un groupe qui refuse d'effacer le pouvoir des rédacteurs : celui-ci étant destiné à compter surtout plus tard au moment des crises successives de succession.

Pour l'heure Beuve-Méry est renforcé pour résister aux attaques du dehors. Il en avait déjà subi un certain nombre. Tel homme de presse et de coulisse, Robert Bollack, vient lui proposer une grosse somme d'argent pour qu'il passe la main. Il calcule avec une sombre fierté que c'est exactement son poids d'or...

Un épisode pénible, et qui l'affaiblit, survient en mai 1952 quand *Le Monde* publie un document supposé secret provenant de l'amirauté américaine. C'est le fameux rapport Fechteler, du nom de l'amiral en chef de la marine américaine. Que dit ce rapport ? Que la guerre est inévitable avec l'URSS avant 1960, que l'Europe occidentale est un ventre mou, qu'il n'y a pas grand-chose à en attendre, ni d'un point de vue militaire, ni d'un point de vue diplomatique. Donc il faudra éventuellement l'abandonner et se replier sur le bassin méditerranéen, en jouant la carte arabe contre l'URSS. Il est possible qu'aient circulé à l'état-major naval des États-Unis quelques réflexions de ce genre, mais, en fait, le rapport Fechteler est un faux. C'est un piège qui a été tendu au *Monde* par le journaliste Jacques Bloch-Morhange, qui s'en est vanté bien plus tard dans un livre de souvenirs intitulé *La Grenouille et le Scorpion*. Tous les démentis que peut faire Beuve-Méry n'empêchent pas que le crédit du journal est atteint, et qu'il lui faut faire d'assez plates excuses à ses lecteurs et aux Américains.

Or c'est dans cette situation affaiblie que *Le Monde* essuie la dernière offensive grave contre son existence même, avec *Le Temps de Paris*. Divers hommes d'affaires, indignés par les positions prises par *Le Monde* en politique étrangère, et rajeunissant leur ancienne rancune à l'égard de l'expropriation de 1944, s'associent pour lancer un journal rival. Il y a là du pétrole avec Robert André, ancien président d'Esso France, du caoutchouc (Michelin à Clermont-Ferrand), de l'argent de la maison Worms (qui a recueilli en 1944 un certain nombre de vichystes de la première période), et enfin des fonds provenant du *Petit Parisien* et de la famille Dupuy qui a été dépossédée par l'équipe d'Émilien Amaury à la Libération, mais dont les indemnités sont disponibles. Ainsi naît *Le Temps de Paris*, sous les auspices d'Antoine Pinay.

Le Monde qui s'est beaucoup inquiété d'abord, car il se sait encore fragile, est rassuré quand il découvre le « produit ». Celui-ci est marqué par une erreur stratégique de départ qui se révélera bientôt mortelle : l'équipe n'a pas vraiment choisi entre une rivalité avec *Le Monde* et une concurrence avec *France-Soir*. Le groupe fondateur a choisi un rédacteur en chef qui a du talent, un homme de Jean Prouvost et de *Paris-Match*, Philippe Boegner, qui est engagé pour faire l'anti-*Monde* et qui brûle de faire un anti-*France-Soir*. D'où une disparité grave de ton et d'allure d'une page à l'autre. La seconde faiblesse, c'est que les bailleurs de fonds connaissaient très mal la presse. Ils n'étaient ni Boussac, ni Prouvost, ni même Marcel Dassault, si efficace avec *Jours de France*. Ils s'imaginaient plus ou moins que la presse était comme la recherche pétrolière aux périodes fastes, qu'il suffisait de percer un trou, de construire un derrick, et de laisser couler les bénéfices. En réalité, il faut très longtemps pour qu'un journal s'installe, ce qui exige une garantie des pertes pendant au moins deux ou trois ans. C'est précisément cette garantie que Boegner n'avait pas réussi à obtenir. (Le même phénomène s'est reproduit en 1977, quand l'ancien ministre centriste Joseph Fontanet s'est efforcé lui aussi de bâtir un rival du *Monde*, avec *J'informe*, qui dura 77 numéros : 11 de plus que *Le Temps de Paris* ; lui-même étant trompé sur les ressources disponibles pour couvrir les pertes inévitables des premiers temps.) D'où l'échec du *Temps de Paris. France-Soir* lance une vigoureuse contre-offensive, un concours avec des prix énormes, tandis que *Le Monde*, au balcon, regarde cet affrontement inégal et n'a plus qu'à se réjouir discrètement lorsque *Le Temps de Paris* disparaît après deux mois. Tandis que lui-même, dans la même période, constate un essor de ses ventes.

Le journal des « Trente Glorieuses »

Le Monde s'affirme en s'opposant. Son tirage dépasse la barre des 200 000 en 1956, des 300 000 en 1965, des 400 000 en 1967, des 500 000 en 1972. Deux facteurs sont favorables. D'abord les « Trente Glorieuses », entraînant la croissance de la population des cadres et aussi le développement de la publicité, dans les années 1970 en particulier. Ensuite, l'augmentation rapide du nombre des étudiants, bon vivier de lecteurs. Ils étaient 60 000 en France avant 1939, 200 000 en 1958. Ils sont 600 000 au mois de mai 68. 20 % des lecteurs du *Monde*, dans les années soixante, sont des étudiants, force immédiate et garantie d'avenir. Certains pensent aussi que le développement rapide de la télévision, pendant cette même période – on passe de 1 million à 10 millions de récepteurs durant cette décennie –, comme la nature de l'information qu'elle fournit, rend d'autant plus nécessaire, pour beaucoup de citoyens, le recours à un journal capable de mettre en perspective les faits dont ils sont bombardés.

S'ajoute enfin un facteur plus conjoncturel : l'importance des enjeux de politique intérieure. C'est le temps du mendésisme ; *Le Monde* et Beuve-Méry lui-même, remisant provisoirement son scepticisme bougon, se sont engagés fermement, cas rare, dans un soutien au gouvernement de Pierre Mendès France, au moins dans les premiers mois jusqu'à la fin de la CED. La guerre d'Algérie et la défense des droits de l'homme, la mort de la IVᵉ République, le 13 mai et le retour du général de Gaulle au pouvoir, tout cela est trop fort, souvent trop dramatique, pour ne pas entretenir la fidélité des lecteurs.

Encore fallait-il être digne de ce rendez-vous. *Le Monde* bénéficie d'une assise que n'ont pas d'autres journaux, à cause de ses ventes à l'étranger (20 % de l'ensemble, chiffre inégalé) et en province, qui lui donne 50 % de ses lecteurs : il est le journal le plus véritablement national que la France connaisse à ce moment-là. L'ambiance au *Monde* est beaucoup moins parisienne qu'au *Figaro* ou surtout dans un hebdomadaire comme *L'Express*. Les recrues de Beuve-Méry sont rarement des Parisiens : ce sont plutôt des fils de colonels à la retraite, de notaires et d'avocats venus de la « France profonde ». D'où peut-être une certaine grisaille dans le ton, une certaine réticence à l'égard des trop bonnes plumes (telles celles de Jean Lacouture ou de Jean-Claude Guillebaud). C'est le moment où *Le Monde* crée une rubrique intitulée « Humour », comme pour en être quitte dans les autres colonnes... On relève chez lui une façon de « lisser la courbe de l'actualité », comme disent les statisticiens, c'est-à-dire en se plaçant spontanément au futur antérieur ou au plus-que-parfait, en replaçant dans la durée les nouvelles quotidiennes. Ce qui ne l'empêche pas de demeurer très soucieux de précision factuelle ; pendant toutes ces années règne un rédacteur en chef, Robert Gauthier, dont la rigueur pointilleuse est restée célèbre. Les nécrologies sont excellentes, préparées de longue main selon la tradition du *Temps* (André Tardieu allait régulièrement, dit-on, mettre au point et compléter la sienne...).

Cette période est surtout marquée par le dialogue de Gaulle-Beuve-Méry. Parmi tous les griefs que de Gaulle peut nourrir à l'égard de la presse, *Le Monde* lui cause un chagrin particulier, puisqu'il estime qu'il l'a créé, puis sauvé et que cependant le journal lui a manqué. Il dit à Beuve-Méry : « Vous n'êtes pas des miens ! » Certes – et non sans affronter des critiques dans sa rédaction –, Beuve-Méry, engageant le quotidien, soutient de Gaulle du bout des lèvres au moment du référendum de 1958, qui fonde la nouvelle Constitution. Mais, ensuite, il est le plus souvent critique, y compris au moment, en 1966, de la sortie de la France de l'OTAN, qui pourtant peut paraître rejoindre la ligne du « neutralisme » prôné jadis par le journal. Quand de Gaulle donne une conférence de presse ou fait une intervention importante, Sirius lui répond solennellement et lui fait la leçon, en lettres grasses et en première page du *Monde*. Il existe entre eux quelques traits communs, y compris la tentation du retrait. Donc ils ne peuvent guère s'entendre. De Gaulle surnomme, en privé, Beuve-Méry « Monsieur Faut-que-ça-rate », et l'interpelle un jour en ces termes : « Vous êtes comme Méphisto, l'esprit qui toujours nie. » Quand Beuve-Méry, pendant l'été 1958, lui envoie un recueil d'articles sur *Le Suicide de la IVe République*, de Gaulle lui adresse cette lettre ironique :

« Cher Monsieur,

J'ai lu, relu les pages que vous réunissez dans "Le suicide de la IVe République". J'y reconnais l'ampleur de la critique et l'étendue du talent.

Peut-être après tout, rien ne vaut-il rien, mais dans ce cas qu'importe que cette chose-ci ou celle-là meure, et nous tous.

Veuillez croire, cher Monsieur, à mes sentiments les plus distingués. »

Il faut surtout citer l'étonnante rencontre, la seule, qui a lieu au moment du retour de De Gaulle au pouvoir, où vraiment le Général fait tout ce qu'il faut pour s'aliéner cet homme de presse de grande influence : aux antipodes de Roosevelt, qui avait un art si sûr pour se rallier les journalistes, même les plus hostiles. Le récit est de Beuve-Méry.

« DE GAULLE : Ah ! *Le Monde*, je vois le talent, le succès, le tirage. On le lit. Je le lis, et je m'amuse beaucoup. Vous en savez des choses ! C'est très divertissant, les journaux.

BEUVE-MÉRY (pincé) : Mon général, ce n'est pas tout à fait le but que nous poursuivions en faisant ce journal avec les difficultés que vous savez, mais après tout, les rois de France avaient leur bouffon qui parfois rendaient service tout en les amusant. [...]

Si un jour, *Le Monde* cessait de vous amuser, si vous le considériez comme un obstacle à la politique que vous estimeriez indispensable au salut du pays, il vous suffirait de me le dire, ou plutôt de me l'écrire. Je devrais en tirer les conséquences. [...]

Sans doute, et c'est grâce à vous qu'on doit de pouvoir lire

Le Monde aujourd'hui en Algérie. Mais à l'origine du journal il y a eu expropriation, pour raison d'État, et je ne me suis jamais considéré que comme libre gestionnaire d'une sorte de service d'intérêt public. Je répète qu'une lettre de vous…

DE GAULLE : Eh bien, cela vous honore ! N'empêche que sans moi, M. Beuve-Méry, aujourd'hui, vous seriez pendu ! »

Dix ans plus tard, 1969, c'est la fin d'une période. Le parallèle dure. De Gaulle s'en va en avril, Beuve-Méry, à la fin de l'année. Tous les deux étaient à l'étranger au moment de Mai 68, de Gaulle, en Roumanie. Beuve-Méry, à Madagascar, pour y donner des conférences. Quand il revient, on sent l'inflexion ; *Le Monde,* qui s'était engouffré dans le mouvement étudiant, fait un virage très net, avec l'article fameux de Bertrand Girod de l'Ain, « Le bateau ivre » – très critique tout à coup à propos de la Sorbonne et des « Katangais » qui l'occupent : le titre dit la tonalité.

Prospérités et fragilités

Le nouvel âge est marqué par le choix de Beuve-Méry qui désigne comme dauphin, à la fin de 1969, le rédacteur en chef Jacques Fauvet, spécialiste de politique intérieure. C'est le seul cas, dans l'histoire du *Monde,* où une succession se fait sans débat. Comme aux Antonins jadis, ou aux présidents du Mexique actuellement, on lui laisse les mains libres pour le choix, et les rédacteurs s'inclinent. Il n'empêche que, presque immédiatement, Beuve va affaiblir Fauvet, en montant au cinquième étage, où il viendra tous les jours, et en ne le soutenant guère auprès de ses visiteurs.

La prospérité se révèle bientôt fragile. Le tirage de 500 000 est dépassé en 1973 ; il approche bientôt de 600 000 avec une forte hausse de la publicité, mais aussi des frais généraux, celle-ci navrant Beuve-Méry. Les journalistes du *Monde* gagnent mieux leur vie. Le cogérant Jacques Sauvageot a l'esprit large, il fait des investissements nombreux, en particulier un choix considéré comme malheureux à Saint-Denis, pour une nouvelle imprimerie, celle du *Temps* étant usée jusqu'à la corde.

Le journal s'épaissit, alors que Beuve-Méry avait toujours maintenu 16 à 20 pages. Désormais, la lecture représente au total l'équivalent d'un livre de poche quotidien. D'autre part, on constate une évolution politique. Comme l'a très bien noté Jean Lacouture dans son livre *Un sang d'encre*, naguère *Le Monde* exerçait une fonction critique, mais dans les années soixante-dix il joue un rôle d'opposition. En gros, il soutient le Parti socialiste. Fauvet recrute des journalistes qui n'ont pas connu la Résistance et la Libération, et sont marqués par l'esprit de l'après-Mai 68, attentifs à ce que *Libération* est en train d'apporter de neuf dans le style et la tonalité. D'où une nouvelle vague de critiques. On reproche au *Monde* un certain nombre de « dérapages » sur le Cambodge, sur la Chine – la Chine séduit beaucoup *Le Monde,* qui mêle l'illusion d'un retour à une pureté monastique à un tiers-mondisme militant.

La décennie 1980 est celle des incertitudes. Avec un double défi. Externe : les socialistes étant au pouvoir, quelle position prendre ? La sévérité se fait attendre un peu (l'affaire du *Rainbow Warrior* marquant un tournant). Interne : avec la crise ouverte de la succession de Jacques Fauvet, qui a atteint à son tour l'âge de Beuve-Méry au début des années quatre-vingt. Claude Julien, directeur du *Monde diplomatique,* tiers-mondiste antiaméricain, est désigné un temps comme gérant et puis il doit renoncer. André Laurens ne parvient pas à s'imposer et laisse bientôt la place à André Fontaine qui redresse le journal. En diminuant les effectifs et les salaires, en renforçant l'administration, en vendant l'immeuble de la rue des Italiens pour transférer le journal rue Falguière ; et en suscitant la création d'une Société des lecteurs du *Monde* présidée par Alain Minc et d'une Société d'investissement présidée par Roger Fauroux, président de Saint-Gobain, qui apporte de l'argent frais, de l'argent considéré – ou espéré – comme non compromettant.

Les dernières années demeurent incertaines, sous la houlette de l'économiste Jacques Lesourne, la crise pesant sur la publicité et le nombre de lecteurs s'érodant : grand défi pour l'équipe rajeunie que met en place Jean-Marie Colombani quand il prend la barre en 1994 et remodèle avec succès le journal.

La montée du Washington Post

En face, le *Washington Post*. Cette feuille, fondée en 1877, est moribonde en 1933, lorsque le banquier new-yorkais Eugen Meyer l'achète aux enchères. C'est un agent de change, caractéristique de ces entrepreneurs mûrs (il est né en 1875) qui veulent investir dans les médias, y consacrer leur énergie. Il y injecte beaucoup d'argent pour rénover les systèmes de fabrication et pour engager des plumes prestigieuses. Sa fille Kay épouse après la guerre Philip Graham, juriste de formation, homme de presse rayonnant. Fort de la confiance de son beau-père, il prend en charge le journal dans les années cinquante, et, pour la première fois de son histoire, lui fait gagner de l'argent, après le rachat du principal quotidien du matin à Washington, le *Times Herald*, tandis que s'effondre le vespéral *Star*. Graham maintient la ligne qui était celle du fondateur en 1877 : le *Post* est à la fois un journal local, avec le détail des événements qui surviennent dans le district fédéral, et le quotidien de la capitale de la plus grande puissance de la terre.

C'est le temps où, comme l'écrit David Halberstam, historien de la presse américaine, « l'exigence d'excellence rencontre le savoir-faire managérial de Philip Graham », avec de surcroît l'amitié des démocrates, sous les présidences de Kennedy et de Johnson. Tandis qu'en sens inverse une haine solide à l'égard de Nixon perpétue l'hostilité ancienne du journal envers les républicains, qui remonte aux origines mêmes du *Washington Post*. L'entourage de Nixon a toujours relevé avec rancune le mal qu'avait fait à son image, en particulier, le crayon féroce du caricaturiste attitré du journal, Herbert Bloch.

Un nouveau tournant survient lorsque Philip Graham, qui souffrait de troubles mentaux depuis de longs mois, se donne la mort en août 1963. C'est le moment où un journaliste du *Post* déclare : « Le Brésil et le *Post* se ressemblent, ils ont tous deux un potentiel énorme... voué à demeurer potentiel. » Déjà les acheteurs se préparent, les vautours tournent autour du journal. Mais la veuve de Philip, Kay Graham, émerge dans des conditions qui rappellent certains films fameux du cinéma américain. Elle affirme son pouvoir, choisit un nouveau rédacteur en chef, Ben Bradley, venant de *Newsweek* (que le *Washington Post* a racheté très bon marché en 1961), bref, elle installe la surprise d'une autorité inattendue et, lorsque Nixon est élu à la Maison-Blanche en 1968, l'hostilité ancienne qui sépare le journal du président se réveille avec une vigueur inédite. Alors que Kay Graham s'affichait « faucon » au Vietnam à l'époque de Johnson, elle suscite à présent des attaques de plus en plus vives à l'égard de la politique de son successeur. Et, souverainement, elle décide de prendre le risque de la publication des fameux « dossiers du Pentagone », en 1971. Non sans hésitations, car on vient d'introduire la même année les actions du *Washington Post* en Bourse, et Wall Street n'aime guère de tels éclats. Ainsi se prépare le moment fondateur du prestige du journal : l'affaire du Watergate entre 1971 et 1973. Ce sont deux journalistes du *Post*, Woodward et Bernstein, qui ont lancé l'enquête avec une persévérance et une énergie exceptionnelles, sans savoir à l'origine qu'elle les conduirait si loin de ce cambriolage minable du siège du Parti démocrate qu'ils avaient eu à relater : jusqu'à la crise politique qui provoque la fin de la carrière du président Nixon. En 1979, Kay Graham passe le relais à son fils Donald, tout en restant très présente. Avec le recul, il apparaît que Philip Graham, grâce à elle, a en somme, *post mortem*, gagné son pari.

Une double éthique

Pour pousser la comparaison entre les deux journaux, on peut partir d'un mot de Philip Graham, en 1957 : « Je veux l'indépendance et l'institutionnalisation. Avant de mourir, j'aimerais voir le *Post* être l'égal de la *Prensa* de Buenos Aires, du *Times* de Londres, et du *New York Times*. »

Au départ, entre *Le Monde* et le *Washington Post*, un point commun. Il s'agit bien en effet, comme le dit Graham, de créer « une institution fondée sur des principes éthiques ». Le tout ne va pas naturellement sans quelque arrogance ; ce n'est pas impunément qu'on est *le* journaliste que les hommes politiques attendent pour commencer leur conférence de presse... Cet état d'esprit est bien commun aux deux journaux. A cet égard, il est intéressant de rappeler les préceptes que Meyer, lorsqu'il avait racheté le *Post*, avait fixés pour ses journalistes dans les termes suivants (j'emprunte ce texte à Jean G. Padioleau) : « La première mission du *Washington Post* est de dire le vrai. Ce journal s'engage à dire toute la vérité dans la mesure où il peut la découvrir en ce qui regarde les affaires importantes de l'Amérique et du monde. Le *Washington Post* respectera la décence due aux personnes privées. Ce qu'il imprimera doit pouvoir être lu par les jeunes et par les vieux. Ce journal a des devoirs vis-à-vis de ses lecteurs et du grand public, sans égard pour les intérêts privés de ses propriétaires. Soucieux de vérité, le *Post* doit être prêt à sacrifier ses intérêts matériels quand cette exigence s'avérera nécessaire pour le bien public. Ce journal refuse toute alliance avec les intérêts particuliers. Il se veut loyal, libre et objectif dans sa façon de considérer les affaires publiques et les hommes politiques. »

Si l'on pousse plus loin l'étude des ressemblances et des différences entre les deux quotidiens, on rencontre d'abord la question de la fameuse séparation entre les faits et le commentaire : cette distinction qui, vue de France, apparaît toujours comme si caractéristique du journalisme américain. Le *Post,* depuis longtemps, a fondé son autorité sur la qualité des commentaires. C'est ainsi que dès avant la guerre Meyer avait recruté Walter Lippman, qui pour toute une génération a été l'éditorialiste phare de la presse américaine, modèle de précision et d'autorité. Mais, dans les années cinquante, le *Post* évolue. Journal d'abord de commentaire, il acquiert peu à peu l'ambition de se faire aussi journal d'investigation. Déjà Meyer avait été l'un des premiers hommes de presse aux États-Unis qui ait prêté attention aux sondages d'opinion, et dès 1934 il avait publié des « gallups ». Mais c'est plus tard que, pour l'essentiel, l'évolution du journal se dessine.

Le moment du maccarthysme, au début des années cinquante, est important pour le *Post,* car c'est l'un des seuls organes qui ne se contente pas de reproduire les accusations que Joe McCarthy distribue à tort et à travers contre tous ceux qui peuvent être soupçonnés d'avoir été sensibles à l'ombre de l'esquisse du début de l'influence du marxisme, quitte à les déconsidérer sans qu'ils puissent se défendre. Le *Post* décide, pour sa part, d'enquêter sur ces accusations, autant que faire se peut, et contribue par là au recul du sénateur. C'est le *Post* qui pousse la télévision à obtenir de McCarthy que les auditions qu'il conduisait au Sénat des Américains soupçonnés de communisme soient retransmises en direct. Ce qui, compte tenu du tempérament éruptif de McCarthy, aboutit, comme le *Post* l'avait espéré, à le déconsidérer progressivement.

Nul doute que, par comparaison, *Le Monde* soit en retard. Autant il s'est attaché à reproduire les faits avec précision, à développer aussi des reportages d'ambiance, notamment à l'étranger, autant il a été lent à faire du « journalisme d'investigation », s'en remettant pour cela à d'autres journaux français, quitte à les citer ensuite. Voyez le dialogue qui s'est instauré de longue date entre *Le Canard enchaîné,* « hebdomadaire satirique », et l'ensemble de la presse dite « sérieuse ». Il faut attendre les années quatre-vingt pour que *Le Monde* change. Son évolution est frappante à l'occasion de l'affaire Greenpeace, avec une poignée de jeunes reporters ardents qui, non sans erreurs certes, non sans difficultés, mais avec opiniâtreté, marquent, avec l'aval du directeur André Fontaine, une volonté de débusquer, sous l'apparence, la réalité des choses. Ainsi *Le Monde* se rapproche-t-il du *Washington Post* – sans avoir encore de chef d'État à son tableau de chasse, même s'il a pu donner parfois l'impression qu'il en rêvait...

A *quelle distance de l'État ?*

Cela conduit à un deuxième sujet de réflexion pour comparaison, qui touche au niveau d'indépendance envers les pouvoirs publics. Dès l'origine, la fierté du *Post* était d'être chaque matin sur le bureau de chaque parlementaire. Raison pour laquelle, disait lord Northcliffe, magnat de la presse britannique, c'est le *Post* qu'il achèterait s'il devenait propriétaire d'un journal aux États-Unis. L'idée que Beuve-Méry ait pu, au début du *Monde*, demander à voir de Gaulle chaque semaine avec les fonctionnaires du Quai d'Orsay – il encourut d'ailleurs un refus assez sarcastique – est tout à fait incompréhensible pour un regard américain. Comme aussi le fait qu'en pleine loyauté avec lui-même il ait proposé au Général de lui redonner en quelque sorte les clés du *Monde* en 1958, au moment de son retour au pouvoir, au motif qu'il y avait eu au départ « expropriation du *Temps* pour cause d'intérêt public ».

Et pourtant, si on y regarde de plus près, on découvre que la direction du *Monde*, au moins à l'époque Beuve-Méry, est restée au total à plus grande distance des pouvoirs publics que les dirigeants du *Post*, qui travaillent à Washington, dans cette ambiance provinciale d'une capitale qui se veut le centre du monde, et où les dîners en ville, les week-ends, les rencontres, le golf et le tennis, prennent une importance extrême en mêlant de plus près encore qu'à Paris gens de presse et hommes politiques.

Pour un homme comme Philip Graham, le *Post* n'était pas seulement un journal qui trouvait sa raison d'être en lui-même, mais il devait être aussi un instrument de puissance politique. David Halberstam retrace un épisode topique. En 1950, au moment des premières graves émeutes raciales, un incident survient à Washington, à propos d'une piscine qui appartenait à la municipalité. Pendant cet été torride, l'interdiction faite aux Noirs de s'y baigner provoque de graves manifestations. C'est le jeune Ben Bradley, futur rédacteur en chef à l'époque du Watergate, qui « couvre » le sujet ; il écrit un bel et bon article, il s'attend à être publié en première page, et découvre que son

« papier » est réduit à un entrefilet. Il se précipite dans le bureau de Philip Graham, qui le calme. Un collaborateur de la Maison-Blanche est présent. Ben Bradley raconte tout oralement, et, par la simple menace de publier l'article, Philip Graham obtient, contre son silence, que les piscines soient fermées sur-le-champ et rouvertes l'année suivante en respectant l'intégration. Le journal a pesé directement sur l'exécutif par la menace d'écrire et non pas par la publication de l'article. De la même façon, en 1961, Graham accepte encore de ne rien publier, à la demande personnelle de Kennedy, à propos de la tentative de débarquement à Cuba (c'est l'affaire de la baie des Cochons) dont le journal a été avisé avant ses confrères.

Dans les deux cas pourtant, dans l'ensemble, la fierté du journal est de résister au gouvernement et, dans la saga du *Post,* on évoque avec complaisance, en sens inverse, le moment où McNamara, ancien secrétaire à la Défense de Kennedy, devenu président de la Banque mondiale, et très vieil ami de Kay Graham, n'obtint pas d'elle qu'elle empêche le *Post* de publier une série d'articles très critiques à l'égard de sa gestion : l'Amitié s'était ici inclinée devant la Vérité (avec des majuscules).

Profit et pauvreté

Un troisième sujet de réflexion comparative concerne le financement. L'argent est l'obsession de Beuve-Méry, et les anecdotes pullulent sur la méfiance extrême qu'il en a. Alors que le *Post* a toujours affirmé, dans un esprit très américain, que gagner de l'argent était pour lui une préoccupation centrale. Non pas à n'importe quel prix, mais parce que c'était un critère essentiel de réussite. En 1977, Kay Graham déclarait : « Je suis fière des récents taux de profit et de notre excellence journalistique. Un journal qui tourne bien peut et devrait réussir sur les deux tableaux [...]. Cette affaire est la démonstration vivante de ce qu'une firme cotée en Bourse peut réaliser, à savoir prendre des risques journalistiques, même si cela vous coûte cher à l'occasion... » Et aussi : « Le *Post* est une affaire de famille. Cela me rend nerveuse de regarder autour de moi les autres affaires familiales, et de voir ce qu'elles deviennent – surtout lorsque ces entreprises dégringolent. Je m'acharne à m'entourer de "managers" dynamiques et capables. » L'ambition qu'a Kay Graham de transmettre à son fils Donald une entreprise en excellent état financier la rapproche plutôt de Mme Évelyne Baylet pour *La Dépêche du Midi* ou de Mme Lemoine pour *Sud-Ouest*, que du *Monde* de Beuve-Méry. Celui-ci continuant d'être organisé selon un système d'actions qui n'apportent pratiquement pas de profits.

Un des signes de cette façon différente de traiter les problèmes d'argent se lit dans les rapports comparés avec les syndicats. *Le Monde* a rarement cherché à affronter de plein fouet le corporatisme du syndicat CGT du Livre. Alors que le *Post* a pris de front les archaïsmes. Significative est la grande grève de 1975. Le *Post* s'est attaché à diminuer progressivement le nombre des typographes peu à peu remplacés par des machines, avec la composition dite « à froid ». Naturellement, ceux qui restent sont aussi les plus combatifs. D'où le mouvement déclenché le 19 octobre 1975. Mais que certains éléments excités viennent rosser le gardien de nuit, saboter les neuf rotatives, et finalement mettre le feu à l'une d'elles après avoir détruit les extincteurs, c'est là l'erreur à ne pas commettre. Aussitôt se forme une alliance entre Kay Graham et les journalistes – qui avaient d'abord marqué de la sympathie pour les ouvriers, mais qui n'acceptent pas qu'on s'en prenne à « l'outil de travail » –, ce qui permet à la directrice de fer de gagner sur les deux tableaux. Elle brise l'hostilité des typographes tout en sauvegardant l'image « libérale », au sens américain, de son journal.

Tout cela conduit finalement à la grande question de la désignation des responsables. Peut-être est-ce là que l'opposition se dessine avec le plus de force entre le *Post* et *Le Monde*. D'un côté, la tradition anglo-saxonne : les propriétaires sont ceux qui choisissent le responsable de la rédaction, la sanction étant pour eux, si ce choix est mauvais, la dépréciation de leur capital, et éventuellement la ruine du journal. Pour Kay Graham, aucun doute, son fils est l'héritier naturel.

Rien de commun avec le processus de désignation du directeur du *Monde*, sinon directement par les rédacteurs, du moins
avec leur aval nécessaire. On a vu quel prix ont coûté au journal
les guerres de succession, celle qui a suivi le départ de Jacques
Fauvet, puis l'échec d'André Laurens, puis enfin la retraite
d'André Fontaine ; en temps perdu, en divisions graves, en
affrontements psychologiques qui laissent des traces à l'intérieur du journal. C'est le coût d'une vraie liberté des rédacteurs.
Il reste à savoir si dans aucune entreprise, même *Le Monde*, il
est souhaitable pour l'efficacité que le chef d'entreprise soit
choisi par ceux qu'il aura à commander. Autrement dit, si les
qualités qu'il faut pour être candidat dans ces conditions sont
les mêmes que celles qu'exige la fonction de gouvernement
d'un journal. La réponse est incertaine et l'affaire est à suivre...

CHAPITRE XI

LA RADIO : NOUVELLE JOUVENCE

« Après la parole, le dessin, la scène, l'écriture, l'imprimerie, la photo, le cinéma, voici qu'à son tour la radio s'est saisie du contact direct avec les intelligences, les sensibilités, les volontés. Par tout ce qu'elle projette de vivant et d'émouvant, par la façon qui est la sienne, péremptoire et immédiate, elle est le moyen d'information adapté par excellence à notre époque mécanisée, agglomérée et précipitée. » Ainsi s'exprime le général de Gaulle dans l'allocution prononcée le 14 décembre 1963 lors de l'inauguration de la maison de la Radio, au bord de la Seine, sur le quai qui ne porte pas encore le nom du président Kennedy.

Cet hommage rendu par le « général micro » revenu au pouvoir apparaît paradoxalement, en ce début des années soixante, presque nécrologique. Beaucoup de bons esprits, en effet, à ce moment-là, prévoient la déconfiture de la radio, comme média d'influence, en face de la télévision. Les années cinquante, aux États-Unis comme en France, sont parsemées de telles prévisions. Les prestiges de l'image sont si grands qu'ils semblent voués à balayer ceux de la radio. Et pourtant, dans la circulation de l'information (et cela se vérifie à chaque crise nationale ou internationale), elle conserve aujourd'hui un rôle, une utilité et des atouts spécifiques, tout comme un crédit remarquable. On l'avait enterrée trop vite.

Certes, dans un premier temps, la radio sortie triomphante de la guerre et qu'on croyait destinée à régner longtemps, à la fois sur la scène politique et sur la vie familiale de l'Ancien et du Nouveau Monde, s'est vu détrôner par un pouvoir rival ; mais la période qui s'ouvre au début des années soixante est celle d'une surprise : elle est irriguée d'une sève nouvelle – pour des raisons techniques, mais aussi à cause de la liberté des ondes qui permet l'irruption des radios locales privées, au début des années quatre-vingt.

En Amérique : annonce du déclin ?

On constate en l'occurrence (et nous verrons que le phénomène se répétera pour la télévision) un décalage chronologique marqué entre les États-Unis et le Canada d'une part, et la vieille Europe d'autre part. C'est en effet en Amérique que, dès les années quarante, la General Electric produit les premiers émetteurs en modulation de fréquence. 50 stations fonctionnent en MF dès 1942 aux États-Unis, 500 en 1948. L'Amérique est en avance de dix ans par rapport à l'Europe. C'est aussi aux États-Unis que, selon une invention de la société allemande AEG, se développe, à partir de 1948, le magnétophone qui, remplaçant le malcommode disque mou, donne une souplesse inédite à la radio.

En même temps se perfectionnent les lampes des appareils de réception, et de nouveaux alliages réduisent les dimensions du poste : celui-ci perd un peu de cette majesté du meuble ventru qui trône au milieu de la salle à manger familiale, dans les films des années trente.

1950 marque l'apogée fragile de la radio aux États-Unis ; on y dénombre 92 millions de récepteurs, 3 000 stations commerciales dont deux tiers sont affiliées, pour les informations et pour certains programmes, à divers réseaux. Seulement, la télévision « décolle » plus vite aux États-Unis qu'en Europe. Et dès 1948 elle apparaît déjà bien installée dans les habitudes populaires. La radio donne le sentiment qu'elle accepte avec une résignation attristée, sinon masochiste, de céder la place, qu'elle ne croit elle-même plus guère à son destin, qu'elle abandonne le public de masse à la télévision.

Très vite ABC, CBS, NBC, les grands *networks*, commencent à se désengager de la radio, rompant leurs contrats avec leurs stations affiliées, et diminuant les ressources consacrées aux « journaux parlés ». Se développent des modèles d'émissions plus simples, avec l'apparition des « disc-jockeys » dont le rôle est de meubler les espaces entre les disques et les messages de publicité. L'antenne se met souvent au service de minorités et de petites radios « de pays », vivotant grâce aux annonces des commerçants locaux, dont les tarifs d'ailleurs ne cessent de baisser pendant cette période. Significativement, la modulation de fréquence, qui avait représenté une modernisation si bien engagée dans les années quarante, prend du retard : signe d'affaissement de la vitalité de la radio américaine. Une majorité de stations américaines émettent aujourd'hui encore en modulation d'amplitude, sur les ondes moyennes, ce qui paraît en France antédiluvien (sauf pour qui écoute Radio Bleue).

Il existe, outre-Atlantique, trois catégories de radios. D'abord celles qu'on appelle des *clear channels*, environ 30 % de l'ensemble, qui émettent avec une force qui va jusqu'à 50 kW, les régionales qui sont 50 %, et les locales, toutes petites, qui fonctionnent entre 0,25 et 1 kW, et ne portent que dans un rayon d'une vingtaine de kilomètres. L'idée s'impose de plus en plus de découper le public en clientèles homogènes adaptées aux désirs des annonceurs. On déplore une faiblesse grandissante du contenu, à la fois dans les programmes et dans les informations. Et voici que se dessine la distinction, qui va caractériser les décennies ultérieures, entre la radio d'accompagnement et celle qu'on écoute, entre le « fond sonore » qui contribue à constituer le paysage auditif d'une époque, des lieux publics, parfois d'une vie familiale ou d'une chambre d'étudiant, et les émissions qu'on ne peut écouter qu'attentivement (l'extrême étant la radio universitaire).

L'Europe : les derniers beaux jours ?

Dans la plupart des pays d'Europe occidentale, surtout en France et dans les pays latins, la télévision ne s'installe vraiment comme outil politique et social d'importance qu'au début des années soixante. En France, on recense un million de téléviseurs à la fin des années cinquante, dix millions à la fin des années soixante. Le décalage est moins marqué en Grande-Bretagne par rapport aux États-Unis, mais les années 1945 à 1960 restent très brillantes pour la radiodiffusion dans tous les pays d'Europe. Avec quelque retard, on a vu arriver le magnétophone d'Amérique, qui donne une liberté neuve au métier des professionnels des différents pays et qui inaugure, en particulier en Grande-Bretagne et en France, une période très inventive : l'utilisation en est plus fine qu'outre-Atlantique à cause des structures même de la radio.

Outre-Manche, de 1945 à 1960, le nombre de récepteurs continue d'augmenter d'une façon considérable puisque l'on passe de 10 millions à 15 millions (pour une moyenne de 4 personnes par poste). Pratiquement, le marché est saturé, ou semble tel dans les conditions techniques du moment. La charte de la BBC, qui avait été signée à l'origine pour dix ans, est renouvelée pour cinq ans à compter du 1er janvier 1947, et à nouveau le 1er juillet 1952, cette fois pour dix ans. C'est le temps où apparaît, déjà, la télévision privée commerciale en Grande-Bretagne alors que, la radio restant dominante, le gouvernement britannique la protège et interdit toute concurrence commerciale. Le système du Board of Governors est toujours en vigueur, chargé de désigner le directeur général de la BBC (donc voué à assumer son action et à le protéger).

Il existe trois chaînes de radio à la BBC. La première, « Home Service », est la plus proche de la vie politique, économique et sociale du pays, rend compte en détail des travaux parlementaires, propose des concerts, du théâtre, des adaptations de romans populaires ; il s'agit d'une grande chaîne généraliste ambitieuse, qui entretient des annexes en Écosse et au pays de

Galles et assure aussi la responsabilité de programmes de radio scolaire qui ont toujours été plus développés qu'en France. La deuxième chaîne est le « Light Program », distrayant, avec un fond de musiques légères (jazz, chanson, rock) et, plus tardivement, la musique pop ; avec des informations brèves, surtout de service. Le « troisième programme » est destiné à offrir du théâtre, de la poésie, de la musique, sans aucune concession à la démagogie... (En 1967 a été créée une quatrième chaîne de musique plus populaire, qui s'appelle aujourd'hui Radio One.)

Dans les anciens pays totalitaires, en Allemagne et en Italie, la radio repart sur une table rase.

En Allemagne de l'Ouest, ce sont les troupes alliées qui parrainent au départ la renaissance des ondes allemandes. On dénombre 9 millions de postes en 1950, 15 millions en 1959. A côté de la Deutsche Welle qui est recréée en 1953, dirigée vers l'étranger, et de la Deutschland Rundfunk qui émet surtout vers la RDA, l'essentiel est à fondement régional. Le vrai pouvoir est exercé à hauteur des *Länder*. Les radios s'y organisent selon un système de réseaux avec décrochages locaux. Et c'est seulement à partir de cette base, au contraire de ce qui se passe en France, que s'organise une coopération, d'ailleurs assez lâche, à l'intérieur d'un organisme confédéral, l'ARD.

En Italie le schéma n'est, pour l'heure, guère différent. La RAI est constituée en octobre 1944, remplaçant l'EIAR, la radiodiffusion de Mussolini. Le principe est celui du monopole, sous le contrôle du ministère des Postes et Télécommunications, avec deux corps intermédiaires pour protéger en principe les responsables et les journalistes contre les pressions : une commission parlementaire qui veille à l'indépendance politique (et a tendance à répartir les nominations et à découper les grilles proportionnellement au poids des divers partis) et un comité culturel qui surveille la qualité. Le retard que nous avons relevé dans ce pays avant la guerre subsiste en partie : en 1949 on ne dénombre que 2,5 millions de postes, et 8 millions en 1960.

Entre les deux extrémités de l'Europe, le contraste est marqué. Les pays scandinaves sont de loin les mieux équipés en postes de radio, de même que ce sont ceux où les citoyens lisent le plus de journaux. En Espagne et au Portugal, inversement, le retard est patent.

En France : le brio et le joug

Tous ces pays connaissent, pour l'essentiel, une situation de monopole. La liberté, la diversité ont régressé depuis l'avant-guerre. En France aussi, où le monopole est strictement appliqué. Nous avons vu comment la centralisation avait commencé dès avant la drôle de guerre à l'initiative de Daladier, et s'était affirmée en 1939-1940. Ici la continuité l'emporte : Daladier, Vichy, de Gaulle. Un arrêté du 20 novembre 1944 réquisitionne toutes les stations privées ; en mars 1945, la RDF devient la RTF, administration publique fonctionnant sur budget annexe. La seule exception est constituée par les postes dits « périphériques », qui ont leurs studios en France, mais qui émettent en grandes ondes à partir d'un territoire étranger voisin. La SOFIRAD est créée en 1945 à la Libération, issue de la SOFIRA, elle-même née sous Vichy. L'État possède 99 % du capital, et la SOFIRAD contrôle Radio Monte-Carlo. Elle prend aussi 35 % de Europe n° 1 qui naît avec son émetteur en Sarre, en 1955.

Il faut citer encore Radio Luxembourg qui avait été créée au début des années 1930. C'est une radio complexe enracinée localement mais avec des ambitions internationales. Ses émissions en anglais avaient conquis un assez large auditoire en Grande-Bretagne parce qu'à cette époque la BBC, par pudeur, ne diffusait rien le dimanche qui fût léger et distrayant, se bornant à des prêches ou à de la musique religieuse : dans cette ouverture, Radio Luxembourg s'était engouffrée. Du côté français aussi, la station avait su proposer des programmes populaires écoutés spécialement dans le nord et dans l'est de la France. Les émissions reprennent en novembre 1945 avec des capitaux privés français ; Havas est présent dans Radio Luxembourg.

Du côté de la radio d'État, les émetteurs locaux sont reconstitués dans 9 régions radiophoniques, mais la centralisation est accrue par rapport à l'avant-guerre. Les postes régionaux doivent relayer longuement Paris. Deux stations existent à l'époque : le programme national avec des émissions de prestige, musicales notamment – un intermédiaire entre la première et la troisième chaîne britannique – et le Programme parisien, plus populaire. Radio Sorbonne n'est organisée qu'à partir de 1948, en ondes moyennes sur la capitale, ce qui permet de servir la vieille espérance des étudiants, traduite dans l'exclamation suivante : « Heureux les fleuves, car ils peuvent suivre leurs cours dans leur lit ! » A la fin de 1947, naît Paris Inter, où la musique est reine.

Cinq millions de récepteurs à la fin 1945, 10,7 millions en 1958 : ces statistiques rapprochent la France de ses voisins. La radio confirme son importance dans la vie quotidienne.

C'est sous l'influence en particulier de Pierre Schaeffer, un ingénieur à qui ses disciples attribuent volontiers une forme de génie, que se développe l'art radiophonique. Il a créé le « Studio d'essai » pendant la guerre qu'il prolonge ensuite avec le « Club d'essai » où l'on travaille avec passion à améliorer la « mise en ondes ». C'est l'époque aussi où fleurissent des techniciens preneurs de sons, ceux qu'on appelle, à Radio France, les « grandes oreilles ». Quant au contenu, beaucoup de neuf aussi. Dans les catégories populaires, cette radio sait toucher un public large. C'est l'époque du « Grenier de Montmartre », l'émission des chansonniers, à laquelle succédera « La boîte à sel », supprimée sous de Gaulle au début des années soixante. C'est l'époque où Pierre Dac et Francis Blanche trouvent le succès avec « Le parti d'en rire » ; l'époque de Jean Nohain, d'Henri Spade, d'André Gillois, etc. Le « Rendez-vous à 5 heures », de Micheline Sandrel, parle aux femmes de France de ce qui est supposé les préoccuper tout spécialement. Et dans un ordre plus ambitieux et plus intellectuel, le Club d'essai rassemble des collaborateurs de talent, tels François Billetdoux, Jean Chouquet, Roland Dubillard. Il se manifeste une grande vitalité dans l'invention radiophonique, dans la mise en scène théâtrale, dans le cocasse. C'est aussi le moment des grandes interviews littéraires qui font date : tels les entretiens de Jean Amrouche avec Paul Léautaud, par lesquels celui-ci atteint une notoriété nouvelle, ou ceux de Paul Claudel et d'André Gide avec Robert Mallet.

Cette période, si brillante pour la qualité des programmes, est moins honorable, il faut bien le dire, quant à l'information. Car, dans la plupart des pays occidentaux, les gouvernements gardent la bride très courte. Avec une exception, mais de moins en moins significative, à cause du déclin de la radio, du côté des États-Unis, et une autre, très honorable, en Grande-Bretagne avec la BBC. Même là, au demeurant, les choses ne sont pas toujours aussi simples qu'on pourrait le croire ; des conflits naissent, en particulier, du souci gouvernemental de ne pas développer les forces centrifuges des nationalismes gallois, écossais et irlandais. Par exemple, en 1955, survient une épreuve de force entre la BBC et le gouvernement d'Anthony Eden qui tente d'empêcher la radio de faire allusion à tout débat d'intérêt national pendant au moins quinze jours avant qu'il soit ouvert au Parlement. En réalité, on craint que le micro ne soit donné aux leaders nationalistes du pays de Galles. Mais, dès 1956, les ministres renoncent et, en gros, la BBC fait sa police elle-même.

En RFA s'affirme une nette différence de climat d'un *Land* à l'autre, suivant que la majorité est SPD ou plutôt CDU, plutôt de gauche ou plutôt conservatrice. Sur la période hitlérienne par exemple, la radio est très diserte dans les provinces à dominante SPD, beaucoup moins du côté de celles où règne la CDU.

En Italie enfin, c'est en 1972 seulement que la démocratie chrétienne abandonne son emprise exclusive sur les ondes : désormais, elle doit consentir à en partager la maîtrise avec la gauche.

Quant à la France, elle figure parmi les pays les plus centralisés. Les batailles qui s'y livrent annoncent celles qui, plus tard, secoueront la télévision.

Étant donné le prestige de la radio, et la mythologie qui l'entoure, depuis la guerre surtout, quant à son influence électorale, les gouvernements français successifs sont très soucieux de la tenir en main. Ce dont témoignent un certain nombre de crises violentes. L'une des premières date du temps, peu après la Libération, où Gaston Defferre était secrétaire d'État à l'Information. En février 1946, moins de quinze jours après le départ de

De Gaulle, Defferre révoque Claude Bourdet qui était le patron de la radio depuis la fin de 1945 et qui avait été désigné par le Général. Le 13 mars, il nomme un nouveau directeur, Wladimir Porché, qui avait été responsable, avant la guerre, des émissions théâtrales à Paris PTT, et il crée le poste de « directeur politique du Journal parlé », attribué sans pudeur à Henri Noguères, journaliste, rédacteur en chef du *Populaire* : un ministre de l'Information socialiste nomme tranquillement à ce poste sensible de la radio d'État l'animateur principal du journal de son parti. L'honorabilité de l'homme n'est pas en cause, mais le procédé ne peut pas être plus brutal. Au point qu'une menace de grève se dessine, pour protester. Noguères n'en reste pas moins en place, avec seulement un titre un peu différent.

Le départ des communistes du gouvernement et le début de la guerre froide marquent un tournant important. Les cabinets de Troisième Force justifient leur emprise sur les ondes en rappelant le double péril que le régime affronte sur sa gauche et sur sa droite. Dès que de Gaulle lance le Rassemblement du peuple français en 1947, la décision est prise de lui interdire tout accès aux antennes nationales. Aux yeux de la majorité en place, il n'est plus l'homme du 18 juin, mais le chef d'un parti quasiment factieux. Jusqu'en 1958, on n'entendra plus jamais sa voix à la radio. Il n'y est accueilli qu'une seule fois, par force, dans le cadre de la campagne électorale pour les élections législatives de 1951. Aucune des conférences de presse qu'il tient comme président du RPF n'est diffusée sur les ondes, ni en tout, ni en partie. Et cet ostracisme, par un effet de balancier ordinaire, justifiera, aux yeux des gaullistes au pouvoir, dans les années soixante, des comportements symétriques et tout aussi répréhensibles.

Les réactions de Vincent Auriol, président de la République de 1947 à 1954, sont significatives. Il avait pris, les historiens lui en savent gré, l'habitude de tenir un Journal détaillé de toutes ses activités, dont le texte a été publié *in extenso* par les soins de Pierre Nora. En février 1947, Auriol note : « Pierre-Henri Teitgen [ministre de l'Information MRP] se plaint au Conseil des ministres qu'après une grève importante des journaux parisiens », « [...] à la radio, tout le monde parle à longueur de journée ». Et il s'écrie : « Nos adversaires ont plus de

voix que les partisans du gouvernement ; c'est le journal du
Canard enchaîné. »

Un autre exemple encore plus éclairant date du 8 août 1949. Ce
jour-là, le président de la République prononce à Strasbourg un
long discours sur l'Europe – discours qu'il considère naturellement comme capital. Dès son retour, selon un narcissisme ordinaire, il se précipite vers sa radio et s'aperçoit qu'elle ne donne
pas l'intégralité de son allocution, mais seulement de longs extraits.
D'où sa réaction : « La partie essentielle est massacrée ; c'est
l'œuvre d'un imbécile, d'un paresseux ou d'un saboteur. J'ai fait
téléphoner immédiatement à Kosciusko [Morizet, son directeur
de cabinet] pour lui demander de convoquer Mitterrand ou Wladimir Porché [François Mitterrand est ministre de l'Information,
Porché directeur général de la Radiodiffusion française], ou
même les deux. » Il leur reviendra « de dire aux apprentis journalistes sans talent et sans foi, ou aux néo-anarchistes du Journal
parlé, que les messages ou discours du chef de l'État doivent
avoir la priorité absolue sur toute autre communication [...]. Je
n'accepte pas de résumé. C'est un sabotage. Le document était
d'une extrême importance. Il fallait le donner intégralement et
même demander à un ministre de le commenter. J'attends la
réponse ». Vincent Auriol est un homme politique chevronné qui
a commencé sa carrière dans les années vingt. Eh bien ! pour lui,
il est évident que la radio est au service du gouvernement. Il faudra attendre encore un quart de siècle au moins pour que la radio
et la télévision publiques ne se croient pas obligées d'ouvrir les
journaux sur les déclarations, même mineures, du chef de l'État,
ou sur ses voyages, même secondaires.

Il est frappant que Vincent Auriol, pendant sa présidence, ne
cesse pas de s'inquiéter d'un coup de force éventuel sur le siège
de la radio française, qui est situé rue de Grenelle – soit du RPF,
soit des communistes (c'est toujours le syndrome de Malaparte).
Le 8 octobre 1948, il écrit : « J'ai demandé à Queuille [président
du Conseil, radical] d'éliminer de la radio les communistes qui
dirigent tout le Journal parlé. » Et de fait, en novembre 1948,
Francis Crémieux, stalinien orthodoxe, est révoqué de la rédaction en chef du journal parlé. Le 3 novembre 1948, Auriol
déclare en Conseil des ministres : « La grève de la radio était

importante car les techniciens cégétistes ont arrêté la radio ; alors je pose la question : en cas de danger, soit que la République soit en péril, soit en cas de guerre, que se passerait-il ? Il serait impossible d'informer la nation, de faire appel à elle, si des techniciens cégétistes et communistes arrêtaient la radio. » « La Tribune de Paris », émission de débats confrontant des journalistes de différentes tendances, est, à l'époque, l'une des rares fenêtres ouvertes sur une vraie liberté d'information et elle rencontre d'ailleurs beaucoup de traverses : fréquemment suspendue, déprogrammée, repoussée...

Tel est le tableau politique, vers le milieu des années cinquante, à la veille du déclin annoncé. Or, voici que survient un rebond inespéré.

Années soixante : le rebond imprévu

Dans cette relance des années soixante, un atout fondamental est l'invention du poste à transistors, due à trois savants américains de la compagnie Bell Telephone, et qui date de 1948. Le transistor est un dispositif en semi-conducteurs qui permet d'amplifier les courants électriques. Le système se répand à partir de 1955 et permet bientôt à la fois une baisse des coûts des récepteurs et leur miniaturisation, d'où une légèreté et une mobilité inédites. On passe du poste familial unique à la multiplication des « transistors », comme on dit par métonymie (ce qui rend d'ailleurs difficiles les statistiques, puisque la redevance radio ne s'attachera qu'à un seul poste par foyer, en attendant qu'elle soit supprimée, au profit de la redevance de la télévision).

La radio retrouve alors des vertus méconnues et une influence imprévue, au fil d'événements qui sont demeurés symboliques. Ainsi quand se dessine la double menace sur la République que représentent les « barricades » d'Alger, en janvier 1960, puis surtout le putsch des généraux d'avril 1961. Si la maîtrise du général de Gaulle parvient à désarmer en quatre jours le quarteron des généraux et la cohorte des colonels félons, c'est grâce à sa fameuse intervention radiotélévisée du 24 avril : « Voici que l'État est bafoué, la République menacée, le redressement de la France compromis et par qui ? hélas ! hélas ! hélas ! par ceux-là mêmes dont c'était l'honneur, le devoir, la raison d'être de servir et d'obéir [...] Ce pouvoir a une apparence, un quarteron de généraux en retraite, il a une réalité, un groupe de colonels au savoir-faire limité et expéditif. » « Françaises, Français, voyez où risque d'aller la France par rapport à ce qu'elle était en train de redevenir. Françaises, Français, aidez-moi ! » Si les Français de métropole sont nombreux à voir de Gaulle à la télévision (rappelons-nous pourtant que le nombre de postes ne dépasse guère le million), le contingent en Algérie, que de Gaulle, ardemment, invite à ne pas obéir aux chefs révoltés, est touché grâce aux « transistors », qui, désormais, agrémentent la vie fastidieuse des soldats en Algérie. Ceux-ci sont reliés, sans intermédiaire, avec le pouvoir légal, qui les arrache à l'emprise des officiers factieux. Ainsi la radio retrouve-t-elle un rôle capital dans notre histoire républicaine. Rôle confirmé au moment du mouvement de Mai 1968 où elle offre de grands atouts aux étudiants dans leur stratégie urbaine.

Peu à peu, dans ces années-là, se modifient les habitudes d'écoute et s'organise un partage entre télévision et radio. A la première les soirées (elle n'émet encore que le soir), à la seconde les matinées, sans compter son monopole naturel dans les automobiles, dont le nombre est aussi en rapide croissance. Il faudra attendre les années quatre-vingt pour qu'apparaisse une menace de la télévision sur la radio matinale : encore celle-ci domine-t-elle jusqu'aujourd'hui en France. D'autre part, l'évolution des techniques permet à une classe d'âge nouvelle, les adolescents à faible pouvoir d'achat, d'accéder à la radio, ce qui influence naturellement ses contenus. Le ton évolue à la BBC, dès 1957, et en France l'influence d'Europe n° 1, créée en 1955, est décisive. L'émission « Salut les copains » de Frank Ténot et Daniel Filipacchi naît en 1959 et lance la vogue du yé-yé.

Cette influence renouvelée de la radio la rétablit dans sa situation d'enjeu politique et cela ne pousse pas le gouvernement, de Gaulle et les siens, à alléger leur mainmise. En mars

1966, le Général écrit à son Premier ministre, Georges Pompidou : « L'existence des postes périphériques domiciliés à l'étranger, soustraits de ce fait à l'emprise de nos lois et de nos règlements et bénéficiant au surplus d'un régime fiscal particulier et privilégié, tout en fondant leur industrie sur l'audience qu'ils trouvent dans notre territoire et les facilités pratiques qu'ils y obtiennent sans contrepartie, constitue une anomalie décidément inacceptable [...] Il s'agit qu'elle prenne fin... » Autrement dit, qu'on tranche le câble qui réunit les studios parisiens d'Europe n° 1, RTL, ou RMC à leurs émetteurs de la Sarre, du Luxembourg ou de Monaco. La seule menace de cette coupure, fin mai 1968, contribue à faire changer de ton RTL et Europe n° 1.

En 1972 encore, on relève un épisode significatif. Georges Pompidou, nouveau président de la République, a nommé Arthur Conte, député de la majorité, premier président-directeur général de la radio et de la télévision d'État, l'ORTF (établi par la réforme de 1964). L'homme a une verve méridionale et du souffle. Un conflit éclate au bout de quelques mois, lorsque le gouvernement se préoccupe de voir Arthur Conte, le premier dirigeant de l'ORTF qui ait acquis une stature publique et de la popularité, prendre trop de poids politique. L'Élysée et Matignon s'en inquiètent, et surtout le ministre de l'Information, Philippe Malaud, que ses convictions et son tempérament situent à la droite de la droite. Celui-ci s'exaspère de la mollesse qu'il attribue à Arthur Conte à l'égard de la CGT et du Parti communiste. Certes, l'influence de la CGT sur les réalisateurs de la télévision n'est pas imaginaire, comme nous le verrons, mais Malaud cède aisément au mythe du complot et des pouvoirs souterrains. D'où ce document remarquable reproduit dans le livre ultérieur d'Arthur Conte (*Hommes libres*, publié après sa chute en 1973) : « Note à l'attention de M. Dangeard, directeur général, le 11 octobre 1973 : Comme suite à notre conversation, j'ai reçu aujourd'hui le syndicat FO des producteurs de radio [dans ce milieu, FO est plus marqué à droite que dans d'autres secteurs d'activité] qui m'a confirmé que la situation à France-Inter est devenue intolérable, ce que je savais par tous ceux qui ne sont ni communistes, ni gauchistes [notez l'écho aux termes qu'employait Vincent Auriol vingt-cinq ans plus tôt], qui font actuellement l'objet d'une véritable "chasse aux sorcières". Un certain nombre d'émissions récentes sont inadmissibles, aussi bien dans le domaine de la morale que dans celui de la politique. Il s'agit des élucubrations de Pierre Bouteiller, des émissions analysant les différentes techniques de l'avortement ou prônant les drogues non pernicieuses. Je ne parle même pas de France-Culture qui est une tribune réservée en permanence au Parti communiste et à la CGT, qui déclarent ouvertement que M. Sallebert, directeur de la régie de la radio, et Mᵐᵉ Méla, responsable de France-Culture, sont leurs alliés objectifs. » Pour Philippe Malaud, aucun doute : les Rouges sont là ! C'est le McCarthy du pauvre. « Dans ces conditions, et si une réorganisation n'intervient pas immédiatement, qui devrait commencer par l'élimination de M. Sallebert, de Mᵐᵉ Méla et de leurs collaborateurs politiquement engagés, il est inutile d'attendre le moindre accroissement des ressources pour 1974. »

Texte éclairant : voilà un cas flagrant d'utilisation de l'arme financière par le ministre pour reprendre d'une main la liberté que le pouvoir gouvernemental a prétendu accorder de l'autre à l'ORTF. Ce qui est réconfortant, en termes symboliques, avec le recul, c'est que si Malaud obtient le départ de Conte, celui-ci l'entraîne dans sa chute : ils tombent ensemble comme deux duellistes s'entrelardant mutuellement.

Un autre épisode frappant survient après l'arrivée de Valéry Giscard d'Estaing à l'Élysée et de Jacques Chirac à Matignon, quand celui-ci provoque le départ de Maurice Siégel, patron d'Europe n° 1, qu'il accuse de « persiflage » (le mot est resté célèbre dans les milieux, et l'événement est raconté par Siégel lui-même dans un livre qu'il a intitulé avec humour : *20 ans, ça suffit !* – c'était la durée de sa carrière à Europe 1).

Pourtant, si l'emprise politique reste lourde sur l'information, en revanche, du côté de ce qu'on appelle dans le métier les « programmes » – c'est-à-dire tout le restee – la latitude de modernisation est grande, sous l'influence en particulier d'Europe n° 1. Alors que France-Inter était restée longtemps, comme la BBC, assez guindée, à partir de 1964 et de la naissance de l'ORTF, un effort de rajeunissement est accompli, sous l'influence d'un homme de radio compétent, Roland Dhordain. Saluons aussi l'apparition de France-Culture et de France-Musique, qui sont les héritières de l'ancien « programme national ». France-Inter qui, en 1962, n'atteignait que 24 % de l'écoute, contre 42 % à Radio Luxembourg et 34 % à Europe, rattrape et devance ses deux concurrentes de 1967 à 1973, au cours de six années très brillantes.

La dernière période, celle du dernier quart de siècle, est dominée, en France, par deux problèmes. Première question : comment développer toutes les possibilités qu'a la radio d'être un média de proximité, alors que tout le mouvement de centralisation jacobine a tendu à concentrer les stations dans la capitale et dans quelques grandes villes régionales, avec de très larges auditoires ? Seconde question : l'équilibre à trouver entre le secteur privé et le secteur public. Sur fond de progrès techniques – avec le développement de la bande de modulation de fréquence, le confort d'écoute, la stéréophonie et bientôt les satellites facilitant les réseaux – la nouveauté est l'apparition des radios dites « libres ».

Aux États-Unis, l'évolution se dessine, en quelque sorte, à l'envers. Au contraire de ce qui se passe en France, on y note à cette époque une réaction, dans certains cercles, contre la philosophie du « tout-au-profit ». Une inquiétude touche les élites américaines, préoccupées du risque que le ressort commercial ne conduise les radios à se faire les servantes exclusives du public le plus populaire. D'où l'apparition de stations non commerciales, vivant sur l'argent fourni par l'État, les fondations, institutions diverses et généreux mécènes, avec une dominante éducative. En 1986, 80 % de la population américaine peut écouter ces antennes non commerciales. Elles se constituent en deux réseaux. Le National Public Radio (NPR), le plus important, est créé en 1972 et monte sur satellite en 1980 avec des programmes hebdomadaires de 50 à 75 heures, distribués à toutes les radios « franchisées » ; symbolique est cette émission d'information approfondie de 90 minutes offerte chaque jour en fin d'après-midi, qui s'appelle « *All things considered* » (tout bien considéré). A partir de 1982, les stations non commerciales de New York, Cincinnati, San Francisco, Los Angeles et du Minnesota se regroupent pour créer un second réseau, diffusant beaucoup de musique classique, l'American Public Radio (APR), qui se situe à mi-chemin entre Radio Classique et France-Musique.

Cette évolution tire un peu vers le haut le secteur commercial et l'arrache par moments à sa médiocrité. Les grandes compagnies portent à nouveau quelque intérêt aux radios, grâce aussi au satellite qui permet de renforcer le système de réseau en « maille ». Entre 1975 et 1986, les stations affiliées à un réseau passent de 36 % à 58 %.

L'essor des « radios libres »

L'Europe est dominée pour sa part par l'émergence des « radios libres », qui constitue une sorte d'épopée pour une partie de la génération soixante-huitarde, avec tous les traits, parfois émouvants, parfois ridicules, d'une guerre picrocholine. Les incertitudes juridiques sont nombreuses. Dans les pays latins, comme il advient d'ordinaire pour les secteurs nouveaux d'activité, il faut passer par un temps de vide juridique, dans l'esprit de Mai 68 : « Il est interdit d'interdire », une de ces périodes où l'enthousiasme des naïfs favorise les débordements des malins. Le tout est en vif contraste avec les États-Unis où la bande reste strictement organisée et réglementée grâce à la FCC.

L'ancêtre des « radios libres » est une station qui commence d'émettre en hollandais, en 1960, au large des côtes des Pays-Bas : Radio Veronica. Mais l'aventure commence vraiment chez les Britanniques, un peu plus tard. Célébrons Radio Caroline, qui émet à partir de 1964, son émetteur étant installé sur un vieux cargo rouillé qui flotte au large des côtes britanniques et qui menace constamment de couler. Elle s'interrompt de 1968 à 1972, et ne se tait que le 20 janvier 1979. Donc elle couvre toute la période de la mutation – quinze ans.

En France, les périphériques ont permis d'aérer le système radiophonique. Rien de tel en Grande-Bretagne. Contrairement à la télévision, la BBC garde une main de fer sur les radios jusqu'en 1972 ; elle ne renonce qu'alors à son monopole et peu à peu vont s'installer des stations commerciales. Radio Caroline contribue à lancer la musique de toute une génération, par exemple les Beatles (qui sont de ce fait plus connus, au début, en France, du côté de la côte du Nord-Ouest).

C'est en Italie que naît l'expression « radios libres », vers 1968-1969. Dans ces années-là, le Groupe Danilo Dolci émet clandestinement en Sicile à partir de la ville moyenne de Partinico (20 000 habitants) pour mettre sur la place publique les injustices dont des citoyens de Belia, en Sicile, ont été victimes : archéologie d'un mythe. Mais c'est à partir de 1975 que les radios locales se développent vraiment. Trois premières radios libres, qui vont durer : Radio Emmanuel à Ancône ; Radio Milano International et Radio Parme. Elles se multiplient à la fin de 1975 et au début de 1976, atteignant bientôt le chiffre de 300. Et c'est sous leur pression que la Cour constitutionnelle italienne (en avance par rapport aux autres pays européens) autorise les radios à vocation locale, provoquant une nouvelle inflation du nombre d'antennes : 1 500 en 1977 en Italie, dont 250 à Naples ! C'est une cacophonie absolue ; mais enfin chacun trouve un vif plaisir à parler, à défaut d'être écouté...

L'affaire de Bologne, en 1976, symbolise l'ère nouvelle. Cette année-là surgissent des troubles estudiantins dans cette grande ville universitaire. Un militant d'extrême gauche, Francesco Lo Russo, est tué au cours d'un affrontement avec la police. Radio Alice l'annonce, les autorités découvrent (elles avaient oublié Mai 68 à Paris) le formidable pouvoir qu'exerce une radio de ce type dans de telles circonstances. L'émeute qui secoue Bologne pendant deux jours s'organise autour de Radio Alice qui en guide les mouvements, d'une barricade à l'autre...

Désormais, toutes les contestations de l'Italie de ces années-là s'expriment sur les ondes neuves : féministes, objecteurs de conscience, homosexuels, chômeurs, squatters, etc. Mais dans le même temps les radios commerciales commencent d'apparaître, avant de l'emporter peu à peu sur les autres. Quand leur coloration n'est pas politique, elle est pornographique : Radio

Luna invente le strip-tease radiophonique (Carbone 14 dans les années quatre-vingt, en France, sera son émule) ; on songe à cet irréductible amoureux de la TSF qui refusait la télévision en s'écriant : « A la radio les images sont tellement plus belles » ! Ces radios commerciales se regroupent, à partir de 1975, dans l'Association nationale de télédiffusion indépendante.

Le cas de la Belgique est aussi digne d'intérêt. Elle suit le modèle italien à partir de 1978, avec quelques particularismes. Radio Eau noire est créée en mars 1978, la première, sauf erreur, à donner en détail la recette du cocktail Molotov. La génération fondatrice est très contestataire, marquée par l'écologie. Puis beaucoup de radios commencent de sortir de la clandestinité pour devenir officieuses, avant d'avoir pignon sur rue. Dès septembre 1981, elles sont autorisées du côté wallon, en mai 1982, du côté flamand. Et ici la chronologie suit à peu près celle de la France.

En 1980, il existait 8 000 stations de radio légales aux États-Unis pour 221 millions d'habitants, et, pour 50 millions d'habitants en France, il n'y en avait que sept ou huit autorisées. Celles de l'État : France-Inter, France-Culture, France-Musique, appartenant maintenant à Radio France, la société qui est née de l'éclatement de l'ORTF en 1974, tout comme FIP, invention de Jean Garretto et Pierre Codou à la fin des années soixante-dix, locale et spécialisée (« fond sonore », voix tendres et radioguidage) ; et, d'autre part, les périphériques, Radio Luxembourg, qui a adopté le sigle RTL sous l'impulsion de Jean Farran, à la fin des années 1960, Europe n° 1 muée en Europe 1... La liste se clôt avec Radio Monte-Carlo qui couvre le Midi, et Radio Andorre au Sud-Ouest.

Le coup d'envoi des radios libres est donné, paradoxalement, à la télévision. Au moment des commentaires politiques sur les élections municipales de mars 1977, un jeune leader écologiste, Brice Lalonde, surgit sur les écrans (comme il a obtenu un certain nombre de voix à Paris, on l'a invité), et soudain il s'écrie : « J'ai une bonne nouvelle à vous donner », sort un poste de radio qu'il avait sur les genoux, le pose devant lui et annonce : « Écoutez bien, vous entendez pour la première fois une radio privée qui s'appelle Radio Verte. » Et il proclame la naissance d'une nouvelle liberté. Ce qu'on n'a su qu'après, c'est qu'en fait il avait un complice installé à quelques mètres de là dans les coulisses, porteur d'un petit sac dans lequel il avait mis l'émetteur. Peu importe ! Le moment est fondateur. Radio Verte est devenue ensuite Radio Verte Fessenheim, et Brice Lalonde, plus tard, ministre.

C'est l'époque, dans les années 1977-1978, des pèlerinages en Italie, où l'on se rend avec des airs de conspirateurs pour voir comment on bricole un émetteur bon marché. Les syndicats jouent leur rôle dans l'aventure. C'est ainsi que le déclin de la sidérurgie fait naître « Lorraine Cœur d'acier » ou « SOS emploi » de la CGT. Les autonomistes aussi entrent dans le jeu, dans certaines régions. Sans compter les radios ouvertement politiques : Radio Fil bleu, de tendance giscardienne, et Radio Riposte, socialiste, qui vaut à François Mitterrand, premier secrétaire du PS, une inculpation parce qu'il s'y est exprimé le 28 juin 1979.

On attend beaucoup, dans le monde des « radios libres », de l'arrivée des socialistes au pouvoir. Le nouveau ministre de la Communication, Georges Fillioud, met en musique les intentions annoncées durant la campagne. Dès le 9 novembre 1981, une loi prévoit des dérogations au monopole, jusqu'ici surveillé très strictement par Télédiffusion de France, la société responsable des émetteurs, elle-même issue de l'ORTF en 1974. Puis est promulgué, le 29 juillet 1982, le texte dont il sera reparlé abondamment plus loin à propos de la télévision et qui stipule dans son premier article que « la communication audiovisuelle est libre ». Cette même loi crée la Haute Autorité de la communication audiovisuelle, chargée entre autres missions de distribuer les autorisations d'émettre et d'organiser la bande de modulation de fréquence.

Deux grands débats dominent ces années-là : ils concernent les fréquences et la publicité. On découvre, à l'étonnement des pionniers, que les fréquences sont un bien rare (même si l'armée accepte de dégager progressivement la bande de 100 à 104 dont elle était propriétaire et même de 104 à 108, presque partout sauf dans les régions frontalières) et qu'il faut donc en organiser la répartition. Il faut un « répartiteur » et un gendarme : ce sera la Haute Autorité ; marieuse même, puisqu'elle s'efforcera de favoriser les rapprochements – d'ailleurs rarement durables.

Quant à la publicité…, faut-il ou non l'autoriser aux radios locales privées ? Beaucoup considèrent que celles-ci doivent être strictement désintéressées, échapper aux brutalités réductrices du marché et par conséquent vivre du bénévolat et du soutien de leurs auditeurs. D'autres rétorquent que c'est là pure hypocrisie : si on n'accepte pas la publicité, il y en aura de toute façon, dissimulée. Et on va retrouver tous les tripatouillages de l'époque de Maurice Privat au début de la radio, toutes les influences douteuses de l'argent caché. Oui, rétorquent les premiers, mais si on autorise la publicité, celle-ci pèsera lourdement sur les programmes et ainsi les « gros », seuls séduisants pour les annonceurs, écraseront les « petits » ; NRJ tuera Radio Aligre.

Cette histoire est racontée avec verve par Annick Cojean et Frank Eskenazi dans leur livre de 1986 : *FM, la folle histoire des radios libres*. Au début, alors que Georges Fillioud, qui est un ancien journaliste d'Europe 1, tend à penser qu'il vaut mieux autoriser la publicité tout en la contrôlant, le Premier ministre Pierre Mauroy, pour des raisons de principe, refuse de le suivre, approuvé en cela par le président de la République. Du côté socialiste on se réfère souvent à ce souvenir : une radio commerciale avait contribué, au Chili, en 1973, à la chute de Salvador Allende, en excitant les chauffeurs de camions contre le gouvernement légal…

La presse écrite pousse dans le même sens, peu désireuse de voir cette publicité lui échapper, après tout ce qu'elle a perdu déjà au profit de la télévision. Mais la nécessité s'impose vite. L'aide, petite, que l'État prévoit de donner à ces « radios libres » (un maximum de 100 000 francs pour un premier établissement) ne peut évidemment suffire à les faire vivre. En avril 1984, François Mitterrand, brusquement, change de cap et dit « oui » à la publicité, l'annonçant à l'improviste au cours d'un voyage aux États-Unis.

Il faut restituer l'ambiance : celle d'une montée de la contestation des partisans de l'école privée, qui aboutit à la manifestation du 24 juin 1984 à Paris. Les socialistes s'inquiètent et s'indignent que la droite puisse retourner contre eux l'accusation d'être « liberticides », ce qui pèse sur les décisions prises bientôt à l'égard des radios privées.

Le 8 décembre 1984 survient un tournant décisif. La Haute Autorité a décidé de suspendre quatre radios qui violent, cyniquement et impunément, la réglementation sur le niveau sonore des émissions. Certes, celui-ci a été limité à 0,5 kW, ce qui est absurde, mais NRJ monte à près de 100 kW... Le romancier Paul Guimard, membre de la Haute Autorité, affirme à ce moment-là qu'un matin, du côté de la porte de Bagnolet, il a entendu NRJ sur son rasoir électrique...

NRJ, animée par un homme entreprenant qui se met volontiers en avance d'une loi (pour reprendre le mot qu'on a prêté à Hersant), décide – c'est la première fois, sauf erreur, dans l'histoire des médias – d'utiliser une officine de conseil en communication, qui organise une manifestation dans Paris où son public se rassemble, des jeunes qui scandent qu'ils se moquent comme d'une guigne des autres stations, et qui défendent à grands cris la leur, « la plus belle des radios ». La chanteuse Dalida est en tête du cortège. Le plus étonnant est que, dans les milieux socialistes, plusieurs se persuadent, prenant leurs désirs pour des réalités, qu'il s'agit d'une radio amie, presque militante. Le gouvernement de Laurent Fabius, qui dispose du bras séculier, interdit l'intervention de la force publique, avec l'approbation du président de la République qui se trouve en Irlande. Décision grave : désormais les tricheurs pourront s'en donner à cœur joie et on perdra plusieurs années dans l'indispensable remise en ordre selon la loi républicaine.

Nécessité du secteur public

En face, le secteur public. Ses attitudes varient d'un pays à l'autre. Il faut distinguer les pays où la radio publique jouit de son indépendance, et ceux où elle reste liée de très près à la télévision : dans ce cas – en Belgique, en Espagne, en Italie –, elle est presque toujours en mauvaise posture. Car, quand il faut faire des économies, c'est sur elle qu'on les fait le plus volontiers porter, elle qui suscite beaucoup moins de passion, donc d'attention chez les hommes politiques. En revanche, dans le cas français, la décision prise en 1974 par Valéry Giscard d'Estaing de casser l'ORTF en morceaux (décision dont nous reparlerons pour la télévision) a constitué un avantage évident. En effet, la définition de Radio France, qui naît alors comme société indépendante, située sur le même plan que les sociétés de télévision, va lui permettre de mener son jeu efficacement.

La BBC, pour sa part, reste unifiée, mais elle a une tradition radiophonique plus forte et plus riche qu'ailleurs. En 1972, la loi qui crée l'Independent Broadcasting Authority permet l'apparition de radios commerciales locales : elles sont 39 stations à l'époque, aujourd'hui 46 (à rapprocher des stations de la BBC : 22 et 37). Les radios de la BBC fonctionnent sur « décrochages » environ un tiers du temps.

La Belgique au contraire connaît un affaiblissement de la radio de service public, qui roule depuis quinze ans de malheur en malheur. Car on ne cesse pas de resserrer son budget. La Communauté des radios publiques de langue française, organe de coopération entre les quatre principaux pays francophones d'Europe et d'Amérique, était témoin, dans ces années quatre-vingt, d'un contraste marqué entre la Belgique et la Suisse. La première était – gaiement – malheureuse, et la Suisse maîtrisait avec sérénité toute concurrence éventuelle du privé. Certes, vers 1985, la SSR a jeté un peu de lest, en acceptant quelques radios privées mais celles-ci surveillées de près par elle – toute mise en réseau leur étant interdite. En Allemagne aussi, la montée des radios privées a été très lente – alors que la publicité était limitée sur les radios publiques de l'ARD à peu de chose : deux minutes par heure. En Espagne, dans les années soixante-dix, sont apparues beaucoup de radios privées, mais maîtrisées par les journaux qui ont construit des groupes plurimédias – j'en ai parlé déjà à propos de *Diario 16*. En Italie, le paysage s'est stabilisé, la RAI assurant deux programmes généralistes, l'un à la fois en ondes moyennes et en modulation de fréquence, le second (la RAI 3) un mélange de notre France-Culture et de notre France-Musique.

En France, le paysage radiophonique des années quatre-vingt s'est défini aussi selon le principe du double secteur. Ce ne fut pas sans problèmes et sans tâtonnements. Mais Radio France a relevé le défi.

Elle a dû d'abord exiger une meilleure police des fréquences. Le service public, qui ne peut pas se permettre de violer la loi et d'émettre au-dessus de la limite autorisée, voyait, au début des années quatre-vingt, ses auditeurs fort mécontents que leur écoute soit brouillée.

Il a fallu aussi définir les règles concernant la publicité. La doctrine est que Radio France vive essentiellement de la redevance et qu'il n'y ait pas sur ses ondes de publicité autre que « collective », ou « compensée », jamais de marques (seule la chicorée Leroux en est satisfaite, puisqu'il n'existe pas d'autre marque sur le marché !). Bien entendu, les « budgétaires » du ministère des Finances sont toujours tentés de pousser au laxisme, pour économiser sur la redevance. Mais c'est le devoir des ministres de la Communication d'y résister bec et ongles. Au début, un peu de « réclame » commerciale, cela ne paraît pas grave, mais peu à peu on risque de tuer la raison d'être de la radio publique, la différence étant en grande partie définie précisément par l'absence de cette publicité, qui « pollue » l'antenne aux oreilles des auditeurs. A court terme, quelques plaisantes facilités financières, mais bientôt la certitude du déclin...

Troisième défi, celui de la décentralisation. Pendant la période où Jacqueline Baudrier présidait Radio France, pendant le septennat giscardien, entre 1974 et 1981, elle a plaidé pour une présence de son entreprise dans les régions. Mais, en 1974, on avait pris une décision malheureuse : les radios régionales restaient dans la dépendance de FR3. Avec cette conséquence prévisible qu'en province la radio publique était pauvre et méprisée. On y mettait rarement les meilleurs collaborateurs. Plus grave encore : elle visait un auditoire régional et non pas local, incapable par là d'exploiter ses avantages et n'obtenant qu'un faible succès d'écoute. Jacqueline Baudrier eut le mérite, à la fin de son mandat, d'obtenir de Jean-Philippe Lecat, ministre de la

Communication et de la Culture, l'autorisation de tenter l'expérience de nouvelles radios de « proximité ». De telle sorte que Radio France n'a pas manqué le coche au moment où la radio se réappropriait, dans les années quatre-vingt, après la longue parenthèse de 1945 à 1981, l'atout majeur dont on l'avait d'abord privée : parler d'eux-mêmes aux « pays » de France.

De façon expérimentale on a ainsi créé Fréquence Nord, à Lille, avec une dimension régionale ; Radio Mayenne à Laval, avec une dimension départementale ; Radio Melun enfin, avec une dimension municipale. Puis, après le changement de majorité de 1981, la loi de 1982 a heureusement rendu à Radio France la responsabilité des radios « décentralisées ». Ce qui a permis à l'équipe qui dirigeait la maison dans les années suivantes de s'engager, avec vigueur et enthousiasme, dans la création de nouvelles radios locales ; d'un côté, les anciennes radios de FR3 récupérées en janvier 1983 et, d'autre part, des radios créées *ex nihilo*. De sorte qu'en 1995 il existait en France 47 radios locales publiques. Elles ont un succès forcément inégal. Elles se sont affirmées avec une efficacité particulière dans les régions rurales et les villes petites ou moyennes, le type en étant Radio France Creuse pour les premières, Radio France Loire Océan pour les secondes. Dans les grandes villes, la réussite a été plus incertaine, mais dans l'ensemble le pari gagné a été d'obtenir que Radio France, si diverse, avec ses différentes antennes installées (y compris Radio Bleue, sur ondes moyennes et aussi en FM à Paris depuis 1994, pour un public plus âgé), en dépit des forces centrifuges que créait cette diversité, fasse travailler toutes ses stations ensemble, sans qu'aucune ne perde son originalité. Si bien que les radios locales ont pu survivre à la menace redoutable qu'a constituée, en 1986, au moment de la cohabitation, l'arrivée dans le secteur du secrétaire d'État Philippe de Villiers, lui-même fondateur d'une radio privée en Vendée, Radio Alouette, qui s'était irrité naguère de la concurrence efficace de Radio France Loire Océan et chercha, au gouvernement, à assouvir des rancunes privées en déclarant la guerre au réseau public. Il échoua, se heurtant au patriotisme de la maison et à sa capacité d'imagination pour survivre à la diminution brutale de crédits qui lui avait été imposée. Ainsi s'est affirmée, dans la ligne de la loi Defferre sur la décentralisation, l'importance d'une information libre et équilibrée dans les régions.

Un beau slogan avait été inventé au temps où Jacqueline Baudrier présidait Radio France : « Écoutez la différence ! » Et telle est bien la règle du secteur public : il s'agit d'abord de faire ce que les autres, dans le privé, ne feraient pas, ce à quoi assurément le ressort du profit ne pourvoirait pas : ainsi de France-Culture qui a toujours résisté victorieusement à l'idée absurde et pernicieuse de la fondre avec France-Musique (mieux : entre 1983 et 1986, les émissions de l'une et l'autre, avec le même budget, ont pu être étendues à la nuit entière, en stéréophonie). Et France-Info, une réussite due à Roland Faure, nommé président au milieu de la première cohabitation, n'aurait pas pu être montée hors du secteur public, car lui seul était capable d'irriguer France-Info de toutes les forces vives de ses toutes jeunes radios locales.

Dans cet équilibre des deux secteurs, la radio a précédé de dix ans la télévision et a constitué pour celle-ci un champ d'expérimentation dont, plus attentive, elle aurait pu, parfois, tirer un meilleur profit.

CHAPITRE XII

L'ÉMANCIPATION POLITIQUE
DE LA TÉLÉVISION

C'est un fait que la télévision est née d'abord comme une sorte d'appendice chétif de la radio. Jusqu'au moment où, grandissant vite, elle a renversé l'équilibre ; influence, rayonnement et passions.

La première période, celle de l'expérimentation en marge de la radio, a été prolongée du fait de la Seconde Guerre mondiale. Autant celle-ci a favorisé la radio, la constituant en média-roi, autant la télévision en a souffert, car son essor technique en a été entravé, l'effort des ingénieurs se portant ailleurs. Quand le conflit a éclaté, elle n'était pas assez avancée techniquement pour pouvoir servir les belligérants. Ensuite, dans les années de l'après-guerre, elle est restée proche du modèle de la radio, avec les deux systèmes opposés que nous avons évoqués, la préoccupation commerciale comme ressort aux États-Unis d'Amérique et dans un certain nombre de pays inspirés par eux, la dominante publique l'emportant au contraire en Europe occidentale. Puis, progressivement, le monopole public s'est trouvé remis en cause, non pas tant par le souci de varier les programmes qu'à cause d'une réaction de plus en plus forte des citoyens contre l'emprise que l'État, c'est-à-dire les gouvernements, exerçaient sur l'information.

Au cours de la dernière période enfin, dans la plupart des pays d'Europe occidentale, la question de l'indépendance de l'information étant à peu près réglée et sa liberté par rapport aux pouvoirs publics à peu près acquise, la question des contenus de programmes a été du coup projetée au premier rang des controverses, et il a fallu s'interroger, selon une urgence croissante, sur les avantages et les inconvénients d'une éventuelle substitution à l'influence de l'État d'autres forces, celles de l'argent privé – phénomène sur lequel le modèle américain informe de longue date.

Une joyeuse enfance

La préhistoire de la télévision mérite quelque attention. Il y a bien longtemps que les hommes rêvent de transmettre des images au loin. On en trouve déjà le témoignage dans Jules Verne. Il s'agissait d'abord d'images fixes. C'est ainsi que l'Italien Caselli avait inventé, dès 1856, le « pantélégraphe » qui fut utilisé par les postes françaises pour transmettre de courts messages autographes et des dessins au trait. Capable d'envoyer des photos, le bélinographe, déjà évoqué, est mis au point au cours des années qui précèdent la guerre : en fait, c'est moins l'ancêtre de la télévision que du télécopieur – échange point à point.

La télévision naît des découvertes sur la photoélectricité, c'est-à-dire la capacité qu'ont certains corps de transformer un rayonnement d'électrons d'énergie électrique en énergie lumineuse. La difficulté majeure à vaincre est celle du balayage : comment faire pour que ces électrons soient organisés sur des lignes qu'ils parcourent à une grande vélocité afin de créer une image sur l'écran ? On a débattu longtemps du nombre de lignes qui était préférable. Plus elles sont nombreuses, plus le coût en est élevé, mais l'image s'en trouve d'autant plus belle et précise. Les solutions varient selon les pays, ce qui retarde parfois les progrès de la télévision puisque des clients potentiels hésitent à acheter des postes qui risquent, pensent-ils, d'être vite dépassés. Et la coopération internationale s'en trouve compliquée.

Quatre pays se distinguent, pendant cette période de balbutiements qui précède la Seconde Guerre mondiale, par la qualité, la diversité, la vitalité des expériences – qui sont conduites presque toujours à proximité du pouvoir politique.

A nouveau, la Grande-Bretagne est en tête ; la BBC lance des émissions publiques dès le 2 novembre 1936, depuis les studios d'Alexandra Palace, à Londres, selon un système à 405 lignes. En 1939, 20 000 récepteurs fonctionnent dans la région londonienne, pouvant recevoir vingt-quatre heures d'émissions par semaine. Les premiers reportages en extérieur sont réalisés. C'est ainsi que le couronnement de George VI est filmé en direct et diffusé par cette toute jeune télévision. Mais tout s'arrête net le 1er septembre 1939.

Aux États-Unis, le secteur privé, naturellement, domine. La puissante firme RCA installe en 1931 un émetteur au sommet de l'Empire State Building. Le principe de la liberté d'entreprise provoque un grand désordre, chaque fabricant s'efforçant de promouvoir son procédé, ce qui retarde la vente des postes récepteurs : 5 000 seulement fonctionnent chez des particuliers au moment où le pays entre dans la guerre, en décembre 1941, après Pearl Harbor.

En France, deux ingénieurs éminents jouent un rôle : René Barthélemy et Henri de France, l'inventeur de la télévision en couleurs, façon française. C'est Barthélemy qui lance un programme expérimental, le premier, une heure par semaine, à partir de Paris, en décembre 1932. Georges Mandel, dynamique ministre des Postes dans le gouvernement Flandin de novembre 1934, s'intéresse à la télévision et donne un nouvel élan aux expérimentations. Il crée le premier studio, rue de Grenelle, en avril 1935, en un lieu qui accueille encore aujourd'hui des démonstrations d'émissions en haute définition. En novembre 1935, toujours sous l'autorité de Mandel, on passe de 60 à 180 lignes en attendant, bientôt, 455. La tour Eiffel sert d'antenne. Au printemps de 1939, elle émet quinze heures par semaine en relais du studio de la rue de Grenelle (de la « radio filmée », des causeries...), avec quelques centaines de récepteurs installés dans la région parisienne, souvent dans des lieux publics. Georges Mandel avait annoncé un vaste programme de construction d'émetteurs, mais la guerre interrompt tout cela.

En Allemagne, l'Office des postes travaille dès 1928 sur 30 lignes et passe à 180 lignes en 1933. Les Jeux olympiques de Berlin en 1936 constituent le moment fondateur, l'événement qui vient cristalliser aux yeux du public l'apparition du nouveau média. Ils ne sont pas seulement filmés pour le cinéma par Leni Riefenstahl de la façon splendide que l'on connaît, ils sont aussi télévisés et transmis dans cinq ou six villes allemandes, avec des récepteurs installés en public qui touchent 160 000 téléspectateurs. Là comme ailleurs, la guerre suspend l'effort, et comme ailleurs il faudra attendre l'après-guerre pour que la télévision prenne un nouveau départ.

Signalons pourtant un cas curieux que nous connaissons mieux depuis qu'il a été étudié dans un livre de Thierry Kubler et Emmanuel Lemieux : la télévision a fonctionné en 1943 et 1944, à Paris, sous l'Occupation allemande, dans des conditions pittoresques. L'idée était de distraire les blessés allemands hospitalisés dans la région parisienne. On installa 300 téléviseurs dans les hôpitaux, et on réquisitionna un immeuble de la rue Cognacq-Jay qui appartenait à la Caisse de retraite des anciens combattants. La télévision française y est restée installée jusqu'au début des années quatre-vingt-dix...

L'occupant impose, au lieu des 455 lignes de Georges Mandel, les 441 lignes allemandes. Le programme est bilingue. Il s'ouvre chaque jour avec « Le pont d'Avignon » et se termine avec « Lily Marlene », chanté par Suzy Solidor. On n'a conservé que 15 secondes des émissions mais les archives écrites montrent qu'il ne s'agit pas d'une télévision de propagande, plutôt d'une sorte de luxe que s'offrent les autorités d'occupation, sous la direction dynamique de Kurt Hilzman (qu'on a ramené récemment, vieux monsieur de quatre-vingt-sept ans, à Cognacq-Jay, pour une émission souvenir). Il emploie 120 personnes et témoigne d'une désinvolture rare dans cette période de la guerre, qui ne laisse pas d'agacer la Gestapo. C'est ainsi qu'il signe des certificats de complaisance pour de jeunes acteurs qui veulent échapper au Service du travail obligatoire ; on a retrouvé celui consacré au jeune Jacques Dufilho, qui devait, un demi-siècle plus tard, incarner Pétain dans un film de Jean Marbeuf. L'inauguration, le premier jour, est marquée par la « danse des perruches », interprétée par les deux filles du consul d'Éthiopie à Bruxelles, qui sont rapatriées sur Paris. Des acteurs de la Comédie-Française viennent y « cachetonner ». On peut y voir Henri

Cochet, l'un des « mousquetaires » vainqueurs de la coupe Davis, y donner une leçon de tennis, et le célèbre boxeur Georges Carpentier y mimer un combat. Il y a beaucoup de cirque et de musique. C'est un monde étrange et interlope, un peu modianesque, qui s'évanouit lors de l'arrivée des Alliés à Paris. Le patron réussit à partir vers l'est dans une Citroën décapotable, avec son secrétaire général et une quantité d'archives dans le coffre.

Telle est l'intrusion du cocasse dans le drame mondial. Il est à noter, en tout cas, que la France a bénéficié, grâce à cette expérience, d'une certaine avance technique après la Libération.

Après 1945 : le vrai départ

Autre conséquence de la guerre, ailleurs : les États-Unis ont repris de l'avance sur la Grande-Bretagne, parce qu'ils étaient beaucoup moins affaiblis.

Certes, ils partent de bas. En 1945, ils ne disposent que d'une demi-douzaine de stations d'émission, pour 10 000 récepteurs. La norme est partout de 525 lignes, imposée par la FCC (Federal Communication Commission), dont nous avons vu le rôle à propos de la radio. Et cette unification est un atout précieux, servant un essor rapide : en 1947 on dénombre 30 000 récepteurs ; en 1950, 4 millions ; en 1952, 15 millions ; en 1961, 35 millions.

Le financement est assuré exclusivement par la publicité. On mesure la brutalité du changement dans les équilibres de sa répartition par rapport à la presse écrite quand on sait qu'en 1948 moins de 10 millions de dollars allaient à la publicité télévisée alors qu'en 1960 on dépasse 1,5 milliard de dollars. Obsédante, omniprésente publicité ! Au moment de l'heure de pointe, son pourcentage, en durée, atteint 20 %. Dès 1955, le modèle américain est en place, avec tous ses traits principaux. Et le contraste s'est affirmé, d'ores et déjà, avec la télévision de l'Europe occidentale.

L'évolution est moins prompte en Grande-Bretagne. En juin

1946, la BBC reprend ses émissions télévisées, sur 405 lignes. Ensuite le développement se poursuit, plus lent qu'aux États-Unis, mais plus rapide que sur le continent.

Le nombre de récepteurs y est de 45 000 en 1948, de 250 000 en 1949, de 1,5 million en 1952, de 7 millions en 1957 et de 11,8 millions en 1962.

La télévision sait utiliser les grands événements pour porter son essor. Notamment les obsèques de George VI qui meurt en 1952 (il a ainsi servi la télévision aux deux extrémités de son règne...), et surtout le couronnement spectaculaire de sa fille, Élisabeth II, le 2 juin 1953. C'est la première fois dans l'histoire anglaise que l'audience de la télévision dépasse celle de la radio (et elle en a profité aussi sur le « continent »). La deuxième chaîne naît en 1954, confiée à un organisme privé, l'Independent Broadcasting Authority (IBA).

L'Allemagne paraissait vouée à aller moins vite, à cause de sa défaite : prévision vite démentie. Avec deux ou trois ans de décalage seulement, les autorités d'occupation poussent en effet au développement de la télévision, pensant, non sans sagesse, qu'elle peut devenir, à condition d'être libre et équilibrée, un facteur important de la démocratisation de l'ancien Reich. Le départ est pris à Hambourg, en zone britannique, en novembre 1950. Les Anglais occupant l'Allemagne du Nord ont une politique des médias très réfléchie (*Die Welt* est né là aussi). Berlin suit Hambourg en octobre 1951, Cologne en septembre 1952. Le succès est rapide puisque en 1957 la République fédérale compte 1,2 million de récepteurs ; en 1960, 4,6 millions.

De l'autre côté du Rhin, la France est plus lente ; alors qu'elle avait pris de l'avance dans les années trente, il semble qu'on y croie moins qu'ailleurs, après la guerre, aux progrès de la télévision. Celle-ci souffre plus longtemps de vivre sur un budget annexe de la radio. L'infrastructure progresse moins vite qu'en Allemagne ou en Angleterre. D'autre part, en 1949, François Mitterrand étant ministre de l'Information, avec à son cabinet Jean d'Arcy, qui sera le premier grand directeur de la télévision dans les années cinquante, choisit, sous l'influence d'Henri de France, les 819 lignes : système techniquement excellent, qui a l'inconvénient, étant original par rapport aux autres pays, de rendre plus difficile, dans un premier temps, les transmissions télévisées inter-nationales, mais l'avantage d'offrir une qualité d'image excep-tionnelle, à cause du nombre élevé des lignes. Les récepteurs sont donc plus coûteux. En 1953, 10 % du territoire seulement recoi-vent la télévision ; 50 % en 1957. En 1949, on recense 3 700 récep-teurs ; en 1953, 60 000, avec l'effet bénéfique du couronnement d'Élisabeth. En 1958, au moment où la Grande-Bretagne frôle déjà les 10 millions, il y a dix fois moins de récepteurs en France pour une population d'importance équivalente.

En 1947, on compte 12 heures d'émissions par semaine. En 1949 naît le Journal télévisé, d'abord trihebdomadaire, puis quotidien, puis biquotidien. 1957 est une date importante, avec la reprise des anciens studios Gaumont aux Buttes-Chaumont qui fournissent désormais un précieux outil de travail.

Les autres pays sont encore plus en retard. Les émissions régulières commencent aux Pays-Bas en 1951, en Belgique et au Danemark en 1953, en Autriche et au Luxembourg en 1955, en Suède et en Espagne en 1956, au Portugal en 1957, en Suisse, en Finlande, en Yougoslavie en 1958, en Norvège en 1960. Dans les pays de l'Est, sous domination soviétique, le développement est légèrement plus rapide, au moins quant aux émetteurs, car c'est l'écoute collective qui domine, l'informa-tion étant contrôlée, comme on sait, de très près. Moscou émet à partir de 1948 ; Leningrad, de 1950 ; Kiev, de 1952.

Passons vite sur ces pays totalitaires où la télévision est sous la férule des gouvernements – ceux-ci ayant pour l'heure l'avantage qu'il n'est pas possible de capter des émissions télé-visées parvenant de l'autre côté du rideau de fer, sauf dans d'étroites bandes frontalières, ce qui laisse tout son rôle, nous le verrons, à la radio en ondes courtes.

Gouvernements : le rêve de l'arme absolue

Au demeurant, même dans les pays de tradition démocratique ancienne, l'État renonce de très mauvais gré à peser directement sur la télévision. Au centre de tout, la conviction naïve, partagée par tous les personnels politiques, de la toute-puissance du petit écran. Ce nouvel instrument est supposé faire l'élection. Le maîtriser, c'est donc s'assurer d'un pouvoir imparable. Cette fausse certitude est nourrie de la relation psychologique que l'homme politique entretient avec la télévision : ce n'est pas seulement son discours qui est retransmis, c'est son narcissisme qui est impliqué, son image aux yeux des autres, dans une activité faite de séduction permanente. Les politiques rêvent désormais, grâce à la télévision, de toucher ce personnage mythique qu'est l'électeur flottant, celui qui ne vient pas dans les préaux, celui qu'on n'atteint pas par le réseau des sociabilités militantes, celui qui reste chez lui ; de toucher ce public passif qu'on imagine majoritaire et manipulable à volonté.

Dès lors qu'on a posé comme un fait le pouvoir décisif de la télévision, cette conviction se renforce de fausses évidences. Puisqu'un événement s'est produit et qu'on considère la télévision comme toute-puissante, il apparaît indiscutable que c'est elle qui a joué le rôle essentiel pour le provoquer. La démonstration tourne en rond. Considérons par exemple le fameux débat Kennedy-Nixon, en 1960, au moment des élections présidentielles américaines : il a enraciné dans l'esprit des acteurs politiques des pays d'Europe occidentale l'idée de l'importance écrasante de la télévision. Nixon souffrait d'un genou, il était mal maquillé, on voyait ressortir sa barbe qui lui donnait un air patibulaire en face d'un Kennedy frais et rose (même en noir et blanc). Quand on regarde les images, trente-cinq ans plus tard, à la Fondation JFK de Boston, ce sentiment d'inégalité demeure intact. Et pourtant des études ultérieures sur l'évolution de l'opinion montrent que c'est après coup que Kennedy a creusé son avantage. Et que le débat, s'il a pu compter, n'a pas eu une influence décisive.

Très tôt les sociologues et les historiens ont commencé de démontrer que les choses étaient bien plus complexes que ne le croyaient les politiques, mais ils ont été, longtemps, très peu écoutés par ceux-ci. Citons l'article pionnier de René Rémond et Claude Neuschwander dans la *Revue française de science politique*, en 1963, et plus tard l'ouvrage très nuancé de Blumler, Cayrol et Thoveron, *La télévision fait-elle l'élection ?*

(1978). Naturellement il serait absurde de nier que la télévision joue un rôle dans les comportements électoraux. Mais il faut distinguer des rythmes selon la problématique évoquée dans ces pages en introduction, à propos de l'opinion française pendant la Première Guerre mondiale, et mettre surtout en lumière l'action à long terme sur la formation des attitudes stables du citoyen à l'égard des doctrines politiques, des « problèmes de société » ou des pays étrangers. En revanche, la télévision n'exerce qu'une pesée secondaire sur les choix électoraux : plutôt que modifiés, ils sont consolidés, chacun allant y chercher, selon une grille prédéterminée, des arguments propres à conforter des convictions nées elles-mêmes sous l'effet d'influences beaucoup plus complexes, et souvent plus anciennes.

L'illusion des hommes politiques quant à l'influence simpliste des « étranges lucarnes » (suivant l'expression rendue populaire par *Le Canard enchaîné* dans les années soixante) est renforcée de surcroît par le sentiment aigu d'une dépossession de leur influence directe. Jadis, sous la IIIe République, le parlementaire débarquait du train dans sa circonscription, l'œil fripé par sa nuit cahotée, mais allègre à l'idée d'être celui qui apporterait des nouvelles fraîches de la capitale. Désormais, il est précédé par la radio et surtout par la télévision, qui a donné à voir directement les débats du jour. Sans compter le sentiment, celui-là plus justifié, que la télévision pèse lourdement sur le style du politique, sur l'expression et sur la pensée. C'est ainsi que les discours à l'ancienne ne passeraient pas la rampe, pour la plupart, et il est piquant (autant qu'artificiel…) de se demander quels sont les hommes d'État de jadis qui auraient été télégéniques.

Une certaine éloquence de prétoire est morte. La télévision pousse à éroder les angles aigus, souvent à l'excès. Dans un roman inspiré de son expérience de directeur général de FR3 au cours des années 1982 à 1986, *La Saison des palais,* Serge Moati évoque en s'amusant tel débat « moderne » entre deux leaders politiques à qui leurs conseillers ont recommandé d'éviter à tout prix d'être trop acerbes, au motif que l'agressivité « passerait » mal à la télévision. Il les décrit dégoulinants de douceureuses précautions mutuelles au point qu'à la fin ils tombent dans les bras l'un de l'autre en pleurant d'émotion croisée. La caricature montre le péril.

Les paramètres de la différence

Sur ce fond de tableau commun, quels sont, d'un pays à l'autre, les paramètres de la différence quant à l'emprise du pouvoir exécutif sur la télévision ? Comptent d'abord le poids relatif du gouvernement dans la société, la plus ou moins grande centralisation, l'influence des mœurs héritées du passé – les pays protestants étant de plus longue date que les pays latins habitués à la liberté de la presse.

Il faut être attentif à la façon dont les responsables sont nommés, d'où résulte leur inégale capacité de résistance : l'un des signes les plus révélateurs du degré de soumission de la télévision, sur lequel se concentrent d'ailleurs l'attention et les polémiques. Un premier système est la nomination directe, en Conseil des ministres, avec révocation *ad nutum* ; un deuxième, la nomination par un corps « sophiocratique », composé de personnalités les plus indépendantes possibles, et chargé de constituer un « sas » entre les pressions de l'exécutif et la télévision, et enfin un troisième, qui est l'élection par un conseil d'administration, la question étant alors de savoir comment ce conseil est composé, selon quels principes et par quelles autorités politiques, avec quels pouvoirs financiers.

Un autre critère qui permet d'apprécier, d'un pays à l'autre, la capacité de pesée de l'État sur l'information télévisée, est constitué par l'utilisation inégale de l'arme financière – la tentation de la plupart des gouvernements étant de limiter par ce biais, dès lors qu'ils tiennent les cordons de la bourse (fixation du taux de la redevance, dotations budgétaires diverses), l'indépendance qu'ils ont été conduits, de plus ou moins bon gré, à concéder.

Les États-Unis (où dès 1963, année de l'assassinat de Kennedy, la majorité des citoyens, d'après les sondages, s'informent exclusivement ou quasi exclusivement sur l'actualité par le truchement de la télévision) peuvent paraître échapper à ce risque, à cause de la domination du privé. Pas complètement : des choix fiscaux ont compté, dès les années cinquante, en un temps où les *networks* étaient encore financièrement fragiles. Au moment de la guerre froide, Foster Dulles, secrétaire d'État du président Eisenhower, et son frère, Allan Dulles, directeur de la CIA, ont manipulé sans vergogne, on le sait aujourd'hui, les grands réseaux ABC, CBS et NBC. Ceux-ci se sont inclinés sans faire trop de manières lorsque le gouvernement, au moment du maccarthysme et de la chasse aux sorcières communistes, leur a demandé de dresser la liste de leurs collaborateurs, permanents ou occasionnels, supposés contaminés par le virus rouge, en attendant de les jeter dehors. Par la suite, les progrès de la solidité financière des grands réseaux ont rendu moins facile la pression gouvernementale par l'argent. Le rôle de la télévision dans l'évolution de l'opinion sur la guerre du Vietnam, puis le « feuilleton » du Watergate ont témoigné de la distance prise par rapport au pouvoir, la Maison-Blanche comme le Congrès.

Et du coup s'est trouvé posée la question d'une éventuelle dépendance à l'égard d'autres forces, celles de l'argent privé. On a pu prendre rapidement la pleine mesure de l'influence des annonceurs, qui conduisent par nature l'offre de programmes à se concentrer du côté du plus petit commun dénominateur des attentes du public au profit d'une sorte de corpus minimal de convictions communes. Un exemple souvent mis en valeur – notamment par Alfred Sauvy, on l'a vu : le poids de la publicité achetée par l'industrie automobile a contribué au déclin lamentable des chemins de fer aux États-Unis, faute que leur utilité collective soit assez affirmée par les médias.

C'est dans cette logique que les États-Unis ont autorisé la publicité politique au petit écran. Grave question, car le coût très élevé de celle-ci aboutit, par un enchaînement naturel, à accroître le poids des milieux d'affaires qui financent les campagnes électorales (pour ne pas parler de la dégradation du niveau du débat à laquelle ce système conduit – tel candidat au

Sénat, chauve, brandissant un sèche-cheveux et s'écriant : « Je n'aurai pas besoin de cet appareil, contrairement à mon concurrent, qui est chevelu, et même hirsute, et j'aurai plus de temps pour m'occuper de vous ! », extrême pointe du dérisoire). A ce péril il s'en est fallu de très peu que la France n'échappe pas, puisque en 1986-1987, lors de la première cohabitation et du gouvernement de Jacques Chirac, le RPR voulait autoriser la publicité politique à la télévision et que ce sont les centristes du CDS qui ont eu le courage de s'y opposer et, en s'alliant à l'opposition de gauche, de faire capoter le projet.

En Europe, le poids de l'État est partout plus grand qu'aux États-Unis. Un premier mécanisme consiste à pratiquer des nominations « à la proportionnelle ». Il s'agit de répartir les postes selon les étiquettes partisanes des uns et des autres. Ainsi en est-il de la Belgique – avec de surcroît la prise en compte de la communauté d'origine, wallonne ou flamande. D'où un étrange damier : il faut mettre ici un socialiste flamand, là un catholique wallon... ; le critère de compétence passe souvent au second plan, et la cohésion des équipes n'en est sûrement pas favorisée. L'opinion peut bien avoir l'impression d'une certaine honnêteté démocratique, mais, comme il advient toujours avec la proportionnelle, l'avantage apparent d'une stricte fidélité à la diversité de l'opinion est payé par beaucoup d'inconvénients quant à l'efficacité.

Souvent les conseils d'administration sont représentatifs de ce qu'on appelle les « forces vives », parfois les seuls partis politiques, plus souvent des associations diverses. Le cas des Pays-Bas est remarquable. La NOS, télévision néerlandaise, est organisée de la façon suivante : 60 % du temps est réparti entre 7 principales associations de téléspectateurs, elles-mêmes dominées par des formations politiques ou des tendances confessionnelles (une catholique, trois protestantes, trois socialistes, et deux « neutres » confessionnellement). D'où un véritable « saucissonnage » de l'antenne qui empêche un bon équilibre dans la programmation : protégée contre l'emprise du gouvernement, mais probablement pas contre la grisaille ou la cacophonie.

La situation allemande est également intéressante. On y trouve aussi une forme de proportionnelle, mais fondée sur la diversité des équilibres politiques régionaux. En effet, nous l'avons déjà vu pour la radio, c'est dans le cadre des *Länder* que s'organise le système. Dans chaque région il existe un conseil de radiodiffusion, sorte de mini-parlement de 20 à 50 membres qui reflète proportionnellement les forces politiques et qui, jouant un rôle de corps intermédiaire, désigne hors de son sein un conseil d'administration de 7 à 12 membres. Ce conseil, théoriquement, n'est pas une réduction homothétique du conseil de radiodiffusion, et l'habitude s'est prise, dans la plupart des *Länder,* de nommer des gens compétents et point trop marqués politiquement. Enfin, en haut de la pyramide, il élit l'intendant qui est le vrai patron. C'est à partir de ces régions qu'on remonte au niveau fédéral et que s'est constituée en 1954, l'ARD, communauté des organismes de radiodiffusion, dont le président est élu à tour de rôle parmi les intendants et ne dispose que d'un pouvoir limité. Un tel organigramme assure, semble-t-il, une assez solide indépendance de la télévision ; ce qui n'empêche pas qu'on observe souvent, selon la majorité du *Land*, SPD ou CDU, des tonalités différentes, notamment en politique intérieure.

Le système suisse est assez semblable. Les membres du conseil y sont sont nommés pour moitié par le gouvernement et pour moitié par des sociétés impliquées dans le système de radiotélévision.

Ailleurs on a pu être tenté par un système d'élections par les personnels, principe que des télévisions nouvellement libérées des pays de l'Europe de l'Est ont adopté récemment. Ainsi en Hongrie. L'idée paraît démocratique, mais pose la question de savoir si ce sont les mêmes qualités dont il faut témoigner pour être un bon candidat et pour être un bon patron...

Le « modèle » anglais

On n'en porte que plus d'intérêt au modèle anglais. La Grande-Bretagne a inventé la première le système du sas intermédiaire ; on se souvient que la commission Crawford de 1925 avait proclamé que les ondes devaient être au service de la nation, et non pas du gouvernement. Avec comme devise le triptyque posé par Reith, premier directeur de la BBC : « informer, instruire, distraire ». Théoriquement, le ministre de l'Intérieur a un droit de veto absolu sur toute émission, mais il est significatif qu'il ne l'ait jamais exercé depuis les origines.

Le conseil des 9 à 12 « gouverneurs », dont un représentant de l'Écosse, un du pays de Galles et un de l'Irlande du Nord, est désigné pour cinq ans par la reine sur proposition du cabinet. Ils sont de fait inamovibles et leur nomination est échelonnée pour étaler l'effet des émotions du suffrage universel. Le président est le seul qui soit occupé à temps plein, les autres membres se réunissant deux fois par mois. Ce conseil des gouverneurs nomme le directeur général de la BBC et les autres dirigeants du conseil de direction, et il a la charge de surveiller et de garantir l'impartialité.

Cette organisation avait acquis tant de prestige que lorsque en 1954 fut fondée l'Independent Broadcasting Authority (aujourd'hui Independent Television Commission, ITC), au temps du dernier gouvernement conservateur de Winston Churchill, pour régenter le secteur privé et donner naissance à Channel Four, en 1982, puis Channel Five, on choisit un système similaire, avec, un cran au-dessous, 12 membres d'un conseil nommé, non pas par la reine, mais par le ministre de l'Intérieur. La tradition s'est installée, très démocratiquement, que chaque gouvernement nomme des personnalités plus proches de l'opposition que de la majorité en place. C'est ce qu'avait fait le gouvernement travailliste de Wilson, en 1967 ; c'est ce qu'a fait d'abord Mrs. Thatcher, qui a nommé président de l'IBA un ancien ministre travailliste, lord Thompson.

Une autre garantie de liberté est fournie par la diversité des tutelles. Il n'y a pas de ministre de l'Information, comme il en a existé longtemps en France. L'Intérieur a la charge des nominations, les Affaires étrangères du service mondial, l'Industrie des infrastructures techniques, l'Éducation des émissions spécialisées.

N'idéalisons pourtant pas la situation. L'histoire de la BBC est en fait jalonnée de rudes conflits. Au moment de la crise de Suez, fin 1956, le Premier ministre Anthony Eden se plaint vivement de la façon critique dont la BBC rend compte de l'expédition franco-britannique en Égypte, et c'est la première fois depuis la tentative de Churchill dans les années vingt-cinq que Downing Street essaie de peser sur l'information dispensée sur les ondes. Mais son successeur Macmillan, conservateur lui aussi, redresse la barre : tout en se montrant à son tour très irrité par le comportement de la BBC, il affirme hautement qu'un homme d'État « se déconsidérerait » en s'efforçant de l'influencer. Sous Wilson, à la fin des années soixante, surgissent de nouvelles tensions, mais c'est surtout la période la plus récente, la décennie Thatcher, qui a vu les frictions se multiplier, non sans altérer quelque peu l'image d'indépendance de la BBC, et rappelant que, dans ce domaine, rien n'est jamais acquis définitivement.

L'Irlande est un sujet explosif. En 1979, un proche collaborateur de Mrs. Thatcher est assassiné par les indépendantistes de l'Irlande du Nord, l'IRA, et le magazine d'actualité « To-night » interviewe un membre du commando provoquant, dans l'émotion née du crime, une protestation indignée de la « Dame de fer ». Un peu plus tard, le magazine d'actualité prestigieux « Panorama » filme une manifestation de l'IRA dans un petit village de l'Ulster. D'où une nouvelle colère du Premier ministre, de telle sorte qu'il semble bien que la BBC ait accepté de pratiquer désormais dans ce domaine une certaine autocensure. Elle n'a pas joui, pour traiter des affaires irlandaises, d'une liberté égale à celle de la télévision américaine, naguère, à propos du Vietnam.

Un autre moment paroxystique est la crise des Malouines, en 1982, et la guerre qui en découle entre la Grande-Bretagne et l'Argentine. La BBC apparaît dans l'ensemble assez prudente (les 30 % de Britanniques qui n'approuvent pas n'ont pratiquement pas accès à l'écran), mais elle réussit, en gros, à tenir des positions de rigueur professionnelle. C'est ainsi qu'elle refuse de parler de « l'ennemi », évoquant les « troupes argentines » et les « troupes britanniques », ce dont Mrs. Thatcher enrage. D'autre part, la BBC continue de donner la parole à des adversaires, notamment le ministre de la Défense argentin et le commandant d'un navire coulé par les Anglais. C'est le temps où le directeur de la BBC radio déclare, en provoquant l'indignation du gouvernement conservateur : « Une veuve de Plymouth n'est pas différente d'une veuve de Buenos Aires. » La presse populaire de droite s'enflamme. Le *Daily Express* demande : « Est-ce que vous auriez toléré qu'en 1940 on aille interviewer Goering à la radio britannique ? » Le problème déontologique n'est pas simple – mais en somme la BBC traite son public en adulte (la même question a été soulevée en 1990-1991 à propos des interviews faites de Saddam Hussein par les télévisions occidentales).

Selon les bons connaisseurs de la BBC, on assiste alors à une évolution préoccupante. Le Premier ministre Margaret Thatcher ne se contente plus, désormais, de critiquer telle ou telle émission spécifique, mais elle dénonce, plus largement, un état d'esprit pernicieux. Et on entend un député de son camp s'écrier que la BBC n'offre qu'« une parodie odieuse et subversive de la réalité ».

Ainsi entre-t-on, à partir de 1985, dans une ère de tension permanente entre le gouvernement britannique et la BBC. Et celle-ci est loin de l'emporter, désormais, à chaque fois. Car l'alternance n'ayant plus joué depuis longtemps et Mrs. Thatcher rompant avec la belle tradition démocratique qui consistait à désigner des adversaires au Conseil des gouverneurs, les nouveaux nommés sont marqués à droite et la majorité bascule de plus en plus de ce côté. Lorsque le président du Conseil des gouverneurs meurt en 1986, Mrs. Thatcher choisit pour le remplacer un homme à elle, Marmaduke Hussey, ancien directeur du *Times* et très conservateur.

Un nouveau conflit éclate à propos de l'Irlande, lorsque la BBC, peu de temps après l'attentat perpétré contre le congrès du Parti conservateur dans un hôtel de Brighton, présente dans une émission de façon équilibrée des extrémistes irlandais des deux bords. Le Conseil de direction accepte alors de supprimer l'émission incriminée, qui a été visionnée à l'avance (contre toutes les règles antérieures) par des représentants de Mrs. Thatcher. Ce qui déclenche, pour la première fois, une grève de vingt-quatre heures des journalistes de la BBC, soucieux de défendre leur indépendance. L'émission est finalement diffusée moyennant quelques coupures – pour sauver la face, à la fois du Conseil des gouverneurs et du Premier ministre. Mais la machine commence à donner des signes de déséquilibre.

On apprend bientôt que, pour tous les postes de responsabilité de la BBC, la direction charge depuis peu les services de contre-espionnage d'une enquête sur les candidats, afin de savoir s'ils sont politiquement sûrs. Certes, il s'agit théoriquement de débusquer des traîtres potentiels, mais on glisse facilement à des considérations de politique intérieure. C'est le moment – voici surgir l'arme financière – où Mrs. Thatcher refuse une augmentation de la redevance de 10 %, et où Marmaduke Hussey, nouveau président du Conseil des gouverneurs, obtient (en janvier 1987) la démission du directeur général, Alasdair Milne, qui perd sur les deux tableaux, puisqu'il a fait d'abord trop de concessions, et finalement s'en va déconsidéré. Cette victoire sur un directeur général est sans précédent et provoque une incertitude sur l'avenir de la BBC et de son indépendance si longtemps célébrée.

Le cas italien

Les autres pays d'Europe connaissent au contraire un certain progrès à cet égard. Ainsi de l'Italie. On y est parti, après la guerre, d'une situation de domination écrasante de la démocratie chrétienne, emmenée par Alcide De Gasperi, qui a mis la main progressivement sur la RAI, celle-ci jouissant d'un monopole de la radiodiffusion. La convention de naissance de la télévision italienne date de 1952, et l'époque que les historiens définissent comme celle du « monopole monolithique » dure jusqu'à la fin des années soixante.

Le texte fondateur de 1952 prévoit que le capital de la RAI appartient pour 75 % à l'IRI (Institut de reconversion industrielle), qui est lui-même dans la main des pouvoirs publics, et qui nomme au Conseil d'administration 13 membres sur 20, 7 autres étant choisis directement par le gouvernement. La machine est donc bien verrouillée. Certes, il existe une commission, composée de 3 membres désignés par le Parlement, qui est chargée de surveiller l'indépendance politique et l'objectivité de l'information, mais la démocratie chrétienne s'y assure la majorité et veille au grain. A l'époque la Cour constitutionnelle justifie juridiquement cette construction. L'État, estime-t-elle, est le mieux capable de garantir l'objectivité, l'impartialité et la continuité d'un service d'intérêt général ; or, l'État, c'est le gouvernement et il est donc normal que la majorité impose ses choix.

Un homme a incarné pendant quinze ans cette philosophie et cette pratique, le président Bernabei, grand ami d'Amintore Fanfani plusieurs fois chef du gouvernement et puissant leader de la démocratie chrétienne. Bernabei, sans la moindre hypocrisie, se donne comme responsabilité explicite de faire au petit écran la pédagogie des idées de la majorité. Et il nomme des gens de son parti à tous les postes clés.

C'est seulement à la fin des années soixante que ce système clos est remis en cause par de puissantes forces de contestation. Et d'abord par le gauchisme soixante-huitard qui réussit à provoquer, au début de 1969, une grève retentissante et une agitation de plusieurs mois parmi le personnel. Quant aux autres partis, ils remettent en cause la domination de la démocratie chrétienne et réclament de plus en plus fort leur part dans la télévision. Deux doctrines se précisent et s'opposent : d'un côté un plaidoyer pour la privatisation, et de l'autre l'appel à une réforme des structures internes de la télévision qui assure une liberté plus grande de l'information.

La seconde école paraît d'abord près de l'emporter, mais bientôt la privatisation s'impose. Pierre Musso et Guy Pineau racontent cette évolution en saccades dans leur livre *L'Italie et sa télévision*. La loi du 14 avril 1975 s'appuie sur un texte magistral de la Cour constitutionnelle qui pose les « sept commandements de la télévision ». Les organes dirigeants de l'entreprise ne doivent pas représenter le pouvoir exécutif, et leurs structures doivent garantir leur objectivité. Les émissions d'information doivent être impartiales, et les émissions culturelles respecter la richesse et la multiplicité des courants de pensée. De réels pouvoirs doivent être conférés au Parlement pour qu'il puisse veiller au pluralisme. Les journalistes sont tenus à l'objectivité conformément à la déontologie professionnelle, etc. Pendant cette brève période, 1975-1976, l'Italie semble se rapprocher du principe de répartition proportionnelle des hommes et des productions qui est appliqué, avec des variantes, en Belgique ou en Hollande. Alors se met en place ce que les Italiens ont appelé la *lottizzazione*, autrement dit la division de la télévision « par appartements » : chacune des chaînes de la RAI est attribuée à un courant politique, la démocratie chrétienne ne régnant plus que sur une seule.

Mais cet équilibre apparent est très provisoire ; car surgit bientôt, dès la fin des années soixante-dix, un autre facteur important d'évolution avec l'apparition de télévisions locales qui viennent porter de tels coups de boutoir au système qu'il est bientôt démantelé. Au début des années quatre-vingt, on entre dans le système binaire privé-public que nous verrons plus loin s'affirmer avec l'entrée en scène de Silvio Berlusconi.

En somme, le monopole a été miné en Italie par les effets pervers du pouvoir excessif de l'État et, quand on a voulu le réformer, il était déjà trop affaibli pour résister aux ambitions capitalistes qui poussaient à la porte : une évolution très ramassée dans le temps, que la France a connue aussi mais à un rythme beaucoup plus lent.

En France : une longue marche

Si l'on se réfère au premier critère, celui de la nomination des dirigeants de la télévision française, il est frappant que, chez nous, des origines à 1982 ils aient été toujours désignés par le gouvernement en Conseil des ministres. Et pourtant l'histoire de ces trente ans est celle d'une indépendance grandissante de l'information : selon une progression non pas régulière, mais très heurtée, avec de fréquents retours en arrière qui n'empêchent pas l'avancée d'ensemble.

C'est seulement durant la période gaullienne que l'enjeu

prend toute sa portée. Dès le retour du Général aux affaires, les dirigeants sont remplacés. Jean d'Arcy, patron respecté de la télévision des années cinquante, part se morfondre à l'ONU. Gabriel Delaunay, directeur général de la RDF, est également remercié pour laisser place à un gaulliste. Les ministres de l'Information : André Malraux, Roger Frey, Alain Peyrefitte, nomment des gens à eux (Christian Chavanon, Robert Bordaz, Jacques-Bernard Dupont, Jean-Jacques de Bresson), hauts fonctionnaires issus souvent du Conseil d'État. Le ministre est en fait le véritable patron de la RTF. Alain Peyrefitte lui-même, en charge de ce portefeuille de 1962 à 1966, a raconté qu'en arrivant il avait trouvé sur son bureau une batterie de boutons qui lui permettaient de sonner les responsables de la radio et de la télévision. La justification n'est pas dissimulée : les adversaires influençant toute la presse écrite, le gouvernement, pour compenser, doit disposer de la télévision. Pour faire bonne mesure, on souligne que la télévision, contrairement à la presse écrite, est un monopole qui vit de la redevance, c'est-à-dire de l'argent public et qu'il est donc légitime qu'elle illustre et appuie la politique de la France.

Cette doctrine est affirmée par le président Georges Pompidou qui déclare, le 22 septembre 1972, au cours d'une conférence de presse : « Qu'on le veuille ou non, et je sais qu'il y en a qui ne me croient pas, les journalistes de la télévision ne sont pas tout à fait des journalistes comme les autres. Ils ont des responsabilités supplémentaires. Qu'on le veuille ou non, la télévision est considérée comme la voix de la France, et par les Français et par les étrangers. Cela impose une certaine réserve. » Voilà une philosophie qui est aujourd'hui dépassée, mais qui a prévalu longtemps, et qui explique la lenteur du recul de l'emprise du pouvoir. Le général de Gaulle, pour sa part, n'a pas d'états d'âme, et, depuis la publication par son fils de ses *Lettres, Notes et Carnets* (édition scientifiquement incertaine, mais historiquement passionnante), on connaît la teneur des observations irritées qu'il envoyait à Alain Peyrefitte ou à son Premier ministre Pompidou pour réprouver – vieille antienne chez tous les hommes politiques – la tendance des médias à ne montrer que les aspects négatifs de la vie du pays.

Exemple : « Note pour M. Peyrefitte, 2 février 1963. Je ne puis comprendre comment et pourquoi la RTF a donné hier soir le spectacle vraiment odieux d'une opération sans anesthésie. C'est une vile réclame tant pour les gens de « Cinq Colonnes à la Une », pour qui ne vaut que l'horreur et le sang, que pour tel médecin m'as-tu-vu, que pour une certaine équipe effrénée de la télévision elle-même. Plus que jamais, il apparaît que la RTF, placée sous la tutelle directe de l'État et payée par lui, est une espèce de fief livré aux lobbies et incontrôlé. » Un autre jour de Gaulle s'indigne qu'on ait donné la parole à un journaliste américain hostile à la politique étrangère de la France : « 20 juillet 1962. Note pour Alain Peyrefitte, secrétaire d'État chargé de l'Information. Il est inacceptable de hisser sur le pavois de notre télévision le nommé Schoenbrunn, qui est l'insolence américaine cajolée à Paris par tout ce qui reste de la IVe. » Et en décembre de la même année il dit au même Alain Peyrefitte, qui l'a rapporté dans un livre récent : « Vous savez, vos journalistes de la presse écrite, vous pouvez toujours essayer de leur expliquer les choses, vous n'y arriverez pas. Ce sont des adversaires et ils sont bien décidés à le rester. Alors, servez-vous au moins de l'instrument que vous avez entre les mains, la télévision ; mais servez-vous-en à bon escient. *N'essayez pas de persuader les responsables, donnez-leur des instructions.* La presse est contre moi, la télévision est à moi » (*C'était de Gaulle*, p. 500).

L'époque est bien décrite par Jérôme Bourdon, dans son *Histoire de la télévision sous de Gaulle*, qui évoque l'existence du SLI (Service de liaisons interministérielles), par lequel est supposé passer l'ensemble des communications entre le gouvernement et la télévision : peut-être l'influence de cette institution a-t-elle été exagérée et mythifiée, mais cette pratique est significative d'un climat et d'une attitude.

Certes, il y a du jeu, heureusement, dans la machine. Les magazines jouissent de plus de liberté que le journal télévisé. Notamment « Cinq Colonnes à la Une » qui dure dix ans et qui a marqué une génération. L'émission est confiée à une équipe animée, avec Pierre Desgraupes et Pierre Dumayet, par Pierre Lazareff, directeur de *France-Soir*, qui se passionne dans son dernier âge pour la télévision et qui, proche du pouvoir, grand ami de Pompidou, dégage grâce à cela une latitude d'action dont d'autres n'auraient pas joui. L'équipe a ses habiletés éprouvées. C'est ainsi, par exemple, que dans les reportages, destinés à être visionnés à l'avance par les représentants du gouvernement, elle insère à dessein des séquences faites pour les irriter ou les indigner, sachant qu'ils en demanderont la suppression et que le reste s'en trouvera préservé... Après 1965, « Zoom », d'André Harris et Alain de Sédouy, sur la deuxième chaîne, vient accroître, grâce à la concurrence, la liberté de ton.

Voyons les étapes d'une lente libéralisation. Le statut de 1964 qui crée l'ORTF, Office de radiodiffusion et télévision française – l'année où apparaît la deuxième chaîne –, affirme une certaine volonté d'autonomie (parfois exagérée après coup par son auteur Alain Peyrefitte, notamment dans les années 1980, pour critiquer les gouvernements socialistes). Ensuite, c'est le choc de 1965. Brusquement, à l'occasion des premières élections présidentielles au suffrage universel, on voit apparaître des opposants au petit écran, après six ou sept ans où ils en avaient été écartés : pas seulement Marcel Barbu, qui pleure à chaudes larmes, pas seulement Pierre Marcilhacy, qui parle comme dans les prétoires de la IIIe, mais aussi François Mitterrand, qui cherche encore son style au petit écran, mais aussi Jean-Louis Tixier-Vignancour, pour l'extrême droite, qui joue de sa voix de bronze, et enfin Jean Lecanuet, qui s'est préparé – c'est une première ! – avec un publicitaire, Marcel Bongrand, et qui conquiert une soudaine popularité dans les milieux centristes et européens, contribuant à mettre de Gaulle en ballottage.

Dès lors, le pouvoir s'aperçoit qu'à trop interdire la télévision aux opposants on peut provoquer un effet de boomerang, et il lâche un peu de lest avec les premiers « face à face ».

Les événements de mai 68 en revanche provoquent un recul. L'ORTF vit cet épisode en décalage chronologique par rapport au mouvement étudiant et la grève y dure plus longtemps qu'ailleurs. La reprise en main est extrêmement brutale, sous l'autorité du ministre Yves Guéna, qui révoque plusieurs dizaines de journalistes – une « charrette » dont on ne connaîtra plus jamais l'équivalent par la suite. Ensuite la férule redevient plus douce et la présidence Pompidou, de 1969 à 1974, est encore marquée par divers cahots : deux pas en avant, un pas en arrière. Sous l'influence déterminante du Premier ministre Jacques Chaban-Delmas, qui est d'esprit libéral, sont créées deux unités autonomes d'information. Celle de la deuxième chaîne est confiée à Jacqueline Baudrier, qui donne toutes les garanties nécessaires, à la fois professionnelles et politiques (elle a été parmi ceux que les grévistes ont appelés les « jaunes » en mai 68), celle de la première à Pierre Desgraupes, qui incarne bien l'indépendance, et qui rassemble autour de lui une équipe inventive. Non sans créer des réactions vives dans la majorité parlementaire, très marquée à droite, qui est issue des « élections de la peur » de juin 1968 : sujet de discorde aiguë avec Matignon. Bientôt Georges Pompidou lui-même s'en irrite, et c'est une des causes qui amènent la chute du Premier ministre et son remplacement par Pierre Messmer, en 1972, comme Jacques Chaban-Delmas l'a longuement raconté dans son livre de souvenirs intitulé *L'Audace*.

Une nouvelle réforme aboutit à créer pour la première fois un poste de président-directeur général de l'ORTF, confié à un député UNR, Arthur Conte, qui paraît politiquement sûr. J'ai évoqué plus haut, à propos de la radio, les querelles qui l'opposent pourtant au ministre Philippe Malaud, très marqué à droite, qui utilise l'arme financière pour tenter de reprendre barre sur Arthur Conte. Celui-ci, qui a été nommé pour « faire le ménage », et notamment pour renvoyer Pierre Desgraupes et les siens, a pris goût en effet à son rôle de grand maître de la télévision et a cherché à secouer la tutelle gouvernementale. D'où sa chute (il est remplacé par Marceau Long, un homme très respecté, mais dont la nomination renoue avec la tradition des hauts fonctionnaires). D'où découle aussi – entre autres motifs – la décision de Valéry Giscard d'Estaing, en 1974, de faire éclater l'ORTF en plusieurs morceaux.

CHAPITRE XIII

LES VERTUS
DU DOUBLE SECTEUR

Plus le temps passe, moins il est légitime de concentrer l'attention, s'agissant de la télévision, sur la seule information. Il s'impose de l'élargir à l'ensemble des émissions, pour la place qu'elles ont prise dans la vie quotidienne des citoyens et l'influence qu'elles peuvent avoir sur leurs habitudes, leurs pratiques culturelles, leurs comportements civiques et l'évolution même des mentalités, selon un double mouvement souvent analysé par les spécialistes ; d'une part, une « universalisation » de la curiosité et, en sens contraire, un renfort apporté à l'identité nationale.

De décennie en décennie, la télévision a profité, pour s'infiltrer dans les foyers, du progrès technique qui a abaissé les coûts, tout en améliorant l'attrait de l'image. La couleur apparaît aux États-Unis en 1953, au Canada, en 1956, au Japon et en Europe dans le cours des années soixante. Ensuite s'ouvre l'ère des satellites de diffusion directe et indirecte – les émissions des premiers peuvent être captés directement par les clients, les autres seulement par le détour d'un centre serveur du câble. Quant aux magnétoscopes, dont le grand essor date des années quatre-vingt, ils comptent aussi dans les mutations des pratiques culturelles, parce qu'ils libèrent les téléspectateurs de la tyrannie de l'immédiat et peuvent leur restituer le choix qu'on a devant des livres lus à l'heure choisie – mais du coup tendent à augmenter le nombre d'heures consacrées au petit écran aux dépens d'autres loisirs.

Écouter la différence

Plus encore que dans le domaine de la seule information domine ici la problématique des deux secteurs, le privé et le public. D'un côté, le système commercial du « tout-au-profit », éventuellement corrigé à la marge (c'est le principe américain) ; de l'autre, le schéma du monopole public (l'État garde la maîtrise complète des ondes directement ou en passant par des intermédiaires), en voie de disparition à peu près partout dans les pays démocratiques ; et enfin, à mi-chemin, la coexistence de deux secteurs, marquée à la fois par les incertitudes de l'équilibre et par les richesses de la diversité, qui, cahin-caha, s'est installée dans plusieurs pays d'Europe occidentale, d'une façon que la comparaison éclaire utilement.

Nous avons vu plus haut que la radio avait pu jouer un rôle de « modèle » pour la télévision, à cause de l'antériorité du moment où le service public a été confronté à la concurrence. Modèle, non pas au sens moral du terme, ni au sens esthétique, mais au sens où l'emploient les économistes.

Je rapporterai, pour illustrer cela, un souvenir personnel. Lorsque je suis arrivé à la présidence de Radio France, en septembre 1982, France-Inter connaissait une situation très difficile. Elle avait enregistré une baisse très sensible de son audience depuis dix-huit mois. Il fallut établir un diagnostic et surtout une prescription. J'ai encore en mémoire le défilé de doctes personnages spécialistes en communication, sociologues des comportements, qui vinrent nous expliquer que la seule façon de redresser les choses était d'imiter RTL, et d'offrir aux auditeurs des amuseurs à gros grain. C'était là, peut-être, se donner la promesse d'un léger mieux dans la courbe des sondages, à court terme, mais notre conviction fut que ce serait mortel à moyen terme. Au contraire, il fallait s'en tenir au sage slogan déjà cité : « Écoutez la différence. » Non pas s'essouffler à courir derrière nos concurrents – voués à faire moins bien qu'eux dans des genres où ils réussissaient –, mais s'obstiner à proposer autre chose, dans la forme et dans le fond ; seule façon de justifier, démocratiquement, que le redevancier-citoyen y pourvoie de ses deniers.

Certes, nous discernions bien le péril qu'il y a toujours, par réaction, et en sens inverse, à s'enfermer dans le ghetto d'un élitisme culturel replié sur soi, au risque de justifier paradoxalement son entreprise, selon un effet pervers, par le mérite supposé de ne plaire qu'à une étroite élite, à se rabattre sur la satisfaction morose et presque morbide d'être loué par un petit groupe d'amis complaisants, prompts à vous appuyer de leur plume dans quelques feuilles plus ou moins confidentielles.

A partir de cette analyse, je chargeai un homme de radio de grande réputation, pur produit du « service public », Jean Garretto, de préparer une nouvelle grille qui incarnât cette politique. Il s'agissait d'inventer des émissions différentes, souvent proposées en contre-programmation par rapport aux concurrents, mais en visant toujours un grand public qui pût s'élargir aux dépens des auditeurs d'Europe 1 et de RTL.

Donc, il fallait bouleverser des habitudes, supprimer certaines productions qui nous apparaissaient, non pas populaires, mais vulgairement racoleuses. Ainsi fut fait. Les premiers mois virent, comme nous l'avions prévu, une baisse accrue de France-Inter, les habitudes des auditeurs ayant été dérangées. Puis la tendance se renversa pour laisser place à une lente progression, sur trois ans et demi, qui aboutit à un succès : France-Inter dépassa Europe 1 en 1986, peu avant que les aléas politiques n'interrompent avant terme mon second mandat, en décembre de cette année-là.

Notre privilège avait été que notre statut public nous avait laissé le temps de l'action efficace, sans la sanction immédiate d'annonceurs par nature sensibles à la seule efficacité du très court terme ; le temps d'offrir au public potentiel un certain nombre de « produits » radiophoniques, qu'il ne pouvait pas savoir à l'avance qu'il aimerait puisqu'il en ignorait même l'existence possible ; le temps de faire naître le désir de cette différence par accoutumance progressive. Ce succès prit d'autant plus de portée qu'il se situait au moment de l'émergence de toutes les radios « libres » qui venaient défier Radio France en rejoignant les périphériques du côté du secteur privé.

Conclusion claire : la télévision publique n'a de raison d'être que si, tout en étant en concurrence – donc stimulée, donc bousculée, arrachée au confort de ses certitudes –, elle se bat en proposant autre chose avec la conviction qu'il lui revient de « tirer » l'ensemble de l'offre vers le haut dans les différentes catégories d'émissions.

États-Unis : le tout-au-profit

Partons des États-Unis d'Amérique, à une extrémité du spectre.

Au tout début de la télévision, dans les années cinquante, quelques-uns des annonceurs, de ces « parrains » d'émission (les Anglo-Saxons disent « *sponsors* ») qui, depuis l'origine, sur le modèle de la radio, ont dominé les programmes, ont joué le prestige en finançant quelques émissions ambitieuses. Mais dès la moitié de cette décennie, dès que l'auditoire s'est élargi, les enjeux des publicités sont devenus bien plus lourds, le pouvoir des agences s'est accru et très vite se sont mis en place des modèles d'émissions qui font encore aujourd'hui les beaux jours de la télévision américaine ; avec dominante de « séries » stéréotypées, de feuilletons de série B, de jeux d'argent, de comique troupier sur rires enregistrés. En face de la vitalité d'une information riche et variée, dans les autres émissions le modèle se conforme servilement à la photographie des goûts moyens du public tels que les sondeurs les ont déterminés pour les programmateurs et pour les publicitaires. Quelques exceptions surnagent, mais peu nombreuses. Et le découpage par les « spots » obsédants devient un trait dominant.

Un épisode révélateur survient lorsque en 1959 un scandale éclate parce qu'on découvre qu'un jeu d'argent, dit « 64 000 dollars en Question » (on peut arriver par un système de quitte ou double à gagner jusqu'à cette somme), est truqué – Robert Redford en a tiré un film remarqué en 1994, sous le titre *Quiz Show*. Pourtant le mouvement est trop fort vers ce type de télévision pour que le choc créé dans l'opinion par cette révélation puisse le ralentir. Et si dans le domaine de l'information, pendant ces années soixante, la concurrence joue dans une certaine mesure pour exhausser la qualité et élargir la curiosité, dans le cas des autres émissions, rien de tel. La télévision commerciale américaine n'a pratiquement pas de rôle culturel. Contrairement à ce qui se passe généralement en Europe, elle est coupée des milieux universitaires et intellectuels. L'un de ses dirigeants disait un jour ironiquement : « Ceci est une industrie de divertissement. Si vous avez un message, envoyez-le par le télégraphe de la Western Union ! » L'idée d'une émission du type d'« Apostrophes », propre à promouvoir les livres et la lecture, est là-bas inconcevable.

Certes, on sait que devant cette carence s'est dessiné un essai de compensation volontariste, sur financement en partie public – mais le résultat est tout à la fois limité et fragile. Partout une majorité qui penche à gauche est plus favorable à la télévision dite publique. C'est sous l'administration démocrate de Lyndon Johnson, successeur de Kennedy, qu'après diverses tentatives peu fructueuses le Congrès consent à voter, en 1967, le Public Broadcasting Act qui institue un réseau de télévision publique associant à l'effort du budget fédéral la Commission Carnegie et la Fondation Ford, selon une rencontre bien conforme à la tradition américaine. En 1969 naît la Corporation for Public Broadcasting destinée à répartir la subvention prévue et à planifier le développement du projet. Elle crée en 1970 PBS (Public Broadcasting Service), qui organise en réseau un certain nombre de ces stations « publiques » qui ont commencé d'apparaître dans quelques grandes villes avec le soutien du mécénat.

L'ensemble témoigne de vitalité pendant les années soixante-dix. Ce réseau est le premier qui soit entièrement diffusé par satellite, en 1978. Mais sa fragilité se manifeste dans les années quatre-vingt. Il souffre de l'inégalité de son impact géographique : de même que les radios évoquées plus haut, diffusant de la musique classique par exemple, ne pouvaient être entendues que dans des régions favorisées (la côte Est, la côte Ouest, diverses grandes villes, etc.), de même la télévision « culturelle » ne peut pas être captée dans beaucoup de régions du territoire – celles précisément qui sont déjà mal desservies du point de vue de l'« offre » de culture en général. Certains espèrent que le câble, qui commence son essor dans ces années-là, pourra pallier cet inconvénient, et réduire progressivement cette inégalité. Seulement le câble lui-même se développe d'abord difficilement et de façon non moins inégale. D'autre part, ses progrès se heurtent aux habitudes du public, qui n'est pas accoutumé à payer une redevance, sous quelque forme que ce soit : les Américains considèrent qu'il est normal que la publicité pourvoie à tout (ne songeant pas que de toute façon ils assurent indirectement le financement, sinon comme redevanciers, du moins comme consommateurs). Donc le câble éprouve beaucoup de difficultés jusqu'au milieu des années quatre-vingt (environ 65 millions de foyers sont câblés à la fin de 1994). Pendant ce temps, la télévision « publique » diffusée par voie hertzienne trahit sa faiblesse intime : à la première bourrasque politique, le gouvernement et le Congrès remettent en cause les subventions d'État. C'est ainsi que Ronald Reagan, élu à droite président en 1980, réduit beaucoup les sommes accordées (après avoir songé à les supprimer purement et simplement) : il avait fondé en partie son succès électoral sur son expérience de gouverneur de la Californie diminuant drastiquement les impôts sur le revenu. En 1985, le budget de PBS, pour l'ensemble des États-Unis, était seulement de cinq dollars en moyenne par habitant et par an (fonds publics et fonds privés).

Il reste que cet ensemble a contribué à diversifier l'offre dans le bon sens, par exemple du côté des émissions pour la jeunesse. En 1984, 26 % de PBS étaient consacrés à celles-ci. Les associations familiales pèsent dans ce sens, préoccupées de l'influence de la télévision sur les enfants, dans un pays où, dès l'âge de deux ans, ils y consacrent de trois à six heures par jour. Un statisticien facétieux a calculé qu'un petit Américain assiste en moyenne, avant quinze ans, à 24 000 meurtres sur le petit écran... D'où le succès, en contraste, de certaines émissions fameuses, tel le feuilleton *Sesame Street*, qui a beaucoup marqué les jeunes esprits.

Observons enfin que l'image offerte demeure plus médiocre qu'en Europe (et que les couleurs n'ont pas la qualité de celles que fournissent les procédés européens PAL ou SECAM), puisque, en Amérique, en attendant la télévision à haute définition (TVHD), on a gardé les 525 lignes d'origine. La TVHD fonctionnera sur 1 125 lignes, mais elle n'est pas prête pour des usages autres qu'expérimentaux.

Prestige anglais

En opposition au modèle américain, l'Europe propose son modèle pédago-élitiste, ou populaire-ambitieux.

Comme dans le cas de la radio, il est à la fois légitime et pratique de commencer par la Grande-Bretagne. Tous les critères de qualité que l'on peut fixer installent en effet la télévision britannique au niveau le plus élevé de l'Europe occidentale.

Laissons de côté, car il est ici ambigu, celui du temps moyen passé devant le petit écran, supérieur en Grande-Bretagne aux chiffres connus dans toute l'Europe continentale. Et relevons le grand nombre de distinctions internationales obtenues, dans chaque genre, par la télévision britannique. D'après une étude de Jay Blumler, la Grande-Bretagne a remporté 9 des 29 Oscars décernés entre 1976 et 1985 au festival de Montreux (rencontre annuelle pour les émissions télévisées de qualité). La France, pendant la même période, n'en a reçu aucun. Quant au prix Italia, organisé par la télévision italienne pendant ces années-là, la Grande-Bretagne a eu 17 distinctions sur 60, et la France 4 seulement.

Quels sont les traits de cette télévision de qualité ? D'abord, l'excellence de la technique, suivant une tradition ancienne servie par une élite de cadreurs et de preneurs de son, avec un souci de la qualité sonore très longtemps absent dans les télévisions continentales, obsédées par la seule image. Ensuite, le sens aigu de l'actualité sociale, dans la diversité de ses mouvements, en surface et en profondeur. La télévision britannique trouve, quand elle parle du monde ouvrier par exemple, une justesse de ton qu'on rencontre rarement ailleurs. Enfin et surtout, pour des raisons malaisées à déchiffrer, le monde culturel est toujours resté dans son ensemble proche, outre-Manche, de la télévision. Assez vite, se sont constitués, en France ou ailleurs, de petits groupes d'auteurs spécialisés qui monopolisaient scénarios et téléfilms. Rien de tel en Grande-Bretagne, où l'on sait l'importance qu'a prise la télévision dans le renouveau du théâtre au cours des années soixante : les dramaturges Albee, Pinter, etc., y ont commencé leur carrière ; on n'en connaît pas l'équivalent en France.

Le prix à payer ? La BBC est restée insulaire. Peu d'émissions étrangères, notamment européennes ; un peu plus de liens avec les États-Unis, le Canada et l'Australie, à cause de la langue partagée ; autant l'information est très ouverte, sur le monde et pas seulement le Commonwealth, autant les autres émissions le sont peu.

A côté des *news,* demeurées très prestigieuses en dépit des orages des années quatre-vingt, un deuxième sujet de fierté est fourni par les émissions éducatives. On sait à quel point celles-ci sont demeurées rachitiques en France (au moins jusqu'à la naissance de la « Cinquième », chaîne « de la formation et du savoir », en décembre 1994), alors que l'Open University est une institution exemplaire donnant une seconde chance aux Anglais qui n'ont pas pu aller dans leurs études aussi loin qu'ils l'auraient souhaité. Créée en 1969 par charte royale, elle « produit » 6 000 diplômés par an.

Une grande place est faite aussi aux magazines scientifiques. Dans les années récentes, on s'est préoccupé en France du déclin des émissions consacrées aux sciences exactes ; un rapport de Jean Audouze et Jean-Claude Carrière sur ce sujet, au début des années quatre-vingt-dix, n'a influencé que très lentement les programmateurs du secteur public.

Troisième point fort : les feuilletons. L'étude de leurs thèmes, ressorts et stéréotypes renvoie à leurs ancêtres dans la presse écrite du XIXe siècle. Le modèle inégalé reste *Coronation Street,* « série » interminable qui dépeint le monde ouvrier et populaire de Manchester sur un ton suffisamment juste pour ne pas heurter les milieux sociaux qu'il décrit et pour intéresser les autres.

Pourquoi ce succès de la télévision britannique ? Au-delà de l'impalpable, une explication se rattache à cette donnée centrale : la Grande-Bretagne est le pays qui a réussi le mieux à assurer un équilibre efficace entre le secteur public et le secteur privé, avec pragmatisme et imagination.

Dans un premier temps, un rapport qui explique que la BBC est ennuyeuse pour beaucoup, parce que trop élitiste, aboutit, en 1954, sous un gouvernement conservateur de Winston Churchill, à la décision de créer une télévision commerciale, cette ITV (Independent Television) qui a été déjà évoquée plus haut. Quelque temps après, des critiques inverses montent contre l'ITV qu'on accuse cette fois de viser trop bas et provoquent un nouveau rapport (cette histoire est ainsi scandée...), le rapport Pilkington. Il faut dire que, dans l'intervalle, la BBC, stimulée par la concurrence, a su se montrer moins guindée et s'adapter mieux à la demande du public sans abdiquer ses ambitions de qualité. D'où la récompense proposée par le rapport Pilkington : créer une seconde chaîne de télévision publique. Ainsi naît, en avril 1964, BBC 2 – un coup à droite, un coup à gauche –, devenue en 1966 la première chaîne en couleurs dans les îles Britanniques. C'est l'époque, entre 1960 et 1968, où règne un grand directeur général de la BBC, sir Hugh Greene, qui sait organiser la complémentarité entre les deux chaînes dont il a la charge. BBC 2 se distingue par son programme thématique, de plus en plus culturel. C'est là qu'on accueille des entreprises aussi prestigieuses que la mise en images de l'ensemble de l'œuvre de Shakespeare (que FR3 nous a donnée de dimanche en dimanche, voici quelques années). La *Forsyte Saga*, par exemple, d'après l'œuvre célèbre de Galsworthy, ou *Chapeau melon et Bottes de cuir* sont d'autres produits de BBC 2 : il ne s'agit en rien d'élitisme étroit, mais de qualité pour un large public, sans démagogie.

Ainsi se confirme l'équilibre, dans les années soixante-dix, du point de vue de l'audience, entre le secteur public BBC 1 et 2 (respectivement 40 et 10 % en 1980), d'une part, et, d'autre part, une chaîne commerciale unique ITV – dénommée Channel 3 depuis 1990 – (50 %). Le système est enfin complété, pour que la symétrie soit parfaite, par la naissance, en 1982, à la suite du rapport Annan, de Channel Four, quatrième chaîne, avec un cahier des charges impliquant « l'ouverture plutôt que l'équilibre, l'expression plutôt que la neutralité ». Channel Four a bientôt pris une grande place dans la vie culturelle britannique, et du prestige. Elle a eu la sagesse de conserver une structure légère, peu coûteuse, et fonctionnant surtout par commandes à l'extérieur, sans cet appareil de production trop lourd qui parfois pèse sur les chaînes publiques.

L'essentiel est clair : il revient au secteur public de mettre en action des « têtes chercheuses » qui vont explorer d'autres rivages, proposer d'autres formes, et créer des appétits nouveaux, pour, finalement, faire avancer l'ensemble du système national de télévision vers plus de richesses et plus de diversité. Autant le mythe britannique s'est érodé en ce qui concerne l'information, autant s'est perpétuée la considération qui entoure le modèle britannique quant aux autres émissions... (Il est d'ailleurs significatif qu'une autre télévision efficace et ambitieuse, la japonaise, qui couvre un éventail large, du plus populaire au plus culturel, fonctionne également sur le principe du double secteur : la NHK, d'un côté, la NAB, de l'autre.)

Tout cela n'empêche pas qu'« Auntie Beeb », comme on appelle familièrement la BBC outre-Manche, qui affronte de rudes difficultés financières et dont la part globale d'audience est tombée à 44 % en 1992, doive prochainement conclure une réflexion qui l'agite depuis quelque temps : devant cette dégradation progressive, devra-t-elle continuer à se battre sur tous les fronts ou bien, conformément au vœu de son directeur John Birt, privilégier la « différence » par rapport à la concurrence en renonçant aux catégories d'émissions que propose abondamment le privé ? Le renouvellement, en 1996, de la charte royale qui précise sa vocation et détermine les règles de son fonctionnement obligera à trancher, sous l'œil attentif des télévisions publiques du « continent ».

Voyons donc maintenant trois autres cas, où le système, parmi divers tâtonnements, a eu beaucoup plus de peine à trouver son assise : délicate balance...

Solidité allemande

Nous avons évoqué plus haut l'originalité structurelle de la télévision allemande, l'ARD, constituée de bas en haut à partir des régions, les *Länder* ayant résisté à tout effort de centralisation. Significatif est l'échec du chancelier Adenauer, en dépit de sa surface politique et de son prestige personnel, quand il s'efforce, à la fin des années cinquante, de susciter une deuxième chaîne de télévision qui soit de droit fédéral, sous l'autorité proche de l'État et du pouvoir fédéral de Bonn. L'opposition des régions est telle qu'il n'y parvient pas. Et lorsque naît un deuxième réseau, en 1961, la nouvelle chaîne, ZDF, dont le siège est à Mayence, est fondée également sur le principe fédératif. On oblige simplement ARD et ZDF à mettre leurs efforts en commun pour bâtir un programme spécial à destination de la RDA – qui s'est ensuite élargi à l'ensemble du territoire de la République fédérale.

Il s'agit d'un monopole public, dans les deux cas, avec de la publicité, mais limitée dans le temps (de 18 heures à 20 heures), et en quantité (avec une compensation financière en provenance des *Länder* les plus riches au profit des plus pauvres), principe qui préserve la liberté des uns et des autres tout en ne créant pas une trop grande disparité dans la capacité d'offre de programmes. La mission éducative est répartie entre les deux chaînes.

Politiquement, on a longtemps considéré que l'ARD penchait plutôt à gauche et la ZDF plutôt à droite ; mais sans qu'on puisse dire qu'elles aient jamais été, à l'italienne, sous l'autorité directe du SPD ou de la CDU ; le système fédéral s'y serait opposé.

Ce système de monopole public équilibré a fonctionné convenablement jusqu'au début des années quatre-vingt. Après l'arrivée au pouvoir de la coalition CDU-CSU et du gouvernement de Helmut Kohl, en 1982, la droite décide d'autoriser la concurrence d'une télévision privée. La majorité en place fait valoir que les satellites de diffusion directe vont bientôt inonder le territoire d'images en provenance de l'étranger : les télévisions nationales vont cesser d'être protégées. Les conservateurs jugent donc qu'il vaut mieux organiser l'inévitable, avant que le désordre ne submerge le paysage. De surcroît, on développera le plus vite possible le câble, plus facile à surveiller, et qui permettra d'éviter une pagaille des ondes « à l'italienne ». Une nouvelle ère s'ouvre, mais la prudence allemande veille à organiser soigneusement la transition de telle sorte que le secteur public ne concède sa liberté d'agir au secteur privé qu'avec beaucoup de précautions. Le 1er janvier 1985 naît la première chaîne privée : on s'est donné plus de deux ans pour se préparer à l'événement, loin des mutations brutales observées dans d'autres pays. Cette chaîne SAT 1, destinée au satellite et au câble, est freinée, au début, parce qu'il n'y a encore que 7 % de foyers câblés. Le SPD lutte pied à pied, dans les *Länder* qu'il domine, contre la télévision privée. Mais peu à peu la résistance cède, notamment grâce au ralliement du ministre-président SPD de Hambourg au camp des « privatistes ». Et le nouvel équilibre, complété par l'arrivée d'une seconde chaîne privée, RTL Plus, se met en place à partir d'août 1986, avec une surveillance étroite, dans chacun des *Länder*, par un organisme *ad hoc*, chargé de limiter la publicité et de veiller au niveau de l'ensemble. Cet ensemble à secteur public dominant demeure convenablement maîtrisé, sous le regard critique des intellectuels allemands, préoccupés de l'invasion par de mauvais films américains, déjà amortis aux États-Unis et vendus en Europe à vil prix : la tradition allemande a toujours refusé les quotas, qu'ils soient nationaux ou européens.

Profusion italienne

L'Italie est en violent contraste. Nous l'avions laissée en 1976, au moment où le monolithisme qui avait caractérisé, sous dominante démocrate-chrétienne, la période allant de 1952 à 1969, s'était trouvé jeté à bas. Le Parlement italien, pris dans ses propres filets, a toujours été en retard dans la législation sur l'audiovisuel. Contrairement à la France, qui a fait ses délices d'une succession de lois (parfois restées lettre morte), la pratique qui s'est imposée en Italie a été définie par une jurisprudence réclamant sans cesse des lois qui ne venaient pas. D'où l'importance des attendus élaborés par les juges de la Cour suprême constitutionnelle (qui cumule les rôles de notre Conseil constitutionnel et de notre Conseil d'État).

La Cour avait dit, en 1960 : « L'État est le mieux à même de garantir l'objectivité, l'impartialité et la continuité d'un service qui a pour but l'intérêt général. » Toute la jurisprudence des années soixante découle de ce principe. C'est le modèle pédagogique qu'avait incarné Bernabei, « un modèle vertical, nous disent savamment les sociologues, de diffusion unidirectionnelle d'un centre à une périphérie atomisée et passive ». Non sans efficacité : on cite toujours le succès exemplaire d'une émission destinée à l'alphabétisation des illettrés, « *Non è mai troppo tardi* » (« Il n'est jamais trop tard »).

Entre 1974 et 1976, la Cour essaie d'imaginer un système de concurrence à l'intérieur du monopole. Mais sans succès : cette période de deux ans correspond, comprimée, à une décennie française. Dans ce bref laps de temps on quitte d'un coup le système monolithique pour basculer dans un « climat de Far West », selon l'expression d'un ministre italien de la Communication. Le même qui dit, brièvement maoïste : « Il faut que cent fleurs de télévision fleurissent. » Mao avait sorti sa faux, comme on sait, peu de temps après avoir employé la formule en Chine. Rien de tel dans le cas de la télévision italienne, ou plutôt, si on veut filer l'image, l'une des fleurs a sorti elle-même un sécateur et a coupé la plupart des autres. Le lecteur aura reconnu Silvio Berlusconi dit *Sua Emittenza* ou encore « *la biscione* », la couleuvre ; la couleuvre est le symbole de Canale Cinque, sa chaîne de télévision principale, animal incarnant pour nos voisins transalpins la ruse et l'habileté. La tornade Berlusconi arrive.

La première étape est celle de l'anarchie (1976-1979). La période d'« explosion » des télévisions privées locales correspond à celle du capharnaüm des radios dont il a été parlé plus haut, sur fond de prolifération de projets de réglementation jamais suivis d'effet. La seconde étape est celle de la montée en puissance de Berlusconi, qui élimine ses rivaux et s'impose sur le marché (1980-1984).

Les acteurs du jeu ? D'un côté, des groupes d'éditeurs (de livres et de journaux ; et nous savons l'importance nationale de la presse régionale en Italie) qui souhaitent élargir leur influence dans le domaine de la télévision et y investir. Ensuite, les publicitaires, qui veulent conquérir en premier lieu les marchés régionaux qui leur paraissent insuffisamment exploités et achètent des programmes à bon marché à l'étranger, en instaurant entre eux des circuits d'échanges préfigurant les réseaux futurs. Silvio Berlusconi appartient à cette catégorie ; il possède une firme d'investissements financiers, Fininvest, et va créer Publitalia, bras séculier pour son action en télévision.

L'homme a commencé son activité dans l'immobilier pour classes moyennes, dans la région de Milan, et c'est dans le cadre de ces activités qu'il a souhaité fournir une télévision par câble, comme un attrait supplémentaire pour ses clients. Il entre par ce biais dans le secteur et est ainsi amené à créer, à la fin de 1979, Canale Cinque.

Une fois la poussière retombée de ce tourbillon d'intérêts et de passions croisés, que voit-on ? Plusieurs batailles se sont enchevêtrées.

D'abord l'affrontement entre la RAI et les télévisions privées. Le secteur public garde quelque dynamisme, puisqu'il lance une chaîne régionale en décembre 1979. Premier enjeu : les fréquences. Leur désordre est égal, en Italie, dans le domaine de la télévision, à celui que l'on a connu si longtemps en France pour les ondes radiophoniques. La RAI juge inadmissible que ses nouveaux concurrents viennent priver les auditeurs du secteur public des émissions auxquelles ils ont droit, en jouant les coucous sur ses fréquences. Le second enjeu concerne la régionalisation : pendant quelques années, la Cour constitutionnelle et le milieu politique ont accepté le principe de télévisions locales privées (avec une influence éventuelle du modèle allemand), mais non pas celui de télévisions privées à dimension nationale.

Sur le premier front, la RAI connaît un certain succès et obtient finalement une remise en ordre des fréquences, au milieu des années quatre-vingt, mais en revanche, dans son effort pour préserver son monopole national, sa déconfiture est complète. Berlusconi a su habilement « surfer » (comme il devient alors à la mode de dire) sur la conjoncture politique, étant un ami intime de Bettino Craxi, président du Conseil socialiste. En 1984, grâce à ce puissant appui, il réussit à faire autoriser *de jure* les réseaux nationaux qu'il a déjà mis en place *de facto* grâce au satellite.

Un autre affrontement oppose Berlusconi et les publicitaires d'un côté, aux éditeurs de l'autre, les puissants groupes Rizzoli, Rusconi et Mondadori. Et très vite, ces derniers sont battus en rase campagne – non sans conséquences quant au contenu... Pourquoi ? D'abord, ils sont moins « agressifs » que Canale Cinque, ils ont d'autres intérêts dans le domaine culturel et surtout ils sont plus respectueux des lois, par tempérament, par habitude, peut-être par paresse, ou par souci de se ménager le soutien durable des administrations. Sergio Berlusconi n'a pas les mêmes scrupules.

La « couleuvre » joue habilement – acquérant par exemple les droits de retransmission de grands matchs de football et affichant son désir de les offrir à l'ensemble des téléspectateurs et expliquant ensuite que, hélas ! l'État, les esprits étroits et les conservateurs lui refusent de les diffuser sur l'ensemble du pays comme le permettrait une mise en réseau de ses télévisions locales. La pression de l'opinion publique contribue ainsi au triomphe de Berlusconi. Et, dès 1984, il est patent qu'il l'a emporté sur les éditeurs dont il a racheté progressivement les stations et sur la RAI, dont, en cette année très sombre pour elle, il débauche les plus grandes vedettes à prix d'or (une tactique qu'il réutilisera quelques mois plus tard, en France, lors de la naissance de la Cinq). La RAI, à court terme, réagit maladroitement et, au lieu d'affirmer sa différence vers le haut, tend à abaisser le niveau de ses ambitions, de telle sorte qu'on ne donne pas cher, alors, de son avenir : c'est le moment où le rapport de Jean-Denis Bredin sur l'avenir de la télévision française, établi à la demande du gouvernement Fabius, parle du cas italien comme de celui de l'effondrement culturel, et du pire des repoussoirs. Le redressement ultérieur a donc été une heureuse surprise.

Mais, avant d'y venir, il est éclairant de reprendre les trois ressorts principaux du déclin de la RAI, en examinant si on peut les retrouver en France.

Le premier facteur est une perte inquiétante d'identité. La RAI ne sait plus les racines de sa différence, en un temps où l'information est encore dominée par les partis (et particulièrement RAI 3, soumise dans les régions à l'emprise des « barons » locaux). Elle perd ainsi sur les deux tableaux, le journalisme et les programmes. D'autre part, elle connaît une crise budgétaire, car la concurrence de Berlusconi fait flamber les prix de tous les « produits », qu'il s'agisse des séries américaines ou du portefeuille des films disponibles qu'un certain nombre d'hommes d'affaires au flair sûr ont acquis naguère à bon compte et qu'ils revendent très cher. Enfin se développe une campagne contre la redevance : grand péril, toujours, pour le secteur public. Le Parti radical italien de Marco Pannella, dont la démagogie est toujours inventive, orchestre le mouvement au nom d'un refus anarchisant de l'emprise de l'État et renforce ainsi paradoxalement une droite liée de près aux intérêts privés. L'argent rentre très mal et la fraude s'étend, si bien que la RAI est prise en pince entre la hausse des coûts et la chute de ses ressources. Quelques scandales bruyants scandent ces sombres jours.

En France : du monopole...

La France, vers la fin des années soixante et le début des années soixante-dix, connaît, nous l'avons vu, une certaine continuité de De Gaulle à Pompidou. L'expression célèbre de celui-ci, déjà citée plus haut, « la télévision est la voix de la France », est reprise à l'époque avec ironie comme titre d'un livre vif dû à une journaliste canadienne, Denise Bombardier, qui était venue passer quelque temps à Paris et qui met en lumière la différence des mentalités entre le continent américain et la France. A la fin de la présidence Pompidou, après la chute d'Arthur Conte, Marceau Long, lui succédant brièvement à la tête de l'ORTF, prépara une réforme pondérée et qui paraissait prometteuse (elle organisait une décentralisation des missions entre plusieurs établissements qui demeuraient fédérés entre eux), mais la mort du président Pompidou, le 2 avril 1974, la fit tourner court.

Ces années 1958-1974 où l'information était dans l'ensemble asservie en dépit des quelques ouvertures qui ont été décrites plus haut, notamment quand Jacques Chaban-Delmas était à Matignon, ont constitué en revanche une période honorable du point de vue des autres émissions, période marquée par le nom d'Albert Ollivier, ami de Malraux, biographe de Saint-Just, homme de culture, qui a laissé un souvenir fort à ses contemporains.

Si le système a tenu, c'est parce qu'en dépit des oppositions politiques une complicité tacite unissait les techniciens, les syndicats et les dirigeants.

La technique... Citons ce personnage important que fut Claude Mercier, une grande figure qui préside avec autorité aux progrès technologiques de la télévision et contribue à mettre en place en particulier, à la fin des années soixante, le système SECAM d'Henri de France – qui donne une couleur d'excellente qualité.

Quant aux syndicats de réalisateurs, ils sont dominés par la CGT, à l'époque, mais au fond leur vision des choses n'est pas si éloignée de celle des gaullistes, attachés qu'ils sont également à l'idée d'une ambitieuse culture populaire. Le *Dom Juan* de Molière réalisé par Marcel Bluwal, ou *Les Perses* d'Eschyle mis en scène par Jean Prat, demeurent dans la mémoire collective comme symboliques de cette ambition, Balzac, Zola, Maupassant... Telle est « l'École des Buttes-Chaumont », qui joue souvent des émotions et des incertitudes du direct, en particulier pour le théâtre. On n'y dédaigne pas pour autant les recherches formelles. L'œuvre pionnière de Jean-Christophe Averty, l'un des premiers à pratiquer systématiquement les trucages, avec les fameux « Raisins verts », marque l'époque. Même les feuilletons sont souvent de qualité. Toute une génération se rappelle *Janique aimée* ou *Thierry la Fronde*. Il y eut aussi le célèbre *Belphégor* qui eut le privilège d'être évoqué à propos de l'affaire Ben Barka, dans une conférence de presse, par le général de Gaulle, téléspectateur assidu (à la différence de ses successeurs).

La décennie suivante est coupée en deux par l'élection présidentielle de 1974. Le nouveau président de la République, Valéry Giscard d'Estaing, succédant à Georges Pompidou, hésite un moment à créer une chaîne commerciale, selon le vœu d'une partie de son entourage et de sa majorité, y renonce finalement, mais choisit de démembrer l'ORTF. Qui veut noyer son chien l'accuse de la rage : on déclare que l'Office est en grave déficit financier, ce qui démontre que cette machine n'est pas capable de se bien gérer. Après coup, mais trop tard, on verra que c'est une fiction comptable, et peu honorable, mais qui aura joué son rôle.

Le chef de l'État décide de créer sept sociétés : Radio France, qui pour sa part va tirer un grand avantage de cette situation, jouissant désormais de sa liberté et d'un budget propre, et évitant le rôle de la petite sœur maltraitée qui est souvent le lot de la radio publique dans d'autres pays. Pour la télévision, trois chaînes : TF1, Antenne 2 et France Régions 3 (FR3), servies par la SFP (Société française de production) et TDF (Télédiffusion de France) en charge des infrastructures techniques. Enfin, l'Institut national de l'audiovisuel est une invention inspirée par Pierre Schaeffer et le poète Pierre Emmanuel, qui en devient le premier président ; l'INA doit assumer quatre fonctions : la recherche technique (qui va s'illustrer bientôt dans l'élaboration des images de synthèse), la réflexion sociologique sur le contenu des programmes, une tâche pédagogique, de formation de techniciens et des réalisateurs, notamment pour le tiers monde, et enfin, *last but not least,* la conservation des archives audiovisuelles, essentielles pour servir la mémoire collective d'un pays.

Cette période est marquée, de 1974 à nos jours, du côté de l'information, par la continuité de l'avancée. Valéry Giscard d'Estaing annonce qu'on va revenir à l'esprit de la période Chaban-Delmas-Desgraupes, et qu'à l'avenir – c'est le libéralisme *new look* du moment – l'État garantira une vraie liberté aux présidents. Marcel Jullian, éditeur connu nommé à la tête d'Antenne 2, a raconté dans plusieurs livres la satisfaction qu'il a tirée d'abord de cette liberté promise et le chagrin qu'il a éprouvé ensuite de la voir si vite restreinte par une quantité d'interventions hypocrites : à propos du choix du directeur de l'information, en particulier. Il reste que durant ces années giscardiennes la télévision profite des antagonismes violents qui opposent les deux composantes de la majorité, RPR et UDF, notamment sous le gouvernement de Raymond Barre, entre 1976 et 1981.

Quand survient le changement de majorité de 1981, et l'élection de François Mitterrand à l'Élysée, les socialistes sont guettés et mis au défi par la droite de réaliser leurs promesses.

A court terme, divers comportements peuvent inquiéter. Certains militants se déchaînent contre tels ou tels personnages emblématiques de la télévision antérieure. Le nouveau ministre de la Communication, Georges Fillioud, invite publiquement les personnels à désavouer leurs présidents; la plupart s'en vont d'eux-mêmes, et leurs remplaçants sont nommés en Conseil des ministres, tandis que frappent à la porte beaucoup de journalistes ou de producteurs naguère remerciés – tantôt pour des raisons politiques, tantôt pour insuffisance professionnelle...

Mais, après quelques mois, le gouvernement socialiste tient ses promesses. Un événement essentiel est la création de la Haute Autorité de la communication audiovisuelle, par la loi Fillioud du 29 juillet 1982 (on a choisi cette date à dessein, cent un ans exactement après la grande loi de 1881). Il s'agit d'un corps de sages chargés de constituer un écran entre les pouvoirs publics, d'un côté, la télévision et la radio, de l'autre, de nommer les présidents du secteur public et d'être le gendarme du « paysage audiovisuel », comme on commence à dire. Sa composition est calquée sur celle du Conseil constitutionnel – 9 membres renouvelables par tiers tous les trois ans –, mais elle n'a pas la fortune d'être inscrite dans la Constitution, ce qui lui sera fatal au moment de l'alternance de 1986, quand le gouvernement Chirac prendra la lourde responsabilité de l'assassiner. Entre-temps, elle avait connu des hauts et des bas, brillamment retracés dans les souvenirs de sa présidente, Michèle Cotta, intitulés *Les Miroirs de Jupiter*. Certaines nominations ont été critiquées, apparaissant comme encore trop influencées par le pouvoir. Mais d'autres ont été courageuses : dans l'ensemble, la Haute Autorité a bien joué son rôle historique, et son bilan est honorable.

... à la concurrence

Une autre grande nouveauté est la création en 1985 de trois chaînes privées. D'abord Canal Plus, chaîne hertzienne cryptée à péage lancée en 1984 qui, après des débuts difficiles, affiche un brillant succès commercial. Ensuite les deux chaînes privées, la Cinq et TV 6, décidées par François Mitterrand, dans des conditions de hâte qui n'ont pas été sans soulever divers problèmes techniques et entraîner des conséquences préoccupantes. Le développement du câble notamment s'en est trouvé beaucoup ralenti, par rapport aux prévisions, et par comparaison avec plusieurs pays voisins : retard qui n'est pas encore comblé, loin de là, au milieu des années quatre-vingt-dix.

Il s'agissait de mettre en place ces chaînes avant les élections que la gauche prévoyait de perdre, afin de priver l'adversaire du bénéfice de cette initiative qui s'inscrivait dans une évolution générale en Europe. (C'est pour Berlusconi l'occasion, prestement saisie, de pénétrer sur le terrain français.) Fausse habileté, en vérité. Car, en marginalisant la Haute Autorité, et en paraissant attribuer la Cinq et TV6 à des capitalistes amis, la gauche au pouvoir fournit un bon prétexte au gouvernement de Jacques Chirac, après les élections de mars 1986 et lors de la première cohabitation, pour bouleverser à nouveau le système.

La droite revenue aux affaires remplace la Haute Autorité par une autre institution, la CNCL (Commission nationale de la communication et des libertés). Alors que la Haute Autorité, comme le Conseil constitutionnel, était conçue pour que l'évolution des sensibilités politiques de ses membres fût découplée par rapport aux majorités successives, la CNCL, selon un système compliqué de recrutement, était vouée, quoi qu'il advienne des évolutions parlementaires, à demeurer du côté droit de l'opinion publique. De telle sorte qu'en 1988, après sa réélection, le président Mitterrand qui avait dit naguère, dans une formule fameuse, que « la CNCL n'inspirait pas ce sentiment qu'on appelle le respect » veilla à ce qu'elle fût remplacée à son tour.

Le Conseil supérieur de l'audiovisuel, troisième avatar du

corps sophiocratique, a connu des débuts agités avec l'épisode de l'élection de Philippe Guilhaume à la tête du nouveau regroupement d'Antenne 2 et de FR3. La nomination de celui-ci, marqué à droite, a inscrit l'indépendance du CSA par rapport à un gouvernement dont personne ne pouvait penser qu'il aurait fait ce choix. Mais, en même temps, on a constaté comment l'arme financière – vieille connaissance – a permis au pouvoir exécutif d'obtenir, après un peu plus d'un an, le départ d'un homme dont la gestion était aventurée et qui n'avait pas pu surmonter le péché originel de sa désignation, et son remplacement par Hervé Bourges.

Autre décision de longue portée datant de la première cohabitation : alors que le gouvernement socialiste avait créé deux chaînes à partir de rien, la Cinq et TV6, le gouvernement Chirac, non content de modifier le capital, donc la direction de ces deux chaînes, fait le choix, gros de conséquences, de privatiser TF1. Cas unique : aucune autre démocratie occidentale n'a connu pareille aventure. Partout, quand on a autorisé des chaînes privées, elles sont nées de rien pour concurrencer le secteur public. Jamais, nulle part, un coup d'une telle brutalité n'a été porté à celui-ci. La première chaîne apparaissait pourtant comme un bien essentiel de la nation, dans l'ordre du pouvoir comme dans l'ordre du symbolique.

Il faut dire que les années quatre-vingt avaient vu, sur une plus longue durée, l'évolution que l'Italie avait vécue de façon plus ramassée, en deux ans, de 1974 à 1976 : une concurrence accrue à l'intérieur même du secteur public. Choc accentué par la forte personnalité d'Hervé Bourges, qui devient en 1983 président de TF1, au moment où Antenne 2, très prestigieuse grâce au rayonnement de son patron Pierre Desgraupes, s'inquiète de voir celui-ci destiné à partir bientôt, frappé par l'âge de la retraite et par la volonté gouvernementale. On a assisté, pendant les années 1982 à 1985, à un redressement de TF1 méritoire du point de vue de l'audience et du moral de la chaîne, mais acheté au prix d'une évolution des programmes, qui n'ont pas, dans l'ensemble, été tirés vers le haut... Les jeux d'argent prennent une place croissante, on fait appel aux émissions étrangères à bon marché, la programmation est délibérément plus populaire

qu'auparavant : tendance qui s'est accentuée après la privatisation, rendant dérisoires, avec le recul, les doctes discussions sur
le « mieux-disant culturel » qui avaient agité les milieux média-
tiques lors de la comparution devant la CNCL des candidats au
rachat de TF1.

Où en sommes-nous aujourd'hui ? Il semble bien désormais
qu'on a engrangé avec du retard l'acquis de la Haute Autorité,
c'est-à-dire que les problèmes de l'information (mi-évolution
des mentalités, mi-effet de la concurrence) ont changé de nature.
L'exactitude peut en être mise en cause – voyez Timisoara, la
guerre du Golfe et la suite – et la façon de traiter l'actualité,
mais le problème n'est plus celui d'une domination du pouvoir
politique. Et du même coup se pose plus que jamais la question
de la qualité et de la diversité des autres émissions.

C'est alors, dans cette dernière période, qu'a été mise en
lumière une ambiguïté, quant au rôle du CSA, que l'on aperce-
vait déjà pour la radio, dans les années 1980, mais la radio ayant
moins de poids affectif et symbolique, cela était de moins
grande portée : la Haute Autorité était à la fois chargée de nommer le président de Radio France et de Radio France Internationale, de l'aider à défendre une certaine idée du secteur public, et
simultanément de se faire le gendarme de l'ensemble du système radiophonique : donc d'arbitrer, sur des problèmes de fréquences, par exemple, entre secteur privé et secteur public.
Aujourd'hui l'inconvénient se révèle plus grave qu'un même
organisme soit chargé à la fois d'être, comme la FCC, régula-
teur de l'ensemble du champ, et en même temps de nommer le
président commun de France 2 et de France 3, donc d'être
impliqué dans son succès ou son échec, et d'assumer une responsabilité indirecte mais lourde dans l'évolution du secteur
public. Peut-être, certains y songent, faudra-t-il un jour trouver
un autre système de nomination à deux degrés échappant au
CSA.

Quoi qu'il en soit, la France est aujourd'hui clairement
devant deux chemins possibles ; celui du déclin progressif du
secteur public, par glissement sur une pente fatale : moins d'argent, moins de succès, moins de publicité, moins de moyens,
moins d'ambition, et ainsi de suite, jusqu'à ce qu'il se ratatine

en se limitant aux seules tâches que le secteur commercial ne pourrait pas assumer. Ou bien il confirmera le schéma que j'ai défini à propos de France-Inter : la survie de deux secteurs en vraie concurrence étant assurée, le secteur public étant aiguillonné par la rivalité et l'efficacité prompte du secteur privé, et protégé par là des tentations d'assoupissement, de corporatisme, de paresse, et celui-ci, en retour, étant tiré vers le haut par la qualité d'un secteur public qui n'est pas comme lui contraint de servir, dans l'immédiateté qu'impose la publicité, le plus petit commun dénominateur des goûts du public révélé par les sondages.

Restons optimistes. Après le terrible choc créé par la privatisation de TF1 en 1986-1987, le second « quinquennat » de gauche, de 1988 à 1993, a su convenablement rétablir l'équilibre en restituant au secteur public ses couleurs et son image. Sa surface a été élargie par l'arrivée, à mon initiative, d'Arte, chaîne culturelle franco-allemande, sur le réseau hertzien libéré par la déconfiture de la Cinq d'Hersant et Hachette, à l'automne 1992, et il est à la fois significatif et encourageant que la droite, revenue au pouvoir ensuite, n'ait pas osé remettre en cause une décision qu'elle avait, à l'époque, abondamment brocardée.

Renaissance de la RAI

En Italie aussi, l'évolution italienne peut paraître encourageante. On se souvient que Jean-Denis Bredin, dans son rapport de 1985, dénonçait le système italien comme symbole d'un effondrement culturel. Or, en quelques années, on a assisté à une certaine renaissance, jusqu'à créer un mythe inverse. Certains ont même parlé de MIT, c'est-à-dire de « modèle italien de télévision » ! C'est ainsi que l'Espagne regarde vers l'Italie, l'Espagne qui est en train de privatiser, avec des difficultés autres, et avec tous les problèmes que lui pose la régionalisation si forte dans ce pays tiraillé de forces centrifuges – en même temps que Berlusconi regarde vers elle. Le redressement de la

RAI est incontestable – la RAI sur laquelle peu de gens auraient parié une lire, vers 1984 ou 1985. Une fois achevé le processus de concentration au profit de Berlusconi (son dernier achat est celui de Rete 4, en août 1984), la RAI s'est revigorée peu à peu, a retrouvé de l'audience et quelque prestige, partant une certaine confiance en soi.

Les causes de ce rebond ? D'abord, une meilleure organisation du système. Un consensus politique se dessine enfin, qui permet de créer en 1986 un Conseil d'administration qui reste fondé sur un système de répartition des sièges à la proportionnelle entre les partis, mais se montre capable d'affirmer progressivement une certaine distance par rapport aux politiques. On change le président et le directeur général. Certes, la *lottizzazione* oblige que l'un soit démocrate-chrétien, le directeur général Agnese, l'autre socialiste, Manca, mais ce sont des hommes de qualité et d'autorité reconnus. D'autre part, le secteur de la publicité est assaini, avec un accord sur une mesure scientifique de l'audience qui succède à une anarchie délétère. Le secteur privé, pour sa part, est contraint de consentir à une certaine limitation de la publicité à la fois en pourcentage du temps d'antenne et en durée...

Ainsi se rétablit un meilleur équilibre entre le public et le privé. L'organisation du secteur privé lui-même, avec au centre les trois chaînes de la Fininvest de Berlusconi, mais aussi des centaines de télévisions locales qui subsistent tant bien que mal, aboutit à la création d'une fédération des radios et télévisions privées, qui fournit un interlocuteur au gouvernement et à la RAI sérieux et autorisé. Le président Manca définit clairement sa stratégie au début de 1988 « à partir d'une analyse des tendances de la demande sociale de communication et du marché ». Avec trois données qu'il met en valeur avec pertinence : le passage d'une concurrence nationale à une concurrence internationale ; le passage d'une technologie simple à une technologie complexe ; et le passage d'un public homogène à une segmentation de la demande. Manca et Agnese s'attachent à la diversification des programmes, à une meilleure complémentarité des grilles des trois chaînes du secteur public, tout en accentuant l'autonomie des différentes chaînes. Un compromis assez heureux est ainsi trouvé entre la coordination nécessaire et ce qu'une autonomie véritable implique de « responsabilisation » des responsables de chaque chaîne. Il s'agit de relever le défi de la « couleuvre » Berlusconi qui gouverne ses trois chaînes d'une main de fer et de façon très centralisée.

Les finances de la RAI, enfin, sont assainies. La redevance assure actuellement 56 % de son budget, 44 % provenant de la publicité – par comparaison celle-ci ne rapporte à France 2 et France 3, en 1995, que 30 % de leurs recettes. La RAI fait des économies d'échelle, grâce à la fusion d'un certain nombre d'organismes de gestion et d'achat, et grâce à une utilisation plus rationnelle des studios.

A la fin des années quatre-vingt la première chaîne se caractérise par des émissions ambitieuses à gros budget, tout en restant à dominante démocrate-chrétienne : elle fonde son autonomie et son originalité sur l'histoire culturelle du pays, avec une remontée de la qualité des programmes éducatifs. La deuxième chaîne joue le *medio alto*. La troisième chaîne invente ce qu'on appelle, là-bas, « *Tivù realtà* », autrement dit les « *reality shows* » qui sont arrivés plus tard chez nous, une télévision qui, à mi-chemin entre information et fiction, s'efforce de rencontrer, à hauteur souvent des régions, le plus concret et le plus quotidien des aspirations du public. La RAI enfin a appris à utiliser mieux qu'auparavant la solidarité internationale des chaînes publiques par le truchement de l'UER, l'Union européenne de radio-télévision.

Rien de plus incertain, pourtant, que l'avenir du secteur – notamment perturbé par l'arrivée de Berlusconi lui-même à la tête du gouvernement, durant l'été de 1994, paraissant dès lors réunir sous son autorité capitaliste ou gouvernementale la totalité de la télévision italienne – avant que les protestations contre cet étrange monopole biface ne contribuent, en décembre, à son départ du pouvoir.

CHAPITRE XIV

LES ENJEUX INTERNATIONAUX

« Après l'ère de la canonnière, et celle du commerce et des finances, les techniques et les réseaux de communication représentent la troisième génération de la domination du monde. » Ce propos de Zbigniew Brzezinski, ancien secrétaire d'État du président Jimmy Carter, peut efficacement introduire ce dernier chapitre. Certes, il est marqué d'un peu d'exagération. D'abord, parce que la canonnière, le commerce et les finances n'ont pas cessé de compter. D'autre part, parce qu'il y a beaucoup d'illusion à penser que l'on peut manier l'information comme on ferait de marionnettes sur une scène de théâtre. Mais, enfin, le fait que beaucoup le croient devient en soi un facteur de l'histoire.

Fin des frontières ?

Incontestable est la « mondialisation » récente de l'information – moins quant à la diffusion des nouvelles, qui était déjà largement acquise au début de ce siècle, que quant à la promptitude de leur course tout autour de la planète ; tandis que la différence entre l'image et le son, mise en lumière plus haut pour les décennies précédentes, a tendance à disparaître. Pendant longtemps, la radio seule pouvait franchir aisément les frontières, notamment en ondes courtes. Désormais, grâce au satellite, la télévision est capable (à coût beaucoup plus élevé certes) de transporter des images tout autour du monde – donnant par là toute sa dimension au sujet qu'il faut évoquer pour finir.

Un autre trait de la période est l'évolution des acteurs, notamment gouvernementaux, qui ont commencé – lentement – de comprendre qu'une information-propagande trop simpliste peut être contre-productive, et que l'influence passe souvent plus utilement par une imprégnation culturelle lente des mentalités : ce qu'illustre fort bien l'histoire des quarante-cinq dernières années.

Nous avions quitté la radio internationale avec la fin de la Seconde Guerre mondiale où elle a joué un rôle éminent. Après la victoire des Alliés, la guerre des mots (certes moins dangereux et moins coûteux que les projectiles) est devenue un substitut à la guerre réelle, selon la tradition des héros d'Homère, le choc des épées en moins. Au temps de la guerre froide, les protagonistes manifestent ainsi souvent l'énergique passivité sonore des carabiniers d'Offenbach qui chantent : « Marchons, marchons, marchons… Marchons, le temps presse… » et restent sur place… La parole, au lieu d'être un complément de l'action, en tient lieu et parfois même en dispense, au grand dam des révoltés qui avaient cru au soutien que la chaleur des propos paraissait promettre.

Les années de la guerre froide, de 1947 à 1960 environ, voient l'essor des grandes radios en ondes courtes. Leur classement par ordre d'importance varie d'un ouvrage à l'autre, car il existe des critères différents pour en déterminer la hiérarchie. On peut choisir de mettre en avant le nombre d'heures d'émissions, mais on doit tenir compte aussi de la puissance des émetteurs, du nombre des pays ciblés et des longueurs d'onde utilisées. Si l'on combine tout cela, le palmarès, à la fin des années soixante-dix, peut s'organiser à peu près de la façon suivante.

En tête l'URSS qui a dépassé les États-Unis d'Amérique à la fin des années soixante. Ceux-ci occupent la deuxième position, avec à la fois la Voice of America, dépendant du gouvernement fédéral, et deux radios « privées », Radio Free Europe et Radio Liberty, créées respectivement en 1950 et en 1953, et basées à Munich. La Chine arrive au troisième rang, et l'Allemagne fédérale au quatrième. Cette dernière a une politique très dynamique, héritée des années trente, qui a toujours joué, avec la Deutsche Welle et la Deutschland Rundfunk, non pas de la défense de l'allemand, mais de l'usage d'un grand nombre de langues diverses. La Grande-Bretagne talonne l'Allemagne, puis vient l'Égypte, qui cherche à affirmer ainsi un rôle de leader dans le monde arabe. Il faut citer aussi Radio Vatican que la papauté met au service de la propagation de la foi depuis 1931 et qui émet en une quarantaine de langues.

Qu'en est-il de la France ? L'instrument principal y est la radio de souveraineté dans le cadre de l'ORTF, puis de Radio France à partir de 1974, complétée par un organisme semi-privé, la SOMERA, qui, dépendant elle-même de la SOFIRAD, est indirectement sous l'autorité gouvernementale.

Vérité ou propagande

Quels sont donc les problèmes que rencontre un tel effort d'influence internationale, à vocation politique, culturelle et, de façon évidemment subséquente, économique et financière ?

La première difficulté est d'apprécier son public et de s'y adapter : chose plus difficile que sur le marché intérieur, où l'on dispose désormais d'outils de mesure pertinents, qui permettent de connaître l'auditoire avec précision et selon des critères affinés : catégories professionnelles, classes d'âge, sexe, répartition géographique, etc. A l'étranger la tâche est plus ardue. D'abord parce qu'on joue sur des pourcentages très petits, difficiles à saisir statistiquement, d'autre part parce que beaucoup des pays concernés ne se prêtent pas à des sondages sur des émissions dont ils déplorent l'influence, et enfin parce que le coût de ces enquêtes autour de la planète devient vite exorbitant. Donc, pour connaître l'auditoire – chose indispensable –, on doit procéder comme en géologie, en prélevant des « carottes ». On se fonde aussi sur le courrier, toujours abondant, que l'on reçoit – mais qui peut être trompeur, car on sait que les correspondants (éventuellement suscités par les animateurs) sont rarement représentatifs de la moyenne des auditeurs.

Et finalement on ne doit pas oublier que l'on touche des élites, donc qu'on peut avoir une influence qui n'est pas mesurée par la simple arithmétique – notamment dans les pays où le poids de la censure est tel qu'il existe un grand appétit d'écouter ailleurs, comme dans la France de Vichy. Cela a été vrai, jusqu'en 1989, dans les pays de l'Est ; toutes les radios occidentales ayant fait un effort particulier dans la direction de l'URSS et des démocraties populaires.

Une cible importante est constituée par les pays en voie de développement, les anciennes colonies notamment. Ainsi en est-il du continent indien, objectif essentiel pour le BBC World Service ; de l'Afrique pour Radio France Internationale – surtout francophone mais aussi anglophone. La fidélité aux ondes courtes y est bien enracinée – en dépit de l'insuffisance fréquente du « confort d'écoute », comme on dit dans le jargon du métier. Quand Radio France Internationale promène son micro dans les fêtes en Afrique, la notoriété de ses animateurs et de ses journalistes, inconnus en France, se manifeste de façon éclatante.

Une difficulté spécifique que rencontrent toutes ces radios est la nécessité de satisfaire, en dehors et à côté du public étranger qui parle leur langue, une minorité de compatriotes expatriés. Ceux-ci constituent un groupe de pression dont l'influence, par le truchement entre autres, dans le cas français, des sénateurs de l'étranger, est sans commune mesure avec le nombre des personnes concernées : ils veulent autre chose.

Un autre choix stratégique, déjà rencontré plus haut à propos de la guerre des ondes au cours de la Seconde Guerre mondiale, concerne l'équilibre à déterminer entre vérité et propagande. Dans le cours de la guerre froide, une opposition nette sépare le BBC World Service, dont l'influence s'appuie sur une tradition, en général méritée, d'impartialité, et la pratique américaine, qui rompt avec sa philosophie antérieure, telle que proclamée en 1941, lors des premières émissions en ondes courtes, celle de la vérité à tout risque : désormais, les responsables jouent la propagande, quitte à tâcher de la faire la plus subtile possible.

Dans le cas de Radio France Internationale, on a constaté avec satisfaction dans les années quatre-vingt une évolution qui la rapprochait de la doctrine britannique. Un des facteurs en a été la diminution progressive du financement par le Quai d'Orsay et l'augmentation de la part fournie par la redevance, mais la dernière période a vu un retour en arrière ; le pourcentage de la redevance est retombé à 16 % en 1995. Certes, on peut s'étonner que ce soient les redevanciers de France qui, par le paiement de la taxe, contribuent à assurer le financement d'une radio qui par définition ne les touche guère (même si on peut écouter Radio France Internationale à Paris depuis longtemps sur ondes moyennes, et depuis 1992 en modulation de fréquence), mais c'est là une garantie par rapport à la tentation de toute diplomatie de vouloir infléchir, au service de ses nécessités immédiates, la radio de souveraineté. Nos postes diplomatiques à l'étranger trouvent toujours désagréable, dans leur vie quotidienne, que Radio France Internationale puisse critiquer telle ou telle action du gouvernement auprès duquel ils sont accrédités. Mais, à moyen terme, les complaisances se paient cher en influence.

Non qu'il faille nier qu'une radio de souveraineté demeure la voix du pays qu'elle représente. Autant il est heureux que l'expression fameuse et si fâcheuse de Georges Pompidou : « la télévision, c'est la voix de la France » paraisse aujourd'hui obsolète, autant il est naturel qu'aux yeux de l'étranger RFI demeure, comme ses homologues et rivales, l'expression du pays qui y pourvoit. D'où sa responsabilité particulière. Quand un conflit civil éclate, par exemple, dans un pays africain, et que les deux parties qui s'affrontent écoutent RFI, ce qu'on y entend sur la situation de l'une et de l'autre, militaire ou psychologique, est de redoutable portée. Est-il scandaleux, par exemple, lorsque le président de la République se rend dans un pays d'Afrique en voyage officiel, de se refuser à répercuter avec autant d'objectivité que sur des ondes françaises, dans une revue de presse, les critiques violentes émises dans des journaux parisiens à l'égard du chef de l'État du pays en cause ? Ou bien faut-il accepter une certaine pudeur, au moins momentanée, pour servir une conjoncture d'intérêt national ? En termes théoriques comme en termes pratiques, la réponse n'est pas simple et exige à la fois rigueur et doigté.

Ce qui ajoute à l'intensité de la concurrence, dans les moments les plus chauds, c'est l'impossibilité d'un accord international vraiment contraignant sur les fréquences. A l'intérieur des pays occidentaux, l'anarchie qui s'est presque toujours installée (en tout cas dans les nations à dominante latine) lors de l'apparition des radios privées en modulation de fréquence cède peu à peu la place, comme nous l'avons vu, à un minimum d'organisation. Mais dans le domaine international c'est une autre affaire. Car les différentes parties prenantes ne sont pas disposées à y abdiquer leur souveraineté dans l'utilisation des fréquences, surtout en ondes courtes. Toute une série de conférences internationales, apparemment techniques, mais en fait profondément politiques, se sont tenues, sur ces questions, depuis la guerre. La première s'est réunie à Moscou, en septembre 1946. La seconde, importante, a duré cinq mois, en 1947, à Atlantic City, aux États-Unis, aboutissant à des résultats au moins incertains : si elle a donné naissance à un Comité international d'enregistrement des fréquences, chargé de rassembler les données et fournir des avis, la souveraineté des États a été soigneusement préservée. On s'est mis ensuite à peu près d'accord, faisant de nécessité vertu, quant à la répartition des fréquences de portée frontalière, en ondes moyennes ou en grandes ondes, mais en ondes courtes les résultats furent maigres – d'autant plus que très vite, la guerre froide s'intensifiant, les radios en combat les unes avec les autres ont pris goût, au contraire, à se porter délibérément sur la fréquence des adversaires pour gêner leur influence.

Le duel Washington-Moscou

Le duel des États-Unis et de l'URSS constitue l'expression la plus éclatante de ce type d'affrontement. Les moyens consacrés de chaque côté ont été grands, en contraste avec la déception souvent ressentie par les maîtres d'œuvre, déception qui entraîna une révision des stratégies à partir des années soixante.

Dès 1946-1947, au moment des débuts de la guerre froide, Washington décide de dépenser beaucoup d'argent fédéral pour la propagande radiophonique. Radio officielle, la Voice of America présentera tous les aspects de la politique américaine – les « faits » et les débats qui l'entourent. A vrai dire, la « discussion motivée de la politique », comme le disent les statuts, a été nettement moins développée, pendant longtemps, que la présentation des objectifs et des moyens. Une thématique simple est établie, dès l'origine, pour les journalistes et les animateurs. Il s'agit de broder sur les certitudes suivantes : premièrement, les Américains sont un bon peuple ; deuxièmement, l'Amérique est généreuse et désintéressée ; troisièmement, l'Amérique est une démocratie, les Américains croient à la liberté de pensée et d'expression, et chez eux, toutes les races, tous les groupes, vivent heureux. Quatrièmement, les Américains sont favorables à la liberté des autres peuples. Le gouvernement et le peuple des États-Unis ne donnent jamais aucune aide à une politique coloniale (nous sommes en 1946) ; ils ne sont pas impérialistes, mais profondément attachés à la paix.

Ce texte est intéressant à rapprocher, comme le fait Fouad Benhalla dans son livre sur *La Guerre radiophonique,* de la thématique qui nourrit, en face, la radio soviétique. Première idée : le conflit entre les deux blocs est permanent et total ; on ne peut pas être neutre ; on est toujours d'un camp, ou d'un autre ; et pourtant, quand l'URSS adopte une attitude agressive, elle ne le fait que parce qu'elle est menacée. Autre thème : des millions d'hommes suivent le communisme, à travers le monde, avec enthousiasme. Preuve de la validité de cette doctrine, preuve aussi que le communisme est dans la « ligne juste », pour le progrès social. Aussi bien l'URSS offre-t-elle partout son aide aux pays qui cherchent à se libérer. Elle œuvre obstinément pour la paix, en face d'une Amérique qui ne songe qu'à la guerre. Car les capitalistes de Wall Street y tirent toutes les ficelles : le « complexe militaro-industriel » y règne. Les minorités y sont opprimées tandis que les grèves à répétition, le chômage, l'inflation y prouvent la nocivité du système capitaliste. Ajoutons que, naturellement, tous les problèmes raciaux tournant autour de l'intégration des Noirs, qui ont marqué les débuts de la présidence d'Eisenhower (avec l'affaire de Little Rock, en 1957, en particulier), ont été abondamment traités sur les ondes soviétiques.

Les États-Unis installent 100 émetteurs, développant une puissance totale de 15 millions de watts. Ils assurent 800 heures d'émissions par semaine en 38 langues, avec un effort particulier en direction des démocraties populaires. Très vite, la Voix de l'Amérique parle en bulgare, en tchèque, en slovaque, en slovène, en hongrois, en roumain, en polonais... Les programmes en russe sont particulièrement chargés, diffusés par plus de 60 émetteurs anglais et américains dispersés en Europe, 24 heures sur 24, à partir de mai 1949. Citons encore les émetteurs de Tanger, de Thessalonique en Grèce ou de Rhodes, et en Extrême-Orient à Okinawa, dans le Pacifique, à Colombo, à Hué au Vietnam, à Monrovia en Afrique, etc.

Bientôt le travail de la Voice of America est complété par celui de Radio Free Europe et de Radio Liberty, qui concentrent leur activité vers l'Est. Derrière elles, un American Committee for Liberation qui fonctionne, théoriquement, sur des dons privés – mais on sait aujourd'hui que la CIA (où règne alors le tout-puissant Allan Dulles, frère du secrétaire d'État John Foster Dulles) assure l'essentiel du budget de ces radios. Il faudra attendre le début des années 1970 pour que celle-ci soit relayée par le Bureau de diffusion internationale dont les ressources sont, cette fois, transparentes. Et en face l'URSS réplique également en force, avec des moyens équivalents – en 1955 plus de 500 heures d'émissions chaque jour vers le monde entier.

Dans toute guerre se développe une dialectique du glaive et du bouclier. On peut émettre, mais aussi brouiller les émissions de l'adversaire. Les pays communistes s'y emploient avec une vigueur spécifique. D'après Pierre Miquel, dans son *Histoire de la radio et de la télévision*, les Soviétiques auraient utilisé vingt fois plus d'émetteurs pour brouiller la Voice of America, que celle-ci n'en utilisait pour diffuser des émissions... Du côté du « monde libre », on n'est d'ailleurs pas en reste. Reste évidemment l'inégalité majeure : on écoute beaucoup plus à l'Est qu'à l'Ouest, à cause de la nature du régime.

Le reflux commence à partir du milieu des années cinquante. Le tournant correspond au rapport Khrouchtchev et surtout à la révolte de Budapest de 1956. Jusque-là, les radios américaines jouaient parfois les boutefeux malgré diverses instructions des dirigeants poussant à la prudence ; et elles laissaient entendre ici ou là aux peuples opprimés de Hongrie qu'en cas de révolte ils pourraient être aidés par l'Occident. On sait ce qu'il en advint. Il n'y eut pas d'aide, conformément à la logique impitoyable de la division du monde en deux blocs, et les insurgés furent abandonnés à eux-mêmes. D'où de nombreuses critiques, après coup, aux États-Unis, contre ces radios taxées d'irresponsabilité – et désormais, sur leurs antennes, plus de prudence encore.

Dans le climat de détente qui s'installe à partir des années soixante, notamment après la crise des fusées de 1962, l'évolution se confirme. Un des signes en est que, des deux côtés, on brouille beaucoup moins l'adversaire. Les Soviétiques démontent les stations de brouillage (416 !) qu'ils avaient installées en chapelet derrière le rideau de fer. 6 000 techniciens qui y travaillaient sont reversés du côté des émetteurs. Il y a ensuite, comme souvent, des retours en arrière, et l'intensité du brouillage fournit un bon thermomètre de l'évolution des rapports entre les États-Unis et l'URSS : le chaud et le froid. Dans ses Souvenirs, Jiri Pelikan, qui était directeur de la radio et de la télévision tchèques au moment du Printemps de Prague de 1968, raconte que, quand il est arrivé dans ce poste, l'argent dépensé pour brouiller les radios étrangères aurait suffi à mettre sur pied un centre moderne de télévision en couleurs dont la Tchécoslovaquie manquait alors cruellement.

Et il fallut attendre la *glasnost* pour qu'en novembre 1988 Gorbatchev décide de l'élargir aux ondes courtes en provenance de Munich. Radio Free Europe et Radio Liberty, dont les budgets ont été réduits, ont aujourd'hui des bureaux dans les principales capitales des anciens pays communistes...

Le Nord et le Sud

Avec le déclin de l'affrontement Est-Ouest surgit l'évidence d'une autre opposition : celle du Nord et du Sud. L'époque du tiers-mondisme triomphant, dans les années 1960-1970, met en effet en lumière un déséquilibre de l'information au profit des riches, aux dépens des pauvres.

Les causes de ce déséquilibre ? D'abord, brutalement, la possession des fréquences : même si on n'a jamais assuré un ordre rigoureux, à hauteur planétaire, il apparaît que les premiers occupants résistent assez bien à l'arrivée d'« agresseurs » qui tâchent de s'installer à leur place sur l'éventail des ondes courtes. Une autre inégalité résulte de la puissance des émetteurs, aggravée par le coût des satellites géostationnaires. Enfin et surtout se pose le problème des sources de l'information. Il faut toujours être attentif à la façon dont l'information émerge, dont elle s'élabore, selon quelle hiérarchisation, implicite ou explicite ; clairement, le processus valorise les pays industriels avancés aux dépens des autres ; et cela est d'autant plus frustrant pour les pays neufs que la radio a joué un grand rôle dans la lutte de libération de ces peuples contre le colonialisme, au cours des années cinquante et soixante.

Le cas des agences de presse est éclairant. Il existe 120 agences dans le monde, et 50 pays possèdent une agence à vocation nationale. Mais 5 d'entre elles seulement jouissent d'une diffusion planétaire et elles touchent à elles seules 99,8 % de la population mondiale : Associated Press, UPI, Reuter, l'AFP et l'agence Tass. D'où des frustrations, des protestations qui ont provoqué de vifs débats dans le cadre de l'UNESCO, au cours des années 1970, et ont abouti à un rapport confié à Sean MacBride, diplomate irlandais respecté (à la fois prix Nobel de la Paix et prix Lénine), rapport dont on espérait beaucoup. Longtemps attendu, finalement publié en février 1980, ce document, stigmatisé par les États-Unis, a déçu, faute de propositions concrètes. Recommander de renforcer les agences nationales, engager les journaux des pays industrialisés à prêter plus d'attention aux pays

neufs : c'étaient là des vœux pieux et qui n'engageaient guère.
Or, depuis quinze ans, la situation s'est plutôt aggravée avec les progrès de l'informatique et le développement proliférant des banques de données, qui fournissent leurs informations aux usagers par télématique, en passant par le truchement des serveurs qui jouent le rôle d'intermédiaires et se chargent de la promotion commerciale. Il existait 100 banques de données en 1965 ; 2 500 en 1985 ; elles sont 10 000 en 1995. Parmi celles-ci, 75 % américaines, 21 % européennes, dont 10 % françaises ; 3 % seulement d'ailleurs. Même s'il n'y a pas de volonté délibérée de propagande, cette situation aboutit à des distorsions inévitables. Voir toute l'histoire du monde, par exemple, dans le futur, au seul miroir de l'Amérique, ce serait insupportable...

Radio France Internationale

Toutes ces données se retrouvent concentrées dans l'histoire de Radio France Internationale. Les ambiguïtés des sensibilités françaises dans les années cinquante – moins du point de vue de sa diplomatie que des attitudes de ses élites intellectuelles – ont abouti à ce que l'effort français a été bien moindre vers l'Est dès cette époque, même ramené à proportion de la population et des moyens, que celui de la Grande-Bretagne et surtout des deux géants opposés. Ensuite, les années 1960 à 1970 ont été marquées par un déclin des émissions françaises en ondes courtes. On se l'explique mal pour les années de la présidence du général de Gaulle, qui avait eu l'occasion, comme on sait, dans sa carrière antérieure, de prendre la pleine mesure de l'influence potentielle de la radio pour servir une politique étrangère... Un rapport alarmiste d'un jeune maître des requêtes du Conseil d'État, nommé Édouard Balladur, au début des années soixante, sur le déclin des ondes courtes, n'eut aucun effet positif. J'ai eu l'occasion, un jour, d'interroger à ce sujet Maurice Couve de Murville qui fut, pendant cette décennie, ministre des Affaires étrangères, et de lui demander comment il expliquait qu'on ait laissé alors choir si bas les positions françaises, en reléguant de surcroît, souvent, dans ces tâches dédaignées, les journalistes dont on ne voulait pas ailleurs. Hélas ! je n'ai guère été renseigné. Mon interlocuteur, avec cette grimace familière qui lui plissait tout le visage, m'a simplement répondu : « En effet, c'est inexplicable ! »

La situation s'est encore aggravée avec l'arrivée de Valéry Giscard d'Estaing à la présidence de la République, en 1974. Lui, visiblement, ne croyait absolument pas aux ondes courtes. D'un seul coup, au moment de l'éclatement de l'ORTF, il fut décidé de supprimer la plupart des émissions en langues étrangères en direction de l'Europe de l'Est. Les journalistes qui y travaillaient furent jetés sur le pavé. De telle sorte qu'à la fin des années soixante-dix nos ondes courtes sont tombées à un niveau lamentable, au 28e rang, après l'Albanie et l'Espagne...

La gauche eut le mérite, après mai 1981, de réagir heureusement, et les générosités budgétaires des deux premières années socialistes profitèrent aux ondes courtes. RFI fut constituée en société autonome par la loi du 29 juillet 1982 (son président étant de droit le président de Radio France). Et, sous l'autorité successive de Michèle Cotta puis de moi-même, Hervé Bourges, directeur général, élabora un plan de cinq ans, qui fut ensuite appliqué par son successeur Fouad Benhalla. D'où une extension progressive du nombre de langues et le développement d'émetteurs en ondes courtes notamment en Guyane, à Montsinéry, balayant de façon plus efficace l'Amérique Latine et le sud-ouest de l'Afrique.

Une phase difficile s'ouvre en 1986, pendant la première cohabitation. On voit resurgir alors le poids des comités organisant les Français de l'étranger (ce n'est pas leur faire injure que de dire qu'ils sont en général d'une sensibilité plus conservatrice que la moyenne nationale). La loi Léotard sépare RFI de Radio France, ce qui satisfait le patriotisme de la première, mais menace la permanence d'une coopération harmonieuse entre les deux maisons. Le Premier ministre RPR, Jacques Chirac, part en guerre. Un ancien journaliste de Radio France, Michel Péricard, député du même parti, explique qu'il ne verrait aucun inconvénient à ce que les journalistes de RFI soient des fonctionnaires, ce qui eût été une grave régression.

Ensuite le calme s'est progressivement rétabli, et RFI a retrouvé sa confiance en soi, et son influence. Elle émettait, en 1993, 994 heures par semaine, en 17 langues, gérant un budget de 550 millions de francs (soit un quart environ de celui de Radio France) : beaucoup d'argent consacré par la collectivité nationale à son influence planétaire, courageux en somme parce que hors de toute préoccupation électorale à courte vue. D'après des calculs toujours un peu aléatoires, RFI aurait une trentaine de millions d'auditeurs réguliers autour du monde. D'où sa remontée au quatrième ou cinquième rang mondial. Ajoutez l'influence de la SOMERA, qui se réserve notamment le Proche-Orient, à partir d'un puissant émetteur en ondes moyennes installé à Chypre, et qui en utilise aussi un autre par location à Moyabi, au Gabon, pour toucher l'Afrique.

Programmes télévisés :
domination américaine et réplique européenne

Dans le cas de la télévision, c'est moins l'opposition Nord-Sud qui domine qu'un déséquilibre éclatant entre les États-Unis d'Amérique et tous les autres pays. Au début des années quatre-vingt-dix, les télévisions européennes consacraient entre 20 et 40 % de leurs antennes à des productions américaines, un chiffre pouvant monter jusqu'à 70 % si l'on met à part information et « plateaux ». Et, tout en sachant que les statistiques sont affectées d'une certaine marge d'incertitude, on relève qu'en 1994, selon l'IDATE (Institut de recherche sur l'audiovisuel et les télécommunications), les États-Unis ont exporté pour plus de 4 milliards de dollars de films et de « produits » de télévision en Europe, et n'ont importé en retour qu'à hauteur de 350 millions de dollars environ. Il faut d'ailleurs savoir que 90 % des œuvres européennes ne dépassent pas les frontières des pays d'origine.

Rappelons les données qui expliquent cette domination économique et culturelle des « produits US » sur nos écrans. Certes, ils sont servis par les progrès techniques (satellites et cassettes, et tout récemment CD Rom et CDI). Mais l'essentiel découle de la hausse vertigineuse de la demande résultant à la fois de la multiplication du nombre de stations émettrices tout autour du monde et de l'allongement de la durée de leurs émissions, désormais assurée pour la plupart 24 heures sur 24 ; comme, d'autre part, les coûts de production se sont envolés dans les années 1980 pour des marchés nationaux qui sont, en Europe, toujours étroits, les Américains en tirent un grand avantage, puisqu'ils peuvent vendre à bon compte au-dehors des images qui, à cause de l'ampleur de leur marché intérieur, sont pour la plupart déjà amorties. D'où une facilité de *dumping* au moment opportun, quitte ensuite à relever les prix, une fois les marchés gagnés.

Toute la question, ambiguë, est d'apprécier dans quelle mesure les auditoires sont attachés presque exclusivement à des produits nationaux. Pierre Wiehn, qui est un des « programmateurs » français les plus reconnus, l'un des artisans du succès d'Antenne 2 dans les années Desgraupes, et ensuite conseiller de TF1, aime à évoquer le cas de la télévision néerlandaise, la NOS : les Pays-Bas sont un des pays les plus câblés d'Europe, la plupart des Hollandais ayant accès à trente programmes au moins, dont une grande majorité est en langue étrangère (anglais, allemand ou français). Contrairement aux Français, les Hollandais sont nombreux à parler couramment ces langues. Eh bien ! on constate que les émissions qui ne sont pas données en hollandais n'atteignent, toutes additions faites, que 2 à 3 % de l'écoute. D'où le thème rassurant d'une sorte d'autoprotection des auditoires.

Oui. Mais, parce qu'elle est fondée sur la langue, à partir du moment où le doublage se développe et s'améliore, le bouclier devient moins efficace.

Donc il revient à un pays qui estime qu'il y a péril pour son identité nationale et sa vitalité culturelle à laisser prendre un poids trop grand à des produits venus d'ailleurs de déterminer sa stratégie en retour. La première arme, toute naturelle, c'est la simplicité du protectionnisme. Trop simple ! Une des difficultés provient de la frustration que cela crée dans le public. Fermer les frontières est compliqué : donc en général le protectionnisme intervient au stade de la diffusion. Comme il est presque impossible de fixer des critères de qualité (qui décidera ?), on est obligé de recourir au système des quotas.

Il existe un précédent intéressant, du côté du cinéma, avec les accords Blum-Byrnes de 1946. Léon Blum fut alors envoyé par le gouvernement Félix Gouin pour négocier avec les États-Unis le règlement des affaires économiques et financières pendantes entre les deux pays et préparer leur aide pour la reconstruction de la France. Or ces accords comportaient un chapitre sur le cinéma. La génération de Léon Blum n'était pas forcément portée à comprendre l'importance de l'enjeu. Lui-même disait gentiment qu'il était d'un âge où on allait au théâtre et qu'il avait du mal à attribuer beaucoup d'importance au cinéma. Il était donc enclin à des concessions dans ce domaine. Il céda à la fois à la fringale du public, privé de films américains depuis 1940, et à la pression forte des huit « majors », les grandes sociétés qui voulaient placer en Europe des films déjà amortis aux États-Unis.

Avant la guerre, un système de contingentement avait déjà fonctionné ; mais, comme il était conçu assez large, il n'avait jamais été très gênant. Les accords Blum-Byrnes stipulent qu'un tiers de la programmation des salles, au minimum, doit être assuré en français. Ce quota est jugé beaucoup trop faible par la profession, ce qui suscite une flambée de protestations, avec des manifestations spectaculaires d'acteurs célèbres dans la rue. On voit Simone Signoret défiler avec Jean Marais et Madeleine Sologne, le couple fameux de *L'Éternel Retour*, derrière des pancartes, place de la Madeleine, pour défendre le cinéma français. Et Louis Jouvet, dans une conférence de presse, tient ces propos qui sont frappants, si on les rapproche de notre sensibilité contemporaine : « Ces accords mettent en question la survivance même de l'art dramatique. L'altération du goût serait irrémédiable et mortelle. Faits au vin de Bourgogne ou de Bordeaux, nos estomacs devront s'accoutumer au Coca-Cola. [Le Coca-Cola à l'époque était l'image fantasmatique des aspects les plus délétères de la civilisation américaine.] Cela revient en somme à proprement abdiquer sa qualité de Français. » Il pose ainsi brutalement la question de l'imprégnation culturelle, et de la possibilité comme de l'opportunité d'une défense.

En l'occurrence, l'offensive est efficace, puisqu'un retour au contingentement est décidé en septembre 1948 : un maximum de 121 films américains pourront entrer chaque année en France, soit 25 % de moins que la pratique antérieure et le quota est rehaussé – ce qui satisfait le cinéma français. Avec le recul, il apparaît bien qu'il n'était pas absurde de tracer des limites. Il ne fallait pas se fermer complètement, ce qui aurait été stérilisant (le cinéma américain a largement irrigué et enrichi le nôtre), mais, en même temps, la preuve était faite qu'une protection provisoire, un effort de soutien pour un cinéma affaibli par la guerre était bien légitime. Nul scandale, aujourd'hui, à agir de même pour la télévision, comme l'ont bien compris les gouvernements successifs, de gauche comme de droite, ces dernières années, dans les négociations du GATT.

C'est bien cette tradition, en effet, qui est reprise chez nous par le système des quotas, quotas de production et quotas de diffusion : avec un double niveau : quotas français et quotas européens – système affiné par une réflexion sur les heures de grande écoute ou d'écoute significative, qui a préoccupé le CSA. Car, si on diffuse les productions françaises entre 2 heures et 6 heures du matin, les calculs sont faussés ! Une difficulté vient de ce que nos partenaires de l'Union européenne sont rarement favorables aux quotas, en particulier sous la pression des Britanniques, qui eux-mêmes ont toujours eu, notamment à cause de la langue partagée, des liens privilégiés avec les États-Unis, et des Allemands eux-mêmes qui réagissent, par doctrine, de la même façon. La directive européenne dite « Télévision sans frontière », qui date d'octobre 1989, pose, certes, le principe d'une majorité de programmes en provenance des pays de la CEE, mais avec cette restriction : « chaque fois que c'est possible », qui en limite grandement la portée – pour ne pas parler de la définition trop extensive des émissions.

Le bouclier et l'offensive

Quoi qu'il en soit, le protectionnisme, s'il ne peut être toujours écarté, comporte aussi ses périls, installant dans une position défensive et à certains égards frileuse. D'où la nécessité d'inventer des répliques offensives. D'où l'espoir d'un renforcement d'une coopération positive entre les Européens.

Coopération technique d'abord. La chronique du débat sur le SECAM et le PAL, durant les années de Gaulle, est éclairante. Il s'agissait de choisir le procédé de diffusion de la télévision en couleurs. La lutte fut d'autant plus chaude qu'à l'époque on pensait qu'il serait très compliqué de mettre au point des « convertisseurs de définition », qu'on aurait donc beaucoup de peine, dès lors qu'on aurait choisi tel ou tel procédé, à passer d'un système à l'autre. Quand ce progrès fut accompli, les inconvénients du désordre créé par la diversité des choix s'en trouvèrent diminués, comme l'enjeu de l'affrontement. Le système américain NTSC (National Television System Committee), mis en place dès 1954, était assez médiocre techniquement, de l'avis général. Du côté des Européens, on lisait alors NTSC comme signifiant : *Never Twice the Same Colour* (jamais deux fois la même couleur) ! Les Européens, au début des années soixante, proposent deux systèmes rivaux. L'un est né en France, le SECAM (Séquentiel à mémoire), créé par Henri de France, dont tout le monde considère qu'il est plus coûteux, mais offre une image excellente. En face, le PAL allemand, mis au point par Telefunken.

Comme toujours, le mélange des arguments techniques et des préoccupations politiques, dans une affaire comme celle-là, est inextricable. Entre 1963 et 1965 se tiennent de nombreuses négociations d'ingénieurs, pour tâcher de mettre au point un système mixte. Il paraît que celui-ci ne serait pas hors de portée. Aujourd'hui encore, les techniciens nous disent qu'ils étaient sur le point d'aboutir à une synthèse entre PAL et SECAM. Mais en 1966, année du choix, les relations franco-américaines sont marquées de vives tensions : sortie de l'OTAN, discours du

Général à Phnom Penh critiquant la politique américaine au Vietnam. De Gaulle décide donc souverainement d'imposer le SECAM à la France en refusant tout compromis technique. Il est d'ailleurs encouragé dans cette attitude par des négociations qui permettent de faire adopter le système SECAM par l'URSS et par ses pays satellites.

Après coup, le jugement balance. Certains tiennent qu'une volonté politique a permis d'aboutir à un résultat qui était à la fois efficace et protecteur. Mais d'autres rétorquent qu'un système européen unifié aurait été bien plus puissant, que les cités grecques se sont divisées, une fois de plus, à leur grand dam, devant Philippe de Macédoine. Et, outre-Atlantique, on affecte de se venger en lisant le signe SECAM : *Supreme Effort Contra America*.

Le problème se repose, aujourd'hui, de façon similaire, avec la télévision à haute définition. L'entreprise dite Eurêka Audiovisuel, d'abord pilotée du côté français par Bernard Miyet, ancien président de la SOFIRAD, s'est efforcée de donner une assise technologique à l'Europe de la communication, en promouvant une norme européenne de haute définition. Après l'abandon de la norme intermédiaire dite « D2 Mac Paquet », en 1993, par les industriels européens, la bataille demeure incertaine.

Mais quel que doive être l'avenir sur ce front, il faut se battre aussi en favorisant les coproductions, qui concernent les émissions elles-mêmes. Tous les producteurs indépendants, en France, depuis quelques années, éprouvent les difficultés de la tâche. Quand ils vont voir les diffuseurs, ceux-ci leur disent : « Il faut que vous fassiez des coproductions, car nous n'avons pas d'argent. Mais en fabriquant des produits qui soient adaptés au public français, conformes à notre sensibilité nationale. » Or, le danger des coproductions, c'est précisément d'aboutir à des mélanges aseptisés, où chacun paraît s'éloigner de ses racines. Certes, on peut privilégier des œuvres binationales, où la dame est allemande et le monsieur français, en se retrouvant à la frontière, on peut mettre au petit écran le *Siegfried* de Giraudoux sur capitaux venus des deux côtés du Rhin. Mais cela ne va pas très loin. Et le problème reste intact.

Inscrivons au même chapitre, selon une ambition plus haute,

la chaîne culturelle franco-allemande Arte qui touche – potentiellement... – dix millions de téléspectateurs câblés outre-Rhin et la grande majorité du territoire français, comme on l'a vu, depuis l'automne 1992, sur le cinquième réseau hertzien. Compte tenu de la diversité des mentalités et des habitudes professionnelles, la coopération est parfois difficile, mais elle s'améliore progressivement et elle a vocation à s'élargir, à terme, à d'autres partenaires de l'Union européenne.

Une troisième voie possible est celle de la contre-attaque vers les pays tiers, sur un marché qui s'est trouvé, ces dernières années, progressivement dominé par la diffusion satellitaire. La télévision américaine jouit en effet d'un avantage accablant pour les autres, le refus obstiné par le public, outre-Atlantique, en dehors des milieux universitaires, de tout ce qui n'est pas de fabrication autochtone : pas de film sous-titré, et peu de films doublés ; ce qui contraint les Européens à attaquer à la marge, du côté du câble. Voici quelques années, on a essayé de développer une chaîne francophone câblée, confiée à l'un des douze enfants de Joséphine Baker. Ce fut une prompte déconfiture, et l'on s'est trouvé contraint de se replier sur des contrats spécifiques avec, par exemple, des chaînes câblées d'universités. On peut voir aujourd'hui, à New York comme à Montréal, notamment grâce à TV5, les émissions de Bernard Pivot ou les journaux de France 2. Mais tout cela reste assez marginal.

La bonne cible, pour les pays européens, c'est l'Est et le Sud. Avec toujours une ambiguïté quant au but visé. Veut-on obtenir un succès commercial, pour gagner de l'argent et diminuer les coûts de production ; ou bien la finalité première est-elle culturelle, pour servir dans un deuxième temps l'influence politique et économique ? La contradiction se résout rarement...

Sur le marché international, la dernière décennie a vu s'établir un classement intéressant des différents pays européens selon leur dynamisme commercial. En tête des exportateurs de programmes, on trouve l'Italie et la BBC, celle-ci utilisant le truchement d'une filiale dynamique, BBC Enterprise. Loin derrière viennent la République fédérale d'Allemagne et la France. Nous n'exportons que pour 150 millions de francs environ. Ce chiffre vraiment dérisoire ne correspond qu'à 3 % de l'ensemble des investissements réalisés dans la production d'œuvres françaises nouvelles et à 2 % du marché mondial.

Frappant, hélas ! a été l'échec d'une société autonome créée en 1982, FMI, France Médias International, qui était chargée de diffuser à l'étranger les produits des chaînes du secteur public. Les chaînes se sont senties dès lors libérées, au fond d'elles-mêmes, de la tâche de vendre au dehors, sans que FMI ait l'autorité nécessaire pour provoquer des produits adaptés au marché international. Un autre handicap, dans le cas français, tient au système des droits d'auteurs et des *royalties* versées aux acteurs, qui reste archaïque ; contrairement à ce qui se passe dans le cas du cinéma, les sociétés d'ayants droit ont obtenu que les droits soient assis sur la rémunération initiale et non pas sur la valeur commerciale du produit ; la revendication ne paraissait pas illégitime, mais son succès a abouti à alourdir le prix de vente à l'étranger et à nous affaiblir dans la concurrence internationale.

Les satellites jouent de leur côté un rôle croissant. Les premiers servaient à transmettre des images pour l'information au profit des seules stations émettrices. La deuxième génération permet d'envoyer des programmes recueillis par coupoles individuelles ou collectives, et éventuellement redistribués ensuite par le câble. Depuis le milieu des années quatre-vingt, des chaînes de plus en plus nombreuses diffusent ainsi leurs programmes sur plusieurs pays européens à la fois, le coût en étant forcément assuré par la publicité, et non pas directement par le public.

En France, on s'appuie autant que possible sur les solidarités francophones. TV5 Europe est un programme généraliste qui emprunte ses programmes aux chaînes publiques de France, de Suisse, de Belgique et du Canada, repris par câble dans beaucoup de pays européens. Saluons aussi le développement de Canal France International (CFI), qui offre des images à qui veut s'en servir – avec une quasi-gratuité pour les pays les plus défavorisés : excellente idée développée sur le modèle d'une « banque du son », Media France Internationale (MFI), gérée depuis plusieurs années par RFI. Le principe, pour protéger l'indépendance et la fierté des « clients », est de leur envoyer chaque jour un certain nombre d'heures de programmes par satellite, qui sont « magnétoscopées » à l'arrivée, et dans lesquelles ils puisent librement. Notons aussi l'existence de l'agence internationale d'images AITV, agence qui, dépendant de RFO (la radio et la télévision des territoires d'outre-mer), pourrait se développer à l'avenir.

Il faut citer enfin la participation financière de nos sociétés publiques ou privées dans des organismes étrangers. Silvio Berlusconi a conduit, comme on sait, une offensive vigoureuse en direction de la France, avec son entrée dans la Cinq, en 1986, où il s'est maintenu après l'arrivée de Hachette et jusqu'à la fin. Il s'est attaqué aussi à la télévision espagnole. De la même façon, Canal Plus, qui exporte son savoir-faire en Belgique, en Espagne, en Allemagne, est présent, en collaboration avec la SOFIRAD, sur le continent africain et s'est même lancé, non sans déboires, sur le difficile marché américain. Quant à la Sept-Arte, elle a passé des accords avec la Tchécoslovaquie et la Pologne. Il faut souhaiter que le mouvement se poursuive avec un dynamisme croissant.

L'HISTOIRE DES MÉDIAS
ET L'AVENIR DES DÉMOCRATIES

Glas ou tocsin ? Depuis quelques années, en France, colloques savants, débats professionnels, enquêtes d'opinion et numéros spéciaux de revues multiplient les interrogations angoissées à propos de l'influence supposée détestable des médias audiovisuels sur le fonctionnement de la démocratie dans nos sociétés modernes. Leur pouvoir aurait augmenté, en Occident, au point de mettre en péril tout à la fois les identités nationales, le fonctionnement des institutions et les libertés individuelles – la promptitude, la multiplication et la simplification des messages s'accroissant sans cesse aux dépens de leur efficacité pédagogique et de la réflexion civique. Aux yeux des plus pessimistes, il s'agirait d'une rupture radicale et profondément néfaste avec tout ce qui a précédé.

Or, c'est dans de pareilles conjonctures psychologiques que l'Histoire surtout est utile, parce qu'elle aide à retrouver son sang-froid. Elle permet, en rappelant des précédents oubliés, de ne pas exagérer l'inédit et elle fournit quelques clés pour affronter les défis les plus neufs. Elle peut tout à la fois nous alerter, nous rassurer et nous éclairer.

L'identité nationale

L'héritage national, d'abord : ici l'inquiétude concerne la menace que constituerait le rabotage progressif de ces différences venues du fond des âges qui fondent l'originalité d'un peuple et son « vouloir-vivre ensemble ».

Regardons en arrière. Depuis la naissance de la presse écrite, la diffusion des journaux étrangers, qu'elle fût clandestine au temps des pouvoirs dictatoriaux, ou facile dans les pays de liberté, trouvait les limites étroites de son influence dans la différence des langues et dans le retard de leur arrivée par rapport aux feuilles locales. Quant aux radios transfrontalières, émettant en ondes moyennes et en ondes courtes, si avidement écoutées pendant les guerres, elles étaient vouées, en période de paix, à voir leur empreinte, dans les nations libres au moins, se réduire à peu de chose. Il en va tout autrement, désormais, pour la télévision de l'ère des satellites, du câble et des CD Rom. Son impact s'élargit, d'un pays à l'autre, bien au-delà des cibles de la « TSF » d'hier ou des journaux d'avant-hier.

Notamment parce qu'elle ne borne pas son rayonnement à la seule information. Grâce au doublage à bon marché, les firmes américaines peuvent abreuver d'œuvres de divertissement des chaînes européennes dont le nombre se multiplie sans que leurs budgets soient suffisants pour pourvoir à une production originale – au-delà des « émissions de plateaux » à faible coût. Jamais, dans le passé, une puissance économique et politique n'a pu trouver, comme font les États-Unis d'aujourd'hui, la possibilité d'inonder les autres nations de son offre médiatique : grâce aux dimensions de leur marché intérieur et à l'efficacité capitaliste d'un système entièrement tourné vers le seul *entertainment*.

Or, en face de ce défi, que la prochaine génération, en Europe, devra affronter de plein fouet, la connaissance du passé, une fois de plus, est précieuse. D'abord pour rappeler, contre les risques de repli sur soi et de crispation chauvine, les avantages de l'irrigation par d'autres civilisations : quel rythme aurait connu la liberté de la presse, au XIXe siècle, sur « le continent », si l'exemple des conquêtes britanniques n'avait joué un rôle moteur ? Mais aussi pour nous dire que le résultat de ces apports extérieurs, positif ou négatif, dépend du niveau et de la pression de l'influence conquérante. La capacité d'absorption, en effet, est grande, mais non pas indéfinie. Et c'est pourquoi il faut aussi le volontarisme de politiques publiques réglementant ou régulant les flux du marché.

Mais pas seulement ceux-ci : un autre enseignement de l'Histoire touche à la dialectique de la technique et du message, du contenant et du contenu. Nous le savons spécialement en France : le demi-échec du SECAM gaullien, jadis, dans son effort d'expansion, puis la déconfiture des satellites « lourds » de diffusion directe, TDF1 et TDF2, naguère, ont limité le rayonnement de la production télévisuelle française. La bataille qui se livre, dans nos années quatre-vingt-dix, à propos des systèmes de transmission numérique destinés, vers le début du prochain millénaire, à remplacer l'analogique, et autour des modalités de la future « haute définition » engage des enjeux industriels et financiers, mais aussi évidemment culturels. Si l'Europe se laisse distancer demain dans le champ des nouvelles technologies, si elle est défaite par l'Amérique et le Japon dans la bataille des normes, et si elle est exclue de ces fameuses « autoroutes de l'information » qu'a dénommées le vice-président des États-Unis Al Gore et qui regrouperont les fibres numériques porteuses de communications de toute nature, elle risque bien d'être spirituellement dominée, sinon colonisée.

D'où se dégagent quelques idées simples. Premièrement, que l'Union européenne est indispensable pour une efficacité dans la compétition mondiale : question d'échelle. Ensuite, qu'il faut y préserver à tout prix – à cette hauteur comme en France – la place et le rayonnement du secteur public, seul garant possible d'une politique qui refusera toujours de ne considérer que comme des marchandises parmi d'autres les écrits, les images et les sons. Enfin, qu'il revient à l'Europe, refusant inflexiblement de suivre les Anglais dans leur préférence pour une simple zone de libre-échange, d'affirmer une politique industrielle dans le domaine des médias ; défensive en toute bonne conscience quand il le faudra, mais sachant aussi qu'aucun bouclier n'est durablement efficace si l'on n'accomplit pas d'autre part un effort acharné d'invention technique et culturelle.

On s'apercevra de plus en plus, dans ce domaine comme dans d'autres, que l'opposition des années soixante entre les « fédéralistes » et les tenants de « l'Europe des patries » est dépassée. Car la suite nous a appris à la fois que la Communauté n'a pu progresser que grâce à des délégations de pouvoir propres à favoriser les accords industriels et de production d'un pays à l'autre et qu'à de rares exceptions près il n'est guère de succès public d'une fiction européenne qu'ancré dans une des cultures historiques de notre continent et échappant à ce « volapük intégré » que raillait autrefois le général de Gaulle : nous savons d'expérience ancienne que l'on n'accède à l'universel, à un certain degré d'ambition, que par le seul détour des spécificités nationales.

La transparence et le secret

Une autre inquiétude lancinante se porte sur la marche même de la démocratie qui serait soumise au pouvoir impérieux des médias modernes. La pression des micros et des caméras, si alourdie sur la vie politique, rendrait l'exercice du gouvernement des hommes, au rythme haletant des critiques ininterrompues, de plus en plus difficile.

Le risque existe. Mais la loi républicaine, la volonté d'État, une Justice dotée des moyens matériels et psychologiques de sa sérénité sont précisément destinées à répondre à cela. En résistant à la fascination de la transparence absolue. En affirmant la nécessité, en République, d'un minimum de secret.

Parmi les stéréotypes les plus paresseusement répandus de notre temps figure en effet celui-ci : en démocratie tout secret serait haïssable, tout progrès dans la limpidité des processus de décision serait forcément une victoire des citoyens. Avec cette idée implicite que les tentures, les voiles, les opacités cachent toujours les plus odieuses turpitudes.

L'origine de ce credo est simple et tout à fait honorable : les régimes d'oppression se drapent de silence. Cabinets noirs, menées obscures, pressions cachées : tout l'attirail des dictatures est bien là. Donc, à première vue, dans un pays libre, le désir de tout savoir sur-le-champ est le plus légitime possible.

Une société plus lisible, immédiatement, par elle-même, grâce aux progrès technologiques, quoi de plus satisfaisant, en apparence ? Dans l'Antiquité, la démocratie de l'agora ou du forum ne pouvait fonctionner convenablement qu'aux dimensions d'une cité. A Rome, dès que les conquêtes se sont élargies, la République s'est dégradée en dictature. La radio, la télévision ne permettent-elles pas d'élargir enfin aux dimensions d'une grande nation la marche d'une démocratie de proximité ? Pour le prochain millénaire, le rêve est séduisant.

Prenons-y garde pourtant : le cauchemar n'est pas loin. Une collectivité qui se donnerait perpétuellement, instantanément, à voir tout entière à elle-même serait l'incarnation du totalitarisme absolu.

D'abord dans l'ordre de la vie privée, où le viol de l'intimité est un risque accru par ces procédés nouveaux (et cela ne menace pas seulement les gens d'influence, ceux de la politique, des affaires, des spectacles, ou... de la presse elle-même, mais peut concerner, un jour ou l'autre, n'importe quel citoyen). On s'inquiète déjà de la prospérité des journaux de « caniveau », ceux qui regardent dans les alcôves par les trous de serrure et qui, hélas ! prospèrent dans plusieurs pays occidentaux – la France paraissant, en dépit de telle ou telle exception récente, à peu près protégée contre cette pestilence, au moins pour l'instant.

Pour ce qui concerne la vie publique elle-même, il suffit de songer au cas particulier de la politique monétaire. Que serait-elle sans le secret ? On constaterait la domination des appétits privés, la faillite de l'intérêt général, la déroute d'une volonté nationale. Les scandales qui ont entouré, dans tous les pays occidentaux, les fameux « délits d'initiés » ne signifient pas autre chose.

Or il n'y a pas là de différence de nature, mais seulement de degré, avec les autres domaines de l'action politique. Il faut oser rappeler – et ici je parle d'expérience – qu'il n'est pas de gouvernement possible sans une certaine dose de secret. Secret dans l'élaboration des diverses solutions : comment les préciser sereinement si l'hypothèse en cours de définition est donnée au-dehors comme décision fixée, alors qu'elle est vouée à bouger après que le responsable politique en a délibéré en lui-même et avec son équipe, puis l'a confrontée avec la politique de l'exécutif dans son ensemble ? Secret aussi dans la préparation du calendrier des annonces publiques : celles-ci étant décisives pour le succès et pour l'échec. Secret enfin dans toutes les affaires qui concernent des puissances étrangères, légitimement désireuses d'organiser elles-mêmes la publicité de leurs choix selon la stratégie de leur communication.

Dans ces conditions, la contradiction, en démocratie, entre silence et faire-savoir peut paraître troublante. Et pourtant elle se résout si on réfléchit en termes de rythmes et de délais. Ce que les démocrates ont le droit (et le devoir) d'exiger, c'est la clarté *après coup*, c'est-à-dire dès que la connaissance de la genèse et des modalités d'une décision que des gouvernants ont prise -- par délégation du peuple – ne peut plus en ruiner l'efficacité. Le délai de cette mise au jour varie, suivant les sujets, de l'heure au siècle...

Définition abstraite ? Mais non ! très concrète, comme le savent bien les parlementaires, les magistrats et les journalistes qui ont, en régime de liberté, la responsabilité de cet éclairage différé.

Je sais bien que les hommes de gouvernement seront souvent tentés de prolonger le mystère au-delà de l'indispensable, car il peut leur être trop commode. Donc il est sain que la presse, qu'elle soit écrite, parlée ou télévisée, s'efforce sans relâche, conformément à son rôle civique – mais dans le respect des lois –, de raccourcir le délai. Cette tension fait partie de l'équilibre des pouvoirs et des contre-pouvoirs. Je plaide seulement pour que les citoyens admettent que les politiques, dans diverses occurrences, sont légitimés à résister, et que l'évolution des techniques de communication les justifie davantage de le faire.

Au reste, il faut se hâter d'évoquer l'autre volet des choses : si le secret peut aider, dans l'immédiat, la réforme (souvent, pas toujours), il renforce sûrement, à plus long terme, le conformisme et le conservatisme. Ainsi en va-t-il dans la plupart des institutions. Dans les armées par exemple où tout pèse pour contraindre les militaires à se taire et à les dissuader de proposer des idées hétérodoxes (Jean Jaurès écrivant *L'Armée nouvelle* en 1910 s'en inquiétait déjà), ou dans la police dont la haute mission de défense de la sécurité, c'est-à-dire d'abord des faibles, risque de se dévoyer sans le contrôle de l'opinion par le truchement des journaux.

Or, l'on retrouve ici l'un des critères les plus sûrs qui continueront de distinguer, au siècle prochain, dans les démocraties, la gauche de la droite : la conviction que si l'économie de marché et le profit individuel sont inévitables pour assurer la prospérité collective, l'argent-roi, laissé à lui-même sans la contrepartie d'autres influences, travaille contre la démocratie. Dans le domaine de l'information, si on ne le bride pas par d'autres règles que les siennes propres, il risque de jouer à l'inverse des nécessités que je viens de poser.

A court terme il pèse de tout son poids pour forcer les défenses du silence, pour percer à jour les secrets les plus légitimes. Photographes indécents, bricoleurs d'écoutes téléphoniques, feuilles de chantage, spéculateurs de tout poil, le système travaille avec une force croissante à faire sauter les verrous de la discrétion, profitant d'ailleurs souvent de l'appui des acteurs politiques eux-mêmes, avides de faire parler d'eux. La dimension des intérêts en cause, les mouvements de la spéculation internationale, le développement des techniques d'espionnages : tout pousse dans la même direction – inquiétante.

En sens inverse, au moment où les citoyens, après une heure, un jour, un mois, un an, sont fondés à exiger la vérité, l'argent cherche spontanément à recréer un autre mystère, destiné celui-ci à dissimuler son propre rôle lorsqu'il a influencé le cours des choses en rivalité avec les forces démocratiques, contre leur volonté et contre leurs aspirations. On pense spécialement, bien sûr, aux risques de la corruption. Car si les politiques sont fondés à réclamer le silence sur leur intimité, toute investigation des journalistes et des juges sur leurs ressources financières et leur intégrité personnelle est légitime et même indispensable.

En somme l'argent dominateur peut être aussi dangereux,

dans ce domaine, par ses indiscrétions que par ses censures... Le lecteur l'a assez compris : je ne crois pas, du côté des médias plus qu'ailleurs, à l'harmonie naturelle des intérêts, ni que la conjonction des pulsions individuelles assure à elle seule le bonheur et l'équilibre moral d'une collectivité. Un équilibre heureux exige la sagesse et les rigueurs de l'état de droit et l'intervention raisonnée de la puissance publique sur les structures du système. Ainsi seulement la liberté de la presse, héritage sans prix et toujours fragile de tant de beaux combats, assurera sa pérennité.

Le nouveau forum

Autre grief, autre souci : la toute-puissance de l'audiovisuel imposerait à la vie politique des formes dramatiquement réductrices, la brièveté des messages se combinant avec le grossissement du trait pour réduire les raisonnements au plus sommaire et pour faire prévaloir l'émotion sur l'intelligence.

Voyez par exemple, gémit-on, la domination des « petites phrases » qui empêchent les discours réfléchis et élaborés d'atteindre leurs destinataires, les citoyens, et qui en caricaturent le fond. Il faut pourtant manquer singulièrement de mémoire pour ignorer combien le passé a connu déjà de ces simplifications déplorées.

Le 15 juillet 1870, Émile Ollivier, Premier ministre de Napoléon III, déclare à la tribune de la Chambre que son gouvernement accepte la « grande responsabilité » de la guerre contre la Prusse « d'un cœur léger ». Certes, il s'empresse d'ajouter toutes sortes de motifs de bonne conscience diplomatique. Mais après Sedan, la défaite une fois survenue, toute nuance s'effacera dans les mémoires et ce propos inlassablement cité s'attachera à sa personnalité comme une tunique de Nessus, au point de lui interdire à jamais tout retour sur la scène : il meublera sa longue retraite jusqu'à sa mort, survenue en 1913, en écrivant d'innombrables volumes de Souvenirs – dont l'un est tout entier consacré, pour une vaine justification, à cette seule formule ravageuse. Nul doute qu'aujourd'hui la télévision, chaque fois qu'on parlerait encore de lui, montrerait sans relâche la citation, « en boucle » – mais il n'a pas été nécessaire que celle-ci existât pour que son auteur se trouvât mort politiquement...

La trace de René Viviani, semblablement, ne se réduit-elle pas, dans la mémoire de beaucoup, à cette exclamation fameuse de 1906, après la Séparation de l'Église et de l'État – qu'il serait impossible à vrai dire de pouvoir prononcer aujourd'hui sans ridicule : « Nous avons éteint dans le ciel des lumières qui ne se rallumeront plus » ? Et le Paul Reynaud de 1940 à son cri : « Nous vaincrons parce que nous sommes les plus forts » ou à cet autre : « La route du fer est coupée ! » Quant à Pétain, quand il utilise à la radio la formule que lui a soufflée un « nègre » prestigieux, Emmanuel Berl (comme feront plus tard, pour nos politiques contemporains, des « conseillers en communication » moins talentueux) : « La terre, elle, ne ment pas », n'annonce-t-il pas des pratiques actuelles prétendument inconnues jusqu'ici ?

Au même chapitre des afflictions obligées, on nous rebat aussi les oreilles des effets destructeurs de la dérision répandue sur le personnel politique par les émissions inspirées, dans les divers pays d'Europe, par les célèbres Muppets britanniques, tels, chez nous, le « Bébête Show » de TF1 ou les « Guignols » de Canal Plus. Mais croit-on vraiment que la puissance des caricatures, celles de Gassier, Sennep, ou Ralph Soupault en France, de Paolo Garretto en Italie, de *Punch* en Grande-Bretagne, ou de *Simplicissimus* en Allemagne, n'ait pas compté très fort au cours du premier demi-siècle ? Sans même qu'on remonte à l'effet destructeur qu'eut pour la monarchie, aux premiers temps de la Révolution, le foisonnement des dessins orduriers qui circulaient sous le manteau.

Autre banalité répandue : les conséquences délétères de l'obsession contemporaine du « scoop » qui pousserait à l'erreur les journalistes, faute qu'ils aient le loisir de recouper, de vérifier, de réfléchir. Le danger est en effet très réel. Mais c'est exactement la même préoccupation qui taraudait les deux journalistes du *Michel Strogoff* de Jules Verne, l'Anglais Harry Blunt et le

Français Alcide Jolivet, quand ils se disputaient le télégraphe, en Sibérie (en dictant au préposé du bureau, pour occuper la ligne, des extraits de la Bible ou des poèmes de Béranger), chacun cherchant à raconter le premier la bataille entre Russes et Tartares à laquelle ils assistaient. Plusieurs des envoyés spéciaux qui ont participé à l'événement fameux de Timisoara, en 1989, et à la « désinformation » involontaire sur un massacre imaginaire expliquent volontiers après coup qu'à l'effet de la concurrence s'est ajoutée ce jour-là la médiocrité des transmissions qui, en les accrochant aux rares téléphones, les ont privés du temps indispensable à une enquête plus approfondie : ambiguïtés de la technique tantôt triomphante et tantôt défaillante...

L'idée reçue que la télévision serait vouée à appauvrir le débat civique a d'autant plus d'attrait pour beaucoup d'hommes politiques qu'ils sont inquiets de voir leur fonction représentative éventuellement dévalorisée par les prestiges de l'audiovisuel.

Partout, c'est vrai, dans le monde occidental, les parlementaires apportaient jadis chaque semaine dans leurs circonscriptions les nouvelles fraîches de la capitale, et en tiraient du lustre. A présent, le cathodique les précède. Oui, mais les citoyennes et les citoyens ne cessent pas pour autant, bien au contraire, d'aspirer à s'entendre proposer des analyses et des synthèses dont ils tireront d'autant plus de profit que les images et les sons les auront déjà avertis, d'une façon qui complète utilement ce que les journaux d'information ou de combat leur donnaient autrefois. En France au moins, les campagnes électorales voient les réunions et les meetings attirer un public renouvelé – moins friand que jadis d'affrontements oratoires (faut-il s'en plaindre ?) mais désireux davantage de nourrir ses réflexions et d'organiser ses convictions.

On ne sache pas d'ailleurs que les ouvrages politiques approfondis aient disparu, qu'ils aient cessé de trouver des amateurs ; au contraire, ils sont au moins aussi nombreux qu'il y a cinquante ou cent ans. Et il me semble que ces pages ont évoqué assez d'exemples anciens témoignant de la façon dont la presse populaire a pu exciter les passions collectives, loin des chemins de la sagesse pondérée, sans qu'à l'époque les informations que fournissent aujourd'hui radio et télévision donnent à l'esprit public les moyens qu'il peut avoir à présent de mieux situer l'événement dans la durée et dans l'espace.

Donc n'exagérons pas la nouveauté. Puis, une fois cette pondération garantie, n'oublions pas pour autant que la politique de la communication doit s'adapter aux particularités des nouveaux médias.

Cela veut dire, en amont, que des ressorts non marchands doivent, redisons-le, intervenir pour diversifier l'offre. La presse écrite a pu paraître longtemps exiger des capitaux assez limités pour que le ressort du seul profit privé pourvoie à sa variété et qu'à côté des demi-forbans en quête de gains faciles figurent honorablement des publications de toute sorte s'adressant à des publics segmentés, visant haut, et, au besoin, austères ; mais les évolutions récentes et la hausse des coûts conduiront à légitimer de plus en plus un soutien financier accru de la collectivité, notamment aux quotidiens – moyennant toutes les précautions possibles pour protéger de toute pesée gouvernementale sur les contenus. A plus forte raison l'État doit-il aider l'audiovisuel, qui exige des capitaux autrement considérables, et où un secteur public est indispensable, partout, pour servir la différence des rythmes et des contenus.

Cela veut dire aussi, en aval, que les enfants et les adolescents doivent apprendre désormais l'usage de la télévision comme on leur enseignait hier celui de l'écrit.

Demain comme aujourd'hui, en effet, une inégalité culturelle fondamentale séparera d'une part ceux qui disposeront de cette étamine, de cette capacité d'analyse et de choix, qui regarderont les programmes en étant protégés contre la naïveté de l'immédiat, et d'autre part ceux qu'on n'aura pas armés contre celle-ci.

Il est vital que la télévision « publique », sans se laisser arrêter par aucune autocomplaisance, explique elle-même (on doit l'exiger spécialement d'une « chaîne du savoir ») les procédés de l'émotion et de la persuasion, l'usage manipulateur des images, du son et de leur rencontre – puisque l'« esprit d'entreprise » empêchera toujours le privé de se livrer à un exercice de ce genre.

L'école, surtout, a un rôle capital à jouer. Longtemps, l'explication de textes fut, dans nos lycées bourgeois, une épreuve

347

reine. A présent il est urgent qu'à tous les niveaux du savoir on enseigne à « lire » la télévision, donc que les maîtres des différents degrés soient formés pour le faire. On attend le nouveau Jules Ferry qui inspirera ce grand progrès civique.

En somme, il s'agira de redonner toute sa place à cette évidence parfois occultée et que pourtant les démocrates responsables ne doivent pas se lasser de remettre au jour : à chaque époque, dans chaque société libre, les médias ne constituent jamais je ne sais quelle puissance surplombante qui imposerait ses valeurs, ses oukases et ses tics à une nation passive.

Les citoyens peuvent bien grommeler, s'indigner, protester – à la fin des fins ils font des médias ce qu'ils sont. Il leur revient de le savoir et de l'assumer, pour la vigilance et pour l'action.

BIBLIOGRAPHIE :
RECONNAISSANCE DE DETTES

La littérature sur le sujet est vaste, et il n'est pas question d'être exhaustif. Mon ambition est plus modeste : reconnaître les dettes de l'auteur, dans l'ordre du général comme du particulier, et indiquer quelques directions où le lecteur pourra trouver, s'il le souhaite, des informations plus approfondies sur les épisodes et les problèmes qui sont abordés dans ces pages. Les ouvrages cités sont rattachés au chapitre pour lequel ils ont été le plus utiles, même si plusieurs m'ont servi en d'autres occasions.

Mais il me faut auparavant rendre hommage à quelques livres essentiels qui m'ont été précieux tout au long du livre.

En tête j'inscrirai l'œuvre pionnière de ce grand historien trop peu célébré que fut Georges Weill, qui a donné à la collection d'Henri Berr, « L'Évolution de l'Humanité », en 1934, *Le Journal, origines, évolution et rôle de la presse périodique*, Paris, La Renaissance du livre, 450 p. J'ai fait de nombreux emprunts à ce livre, très neuf en son temps, riche en analyses et en citations.

Puis il faut évoquer le travail monumental que constitue pour le cas français l'*Histoire générale de la presse française* de Claude Bellanger, Jacques Godechot, Pierre Guiral et Fernand Terrou, Paris, PUF, t. I, *Des origines à 1814*, 1969, 634 p., t. II, *De 1815 à 1871*, 1969, 466 p., t. III, De *1871 à 1940*, 1972, 688 p., t. IV, *De 1940 à 1958*, 488 p., t. V, *De 1958 à nos jours*, 1976, 550 p. (avec une bibliographie très complète au moment de la publication).

Je suis redevable, pour la période du dernier demi-siècle, aux manuels de Francis Balle, *Médias et Société*, 7ᵉ éd., Paris, Montchrestien, 1994, 788 p., et de Roland Cayrol, *Les Médias, presse écrite, radio et télévision*, Paris, PUF, 1991, 480 p.

Citons encore l'important *Dictionnaire de la communication* dirigé par Lucien Sfez, Paris, PUF, 1993, 2 vol., 1782 p., dont les curiosités ne sont pas au premier chef historiques, mais qui apporte beaucoup d'indications utiles, notamment pour la période récente, et la remarquable anthologie de Daniel Bougnoux, *Sciences de l'information et de la communication*, Paris, Larousse, 1993, 812 p.

J'ai le goût aussi de saluer l'œuvre de Régis Debray qui a entrepris en philosophe une réflexion stimulante pour l'Histoire sur ce qu'il nomme la « médiologie » : étude, enracinée dans la longue durée, du « pouvoir des signes », « discipline qui traite des fonctions sociales supérieures dans leurs rapports avec les structures techniques de transmission ». On recommandera d'y aborder par ses récents *Manifestes médiologiques* (Paris, Gallimard, 1994, 224 p.), avant d'approfondir par le *Cours de médiologie générale* (Paris, Gallimard, « Bibliothèque des idées », 1991, 400 p.) – à moins de préférer une escapade dans les pages de *L'Œil naïf* (Paris, Le Seuil, 1994, 192 p.), « école buissonnière » du côté de la photographie.

Je rappelle enfin l'intérêt, notamment pour la période récente, des revues spécialisées, notamment *Cahiers de l'audiovisuel, Cahiers d'histoire de la radiodiffusion, Dossiers de l'audiovisuel, Hermès, Médiaspouvoirs, Mscope médias, Quaderni* et *Réseaux*, sans oublier, en anglais, *The Historical Journal of Film, Radio and Television*.

Introduction
Les médias et l'opinion

Jean-Jacques Becker, « L'opinion », *in* René Rémond *et al.*, *Pour une histoire politique*, Paris, Le Seuil, 1988, p. 161-184.

Georges Burdeau, « L'opinion publique », *Encyclopaedia Universalis*, vol. 12.

Jean-Noël Jeanneney, « Les archives des commissions de contrôle postal aux Armées (1916-1918), une source précieuse pour l'histoire contemporaine de l'opinion et des mentalités », *Revue d'histoire moderne et contemporaine*, janv.-mars 1968, p. 209-233.

–, « Les médias », *in* René Rémond *et al.*, *Pour une histoire politique*, Paris, Le Seuil, 1988, p. 185-198.

Pierre Laborie, « De l'opinion publique à l'imaginaire social », *Vingtième siècle*, n° 18, avr.- juin 1988, p. 101-118.

Pierre Milza, « Opinion publique et politique étrangère », *in* École française de Rome, *Opinion publique et Politique extérieure*, t. I, *1870-1915*, Rome, 1981, p. 663-687.

Guy Pedroncini, *Les Mutineries de 1917*, Paris, PUF, 1967, 328 p.

Chapitre 1
Préhistoire et prime enfance

Guy Achard, *La Communication à Rome*, Paris, Payot, 2e éd., 1994, 298 p.

Maurice Lever, *Canards sanglants, naissance du fait divers*, Paris, Fayard, 1993, 522 p.

Yves Renouard, « Information et transmisssion des nouvelles », *in* Charles Samaran, *L'Histoire et ses méthodes*, Paris, Gallimard, Encyclopédie de la Pléiade, 1961, p. 95-142.
Jean-Pierre Seguin, *L'Information en France de Louis XII à Henri II*, Genève, Droz, 1961.

Chapitre 2
XVIIIe siècle : la gloire de l'Angleterre

Roger Chartier, *Les Usages de l'imprimé*, Paris, Fayard, 1987, 446 p.
E. L. Eisenstein, *La Révolution de l'imprimé à l'aube de l'Europe moderne*, trad. de l'anglais, Paris, La Découverte, 1991, 360 p.
Charles Ledré, *Histoire de la presse*, Paris, Fayard, 1958, 414 p. [ne concerne que la France – utile aussi pour la suite].
Raymond Manevy, *La Presse française de Renaudot à Rochefort*, Paris, Forest, 1958, 375 p.
Michèle Vogel, *Les Cérémonies de l'information dans la France du XVIe siècle au milieu du XVIIIe siècle*, Paris, Fayard, 1989, 502 p.

Chapitre 3
La Révolution française et la presse

Jean-Paul Bertaud, *C'était dans le journal pendant la Révolution française*, Paris, Perrin, 1988, 404 p.
Mona Ozouf, articles « Esprit public » et « Marat », *in Dictionnaire critique de la Révolution française* de François Furet et Mona Ozouf, Paris, Flammarion, 1989.
Jeremy D. Popkin, *Revolutionary News. The Press in France, 1789-1799*, Durham et Londres, Duke University Press, 1990, 218 p.

Chapitre 4
La liberté fait tache d'huile

Honoré de Balzac, *Les Journalistes*, réédition de *Monographie de la presse parisienne* (1843), Paris, Arléa, 1991, 160 p.

Roger Bellet, *Presse et Journalisme sous le Second Empire*, Armand Colin, « Kiosque », 1967.

G. Boyce, J. Curran, P. Wingate éd., *Newspaper History*, Londres, Constable, 1978, 408 p.

Charles Ledré, *La Presse à l'assaut de la monarchie, 1815-1848*, Paris, Armand Colin, « Kiosque », 1960, 280 p.

Maurice Reclus, *Émile de Girardin*, Paris, 1934.

Évelyne Sullerot, *Histoire de la presse féminine en France des origines à nos jours*, Paris, Armand Colin, « Kiosque », 1966.

Chapitre 5
L'âge d'or

Pierre Albert, *Histoire de la presse politique nationale au début de la Troisième République (1871-1879)*, Lille, Atelier de reproduction des thèses de l'Université de Lille-III, 1980.

Edwin Emery, *The Press and America. An Interpretative History of the Mass Media*, 4e éd., Englewood Cliffs, Prentice Hall, 1978, 574 p.

Thomas Ferenczi, *L'Invention du journalisme en France. Naissance de la presse moderne à la fin du XIXe siècle*, Paris, Plon, 1993, 278 p.

Jean-Noël Jeanneney, *L'Argent caché. Milieux d'affaires et pouvoirs politiques dans la France du XXe siècle*, Paris, Le Seuil, « Points », 1984, 310 p. (notamment les chapitres sur l'affaire Rochette et sur la vénalité du journalisme financier).

Dominique Kalifa, *L'Encre et le Sang, récits de crime et société à la Belle Époque*, Paris, Fayard, 1995, 352 p.

Jacques Néré, *Le Boulangisme et la Presse*, Paris, Armand Colin, « Kiosque », 1964, 240 p.

Michael Palmer, *Des petits journaux aux grandes agences. Naissance du journalisme moderne, 1863-1914*, Paris, Aubier, 1983, 352 p.

Michelle Perrot, « L'affaire Troppmann », *L'Histoire*, n° 30, janvier 1981, p. 28-37.

Chapitre 6
La Grande Guerre

Jean-Jacques Becker, *Les Français dans la Grande Guerre*, Paris, Robert Laffont, 1980, 520 p.

Jean-Jacques Becker, Jay M. Winter, Gerd Krumeich, Annette Becker, Stéphane Audouin-Rouzeau, *Guerre et Cultures 1914-1918*, Paris, Armand Colin, 1994, 448 p. [un colloque avec diverses communications utiles].

Joseph Daniel, *Guerre et Cinéma*, Cahiers de la FNSP, Paris, Armand Colin, 1972, 454 p.

Jean-Noël Jeanneney, « L'opinion publique en France pendant la Première Guerre mondiale », *in Opinion publique et Politique extérieure*, t. II, *1915-1940*, Université de Milan et École française de Rome, Rome, 1984, p. 209-227.

Alfred Kupferman, « Les débuts de l'offensive morale allemande contre la France (décembre 1914-décembre 1915) », *Revue historique*, janv.-mars 1973, p. 91-114.

Jean-Claude Montant, « Une tentative d'infiltration française dans la presse allemande, la *Kölnische Zeitung*, févr.-décembre 1918 », *Revue d'histoire moderne et contemporaine*, oct.-décembre 1980, p. 658-685.

Georges Weill, « Les gouvernements et la presse pendant la guerre », *Revue d'histoire de la guerre mondiale*, avril 1933, p. 97-118.

Chapitre 7
L'émergence de la TSF

Pierre Albert, André-Jean Tudesq, *Histoire de la radio-télévision*, Paris, PUF, « Que sais-je ? », rééd. 1995, 128 p.

Michel Amoudry, *Le Général Ferrié et la Naissance des transmissions et de la radiodiffusion*, Grenoble, Presses universitaires de Grenoble, 1993, 424 p.

Pierre Assouline, *Albert Londres. Vie et mort d'un grand reporter*, Paris, Balland, « Folio », 2e éd., 1990, 634 p.

Erik Barnouw, *A History of Broadcasting in the United States*, Oxford University Press, 1966-1976, 3 vol.

Catherine Bertho, *Télégraphes et Téléphones, de Valmy au microprocesseur*, Paris, Le Livre de poche, 1981, 582 p.

Asa Briggs, *The History of Broadcasting in the United Kingdom*, Oxford University Press, 1961-1979, 4 vol.

Christian Brochand, *Histoire générale de la radio et de la télévision en France*, t. I, *1921-1944* (préface de Jean-Noël Jeanneney), Paris, La Documentation française, 1994, 696 p.

Élisabeth Cazenave et Caroline Ullman-Mauriat, *Presse, Radio et Télévision en France de 1631 à nos jours*, Paris, Hachette, « Carré-histoire », 1994, 256 p. [notamment pour cette période].

Yves Courrière, *Joseph Kessel ou Sur la piste du lion*, Paris, Plon, 1985, 960 p.

René Duval, *Histoire de la radio en France*, Paris, Alain Moreau, 1979, 446 p.

Claude Estier, *La Gauche hebdomadaire, 1914-1962*, Paris, Armand Colin, « Kiosque », 1962, 288 p.

Thomas Ferenczi, *Ils l'ont tué! L'affaire Salengro*, Paris, Plon, 1995, 252 p.

Jean-Noël Jeanneney, *Georges Mandel. L'homme qu'on attendait*, Paris, Le Seuil, 1991, 193 p. [pour son rôle comme patron de la radio].

Thomas S. W. Lewis, *Empire of the Air. The Men who Made Radio*, New York, Harper Collins, 1991, 422 p.

Raymond Manevy, *Histoire de la presse, 1914-1939*, Paris, Corréa, 1945, 360 p.

Denis Maréchal, *Radio-Luxembourg 1933-1993. Un média au cœur de l'Europe*, Nancy, Presses universitaires de Nancy-Éditions Serpenoise, 1994, 268 p. [utile aussi pour le chapitre 11].

Marc Martin, *Trois Siècles de publicité en France*, Paris, Odile Jacob, 1992, 432 p. [dépasse largement la période de ce chapitre, comme le titre l'indique].

Cécile Méadel, *La Radio des années trente*, Paris, Anthropos-INA, 1994, 438 p. (préface de Jean-Noël Jeanneney).

Pierre Miquel, *Histoire de la radio et de la télévision*, Paris, Perrin, 1984, 394 p. (2e éd.).

Chapitre 8
La guerre des radios

Michèle Cotta, *La Collaboration, 1940-1944*, Paris, Armand Colin, « Kiosque », 1964, 334 p.

Jean-Louis Crémieux-Brilhac, *Les Français de l'an 40*, t. I, *La Guerre oui ou non?*, Paris, Gallimard, 1990, 648 p. (surtout la troisième partie, p. 273 à 399).

Hélène Eck (sous la direction de), *La Guerre des ondes. Histoire des radios de langue française pendant la Deuxième Guerre mondiale* (préface de Jean-Noël Jeanneney), Paris, Armand Colin, Lausanne, Payot, Bruxelles, Complexe, Montréal, Hurtubise, 1985, 382 p.

Pierre Laborie, *L'Opinion française sous Vichy*, Paris, Le Seuil, « L'Univers historique », 1990, 405 p.

Jacques Parrot, *La Guerre des ondes, de Goebbels à Kadhafi*, Paris, Plon, 1987, 284 p.

Chapitre 9
La presse écrite depuis 1945 : déclin ou mutation ?

Pierre Albert, *La Presse*, Paris, PUF, « Que sais-je ? », 10ᵉ éd, 1994, 128 p.

–, *La Presse française*, Notes et Études documentaires, n° 4901, 3ᵉ éd., Paris, La Documentation française, 1990.

Jean-Marie Charon, *La Presse en France de 1945 à nos jours*, Paris, Le Seuil, 1991, 424 p.

Le Débat, n° 39, mars-mai 1986, articles de Jean-François Revel, Yves Sabouret et Jean-Louis Servan-Schreiber.

Christian Delporte, *Histoire du journalisme et des journalistes en France*, Paris, PUF, « Que sais-je ? », 1995, 128 p.

Yves Guillauma, *La Presse en France*, Paris, La Découverte, « Repères », 1990, 128 p.

Jean-Noël Jeanneney, « Médias : le rêve et la relève », *L'Histoire*, n° 179, juill.-août 1994, « *La France libérée* », p. 114-120.

Marc Martin (sous la direction de), *Histoire et Médias. Journalisme et journalistes français 1950-1990*, Paris, Albin Michel, 1991, 308 p. [utile aussi pour l'audiovisuel].

Michel Mathien, *La Presse quotidienne régionale*, Paris, PUF, « Que sais-je ? », 2ᵉ éd., 1986, 128 p.

Observatoire de l'Information, *L'Information dans le monde, 206 pays au microscope*, Paris, Le Seuil, 1989, 638 p.

Rémy Rieffel, *L'Élite des journalistes, les hérauts de l'information*, Paris, PUF, 1984, 222 p.

Nadine Toussaint-Desmoulins, *L'Économie des médias*, Paris, PUF, « Que sais-je ? », 1987, 128 p.

Chapitre 10
« Le Monde » et le « Washington Post »

Laurent Greilsamer, *Hubert Beuve-Méry (1902-1989)*, Paris, Fayard, 1990, 692 p.

David Halberstam, *Le pouvoir est là*, Paris, Fayard, 1980, 624 p. (traduit de l'américain) (centré sur CBS, Time Incorporated, le *Los Angeles Times* et le *Washington Post*).

Jean-Noël Jeanneney et Jacques Julliard, *« Le Monde » de Beuve-Méry ou le Métier d'Alceste*, Paris, Le Seuil, 1979, 378 p.

Jean G. Padioleau, *« Le Monde » et le « Washington Post ». Précepteurs et mousquetaires*, Paris, PUF, 1985, 372 p.

Jean Schwoebel, *La Presse, le Pouvoir et l'Argent*, Paris, Le Seuil, 1968, 288 p.

Martin Walker, *Powers of the Press. The World's Greatest Newspapers*, Londres, Melbourne, New York, Quartet Books, 1982, 402 p.

Chapitre 11
La radio : nouvelle jouvence

Claude-Jean Bertrand, *Les Médias aux États-Unis*, Paris, PUF, « Que sais-je ? », 3e éd., 1987, 128 p.

Asa Briggs, *The BBC. The First Fifty Years*, Oxford-New York, Oxford University Press, 1985, 440 p.

François Cazenave, *Les Radios libres*, Paris, PUF, « Que sais-je ? », 2e éd., 1984, 128 p.

Régine Chaniac, Patrick Flichy et Monique Sauvage, *Les Radios locales en Europe*, Paris, INA-Documentation française, 1978, 126 p.

Annick Cojean et Frank Eskenazi, *FM, la folle histoire des radios libres*, Paris, Grasset, 1986, 334 p. [avec une utile chronologie].

Jean-Noël Jeanneney, *Échec à Panurge. L'audiovisuel public au service de la différence*, Paris, Le Seuil, 1986, 160 p. [témoignage et combat].

Pierre Miquel, *Histoire de la radio et de la télévision*, Paris, Perrin, 1984, 394 p. (2e éd.).

Jean-François Remonté, *40 Ans de radio*, cassettes INA-Radio France, Paris 1990 [pour restituer à l'oreille la couleur de l'antenne].

Jean-François Remonté et Simone Depoux, *Les Années radio (1949-1989)*, Paris, L'Arpenteur-Gallimard, 1989, 162 p.

Chapitre 12
L'émancipation politique de la télévision

Jay G. Blumler, Roland Cayrol et Gabriel Thoveron, *La télévision fait-elle l'élection ? une analyse comparative France, Grande-Bretagne, Belgique*, Paris, Presses de la FNSP, 1978, 288 p.

Jérôme Bourdon, *Histoire de la télévision sous de Gaulle*, Paris, Anthropos, 1990, 342 p. (préface de Jean-Noël Jeanneney).

—, *Haute Fidélité. Pouvoir et télévision, 1935-1994*, Paris, Le Seuil, 1994, 386 p.

Christian Brochand, *Histoire générale de la radio et de la télévision en France*, t. II, *1944-1974*, Paris, La Documentation française, 1994, 692 p. [à consulter aussi pour la radio].

Marie-Ève Chamard et Philippe Kieffer, *La Télé. Dix ans d'histoires secrètes*, Paris, Flammarion, 1992, 704 p.

Martin Even, *L'Espagne et sa télévision*, Paris, INA-Champ Vallon, « Télévisions du monde », 1990, 142 p.

Richard Huber, *La RFA et sa télévision*, Paris, INA-Champ Vallon, « Télévisions du monde », 1988, 144 p.

Jean-Noël Jeanneney, Monique Sauvage *et al.*, *Télévision nouvelle mémoire. Les magazines de grand reportage*, Paris, Le Seuil-INA, 1982, 256 p.

Thierry Kubler et Emmanuel Lemieux, *Cognacq-Jay 1940. La télévision française sous l'occupation*, Paris, Éditions Plume, 1990, 224 p.

Pierre Musso et Guy Pineau, *L'Italie et sa télévision*, Paris, INA-Champ Vallon, « Télévisions du monde »,1990, 246 p.

Andrée Ojalvo, *La Grande-Bretagne et sa télévision*, Paris, INA-Champ Vallon, « Télévisions du monde », 1988, 142 p. (avant-propos de Michèle Cotta).

Chapitre 13
Les vertus du double secteur

Yves Achille (avec la collaboration de Jacques Ibanez Bueno), *Les Télévisions publiques en quête d'avenir*, Grenoble, Presses universitaires de Grenoble, 1994, 328 p.

Erik Barnouw, *Tube of Plenty. The Evolution of American Television*, New York, Oxford University Press, 1975, 518 p.

Claude-Jean Bertrand, *Les États-Unis et leur télévision*, Paris, INA-Champ Vallon, « Télévisions du monde », 1989, 142 p.

Jérôme Bourdon et Cécile Méadel, *Les Écrans de Méditerranée. Histoire d'une télévision régionale 1954-1994*, Marseille, Jeanne Laffitte-INA, 1994, 128 p.

Hervé Bourges, *Une chaîne sur les bras*, Paris, Le Seuil, 1987, 356 p. [le dernier président de TF1 chaîne publique].

Jean-Denis Bredin, *Les Nouvelles Télévisions hertziennes*, Rapport au Premier ministre, Paris, La Documentation française, 1985, 336 p.

Michèle Cotta, *Les Miroirs de Jupiter*, Paris, Grasset, 1986, 288 p. [Souvenirs de la présidente de la Haute Autorité].

Le Débat, n° 61, sept.-octobre 1990, série d'articles sur le thème « Télévision, fonction civique et loi du marché », p. 60-114.

François Mariet, *La Télévision américaine. Médias, marketing et publicité*, Paris, Éditions Economica, « Gestion », 1990.

Dominique Mehl, *La Fenêtre et le Miroir. La télévision et ses programmes*, Paris, Payot, 1992, 300 p.

Dominique Wolton et Jean-Louis Missika, *La Folle du logis. La télévision dans les sociétés démocratiques*, Paris, Gallimard, 1983, 340 p.

Dominique Wolton, *Éloge du grand public. Une théorie critique de la télévision*, Paris, Flammarion, 1990, 322 p. [développe une hostilité passionnée à toute chaîne publique culturelle].

Chapitre 14
Les enjeux internationaux

Henry Bakis, *Géopolitique de l'information*, Paris, PUF, « Que sais-je ? », 1987, 128 p.

Fouad Benhalla, *La Guerre radiophonique*, Paris, Revue politique et parlementaire, 1983, 216 p.

Oliver Boyd-Barrett et Michael Palmer, *Le Trafic des nouvelles. Les agences mondiales d'information*, Paris, Alain Moreau, 1981, 718 p.

Pascal Griset, *Les Révolutions de la communication. XIXe-XXe siècle*, Paris, Hachette, 1991, 256 p

INDEX

363

INDEX

INDEX

TABLE

et fragilités, 228. – La montée du *Washington Post*, 230.
– Une double éthique, 231. – A quelle distance de l'État ?,
234. – Profit et pauvreté, 235.

DU MÊME AUTEUR

AUX ÉDITIONS DU SEUIL

Le Riz et le Rouge
Cinq mois en Extrême-Orient
1969

François de Wendel en République
L'argent et le pouvoir (1914-1940)
coll. « L'Univers historique », 1976

Leçon d'histoire pour une gauche au pouvoir
La faillite du Cartel (1924-1926)
1977 ; 2ᵉ éd., coll. « Points Histoire », 1982

« Le Monde » de Beuve-Méry
ou le Métier d'Alceste
en collaboration avec Jacques Julliard
1979

L'Argent caché
Milieux d'affaires et pouvoirs politiques
dans la France du XXᵉ siècle
Fayard, 1981 ; rééd. Éd. du Seuil
coll. « Points Histoire », 1984

Télévision, nouvelle mémoire
Les magazines de grand reportage, 1959-1968
en collaboration avec Monique Sauvage et al.
1982

Échec à Panurge
L'audiovisuel public
au service de la différence
1986

Concordance des temps
Chroniques sur l'actualité du passé
coll. « XXᵉ siècle », 1987 ;
éd. augmentée, coll. « Points Histoire », 1991

Georges Mandel
L'homme qu'on attendait
coll. « XXᵉ siècle », 1991

L'avenir vient de loin
1994

RÉALISATION : PAO ÉDITIONS DU SEUIL
IMPRESSION : **BUSSIÈRE CAMEDAN IMPRIMERIES**
À SAINT-AMAND (CHER)
DÉPÔT LÉGAL : JANVIER 1996. N° 13114-4 (1/2497)